湖北省社会科学基金资助项目成果（立项号：2011LJ018）
湖北省高校人文社科重点研究基地资助项目成果（立项号：2012cr001）

经济管理学术文库 • 管理类

“大别山试验区”可持续发展路径选择

Dabie Mountain Area Sustainable Development Path

夏庆利　田　苗　叶　俊　张跃强／著

经济管理出版社
ECONOMY & MANAGEMENT PUBLISHING HOUSE

图书在版编目（CIP）数据

“大别山试验区”可持续发展路径选择/夏庆利等著．—北京：经济管理出版社，2015.3
ISBN 978－7－5096－3554－4

Ⅰ．①大…　Ⅱ．①夏…　Ⅲ．①区域经济发展—研究—湖北省　Ⅳ．①F127.63

中国版本图书馆 CIP 数据核字（2014）第 288998 号

组稿编辑：曹　靖
责任编辑：曹　靖　丁慧敏
责任印制：黄章平
责任校对：车立佳

出版发行：经济管理出版社
（北京市海淀区北蜂窝 8 号中雅大厦 A 座 11 层 100038）
网　　址：www. E－mp. com. cn
电　　话：（010）51915602
印　　刷：北京京华虎彩印刷有限公司
经　　销：新华书店
开　　本：720mm×1000mm/16
印　　张：21.25
字　　数：405 千字
版　　次：2015 年 3 月第 1 版　　2015 年 3 月第 1 次印刷
书　　号：ISBN 978－7－5096－3554－4
定　　价：53.00 元

序

改革开放三十多年，我国经济总量已跃升至世界第二位，综合国力明显提升，国际影响日益扩大，城乡居民生活发生了天翻地覆的变化。但是必须清醒地看到，我国与发达国家的差距仍然明显存在，特别是老、少、边、穷地区，与沿海发达地区的差距还在扩大，这成为我国经济社会发展的主要“瓶颈”。如何突破这一“瓶颈”一直是经济学界苦苦思索的重大课题，现在呈现在读者面前的这部作品，以我国14个连片贫困地区之一——大别山地区为“麻雀”，进行了全景式、历史性、定量化的剖析，提出了一系列可持续发展的路径选择思路，我觉得是一次务实的、深入的理论思考，是经济理论应用于社会发展实践的一次大胆探索，具有十分重要的理论价值和现实意义。

纵观全书，我认为至少有以下几个方面的理论创新和突破。

（1）研究方法创新。以“路径依赖理论”为指导，确立课题研究的基本思路。首先，利用“资源禀赋理论”全方位定量分析“大别山试验区”的资源优势，保证课题研究依据的科学、可靠。其次，利用迈克尔·波特的“国家钻石模型”，构建课题关于产业竞争力的分析框架，准确判断“大别山试验区”现代农业、新型工业和现代服务业的竞争力，为“大别山试验区”经济发展路径选择提供参考。

（2）研究结论创新。首先，通过科学计算，确定“大别山试验区”的产业偏离度过高，经济结构二元性明显，劳动生产率和整体效益偏低；其次，通过资源禀赋分析，揭示大别山具有丰富的生态资源和优质的经济动植物品种资源优势，并通过竞争优势理论分析，确立大别山特色种植业的产业优势地位；最后，提出了立足“生态高地”、“红色圣地”、“特色产地”，大力发展“两型”（环境友好型、资源节约型）旅游服务业，壮大特色种植、加工、销售产业链等一系列创新性发展路径建议。

（3）研究视角创新。“大别山试验区”不是一个已有的行政区域，也不是一个完整的地域，探讨这样一个区域的发展路径既要分析政策意图，也要分析自然资源优势。该书从政策意图上看，倾向于统筹老区与现代城市的发展，因而红色是必须凸显的主题；从资源优势上看，大别山脉是居于长江中下游平原的第一森林公园，可谓整个华北、华东两大平原的“两叶肺”之一，与泰山有相同的地域优势，因而生态是其最重要的经济支点。同时，“大别山试验区”依傍长江丰沛的水资源和“黄金水道”，发展特色种植业既有资源条件，也有广阔的市场前景。

本书的总纂长期致力于农村区域发展研究，早在攻读博士学位期间就在农业产业化和农村市场发育方面进行了深入的跟踪和挖掘，这次的成果让我感觉到他把相关理论成功应用到实践当中。全书不仅理论工具恰当，而且使用了发展经济学最新的研究工具，体现了作者的深厚学术积淀以及对地方经济社会发展的高度关注和责任感。本书翔实的统计数据和严密的定量分析，既体现了作者严谨治学的态度，更体现出总纂回报家乡的拳拳之心！

虽然由于时间仓促难免存在不足之处，但是作为探索我国贫困山区协调发展的尝试，本书是区域扶贫与经济社会可持续发展两位一体相结合的理论和实践探索，在我国统筹区域、城乡发展和“四化”同步发展的大时代背景下，这是一个既有理论意义，更有实践价值的研究，愿读者能够从书中得到与我一样的感受！

李崇光

2014年12月5日

前　言

大别山区是“中国革命武装斗争的重要发祥地”、“中国工农红军的重要诞生地”、“土地革命战争时期的重要根据地”以及“中国共产党培养治党治国治军杰出人才的重要基地”。作为一个集老区、山区、贫困区和传统农业区于一身的经济欠发达地区，大别山区始终受到党中央、国务院和所在三省政府的高度重视与关注，《中国农村扶贫开发纲要（2011～2020年）》将大别山地区列入中国14个集中连片特困地区，提出加大对连片特困地区的投入和支持力度，从根本上改变连片特困地区面貌。2011年2月，湖北省委第九届九次全会通过的《中共湖北省委关于制定湖北省经济社会发展第十二个五年规划的建议》中明确提出建立“大别山革命老区经济社会发展试验区”（以下简称“大别山试验区”）；2011年2月17日，湖北省委、省政府召开了“大别山试验区”启动工作会议，对试验区的发展战略和目标做出了部署。本书正是由这种大背景催生出初步构想，试图通过对湖北省大别山地区的充分调查研究，提出“大别山试验区”可持续发展的路径，以资整个大别山地区发展借鉴。

本书致力于对“大别山试验区”经济基础、产业结构、自然资源和生态环境的深入调研，对“大别山试验区”现代农业、新型工业、现代服务业的竞争优势进行了定量分析，从可持续发展的视角研究并揭示了试验区建设和发展的“瓶颈”与着力点。研究认为：“大别山试验区”经济结构二元性明显，但是程度呈减弱的趋势；特色种植业具有竞争优势、新型工业具有后发优势、红色旅游具有比较优势。通过比较我国发达地区和革命老区的成功发展经验，本书提出了“大别山试验区”可持续发展的路径选择，即打造大别山红色、生态旅游品牌，构建以旅游为支柱的可持续发展产业体系；培育农业新型经营主体，推进农业科技创新和管理创新，发展现代农业；加快农村公共基础设施均等化，积极推进城镇化和信息化发展，快速承接东部产业转移，逐步形成特色产业集群；加快引进清洁发展机制（CDM），创新生态补偿机制，保障试验区可持续发展。

本书的特色在于突出地域性、针对性，资料翔实并且尽可能使用最新统计数据，更贴近现实。所采用的理论工具既有精典的经济学原理，也有最新的发展经济学研究方法，全书以文献研究法为基础，先后采用赫克歇尔—俄林要素禀赋定量分析方法、迈克尔·波特（Michael Porter）“产业竞争力”分析方法和模糊评价法等定量方法，多角度评价“大别山试验区”的各产业竞争力；同时还采用比较研究的定性分析法，借鉴了国内发达地区和革命老区产业发展的成功经验，提出了“大别山试验区”发展路径的构想。在“大别山试验区”可持续发展现状研究中，本书采用了生态能值理论分析法替代传统的生态足迹理论，对“大别山试验区”生态现状作了更加科学的评价。

本书由夏庆利进行框架构思和总纂，并具体完成第一章、第二章、第三章的撰写，第四章由夏庆利和田苗合作完成，第五章、第六章、第十章由田苗完成，第七章、第九章由叶俊完成，第八章由张跃强完成。

本书适合发展经济学相关理论的工作者阅读，可作为经济学博士、硕士学习参考资料，同时本书还特别适合“大别山试验区”的各级政府部门领导、决策层研读借鉴，也可以供其他贫困山区政府领导参考。

由于本书内容涉及面广，资料搜集量大，加之很多地区资料统计不连续，所以在研究范围上采用了地区替代的处理方法；另外，由于时间仓促和本人学术水平所限，书中难免有不足之处，敬请广大读者、同仁谅解并批评指正。

夏庆利

2014 年 12 月

目　录

第一章 绪 论

大别山位于我国安徽省、湖北省、河南省三省交界处，横跨鄂、豫、皖三省的43个县市区，呈东南往西北走向，长270千米，是长江、淮河的分水岭。总面积约8万平方公里，总人口2810多万。大别山区是我国著名的革命老区之一，鉴于其为我国革命成功做出的巨大贡献，被党史专家评为“中国革命武装斗争的重要发祥地”、“中国工农红军的重要诞生地”、“土地革命战争时期的重要根据地”以及“中国共产党培养治党治国治军杰出人才的重要基地”。大别山区作为一个集老区、山区、贫困区和传统农业区于一身的经济欠发达地区，虽然改革开放以来，发展面貌有了翻天覆地的变化，但总体来看，其经济发展仍远远落后于全省乃至全国平均水平。已有研究一致认为：大别山区是我国中部地区经济社会发展的洼地。《中国农村扶贫开发纲要（2011～2020年）》亦将大别山地区列入中国14个集中连片特困地区，并提出，加大对连片特困地区的投入和支持力度，集中实施一批民生工程，大力改善生产生活条件，培育壮大一批特色优势产业，加快区域性重要基础设施建设步伐，加强生态建设和环境保护，着力解决制约发展的“瓶颈”问题，促进基本公共服务均等化，从根本上改变连片特困地区面貌。

本书以湖北省“大别山革命老区经济社会发展试验区”（以下简称“大别山试验区”）发展战略为研究对象，运用相关基础理论，采用定性分析与定量分析相结合的方法，探讨“大别山试验区”可持续发展的路径选择，以资整个大别山地区发展借鉴。

第一节 研究背景与意义

一、研究背景

（一）“大别山试验区”的提出

1.“大别山试验区”提出的萌芽阶段

2004年3月，温家宝在政府工作报告中正式提出“促进中部地区崛起”的战略构想，指出“加快中部地区发展是区域协调发展的重要方面”，并先后在中央经济工作会议、全国人大十届四次会议、国务院常务会议、中央政治局召开的会议上讨论研究促进中部地区崛起的思路和意见，中部六省也发出了立志“崛起”的誓言。湖北省提出的战略目标是“把湖北省建设成重要的农产品加工生产区、现代制造业聚集区、高新技术发展区、现代物流中心区”，在这样的背景下，武汉城市圈①应运而生。

2005 年 6 月，全国政协副主席罗豪才在大别山考察后提出了“构建绿色扶贫试验区，整片推进大别山区发展”的建议，认为大别山区相对于我国其他贫困地区有所不同，其特点主要表现在重要生态功能区和集中连片贫困地区方面。

2009 年 11 月，根据湖北省政协 2009 年初指定的委员视察计划，在陈春林的带领下，湖北省政协民族和宗教委员会组织无党派、少数民族、宗教三个界别的部分委员组成省政协委员视察团，就“大别山区扶贫开发工作情况”到湖北省政府扶贫开发办公室进行专题调研，形成了《关于大别山区扶贫开发工作情况的视察报告》，提出：“借鉴‘仙洪新农村建设试验区’的经验，从促进发展入手，先期在我省设立‘大别山革命老区经济社会统筹发展试验区’，把大别山区扶贫开发与新农村建设结合起来，科学制定发展规划，并纳入全省国民经济社会发展规划；后期努力争取国家在鄂、豫、皖三省交界设立‘大别山革命老区经济社会统筹发展试验区’，争取国家更多政策支持和更大资金投入等建议。”视察报告由湖北省政协办公厅报送省委、省政府后，引起湖北省领导的高度重视。2009 年 12 月 30 日，赵斌副省长批示：“视察报告深入、翔实、客观、可行。既充分肯定了大别山扶贫开发的成效，又客观分析了当前面临的主要困难，同时有针对性地提出了工作建议。请省扶贫办研究抓紧落实。关于设立大别山革命老区试验区问题，我曾向清泉、鸿忠同志提出建议并获统一，望积极策划申报，关于加大支持力度问题，请省扶贫办积极争取国家项目，亦请省发改委、省财政厅在投资项目安排和农业综合开发项目安排上积极予以考虑。请鸿忠同志阅示。”

2009 年 12 月 31 日，时任湖北省委副书记、省长李鸿忠批示：“同意赵斌同志的意见。请省扶贫办大力推进。”2010 年 1 月，湖北省政协十届三次会议，省政协副主席陈春林、民族和宗教委员会主任李传锋、专职副主任周瑞联名提出关于设立“大别山革命老区统筹发展试验区”的建议。湖北省发展和改革委员会 2010 年 5 月 29 日答复：“你们提出的意见和建议十分重要……根据领导批示和有关前期研究情况，我委和省扶贫办进行了多次会商，初步制定了大别山革命老区试验区的工作方案并报请省政府审定……2010 年 5 月 10 日，赵斌副省长专门

① 武汉城市圈包括武汉、黄石、鄂州、黄冈、孝感、咸宁、天门、仙桃和潜江 9 个县（市）。

召集省发改委、省扶贫办专题研究了大别山革命老区经济社会发展试验区相关问题。根据专题会议要求，由省扶贫办牵头组织开展深入的研究论证，提出课题研究成果，并拟定工作方案。下步，我委将继续按照省政府要求，配合省扶贫办、省老区办，会同大别山相关县市共同推动各项工作开展。同时加强向国家发改委的衔接汇报，积极争取国家层面支持。”

2010 年 11 月 30 日，省委九届九次全会通过《中共湖北省委关于制定湖北省经济和社会发展第十二个五年规划的建议》。建议提出：“要进一步推进仙洪新农村建设、鄂州等县市城乡一体化、山区群众脱贫奔小康、竹房城镇带城乡一体化、大别山革命老区经济社会发展试验区等试点工作。”

2. “大别山试验区”的正式提出阶段

2010 年 12 月 15 日，湖北省委书记李鸿忠在大悟、红安调研时再次强调，要按照省委、省政府的决策部署，根据省委九届九次全会通过的《中共湖北省委关于制定湖北省经济和社会发展第十二个五年规划的建议》中确定的相关意见，抓紧启动大别山革命老区经济社会发展试验区建设，进一步加快革命老区发展。

2011 年 2 月，湖北省委九届九次全会通过的《中共湖北省委关于制定湖北省经济社会发展第十二个五年规划的建议》明确提出“建立大别山革命老区经济社会发展试验区”。至此，“大别山试验区”被正式提出。

3. “大别山试验区”的初期范围启动阶段

2011 年 2 月 17 日，省委、省政府召开了湖北省大别山经济社会发展试验区启动工作会议，大别山革命老区经济社会发展试验区初期范围包括湖北省黄冈市的红安县、麻城市、英山县、罗田县、团风县、蕲春县，孝感市的大悟县、孝昌县 8 个县（市）。

2011 年 3 月，《中共湖北省委、湖北省人民政府关于推进湖北省大别山革命老区经济社会发展试验区建设的意见》出台。在邓小平理论和“三个代表”重要思想指导下，全面贯彻落实科学发展观。以加快转变经济发展方式为主线，按照“红色大别山、绿色大别山、发展大别山、富裕大别山”的总体要求，以“三化同步”（工业化、城镇化、农业现代化）、“两增同步”（农业增产、农民增收）为目标，以基础设施建设和改善民生为重点，以改善和提高革命老区人民的生活水平为出发点和落脚点，以解放思想、改革创新为动力，不断推进经济、政治、文化、社会以及生态文明协调发展，把试验区建成科学发展的示范区、解放思想的试验区、艰苦奋斗的创业区、民生改善的先行区。2011 年 3 月，中共中央办公厅、国务院办公厅联合下发的《2011～2015 年全国红色旅游发展规划纲要》，表明大别山的旅游建设应以社会主义核心价值体系建设为根本，以爱国主义和革命传统教育为主题，遵循旅游产业发展规律，深入挖掘红色旅游思想文化内涵，不断丰富发展内容，积极创新发展方式，进一步增强红色旅游的时代感和现实感，红色旅游作为政治工程、文化工程，必须突出强调其在加快构建社会主义核心价值体系中的重要作用，坚持把社会效益放在首位，坚持统筹规划、突出重点。2011 年 11 月 11 日，中共湖北省委办公厅、湖北省人民政府办公厅关于印发《湖北省大别山革命老区经济社会发展试验区建设规划（2011 ~ 2020 年）》的通知，提出：“湖北省大别山革命老区经济社会发展试验区初期启动范围以国家和省确定的扶贫开发工作重点县为主，具体包括团风县、红安县、麻城市、罗田县、英山县、蕲春县、大悟县、孝昌县 8 个县（市）；建设湖北省大别山革命老区经济社会发展试验区，旨在围绕建设‘红色大别山、绿色大别山、发展大别山、富裕大别山’的总体要求，以红色资源和生态资源为优势，以产业发展和基础设施建设为重点，以激发内生动力为着力点，以改善民生为落脚点，全面促进湖北省大别山革命老区的快速发展。同时，努力探索在新的历史条件下促进落后地区实现跨越式发展、缩小区域差距的新路子，探索在资源环境约束日益加大的条件下实现生态重要功能区绿色发展的新路子，探索革命老区新农村建设、扶贫开发、区域协调发展的新路子。”

2012 年 1 月，《大别山革命老区经济社会发展试验区旅游产业推进工作方案》出台，提出：“按照省委、省政府关于‘红色大别山、绿色大别山、发展大别山、富裕大别山’的总体要求，深刻认识大别山革命老区经济社会发展试验区建设在建设全面小康社会和推动湖北省科学发展中的重大意义，充分发挥旅游业在建设‘四个大别山’、促进当地经济社会发展和城乡就业致富中的重要作用，以红色、文化、绿色旅游资源为载体，加强旅游基础设施，做大做强旅游产业，形成大别山特色旅游产业发展新格局，推动大别山旅游业跨越式发展。”

4. “大别山试验区”的扩大范围阶段

2012 年 10 月，为推动湖北省大别山革命老区区域发展，省委、省政府决定，在初期启动 8 个县市的基础上扩大试验区范围，将黄冈市其余 5 个县（市、区），随州市的广水市，武汉市的黄陂区、新洲区，孝感市的安陆市、双峰山旅游度假区等纳入试验区范围。至此，湖北省大别山革命老区经济社会发展试验区共涉及 4 个市、18 个县（市、区）。

（二）加快“大别山试验区”发展的必要性与可行性

1. 加快“大别山试验区”发展的必要性

首先，是改变“大别山试验区”落后面貌的需要。“大别山试验区”经济发展滞后，近年来的人均生产总值、城乡居民收入均远低于全国平均水平。以 2013 年为例，黄冈市人均地区生产总值 21314 元，只相当于全国平均水平 41907.59 元的 50.86%。农民人均纯收入 6966 元，比全国平均水平 8896 元低 1930 元。各县（市、区）基本上以农业为支柱产业，总体上处于工业化初期。湖北省区内群众住房难、看病难、就学难等突出问题广泛存在。“大别山试验区”发展速度慢、人均收入低，贫困人口多、贫困程度深，生态保护任务重、生态补偿不足，基础设施落后、水利设施失修，工业化起步晚、城镇化水平低，行政区划分割、发展被边缘化的问题亟待解决。

其次，是湖北省全局工作的需要。在国家中部崛起战略的发展机遇下，要力争把湖北省打造成促进中部崛起的重要战略支点，必须着力推进湖北省贫困落后地区的建设和发展。坚持在发展中转变，在转变中谋发展，推进全省经济总量规模迈上新台阶。经济发展方式转变要取得新突破，必须把经济发展相对落后地区的经济带动起来，促进经济结构优化。

建立大别山革命老区经济社会发展试验区，是贯彻落实科学发展观、推动革命老区经济社会发展的重大举措，对于探索革命老区新农村建设、扶贫开发、区域协调发展的新路子具有重要意义。全面启动大别山区革命老区经济社会发展试验区，把试验区建成全国重要的革命传统教育基地、红色旅游基地、红色文化传播基地、生态文明教育示范基地，建成全国革命老区经济社会发展先行区、湖北省统筹城乡发展试验区和生态保护示范区，迫在眉睫，时不我待。

2. 加快“大别山试验区”发展的可行性

首先，“大别山试验区”面临的发展机遇好。从国家层面来看，长期以来，政府对中西部地区的经济发展一直给予高度宽松的政策，并投入大量资金支持中西部地区尤其是革命老区和贫困山区的经济社会发展。促进中部崛起战略的一系列区域经济发展优先政策也有利于引领“大别山试验区”走出经济困境。2005年10月，中共十六届中央委员会第五次全体会议通过的《中共中央关于制定“十一五”规划的建议》中明确提出了促进中部地区崛起的路径，使中部地区在发挥其承接东西和产业发展的优势中崛起。2006年3月，中共中央政治局再次召开会议研究促进中部地区崛起工作，会议认为促进中部地区崛起是一项重大决策，关系到我国现代化建设全局，是促进区域协调发展总体战略的重大任务。随后中央政府出台《中共中央国务院关于促进中部地区崛起的若干意见》，进一步为中部地区崛起指明了发展方向。大别山区地处中部六省的中心地带，横跨鄂、豫、皖三省，无论是总人口还是区域面积，在中部崛起战略中都占了较为重要的分量，实现中部崛起，大别山区凸显出其战略重要性。从某种程度上说，大别山区能否崛起直接关系到中部崛起战略的成败。国家的中部地区崛起战略为大别山区经济结构的优化升级提供了一个难得的发展平台。

其次，“大别山试验区”本身的发展潜力大。“大别山试验区”厚重的历史名人文化、浓郁的红色文化、悠久的宗教文化、珍贵的绿色生态、丰富的农耕文化和民俗文化源远流长。同时，“大别山试验区”具有承东启西的区位优势，是连接皖江城市带、长三角和武汉城市圈的重要桥梁和纽带，是全国重要的生态功能区和资源富集区，具有丰富的生态、生物、矿产、能源、旅游等资源。

全国政协委员、全国政协社会和法制委员会副主任宋育英建议，"十二五"期间，国家采取特殊措施，参照陕甘宁革命老区的发展模式，以一体化开发为理念，以区域经济协调发展为抓手，集中优势资源，力争在较短时间内，实现大别山革命老区的跨越式发展。

二、研究意义

"大别山试验区"是全国著名的革命老区，设立这样一个试验区，是湖北省贯彻落实科学发展观、推动革命老区经济社会发展的一个重大举措，对于探索在新的历史条件下，如何促进落后地区实现跨越式发展，缩小区域发展的路子，对于探索在资源环境约束日益加大的条件下，如何实现生态重要区绿色发展之路，探索革命老区新农村建设扶贫开发区域协调发展之路均具有重要意义，对推动大别山革命老区快速发展起着至关重要的作用。可以说，建设好、发展好"大别山试验区"，不仅是对黄冈人民的深情回报，也是实现中部崛起的战略需要；不仅是政治上的需要，也是经济发展的需要；不仅是改变黄冈面貌的需要，也是实现社会和谐发展的需要。建设和发展"大别山试验区"是"思源回报工程"，是落实中央"中部崛起"战略的行动体现，是弘扬老区精神和凝聚民心的重大举措。探讨"大别山试验区"发展路径既具有重要的理论价值，也具有重大的现实意义。

第二节　研究的理论基础

一、产业结构理论

产业是社会分工的产物，它随着社会分工的产生而产生，并随着社会分工的发展而发展。第一次社会大分工发生在原始公社的新石器时代，畜牧业从农业中分离出来；第二次社会大分工发生在原始公社末期至奴隶社会初期，手工业从农业中分离出来；第三次社会大分工发生在奴隶社会初期，商业逐渐从农业、手工业中分离出来，这一时期，专门从事商品买卖的商人阶层逐渐形成，商业开始独立出来。早在 17 世纪，经济学家就对产业结构进行了考察。威廉·配第通过对产业结构问题的研究，发现各国产业和职业人口结构的不同导致了各国国民收入水平的差异。1776 年，亚当·斯密在《国富论》中论述应按绝对成本的高低进行成本分工，合理配置资源和优化产业结构。这两者对产业结构的初步研究都是和当时的社会经济发展水平密切相关的，成为产业结构理论的重要思想来源。一个国家或地区的经济发展直接表现为其产业经济发展和产业结构变迁，产业结构的合理均衡是经济健康发展的前提，产业结构只有符合生产力发展水平和市场需求变化，只有经济资源在各个产业间得到合理配置，经济才能在良性循环的基础上协调发展。产业结构理论揭示了产业及产业间的相互关系以及结构演变，并指导产业结构调整及优化。温家宝在《关于制定国民经济和社会发展第十一个五年规划建议的说明》中指出："经济结构不合理是当前我国经济发展中的突出问题。加快经济结构战略性调整，是要紧紧抓住的一条主线。"我国"十一五"规划把"调整产业结构"列为战略重点和主要任务。

二、可持续发展理论

自20世纪60年代以来，面对贫富差异、局部动荡、人口增加、生态破坏、环境恶化等严重的社会问题，人们开始认真反思传统的经济增长方式及发展模式，日益关注生态环境问题。1962年，《寂静的春天》一书出版，作者蕾切尔·卡逊（Rachel Carson）依据大量事实，阐述了人类同大气、海洋、河流、土壤、动物和植物之间的密切关系。书中指出：人类许多活动不仅危及了许多生物的生存，而且正危害着人类自身。该书引发了人们对人类自身活动与社会发展关系的激烈争论和深沉思考。1972年6月5日，联合国在瑞典首都斯德哥尔摩召开了"人类环境会议"；同年，罗马俱乐部发表了《增长的极限》报告，最早提出了可持续发展的问题。1975年，美国农业科学家莱斯特·R. 布朗（Lester R. Brown）在华盛顿创办世界观察研究所并亲自担任所长，1981年出版了他的名著《建立一个可持续发展的社会》。该书概述了一系列全球性的新问题，即人口剧增、土地沙化、资源稀缺、石油枯竭、粮食短缺等。如果这些问题继续恶化下去，人类社会将面临巨大灾难。因此，他提出了要控制人口增长、保护资源环境、开发可再生资源，社会发展不仅要满足当代人的需要，而且要考虑下一代人以及子孙后代的需求，这就为社会经济发展提出了新的战略目标。1987年，挪威前首相布伦特兰夫人代表联合国环境与发展委员会所提出的题为《我们共同的未来》的报告中，第一次正式使用了"可持续发展"这一概念。报告明确指出，过去我们关心的是发展给环境带来的影响，而现在我们迫切感受到生态的压力，经济发展和生态环境从来没有像现在这样相互紧密地联系在一个互为因果的网络之中。1989年5月，第十五届联合国环境署理事会通过了《关于可持续发展的声明》，提出可持续发展系指既满足当代人的需要又不削弱子孙后代满足其需要的能力的发展。可持续发展的核心思想是，健康的经济发展应建立在生态可持续能力、社会公正和人们积极参与自身发展决策的基础上。

在全球环境恶化、经济发展矛盾重重的背景下，联合国于1992年6月在巴西里约热内卢召开了联合国环境与发展大会。此次会议通过了《里约热内卢环境与发展宣言》。这是一个有关环境与发展方面国家和国际行动的指导性文件，其确定了可持续发展的观点，第一次在承认发展中国家拥有发展权利的同时，制定了环境与发展相结合的方针。这次会议还通过了为各国领导人提供21世纪在环境问题上战略行动的文件《21世纪议程》和《关于森林问题的原则声明》，会议签署了旨在防止全球气候变暖的《气候变化框架公约》和推动生物多样性保护的《生物多样性公约》。这次会议制定的开展全球环境与发展领域合作的框架性文件——《里约热内卢环境与发展宣言》，提出了对环境与发展进行综合决策，实施可持续发展应遵循的27条基本原则。

目前，关于可持续发展的定义多达上百种，其中，具有代表性的、影响较大的定义主要有以下几种：①从自然属性定义可持续发展。认为可持续发展就是切实保护和加强生态系统的生产与更新能力，即可持续发展是不超越生态系统再生能力的发展。②从经济属性定义可持续发展。一种观点认为，可持续发展就是在保护自然资源的质量和其所提供服务的水平不断提高的基础上，使经济发展的净利益增加到最大限度；另一种观点认为，可持续发展是当前的资源使用不应以减少未来的实际收入为代价；还有一种观点认为，可持续发展是不以降低环境质量和破坏世界自然资源基础为代价的经济发展。③从社会属性定义可持续发展。认为可持续发展是改善人们的生活品质，以不超出维持生态系统承载能力为前提，并将改善人们的生活质量、创造美好的生活环境作为可持续发展的最终落脚点。未来学家威廉姆·埃斯蒂斯（William Kaye Estes）认为，可持续发展至少应建立在下列原则之上：人的发展与地球生命相互协调，降低任何暴力的可能性，维护高质量的生态环境，保障人们的最低生活福利，尊重人的尊严等。④从科技属性定义可持续发展。认为可持续发展就是转向使用更清洁、更有效的技术，尽可能接近“零排放”或“封闭式”工艺方法，从而达到减少能源和其他自然资源消耗的目的。国际社会普遍接受和认可的可持续发展概念是挪威前首相布伦特兰夫人在《我们共同的未来》中提出的。该报告认为，可持续发展是指既满足当代人的需要，又不损害后代人满足其需要的发展。这一定义在经过发达国家和发展中国家的激烈争论后，在1989年5月举行的第十五届联合国环境署理事会所通过的《关于可持续发展的声明》中得到认可，并于1992年在里约热内卢联合国环境与发展大会上形成全球范围的共识。

我国学者对可持续发展内涵的理解和认识主要包括如下内容：

第一，可持续发展不否定经济增长，但需要审视如何实现经济增长。要达到可持续发展的经济增长，必须将生产方式从粗放型转变为集约型，减少每单位活动造成的环境压力，研究并解决经济上的扭曲和误区。既然环境退化的原因存在于经济过程之中，其解决途径也应该从经济过程中去寻找。

第二，可持续发展以自然资产为基础，同环境承载能力相协调。“可持续性”可以通过适当的经济手段、技术措施和政府干预实现。要力求降低自然资产的耗竭速率，使之低于自然资产的再生速率和替代品的开发速率；要鼓励清洁工艺和可持续消费模式，使每单位经济活动所产生的废物数量尽量减少。

第三，可持续发展以提高生活质量为目标，同社会进步相适应。“经济发展”的概念远比“经济增长”的含义广泛。经济增长一般定义为人均国民生产总值的提高，发展则必须使社会和经济结构发生进化，使一系列社会发展目标得以实现。

第四，可持续发展承认并体现环境价值。这种价值不仅体现在环境对经济系统的支持和服务价值上，也体现在环境对生命支持系统的存在价值上。应当把生产中环境资源的投入和服务计入生产成本和产品价格中，并逐步修改和完善国民经济核算体系。

第五，可持续发展实施以适宜的政策和法律体系为条件，强调“综合决策”和“公众参与”。需要改变过去那种各个部门封闭地分别制定和实施经济、社会、环境政策的做法，提倡根据对社会经济环境的缜密思考来制定政策。

尽管目前关于“可持续发展”的解释不尽相同，但人口、资源、经济和环境无疑是其中最重要的因素。在这些因素中，人口是中心，经济是基础，资源环境是前提。寻求人口、资源、经济与环境的可持续发展，是可持续发展理论中最重要的内涵。可持续发展的原则要纳入经济发展、人口、环境、资源、社会保障等各项立法及重大决策中。为服务于可持续发展的科学决策，将可持续发展的理念变成现实的可操作的管理模式，我们必须知道自己目前所处的状态以及实现可持续发展还有多远的路要走，因此进行现状分析是尤为必要的，可持续发展理论对促进我国开展相关领域的研究有重要的意义。可持续发展是一个过程，不能将实现可持续发展简单看成是一个技术问题。只有形成人类的共识和提高可持续发展实施能力，可持续发展的实现才是可能的。可持续发展评估就是形成人类的共识和提高可持续发展实施能力的措施。核算作为经济发展外部成本的生态服务损失，并用货币表示这些损失，然后用价格机制将这些成本内生化，有助于促进经济发展的生态可持续性。

三、生态补偿理论

生态补偿，作为生态系统服务付费（Payments for Environmental Services，PES）的同义语，是一种将外部非市场环境价值转化为财政激励措施的一种制度安排，以达到鼓励参与者提供更多生态系统服务的目的。生态补偿理论产生的原因在于生态系统服务具有外部性与公共产品特性，这些特性导致生态环境效益在生态环境保护者与生态环境受益者之间的分配不公，从而使受益者无偿享受生态服务而保护者不能得到应有的补偿。这种生态环境保护与经济利益关系的扭曲，不仅使生态环境保护面临巨大困难，还造成区域间与区域内利益相关者间关系的不和谐。解决这些问题的关键在于建立生态补偿机制，以协调生态环境保护利益相关者之间的保护责任和经济利益的分配关系问题。从国内外实践来看，通常将为改善生态系统服务而付费的项目都称为生态补偿。

生态补偿理论包括三个关键问题：①明确生态系统服务的类型和数量。②明确生态系统服务的提供者与购买者。③确定由生态系统服务的购买者向生态系统服务提供者支付的金额。生态补偿理论的研究框架如图 1－1 所示。

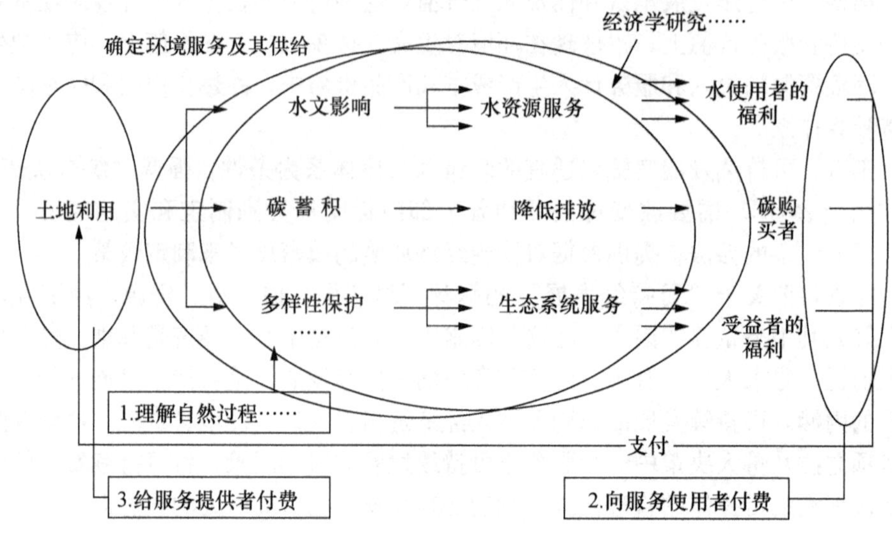

图 1－1　生态补偿理论的研究框架①

四、路径依赖理论

第一个明确提出“路径依赖”理论的是美国经济学家道格拉斯·诺斯。他由于用“路径依赖”理论成功地阐释了在经济社会发展过程中起重要作用的经济制度的演进规律，从而获得了 1993 年的诺贝尔经济学奖。诺斯认为，路径依赖类似于物理学中的“惯性”，一旦进入某一路径（无论是“好”的还是“坏”的）就可能对这种路径产生依赖。某一路径的既定方向会在以后的发展中得到自我强化。人们过去做出的选择决定了他们现在及未来可能的选择。好的路径会对企业乃至整个社会的经济发展起到正反馈的作用，通过惯性和冲力，产生飞轮效应，企业乃至整个社会的经济发展因而进入良性循环；不好的路径会对企业乃至整个社会经济发展起到负反馈的作用，就如厄运循环，企业乃至整个社会的经济发展可能会被锁定在某种无效率的状态下而导致停滞。而一旦这些选择进入锁

① 徐中民，赵雪雁，李兴文等：《甘肃省典型地区生态补偿机制研究》，中国财政经济出版社，2011 年。

定状态，想要脱身就会变得十分困难。路径依赖之所以能够产生，是因为人们的经济行为背后都有对利益和所付出成本的考虑。对组织而言，一种制度形成后，会形成某个既得利益集团，他们对现在的制度有强烈的要求，只有巩固和强化现有制度才能保障他们继续获得利益，哪怕新制度对全局更有效率。对个人而言，一旦人们做出选择以后会不断地投入精力、金钱及各种物资，如果哪天发现自己选择的道路不合适也不会轻易改变，因为改变会使得自己在前期的巨大投入变得一文不值，这在经济学上叫沉没成本。沉没成本是路径依赖的主要原因。

诺斯的制度变迁轨迹理论来自布雷恩·阿瑟（W. Brain Arthur）关于经济系统运行有自我增强机制的观点。阿瑟考察了技术演变过程后指出，一项新技术刚出现时对于社会总是报酬递增的。它在初始阶段的效益可能很高，可以带来某项生产成本的明显下降。利益的驱动使很多人采用并模仿这种技术，相应的配套技术也会随之诞生。这种技术得到配套技术的支持以后，构成一种整体的协调效果。它在扩散中被放大，因而得到流行。一旦这种技术在市场流行起来，人们相信它会进一步流行，从而更坚信这种技术。此时这种技术的路径依赖形成。这种路径依赖虽然有人们的推动，但本质上是该项技术“自我增强”的结果，因为没有外在力量强迫社会一定要选择这项技术。通常，新技术都可能是报酬递增的，在正反馈的作用下，这项技术被锁定，竞争者被排除。一种技术得以流行，而其他技术被埋没的原因之一是所谓“占先”优势。一种新技术出现时，刚好被人们所认识，并被人们主动推广，就有可能形成发展的轨迹。而其他技术虽然也出现了，尽管可能是更好的技术，但没有机会进入流行的轨道，就可能失去流行的机会。因此，路径依赖的形成多少有点偶然的意味，体现的是“当前的可能性与先前一系列事件（部分是偶然的）的结果之间的联系”。路径依赖有不同的表现方式。一种情况是某种初始制度选定以后，具有报酬递增的效果，促进了经济的发展，其他相关制度安排向同方向配合，导致有利于经济增长的进一步的制度变迁，这是一种良性的路径依赖。另一种情况是某种制度演变的轨迹形成以后，初始制度的效率降低，甚至开始阻碍生产活动，那些与这种制度共荣的组织为了自己的既得利益而尽力维护它，此时社会陷入无效制度，进入了“锁定”（Lock－in）状态，这是恶性的路径依赖。

根据以上分析我们可以得出结论，打破“锁定”，避免陷入恶性的制度陷阱固然是政府的重要任务，但是维持有效的制度也是现实的需要。因此，发动制度变迁和保持制度的均衡都是合理的，只是分别发生在不同的时候。由此可见，变迁不是绝对的，多重均衡一多种结论都是可能的，结果是不确定的，衡量一种制度变动的一个重要标准是这种变动是否有利于经济的增长。变迁的方向也并非只有一个，打破“锁定”和维持良性的路径依赖都是可取的制度变迁方向。结合“大别山试验区”的情况，具体策略将在路径选择部分加以分析。

五、钻石模型理论

钻石模型是由美国哈佛商学院著名战略管理学家迈克尔·波特（Michael Porter）在他1990年出版的《国家竞争优势》一书中提出的，即“波特钻石理论”。该书首次以“国家钻石模型”来分析一国特定产业是否具有竞争力，这是一个分析产业竞争力较成熟的理论框架。该理论认为，决定一个国家某种产业竞争力的主要因素包括生产要素、需求状况、相关与支持产业及企业战略、组织结构与竞争状况。

第一，生产要素。指一个国家在特定产业竞争中有关生产方面的情况，可分为初级要素（如国土面积、地理位置、人口数量等）和高级要素（如基础设施、人力资源、知识资源等）。

第二，需求状况。指本国市场对该产业所提供的产品和服务的需求如何，包括：国内购买者需求结构与特征、需求规模和需求增长方式及国内需求的国际化。

第三，相关与支持产业。指该产业的上游、下游或相关产业的竞争力情况，上下游产业及相关产业的优势将构成有利的外部环境和信息环境，通过发挥群体优势及拉动互补产品的需求，从而对某一产业起到相互促进、扩大优势的作用。

第四，企业战略、组织结构与竞争状况。指企业建立、组织和管理的环境及国内竞争的性质。

此外，钻石模型中还存在两个间接的影响因素，即机遇与政府。机遇指企业能否借助偶发事件，形成和提升产业的竞争优势。政府指政府的政策与其他各因素的相互影响关系。以上六因素共同构成了完整的“钻石模型体系”。波特认为，竞争优势是动态变化的，是会随着时间发生变化的；影响竞争优势的各个因素也是动态变化的。要想获得竞争优势，就必须使得整个菱形图相互作用、相互影响，处于一种动态运作之中，这些要素的相互作用，形成钻石模型，如图1－2所示。

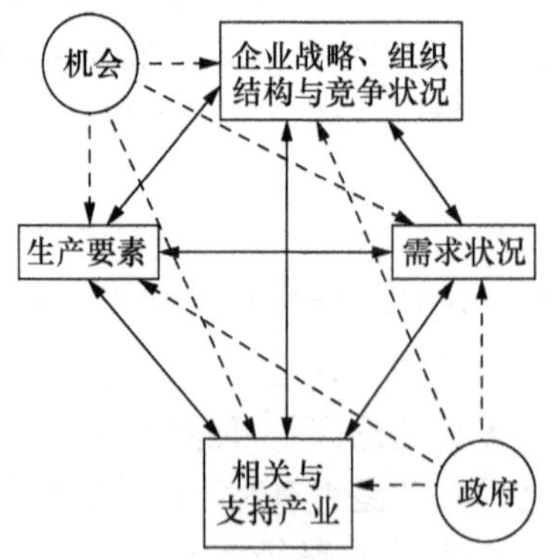

图1－2　波特的钻石模型

在实际经济分析中，钻石模型越来越被学者们作为“经济分析范式”，运用于不同产业的国际竞争力分析。由于影响我国农业竞争力的因素相对复杂，波特钻石模型为我们找到了分析的依据。

第三节 本书的结构与内容

第一章为绪论，梳理了“大别山试验区”的提出过程，指出研究“大别山试验区”可持续发展路径的目的与意义，分析了本书研究的理论基础以及目前尚存在的不足之处。

第二章为相关研究文献综述，对与“大别山试验区”可持续发展紧密相关的理论进行分析评价，重点探讨了关于农业竞争力、新型工业化竞争力、旅游产业竞争力与区域可持续发展的相关研究现状。

第三章为“大别山试验区”产业结构与经济发展现状分析，首先厘清产业结构的含义及演变规律，在此基础上梳理“大别山试验区”产业结构的演进过程。其次分别从纵向和横向两个维度对“大别山试验区”的产业构成进行对比分析。再次依次运用产业结构偏离度指标、比较劳动生产率指标、二元对比系数指标、二元反差指数指标从数量方面对“大别山试验区”产业结构进行进一步分析。最后对“大别山试验区”经济结构存在的问题如现代农业发展基础薄弱、条件不足产业具有趋同性，主导产业作用不明显；城乡经济发展差距大，二元结构矛盾突出；区域经济发展差异大，不平衡问题严重等方面进行了剖析。

第四章为“大别山试验区”生态可持续发展现状评价，重点对“大别山试验区”的可持续发展现状进行分析，将能值理论与生态足迹理论相结合，基于改进的能值—生态足迹模型对“大别山试验区”的能值生态足迹与能值生态承载力进行测算。

第五章为“大别山试验区”农业竞争力分析，着重对“大别山试验区”相关产业发展的竞争力进行研究，分别运用定性和定量分析，对其现代农业、新型工业以及旅游业的发展竞争力进行阐述和评价。分析了农业作为“大别山试验区”的民生产业和基础产业的重要性，运用钻石模型分析其竞争力现状，并基于层次分析法构建了农业综合竞争力综合评价指标体系，将湖北省相关县市的农业综合竞争力进行综合得分的测算和比较。同时，重点梳理了作为“大别山试验区”核心的黄冈市的旅游资源，在运用定性和定量对其旅游竞争力评价的基础上，提出当前旅游产业发展存在的问题。

第六章为“大别山试验区”城镇化与新型工业化现状分析，从城镇化与新型工业化的内涵与关系入手，分析了“大别山试验区”走新型城镇化与工业化道路的必要性。尝试建立评价指标体系对黄冈市新型工业化发展程度进行评价，得出的结论认为，黄冈市新型工业化发展水平正处于由初期向中期过渡的阶段。

第七章为"大别山试验区"旅游产业竞争力分析，主要通过构建旅游产业评价指标体系及标准，来测评"大别山试验区"的旅游产业竞争力。先从旅游产业的界定和统计口径入手，分析了"大别山试验区"发展旅游产业的政治、经济、社会和旅游效应，在此基础上运用波特的"钻石模型"，从生产要素、需求条件、相关支持性产业、产业战略及政府政策五个方面对"大别山试验区"范围内的18个县市的旅游产业现状进行了分析，然后构建了旅游产业综合竞争力评价指标体系和标准，运用层次分析法对"大别山试验区"内的核心城市——黄冈市进行了测评，并给出了黄冈市旅游产业竞争力的现实评价。"大别山试验区"内有着丰富的红色旅游资源、多样的名人文化资源、多彩的生态绿色资源和完好的古代人文资源，但其旅游产业的发展却差强人意，竞争力不足。特别是伴随着区域旅游产业的迅猛发展，旅游市场的竞争越来越激烈，在此背景下，如何提升"大别山试验区"旅游产业的竞争力成为一个不得不正视的议题。本章从试验区范围的旅游产业入手，在分析"大别山试验区"发展旅游业意义的基础上，运用波特"钻石模型"对试验区范围内旅游产业发展现状进行分析，并构建定量的"大别山试验区"旅游产业竞争力评价模型，提出其优化发展的对策。

第八章为"大别山试验区"农业信息化建设评价，为适应新型工业化、城镇化、农业信息化、农业现代化同步发展的要求，同时为准确把握"大别山试验区"农业信息化建设现状，从而指出其中存在的问题，本章在遵循评价指标体系构建原则的基础上构建"大别山试验区"农业信息化建设综合评价指标体系，然后以湖北省农业科研机构、政府机关和高等院校的专家咨询数据作为支撑，运用层次分析方法（AHP）确定"大别山试验区"农业信息化建设综合评价指标体系中各项指标的权重，最后在对"大别山试验区"涵盖的18个县（市、区）的调研数据进行整理、分析的基础上利用模糊综合评价方法对"大别山试验区"农业信息化建设情况进行综合评价，结果得出"大别山试验区"农业信息化建设整体处于低水平，并对造成这种低水平的原因进行了剖析。

第九章为"大别山试验区"与其他革命老区发展模式比较，前几章主要从纵向的角度分析了"大别山试验区"的产业结构和现状，特别是着重其生态、农业、城镇化和新型工业化、旅游业、农业信息化等细分领域，而本章主要从横向角度对比其他革命老区的发展模式，从而在比较优势中汲取经验。同为革命老区，但发展路径不尽相同，本章选取了具有典型代表的"井冈山红色旅游发展模式"和"临沂城乡统筹发展模式"，深刻剖析了两大革命老区该模式提出的背景、发展历程、模式内涵、发展成效和经验启示，并结合"大别山试验区"的

实际情况，从比较优势和比较劣势的角度进行了对比分析，从而针对性地提出了“大别山试验区”的发展对策。

第十章为“大别山试验区”可持续发展路径选择，在基于对“大别山试验区”产业结构与经济发展、现代农业发展、新型工业化及城镇化建设、特色旅游发展、信息化建设、生态文明建设等方面进行介绍、分析、测算和评价的基础上，结合“大别山试验区”实现可持续发展所要完成的主要任务，本章将围绕“大别山试验区”在产业结构与经济发展、现代农业发展、新型工业化及城镇化建设、特色旅游发展、农业信息化建设、生态文明建设等方面存在的主要问题，来开展“大别山试验区”可持续发展的路径选择研究，并期望通过这些路径的贯彻和落实促进“大别山试验区”农业现代化、新型工业化、城镇化、农业信息化的协调发展，最终实现“大别山试验区”的可持续发展。

第四节 本书的创新点与不足之处

一、创新点

第一，理论应用上的创新。目前已有研究大都是运用“钻石模型”来评价农产品国际竞争力，将其运用到区域农业竞争力评价的研究相对较少。本书立足于区域优势理论，对波特的“国家钻石模型”进行扩展，建立产业竞争力分析框架，考察“大别山试验区”现代农业、新型工业和服务业竞争力，为“大别山试验区”经济发展路径选择提供可以借鉴的依据。

第二，竞争力评价方法的创新。运用定性与定量分析相结合，对“大别山试验区”的现代农业、新型工业和旅游业的竞争力进行评价，并尝试性提出发展大别山旅游的新模式及发展“红色大别山、绿色大别山、发展大别山、富裕大别山”的具体措施。

第三，发展路径的探索。尝试性提出“大别山试验区”进行土地流转机制创新和生态补偿机制创新的思路，为“大别山试验区”的发展提供思路。

二、不足之处

本书拟解决的关键问题是围绕湖北省委、省政府提出的“红色大别山，绿色大别山，发展大别山，富裕大别山”这一总体目标，结合“大别山试验区”经济发展现状，挖掘适合“大别山试验区”经济发展的可选路径。力图运用波特的“钻石模型”对“大别山试验区”的现代农业、新型工业、现代服务业竞争力进行研究分析，找到“大别山试验区”的优势所在，探索进一步加强“大别山试验区”发展的基本思路和具体对策。

作为开创性的研究课题，“大别山试验区”发展路径研究是一项系统工程，它本身对研究者的理论素养和地区的实际了解情况要求很高。限于研究组成员实地考察涉猎面有限，加之在时间和资料来源方面的限制，笔者在进行研究分析的过程中，对部分观点论证不够充分，日后将继续深入探索，以期在如何促进“大别山试验区”生态与经济协调发展的问题上，提出更加有的放矢的选择路径，并逐步补充完善。

第二章　相关研究文献综述

本书拟从“大别山试验区”内产业发展的角度探讨其发展路径，因此有必要对相关产业理论研究现状进行梳理，以使后文对“大别山试验区”农业现代化、新型工业化以及现代服务业发展路径的探讨更加清晰和有据可循。

第一节　区域农业竞争力研究综述

区域农业竞争力研究涉及经济学、管理学、生态学、农业科学等多个学科领域，结合“大别山试验区”农业发展特点，本书仅对与区域农业竞争力密切相关的理论与评价方法进行阐述。

一、区域农业竞争力来源的基础理论

（一）要素禀赋论

1. 要素禀赋论的解释

要素禀赋论指赫克歇尔—俄林理论，又称要素比例学说。该学说是由赫克歇尔第一个提出基本论点，由俄林系统创立的。它通过对相互依存的价格体系的分析，用生产要素的丰缺来解释国际贸易的产生和一国的进出口贸易模型。依照要素禀赋理论，一国应出口的是它需在生产上密集使用该国相对充裕而价格低廉的生产要素生产的产品，应进口的是它需在生产上密集使用该国相对稀缺而价格昂贵的生产要素生产的产品。换句话说，劳动要素丰富的国家应出口劳动密集型产品，进口资本密集型产品；资本丰富的国家应出口资本密集型产品，进口劳动密集型产品。

2. 要素禀赋差异对区域农业竞争力的影响

农业对自然资源的依赖性较强，不同地区的地理位置、气候条件等要素禀赋的差异对农业布局有很大影响。

首先，表现在农业对区域自然条件的依赖性。某些作物只适应在个别地区生长就是最典型的例子，如苹果适合在北方生长，而柑橘、香蕉适合在南方生长。

其次，表现在农业所依赖的区域自然资源的空间异质性。由于地理位置和地形地貌等的差异，各区域自然资源在数量和质量方面存在较大差异，这种先天的资源差异必定影响农产品品质、规模、成本和价格，进而决定了区域后天的农业竞争力。

最后，表现在自然资源匹配程度对农业区域竞争力的影响。自然资源的匹配包括数量上的匹配、时间上的匹配和空间上的匹配三个方面，数量上的匹配程度指自然资源的数量比例，如水和土地、水和热量、光照和土地、光照和热量等之间的数量匹配程度，时间上的匹配程度指自然资源在时间分布上的协调，如降水、光照和热量在季节上的匹配，空间上的匹配是指特定农业区域的各种自然资源在数量上的匹配和季节上的分布。农业不仅对自然资源的数量与质量有很强的依赖，而且对自然资源在数量、时间和空间上的匹配也有很高的要求。不同区域自然资源匹配状况的差异，对农业生产的类型、农业生产规模、农产品品质、农业劳动生产率、土地利用率、农产品成本和价格均造成重大影响，从而决定区域农业竞争力水平。

（二）区位经济理论

1. 区位经济理论的解释

区位经济理论是关于人类经济活动的空间分布及空间中各类要素的相互关系的学说。主要是研究人类经济行为的空间区位选择及空间区位内经济活动优化组合的理论。区位理论主要有农业区位理论、工业区位理论、中心地理论和城市空间结构理论。这一理论最早由德国古典经济学家杜能提出，1826 年发表的《孤立国》，关键概念有农地使用、位置租金等。杜能从一个假想的、地理上孤立的城市出发，分析如何决定城市外围均质土地上的作物种植，实际上是系统考虑了农业生产的区位问题。他推导出著名的"杜能圈"，解释了地租、位置和资源配置。他分析的目的是确定基于运输费用的最优农地使用。杜能"孤立国"理论的前提有以下几个：

第一，存在一个与外界隔绝的"孤立国"，它是一个天然均质的大平原。在"孤立国"内只有一个城市，且位于平原中央，城市周围是农村和农业用地。各地农业发展的土壤、气候等自然条件都相同。

第二，城市是"孤立国"中农产品的唯一销售市场，而农村则靠该城市供给工业品。

第三，"孤立国"内唯一的交通工具是马车，它是城市与农村间联系的唯一交通工具，运费按马车运价计算。

第四，农产品的运费与其重量及从产地到市场的距离成正比。

第五，农业经营者以获取最大利润为目的，并根据市场供求关系调整其经营品种。区位理论的发展为农业区域竞争力的研究提供了更为广泛的理论基础和支撑。

2. 区位经济理论对区域农业竞争力的影响

首先，不同的区位条件决定了区域农业发展具有不同的外部环境，也就决定了区域农业发展利用市场的便利程度。区位条件越优越的地方，越容易抢先占领市场，并产生巨大的市场需求，从而使该区域具有较强的农业竞争力；反之，不利的区位条件则使区域农业发展处于市场边缘，离消费市场较远限制了农业的规模和效率且运输费用相对较高，这可造成该区域农业竞争力的弱化。

其次，区位通过影响区域农业的布局、区域农业发展的市场环境、区域内外农业资源的整合来影响区域农业竞争力的形成及水平。如果区域具备优越的市场环境，供需双方的需求信息能及时得到沟通和传递，农业生产环节和营销环节的有效连接能提高农业产业的获利能力，就能增强农业产业的竞争力。在缺乏自然资源优势的区域，区位优势的作用更是至关重要。可以通过区位优势加速人、财、物的流动，聚集资金、技术和信息等现代生产要素，发展特色农业和生产高附加值的农产品，以满足更高层次的需要。这种区域因为农业生产具有个性化，特色鲜明，反倒不易被模仿，可以独占市场，再加上便利的运输、低廉的运输成本和快捷的信息等，这类区域的农业竞争力得以显著增强的潜力巨大。

（三）竞争优势理论

1. 竞争优势理论的解释

20 世纪 90 年代初，著名产业竞争力研究专家、美国哈佛大学工商管理学院教授迈克尔·波特经过对许多国家的产业的国际竞争力研究后，以产业结构“五力竞争”模型为基础，逐步形成了适应经济全球化环境产业国际竞争力分析框架和方法，即所谓的波特钻石模型理论（Michael Porter，1990）。该理论认为，决定一个国家的某种产业竞争力的有生产要素、需求条件、相关产业和支持产业、企业组织战略及同业竞争四个因素。波特认为，这四个要素具有双向作用，形成钻石体系。在四大要素之外还存在两个辅助要素，即政府与机会。机会是无法控制的，政府政策的影响是不可漠视的。竞争优势理论的提出为农业竞争力研究拓展了一个崭新的研究思路。

2. 竞争优势理论对区域农业竞争力的影响

波特在 1990 年出版的《国家竞争优势》中构建的国家竞争力“钻石模型”，突破了各种比较优势理论的分析方法，为竞争力理论的研究做出了突出贡献，为产业竞争力研究提供了新的理论分析范式。在他对于国家竞争优势的解释中，认为要素条件、本国需求条件、相关和支持产业以及企业战略、结构与竞争状态这四个因素对于竞争力的形成极为重要。此外，政府和机遇作为两个辅助因素影响着上述四个因素，也对产业竞争力产生影响。波特认为，这六个方面的因素相互影响、相互加强。波特的“钻石模型”对于产业竞争力的研究相比于其他学者相对完善，他的分析方法突破了各种比较优势理论的分析方法，为后来的研究工作提供了新的理论分析范式，后续许多对于产业竞争力的研究都基于此模型。本书后续对"大别山试验区"农业区域竞争力的分析即基于此模型。

二、区域农业竞争力评价研究现状

在国际农产品市场竞争日益加剧的背景下，区域农业竞争力研究正成为当前我国农业经济研究的热点之一。截至2014年8月25日，以"区域农业竞争力"为关键词，定位中国学术文献总库进行全文检索，近十年共有文献3925篇，按年度分配，呈现以下状态，见表2-1。

表2-1 关于"区域农业竞争力"研究的文献分布

年份	2014	2013	2012	2011	2010	2009	2008	2007	2006	2005
篇数	159	516	544	464	384	381	395	376	344	362

已有文献分别从区域农业竞争力的内涵和影响因素、一般分析框架、评价指标体系以及提高区域农业竞争力对策建议方面进行探讨。然而，由于专业背景和研究角度差异，不同学者对区域农业竞争力的理解不尽一致。波特在《国家竞争优势》一书中指出：所谓区域农业竞争力，是指一个区域利用农业自然资源优势、基础设施和其他发展条件，组织职能部门和农业机构确定发展方向，优化生产要素，调整农业结构，改善经营方式，开拓产品市场的能力。

值得一提的是，研究区域农业竞争力问题，先要解决其评价问题。因为如果没有对区域农业竞争力现状的准确把握，要想提出有针对性的对策建议基本上是不可能的。因此，本部分拟主要对区域农业竞争力的评价研究进行梳理，以期为"大别山试验区"农业竞争力评价提供依据。

从研究层面上来看，对区域农业竞争力的研究主要集中在省级层面，钟锡石、胡麦秀（2014）运用赣、鄂、皖、川和滇的数据，对湖南省农业产业区域竞争力进行了分析。於飞燕、周彬等（2014）以浙江省奉化市为例，探讨了休闲农业竞争力的提升路径。王晓蓉（2013）基于主成分—聚类分析研究了山东省区域农业竞争力。苏静（2013）对河南省农业竞争力区域差异进行了系统聚类分析。曹执令（2012）研究了湖南省区域农业竞争力。陈恭军等（2007）对江苏省区域农业竞争力的因子分析进行了研究。蔡婕萍（2010）、林卿（2005）对闽台区域农业竞争力进行了探讨。王雅鹏（2003）、郑会军（2010）分析了湖北省区域农业竞争力。石海红（2010）、王秋萍（2008）分析了甘肃省农业竞争力。王晓蓉（2012）、王希凡（2002）对山东省区域农业竞争力进行了实证研究。郭亚帆（2011）、衣保中等（2011）、张立伟（2012）对内蒙古区域农业竞争力进行因子分析并提出对策建议。曲磊（2012）、赵春明（2003）对山西省农业竞争力进行了评价。邱丹（2011）对鄱阳湖生态经济区农业竞争力进行了分析。曹阳等（2011）以从化市为例，从区域农业规划角度探讨了促进农业竞争力提升的思路。张争胜等（2005）分析了湛江市的农业竞争力。许恒周（2009）对江苏省各地区农业竞争力进行了评价比较。付娟（2008）基于"钻石模型"对辽宁农业国际竞争力影响因素进行了分析。蒋慧（2008）对新疆特色农业竞争力的提升路径进行了探讨。郭瑜（2010）对漳州农业竞争力进行了分析。张雪梅、吴凤娇（2007）对福建省的生态农业竞争力进行了分析。王晰、蓝勇（2007）基于"钻石模型"理论框架对湖南省农业竞争力进行了探讨。张家成、杨晓霞（2008）基于钻石模型对吉林省农业竞争力进行了研究。

从研究方法上来看，农业竞争力指标体系的构建与评价主要以波特"钻石模型"为基础。其中较具代表性的有：游士兵等（2005）构建了由农业生产要素条件、农产品需求状况、相关产业发展状况、农业经营主体竞争力和机制竞争力五个方面因素组成的测度模型；郭治方（2014）基于波特理论分析了我国绿色生态农业的竞争力；万忠等（2009）基于"钻石模型"探讨了广东区域农业特色产业发展的战略；陈卫平等（2005）从农业规模竞争力、农业效益竞争力、农业基础竞争力、农业结构竞争力、农业现代化竞争力、农业成长竞争力及农业特色竞争力七个方面选取了38项指标，对我国的31个省（市、自治区）（不包括港澳台地区）农业竞争力进行了评价，包括对综合农业竞争力及七个子要素的竞争力评价；漆雁斌（2007）则从农业生产竞争力、农业市场竞争力、农业技术竞争力、农业资本竞争力4个一级指标和17个二级指标构建了区域农业竞争力综合指标体系；刘飞翔等（2009）以福建省为例，从农业产业竞争力、农业结构竞争力、农业基础竞争力、农业投入竞争力、农业发展方式竞争力、农业科教支持竞争力、农业外向度竞争力和农业机械化竞争力八个方面构建了农业竞争力的评价指标体系，对福建省2004~2006年农业竞争力进行了综合评价，并对竞争力演变趋势进行了动态分析。李怡、赵泉民（2007）在对农业竞争力评价指标体系构建中涉及八大指标，包括农业产值、农业从业人员、农业从业人员粮食单产等，并据此将我国的农业分作四个发展阶段。庄世美（2009）认为，鉴于不同类型的农业产业间差别较大，有必要就农业产业竞争力按种植业、林业、畜牧业和渔业分列，而后按照层次分析法的思路将波特模型与农业产业的实际结合选取对应的次级指标，最终在研究中一共选取了35个相关指标体系，并据该指标体系就全国各省种植业、林业、牧业、渔业的竞争力进行了排位。郑会军（2009）在研究中设计了一套包含形成条件、竞争力水平以及发展潜力三要素共16项指标的农业区域竞争力的评价指标体系，并通过主成分分析法对31个省（自治区、直辖市）的农业区域竞争力水平进行了评判。结果显示：河北、北京等10个省市区的农业竞争力较强；黑龙江、内蒙古等10个省区的农业产业具有一定竞争力；而湖南、甘肃等 11 个省区的农业竞争力较弱。杜华章（2011）选用了 6 大类、16 个指标来构建江苏省县域农业竞争力的综合评价指标体系，测定结果显示：在县域农业竞争力综合评价得分排序上，兴化市、射阳县、大丰市列前 3 位，苏北、苏中和苏南分别有 6 个、3 个和 1 个县（市）进入前 10 位。张争胜、周永章（2005）将竞争优势理论引用到区域农业竞争力研究，为区域农业可持续发展研究提供了新思路。他们认为，区域农业竞争力的高低不仅与农业自然资源禀赋有关，同时受农业部门、农业企业集团或农户的经营策略、管理水平以及区域经济发展状况、政治局势与社会治安、文化环境等多种因素的制约。影响区域农业竞争力大小的因素主要来自两个方面：内部驱动因素和外部环境因素。内部驱动因素主要包括农业生产要素（自然资源、人力资源、发展资本等）、农业产业组合状况（农业运输业、农产品加工业、批发零售业等农业产业集群）、区域农业发展政策与战略（农业发展政策与规划、农业经营策略等），主要是指促进区域农业生产系统内部结构与功能协调改善的各种因素。区域农业竞争力的外部环境因素包括农产品需求状况（目标市场大小、性质与发展潜力等）、农业发展机遇（农业生产环境、市场环境以及生产要素的突然变化）等。

第二节　新型工业化研究综述

一、新型工业化内涵的研究

中共第十六次全国代表大会报告指出：“坚持以信息化带动工业化，以工业化促进信息化。走出一条科技含量高、经济效益好、资源消耗低、环境污染少、人力资源优势得到充分发挥的新型工业化路子。”中共十八大报告再次提出“坚持走中国特色新型工业化、信息化、城镇化、农业现代化道路，推动信息化和工业化深度融合、工业化和城镇化良性互动、城镇化和农业现代化相互协调，促进工业化、信息化、城镇化、农业现代化同步发展”。作为“新四化”之首的新型工业化，是我国工业化发展的新阶段，走新型工业化道路体现了我国 21 世纪经济发展战略的新选择，是我国为了迎接世界信息化的潮流而提出的工业化发展的新方向，体现了我国工业化路径的转型。那么，到底什么是新型工业化？新型工业化的“新”到底体现在哪些地方？我国学者对此进行了深入挖掘，并形成了系统的认识。

根据中共十六大报告的精神，新型工业化道路主要“新”在以下几个方面：

第一，新的要求和新的目标。新型工业化道路所追求的工业化，不是只讲工业增加值，而是要做到“科技含量高、经济效益好、资源消耗低、环境污染少、人力资源优势得到充分发挥”，并实现这几方面的兼顾和统一。这是新型工业化道路的基本标志和落脚点。

第二，新的物质技术基础。我国工业化的任务远未完成，但工业化必须建立在更先进的技术基础上。坚持以信息化带动工业化，以工业化促进信息化，是我国加快实现工业化和现代化的必然选择。要把信息产业摆在优先发展的地位，将高新技术渗透到各个产业中去。这是新型工业化道路的技术手段和重要标志。

第三，处理各种关系的新思路。要从我国生产力和科技发展水平不平衡、城乡劳动力大量富余、虚拟资本市场发育不完善且风险较大的国情出发，正确处理发展高新技术产业和传统产业、资金技术密集型产业和劳动密集型产业、虚拟经济和实体经济的关系。这是我国走新型工业化道路的重要特点和必须注意的问题。

第四，新的工业化战略。新的要求和新的技术基础，要求大力实施科教兴国战略和可持续发展战略。必须发挥科学技术是第一生产力的作用，依靠教育培育人才，使经济发展具有可持续性。这是新型工业化道路的可靠根基和支撑力。任保平（2005）在《中国21世纪的新型工业化道路》一书中指出，我国的传统工业化是在计划经济体制背景下，在封闭性的环境中利用本国资源，通过国家工业化的方式发动和推进的。世界工业化发展的新趋势在信息化、全球化和可持续发展方面均给我国的工业化带来了很大的挑战。目前世界发达国家相继完成了工业化任务，开始进入到了信息化时代。而中国经典工业化的任务还没有完成，又遇到了信息化的挑战，为了迎接信息化时代的挑战，提出了走新型工业化道路的任务。也有学者对新型工业化的“新”特征与发达国家工业化进行了比较，一致认为：我国的新型工业化是以信息化带动的跨越式工业化，以充分就业为先导，以可持续发展为基础，把公有制经济与非公有制经济相结合，以政府为主导。在实现机制上强调市场机制的作用，以政府职能得到切实转变为前提，以集约型经济增长方式为主要的经济增长方式，以完成工业化的任务和实现工业的现代化为双重目标，整个过程伴随着农业的工业化过程，以对外开放为典型特征（吕政，2003；简新华，2003；曹建海、李海舰，2003；郭克莎，2004）。也有学者结合地方实际，阐释新型工业化的内涵。潘照东（2007）、萨秋荣（2004）结合内蒙古实际情况，提出内蒙古的新型工业化是在信息化时代进行的，不同于东部发达地区，应该是一种跨越式发展的工业化。也有研究认为，新型工业化内容除了包括发展工业外，还涵盖“三农”相关内容。吕政等（2003）通过对我国传统工业化道路的经验教训的总结，认为我国在短短二三十年就基本实现了国家工业化的初步目标，建成了一个初具规模、门类齐全的工业体系和国民经济体系，也使我们付出了很高的代价。在新的历史时期，必须探索一条新型的工业化道路。黄泰岩等（2003）认为，新型工业化是中国特色的工业化道路，是基于我国新经济发展阶段、现有资源约束条件、现有就业压力和在经济全球化下求生存、求发展的必然选择。由于新型工业化道路是针对中国国情和世界工业发展趋势提出的新思想，国外对此并没有专门的研究。新型工业化是基于我国经济发展遇到来自就业、资源和环境等方面的压力，同时也面临信息技术带来的产业革命等新的历史性机遇等多方面因素进行全面综合分析的基础上所得出的结论，是科学发展观的体现。对其内涵的理解着重于提高科技含量与信息化、促进可持续发展、统筹经济发展与资源环境的关系、统筹产业升级与就业的关系，因此，我们主要从这些方面对国内新型工业化的研究现状进行梳理。

二、新型工业化与产业发展研究现状

（一）新型工业化与产业结构调整

新型工业化道路需要推进产业结构优化升级，形成以高新技术产业为先导、基础产业和制造业为支撑、服务业全面发展的产业格局（王佳锐，2011）。有大量研究结合区域产业结构调整探讨新型工业化道路，如韩翔（2003）探讨了新型工业化与江苏乡镇企业产业结构调整的思路。邱文彬（2004）、罗文等（2005）探讨了新型工业化与湖南产业结构调整问题。李宇鹏等（2009）探讨了唐山市产业结构调整与新型工业化道路。周敦卿（2013）对新型工业化进程中湖北省产业结构调整问题进行了探讨。左斌（2006）提出了通过新型工业化带动吉林省区域产业结构调整的对策。白慧仁（2005）探讨了山西新型工业化模式下能源工业结构调整问题。这些研究从不同角度对新型工业化背景下的产业结构调整问题进行了深入探讨，为“大别山试验区”新型工业化思路提供很好的参考，在此不一一而足。

（二）新型工业化与信息化

关于工业化与信息化的关系，姜爱林（2002）认为，两者是前提与发展、源泉与载体的关系。也有研究强调（林兆木，2002）是信息化带动工业化，包括：产生了信息及通信设备制造业、软件业、信息服务业等诸多新兴产业；与传统产业结合，迅速提高劳动生产率，有效地改进微观和宏观经济管理，催生新的生产经营方式和新的业态。周振华（2003）认为，信息化带动工业化体现在信息化与工业化的互动与融合。按照信息化生产方式，生产和消费规模的扩张不一定非要由高物耗来支撑，完全可以建立在低成本基础之上。关键是实现工业化与信息化的互动与融合。杨冰之（2003）从作用机理的角度研究了信息化为什么能够带动工业化。他认为信息化之所以能够带动工业化，是因为信息化能够为工业化过程提供众多的支持。主要包括技术、资源、管理和市场等多个方面，为工业化的快速发展营造了较好的外部环境和技术供给系统。信息化对工业的影响表现为学习与技术扩散过程，信息技术扩散和渗透，先进制造技术成为提高竞争力、提高效益、减少成本和持续创新的动力，同时，也导致众多产品和服务的生产方式向新模式转移，如“福特模式”被先进制造技术（如CAD/CAM、柔性制造系统）等取代。信息化还有助于解决区域经济发展不平衡和城乡经济差距大等问题。杨冰之（2003）还认为，“信息化带动工业化”既是一个普遍规律，也是我国的特色。从普遍规律上讲，信息化的发展能够影响和促进当地的工业化，即使在工业化非常发达的国家和地区也是如此，工业化的标准也将因信息化的发展而改变；作为我国的特色来讲，信息化带动工业化是在一个发展中大国这个特定的历史条件下，在全球经济一体化趋势更加明显和信息社会正在来临的历史阶段中，工业化和信息化这两个不同维度的社会进化过程同一个时期在我国重叠，而且在目前的发展中需要两步并作一步走——既要搞信息化，还必须搞工业化，它们之间的关系就是通过信息化来带动工业化。

（三）新型工业化与可持续发展

我国目前对可持续发展的研究日益增多，但真正将其融入工业化体系中的研究较少。自中共十六大提出全面、协调和可持续发展的科学发展观和走新型工业化道路以后，各部门高度重视发展方式的转变。在工业化过程中充分考虑经济发展对生态环境的不利影响，解决当前我国经济发展和资源持续利用之间的矛盾。虽然可持续发展“新型工业化道路”得到各界的一致认可（曲格平，2003），但在具体实施路径上还存在一定的差异。一些人强调科技进步和知识创新对自然资源的替代，经济发展应当考虑其对生态环境的负面作用；另一些人强调可持续发展要求形成新的经济发展模式；从对自然资源竭泽而渔的做法转向以再生能源为基础、重复或循环利用资源的经济模式（洪银兴，2003）。很多地区都是在工业化快速发展暴露问题之后才开始注意到生态环境问题，并特别强调调研地区部分行业存在的污染和重复建设问题（王锋正，2006；刘善滨，2003；胡敏谦，2004）。

总的来看，新型工业化对传统工业进行了反思和深化，这种转变很大程度上关系到社会经济的全面、协调和可持续发展，关系到我国经济发展目标的实现，是科学发展观的具体体现，为“大别山试验区”的发展提供了切实可行的发展思路。

第三节 旅游产业竞争力研究综述

一、旅游产业竞争力的界定

竞争力是经济学中的概念，在实际应用和理论研究中都受到广泛关注，一般是指竞争主体在一定时期的市场竞争中表现出来的与其他主体竞争某种资源的实力以及潜力。竞争力的概念按照范围大小分为国家竞争力、区域竞争力、城市竞争力、产业竞争力、产品竞争力等。虽然竞争力的相关研究很多，但由于竞争力的范围各异，尚未形成统一定义。

国内外关于旅游竞争力的表述存在一些差异。国外一般以旅游目的地为研究对象，旅游竞争力表述为“旅游目的地竞争力”，目的地的范围包括国家、区域、城市、景区；国内一般以旅游产业为研究对象，旅游竞争力的表述为“旅游产业竞争力”。当前理论界对于“旅游目的地竞争力”与“旅游产业竞争力”的概念还未做严格的区别，因此本章将“旅游竞争力”等同于“旅游产业竞争力”。

二、旅游产业竞争力研究现状

我国对旅游产业竞争力的研究起始于20世纪90年代中后期，1996年出版的《中国旅游业国际竞争策略》是我国较早研究旅游竞争力的文献，进入21世纪，旅游竞争力的相关研究成为一个热点议题，主要体现在如下几个方面。

（一）旅游竞争力指标体系构建方面研究

万绪才等（2001）从旅游资源与产品条件、社会经济条件、其他条件3个角度，18项细化指标，构建了区域旅游业国际竞争力评价指标层次结构模型，运用层次分析法，对江苏省各地市旅游竞争力进行了分析评价。杨英宝（2002）从城市旅游竞争业绩、城市旅游竞争力潜力、城市旅游环境竞争力3个角度，25项细化指标，运用层次分析法，对郑州市的旅游竞争力进行了评价分析。苏伟忠等（2003）从城市旅游业竞争业绩、城市旅游竞争潜力、城市旅游环境支持力和城市旅游综合竞争力4个角度，25项细化指标，构建了城市旅游竞争力评价指标体系，运用层次分析法，选取郑州与北京、南京、西安3个城市进行了对比研究。白晶（2006）从竞争业绩、竞争潜力、竞争环境支持力3个角度，41项指标，构建了城市旅游竞争力评价指标体系，运用层次分析法，对长春市进行了实证研究。丁蕾等（2006）从硬竞争力和软竞争力出发，构建了包括环境竞争力、人力竞争力、经济竞争力、设施竞争力、制度竞争力和开放竞争力7个方面，28项指标的城市旅游竞争力评价指标体系，运用层次分析模型，对南京市进行了实证研究。周海燕（2007）从影响城市旅游竞争力的各种因素出发，从核心吸引物、基础性因素、支持性因素、发展性因素、资格性因素、管理创新因素、经济市场化指数、经济均衡性指数、经济平稳性指数、城市旅游企业增长数10个方面，50项指标，构建了城市旅游评价指标体系，运用因子分析和聚类分析法对城市旅游竞争力进行了分析。王琪延、罗栋（2009）从旅游服务竞争力、城市发展竞争力、旅游产品及资源竞争力、旅游市场竞争力4个方面构建了指标体系，首次对我国4个直辖市和289个地级市的旅游竞争力进行了全面的综合评价。

（二）旅游竞争力评价方法方面研究

在旅游竞争力评价方法方面，国内研究者做了大量的研究和探索，广泛借鉴了统计学、经济学、数学、系统动力学等学科的研究成果。丁蕾、吴小根、丁洁（2006）从软竞争力和硬竞争力两个层面将城市旅游竞争力分为经济竞争力、设施竞争力、开发竞争力、环境竞争力、业绩竞争力、人才竞争力、制度竞争力7个方面构建了指标体系，运用熵技术和层次分析法进行评价。翁钢民、鲁超（2009）依据突变级数法建立旅游业竞争力评价指标体系，以西北五省为例对其旅游业竞争力进行了综合评价。李玺（2010）通过商务游客调查和专家访谈分析了城市商务旅游的特征，运用因子分析法建立了城市商务旅游竞争力评价量化模型，以广州、中国澳门、中国香港、上海4个城市或地区为例，对量化模型进行检验。吴丽霞（2013）运用计量方法，建立科学、可行的旅游产业竞争力评估模型，对河南旅游竞争力进行定量评估。

（三）旅游竞争力研究对象方面研究

研究对象涉及国际、区际、省际、省会城市、中小城市、景区等不同的范畴。朱应皋等（2004）利用竞争力综合评价模型实证研究了国际上11个旅游强国的旅游业国际竞争力。根据评价结果将11个国家分为四类，美国国际旅游竞争力最强，位居Ⅰ类；法国、西班牙、意大利次之，位居Ⅱ类，旅游业国际竞争力强；德国、中国、英国位居Ⅲ类，旅游业国际竞争力较强；加拿大、墨西哥、奥地利、希腊居第Ⅳ类，旅游业国际竞争力相对较弱。冯茂娥（2003）利用综合评价模型分析了陕西省旅游产业竞争力，并对我国的31个省、市、自治区在环境竞争力、基础竞争力、核心竞争力3个分项竞争力及旅游综合竞争力方面进行了比较，得出：北京在环境竞争力、基础竞争力方面都处于领先地位；随后是上海、广东，云南的竞争力也较高。陕西省在生态环境、旅游设施等方面的竞争力都很弱，但在旅游企业经营水平、旅游管理与服务、旅游宣传与促销3个二级指标中的得分较高，综合得分排名第12位。我国学者关于城市旅游竞争力的案例研究最多，并且主要集中于竞争力的评价与比较。鄢慧丽（2005）对武汉市的竞争力进行了实证分析，并与北京市、南京市、西安市3个城市的旅游竞争力进行了比较，得出武汉市的旅游综合竞争力位于四市之末。卫旭东、周旗（2004）提出了评价景区市场竞争力的指标体系和区域旅游“资源—市场”组合矩阵评价模型，并对宝鸡市10个主要景区进行了测评。徐喆、张立峰（2010）以吉林省9个地级市为研究对象，比较分析了城市间旅游竞争力差异和特点。

（四）旅游竞争力提升方面研究

陈兆坤（2001）提出了我国城市旅游竞争力提升存在的主要障碍和问题，并阐述了要从软环境和硬环境两方面入手提升城市旅游竞争力。伍延基（2009）提出文明旅游与旅游文明是提升国际旅游竞争力的软实力。熊经肇（2010）分析了影响陕西旅游产品竞争力提升的主要因素和陕西旅游价格竞争影响因素，并从旅游价格、旅游产品差价等方面提出提升陕西旅游业竞争力的价格对策建议。

从现有的研究看，研究内容偏重于目的地旅游竞争力综合评价模型的构建。而对构建新模型的原因，模型中指标选择的理论依据等问题，没有给出详细的说明，旅游竞争力研究的理论层次还不够深入。评价模型中权重的确定多数利用层次分析法由专家打分确定，而对专家的成员构成交代不清，所得到的指标权重及评价模型很难让人信服。从模型构建的结果看，学者之间从选择的指标到指标的权重存在较大的不同，很少有学者从理论上进行分析差异的原因。

从研究方法来看，有关区域旅游竞争力纯理论的研究已经有所减少，而通过评价体系的建构进而提出综合性的提升策略的研究逐渐增加，并且此种研究多数以理论分析后附上具体案例的形式进行，这也证明可行性研究正在逐步增强。然而，在旅游竞争力研究的过程中依然存在着一些问题：

首先，研究偏重于个案分析，缺乏普遍性指导意义。

其次，国内的个案研究有着强烈的地方本位主义色彩，主观愿望强烈，口号性语言使用较多，缺乏理论创新。

最后，研究更倾向于衡量发达地区的旅游竞争力，考察中西部地区、民族地区等具有独特性资源优势的区域的旅游竞争力的则几乎没有。

第四节　区域可持续发展研究综述

一、国外关于区域可持续发展的研究

国外关于区域可持续发展的研究，主要经历了以下三个阶段。

（一）20世纪50年代至70年代末

这个阶段，可以看作是国际上关于区域可持续发展研究的萌芽阶段。以《寂静的春天》和《增长的极限》为代表。这一时期，全球经济进入高速发展的繁荣阶段，随之而来的，是森林毁坏、农田沙漠化、河流与大气污染等严峻的问题。尤其是在20世纪中叶发生的“八大公害”事件，震惊世人，同时也敲响了让人类重视环境问题的警钟。诸多科学家分别从环境保护以及资源的高效利用方面进行探讨，在此类研究中，隐含了为可持续发展概念诞生奠定认识论基础的可持续思想。1962年，美国生物学家米切尔·卡逊（Rachel Carson）的科普著作《寂静的春天》出版，标志着环境保护与生态学发展的新纪元。以米都斯（Meadows）等为首的罗马俱乐部成员提出了一份轰动世界的研究报告《增长的极限》，该报告认为，如果世界人口、工业化、污染及资源消耗等以继续增长的

趋势发展下去，后果不堪设想。之后更多的专家学者加入到关于经济发展与资源环境关系问题讨论的行列中。这些都为可持续发展理论的提出奠定了基本的理论基础。

（二）20 世纪 80 年代至 90 年代初

这个阶段，可以看作是国际上关于区域可持续发展研究的初始阶段。以《我们共同的未来》为代表，可持续发展这一词汇备受世人瞩目。1987 年，在《我们共同的未来》一书中正式提出了可持续发展的模式，即既满足当代人的需要，又不对后代人满足其需要的能力构成危害的发展。1992 年的《里约热内卢环境与发展宣言》和《21 世纪议程》把可持续发展由理论和概念推向行动，从而使可持续发展理论在国际社会得到空前的认可。在这一阶段，人们对可持续发展定义不一，但多数可持续发展定义主要涉及以下三个方面：一是可持续发展是以“人”为中心的发展；二是可持续发展的基本要求是经济、社会与环境的协调发展；三是可持续发展的模式是重视公平的模式。

（三）20 世纪 90 年代至今

这个阶段，可以看作是国际上关于可持续发展研究的丰富发展阶段。这一阶段的研究体现了三个方面的特点：一是着眼于全球、强调区际和国际联合行动；二是着眼于第三世界国家结构调整、环境与可持续发展；三是着眼于环境保护与生态平衡的研究。区域可持续发展的指标体系更成为各国理论界和实践界的专家和学者关注的焦点。

二、国内关于区域可持续发展的研究

国内关于可持续发展的研究基本上与国际上是保持一致的，以马世骏、牛文元为代表的一些学者积极投身于研究适合我国国情的可持续发展理论与方法。1983 年，马世骏和牛文元一道参与联合国起草全球可持续发展的纲领性文件：《我们共同的未来》（布伦特兰报告），成为中国最早投入可持续发展领域的先锋与开创者，并以“一马一牛”的称号享誉学术界。1992 年 6 月，联合国环境与发展会议在巴西里约热内卢召开，会议通过了《里约热内卢环境与发展宣言》、《21 世纪议程》、《关于森林问题的原则声明》等重要文件，并开放签署了《气候变化框架公约》和《生物多样性公约》，充分体现了国际社会解决环境与发展问题和全球重大环境问题的决心，体现了人类社会可持续发展的新思想。尤其是《21 世纪议程》，成为指导各国制定和实施可持续发展战略的纲领性文件。我国政府高度重视《21 世纪议程》，李鹏出席会议，并表达了中国政府将认真履行国际义务的决心。

联合国环境与发展会议之后，我国国务院环委会与多方组织共同努力，经广泛征求国务院各有关部门和中外专家的意见，在初稿的基础上，于 1993 年 9 月，编制完成《中国21世纪议程》的修改稿。自此，中国就把可持续发展战略作为国家的基本战略，各级地方政府也都把实施可持续发展战略作为本地经济社会发展的一个重要战略。时至今日，我国关于区域可持续发展的研究工作主要集中在区域可持续发展的评价指标体系研究、区域可持续发展的能力建设研究、区域可持续发展的试验区研究这三大方面。郭晓娜等（2014）以陕西省为例，基于改进生态足迹因子对区域可持续发展进行动态评估。侯杰（2014）构建了我国区域经济可持续发展的评估体系并进行了实证研究。马明辉（2014）探讨了甘肃省区域经济可持续发展的路径。盛业旭等（2014）以江苏省南通市为例，基于能值—生态足迹修正模型分析了区域可持续发展状况。孙雪等（2013）以山东省为例，分析了区域可持续发展水平的时空差异。王志杰等（2013）运用能值—生态足迹对我国区域可持续发展状态进行了比较。刘玉等（2003）分析了我国区域可持续发展评价指标体系并进行了态势分析。段澈（2005）建立了区域可持续发展评价指标体系并进行了综合评价。徐田伟（2009）探讨了构建可持续发展战略环境评价指标体系的方法。1986年以来，我国开始开展社会发展综合试验区工作；1992年，国家提出了在总结试点工作的基础上，逐步建立一批社会发展综合试验区的要求；1994年，国家第一次提出了“实施可持续发展战略，推进社会发展综合试验区建设”的意见，要求各试验区率先实施《中国21世纪议程》，把试验区办成实施《中国21世纪议程》的基地。国家级生态示范区的建设，是可持续发展试验区建设的一个重要类型。根据国家计委组织编制的“全国生态建设规划”的总体要求，生态示范区建设大体分为三个阶段进行：1996～2000年，为试点建设阶段，在全国建立了50个生态示范区；2000～2010年，为重点推广阶段，将在全国选取300个区域进行重点推广，建成350个各种类型、各具特色的生态示范区；2010～2050年，为普及推广阶段，继续在全国广大地区推广示范区建设，使示范区的总面积达到国土总面积的50%左右。生态示范区是实施区域可持续发展战略的最基本的经济社会形态，是可持续发展思想的集中体现。

第三章　“大别山试验区”产业结构与经济发展现状分析

第一节　“大别山试验区”产业结构演进过程

“大别山试验区”地处湖北省经济欠发达地区，其产业结构演变尽管正朝着合理化的方向迈进，但和全国整体产业结构的情况相比，差距依旧明显，因此，“大别山试验区”的产业结构演进任重而道远。

一、产业结构的含义及演变规律

从发展经济学的角度讲，产业结构（Industrial Structure）是指各产业部门之间、各产业部门内部之间、各行业及企业之间的构成及相互制约的联结关系。产业结构有狭义和广义之分。狭义的产业机构仅指产业间的关系结构，广义的产业机构不仅包括产业间的关系结构，还包括产业间不同企业间相互关联的结构。产业结构的实质是社会生产力的空间结构，也是国民经济发展的空间结构。

目前国际上通用的产业分类是三分法，即把社会经济部门划分为三次产业。费希尔、科林·克拉克、库兹涅茨等均对三次产业的划分做出了研究和贡献。我国从20世纪80年代中期也开始采用三次产业划分法，具体的划分情况是：第一产业包括农、林、牧、副、渔，第二产业包括工业和建筑业，第三产业包括所有其他部门。

威廉·配第在对英国不同产业的人均收入研究后发现：由于产业间相对收入差距明显，所以会导致劳动力从低收入产业向高收入产业流动。具体来说，劳动力先由农业向工业流动，然后再由工业向商业流动。科林·克拉克在配第研究的基础上，提出了产业结构演变的一般规律，即“配第—克拉克定理”，其内容是：随着经济的发展和人均国民收入水平的提高，劳动力先由第一产业向第二产业转移；当人均收入进一步提高时，劳动力便由第二产业向第三产业转移。

二、“大别山试验区”产业结构的演进过程

“大别山试验区”自2011年2月被正式提出并上升为湖北省省级战略以来，吸引了社会各界的目光。学术界也在积极研究和探讨如何加快“大别山试验区”产业结构转型，以实现“大别山试验区”经济大发展、大繁荣。

通过对“大别山试验区”所涵盖的18个县市区的产业结构进行研究和梳理后发现：由于“大别山试验区”地处革命老区，条件相对恶劣，导致“大别山试验区”产业结构的演进和更迭进程慢于全国整体水平，这种状况也在很大程度上束缚了“大别山试验区”整体经济结构的优化，拉大了“大别山试验区”与全国整体经济发展水平之间的差距。自新中国成立以来，“大别山试验区”的产业结构演变主要经历了以下几个阶段：

第一阶段，从新中国成立后到改革开放前，这一时期从整体上看尽管第一产业在整个国民经济中占很大比重，如1978年我国三大产业比重为28.2∶47.9∶23.9，但“大别山试验区”的产业结构变化还是远落后于我国总体水平。由于交通不发达、经济发展条件相对滞后，导致“大别山试验区”基本处于封闭的、自给自足的农业经济时代，属于典型的传统经济社会，其间第一产业所占比重在50%以上，而第二产业和第三产业所占比重较小，产业结构严重不合理，由此造成的不良后果严重束缚了“大别山试验区”的经济发展，不仅没有缩小与全国整体水平的经济发展差距，反而使“大别山试验区”与全国整体经济发展的差距越来越大。

第二阶段，改革开放后到20世纪90年代末，这一时期在改革开放基本国策的指引下，在允许一部分人先富起来的政策带动下，“大别山试验区”逐渐意识到工业化在经济发展过程中的重要作用，采取各种措施和有力手段加快工业化发展，整个试验区的产业结构发生了可喜的重大变化，即农业在国民经济中所占比重明显降低，由前一阶段的50%以上下降到30%以下，而工业在国民经济中所占的比重也有较大提升，占到了40%以上。“大别山试验区”经济发展逐步向工业化初期过渡，并最终完成向工业化初级阶段的过渡。由于黄冈市覆盖了整个“大别山试验区”18个县市区当中的11个，以黄冈市为例，1999年三大产业构成比重为28.0∶43.7∶28.3，和前一阶段的产业结构相比，第一产业比重的下降和第二产业比重的上升还是非常明显的。这一时期“大别山试验区”的产业结构演变从整体上看在朝着合理化的方向发展，即第一产业在试验区经济中所占的比重逐步下降，第二产业在试验区经济中所占比重有所提高并逐步趋于稳定，第三产业比重则在持续上升。从全国的情况看，这一时期全国整体的产业构成已由1978年的28.2∶47.9∶23.9演变为1999年的16.5∶45.8∶37.8，所以和全国整体的产业结构演变相比，尽管“大别山试验区”的产业结构有所改善，但和全国

的差距依然明显，主要表现在第一产业的比重仍然偏高，而第三产业的比重仍然偏低。

第三阶段，21 世纪以来，这一时期随着我国社会主义市场经济体制的不断完善，我国产业结构呈现出不断升级和优化的良好态势，三大产业比重由 2001 年的 14.4∶45.2∶40.5 演变为 2013 年的 10.0∶43.9∶46.1，2013 年我国三大产业比重首次实现了第三产业比重超过第二产业，产业结构发生了质的演变。在全国产业结构优化的带动下，“大别山试验区”的产业结构也正在经历逐步优化的过程。从前一阶段的工业化初级阶段逐步向工业化中期过渡。与此同时，随着农业劳动生产率的不断提高，农业剩余劳动力逐步增加，带动了“大别山试验区”第三产业的发展。从各个产业的内部结构看，第一产业内部逐步由传统农业向现代农业过渡，第一产业内部经济作物的比重明显上升；第二产业开始由低效率工业向现代工业过渡；第三产业取得一定发展，但在国民经济中所占比重仍然没有明显提高，结果使得“大别山试验区”（不含黄冈市龙感湖区和孝感市双峰山旅游度假区）产业结构中三大产业比重由 2001 年的 24.3∶43.5∶32.2 演变为 2012 年的 22.5∶45.7∶31.8，这一演变过程继续使得第一产业所占比重下降，第二产业比重有所上升，但第三产业所占比重没有明显变化，说明“大别山试验区”的产业结构还远未达到合理化的程度。从横向上看，和全国的产业结构相比，“大别山试验区”的产业结构仍然显得很不合理，第一产业所占比重仍然相对过高，而第三产业所占比重则相对过小，还没有促成第三产业成为试验区产业结构中比重最大的产业部门。因此，“大别山试验区”的产业结构演进尽管取得了可喜的成绩，但仍然要加快产业结构演变，采取各种有力措施充分发挥后发优势，以赶上并超过全国整体经济发展水平，从而实现“大别山试验区”经济的又好又快发展。

第二节 “大别山试验区”产业构成对比分析

改革开放以来，我国经济发展取得了举世瞩目的成就。2013 年，我国经济总量已达 568845 亿元，比 2012 年增长 7.7%，经济总量居全球第 2 位，第三产业所占比重首次超过第二产业。但就我国内部各地区经济发展情况而言，地区经济发展存在较大的差异性和不平衡性。东部沿海地区经济发展已经实现了由不发达向发达的历史性跨越。但就我国中西部地区来说，由于各方面因素的限制，经济发展水平远低于东部发达地区，这一状况对于社会主义和谐社会建设和全面建设小康社会的推进，都是极为不利的。因此，近年来国家加大了对中西部地区经济发展的扶植力度，通过发布各种政策、出台各种措施等手段，千方百计对中西部地区经济结构进行调控，尤其是对于革命老区的经济发展和经济结构调控，更是给予了政策上的倾斜。就"大别山试验区"而言，可以说从21世纪开始，才真正进入了经济快速发展阶段，产业结构也逐步走向优化。接下来将分别从纵向和横向两个维度对"大别山试验区"产业结构的变动情况进行分析。

一、"大别山试验区"产业构成纵向上的对比分析

2012年10月底，湖北省委、省政府将"大别山试验区"的范围由最初的8个县市扩充到18个县市区。本部分力争通过对"大别山试验区"所涵盖的各县市区的经济发展数据资料分年度进行整理，来说明和分析"大别山试验区"的产业结构变化情况。

由于"大别山试验区"地处大别山革命老区，经济发展相对滞后，农业在地区生产总值中仍然占有较大比重。因此自2004年中央一号文件再次聚焦"三农"问题以来，作为传统农业发展地区的"大别山试验区"，迎来了前所未有的发展机遇。2004~2012年，"大别山试验区"地区生产总值由763.16亿元增加到2486.24亿元，累计增长速度达到了225.78%，从三大产业结构的情况看，三大产业结构比重由2004年的26.4∶39.5∶34.1调整为2012年的22.5∶45.7∶31.8。表3-1给出了2004~2012年"大别山试验区"地区GDP、各产业增加值及产业结构的变化数据资料。

表3-1　2004~2012年"大别山试验区"GDP、各产业增加值及其构成情况

年份	GDP总量（亿元）	第一产业增加值（亿元）	第二产业增加值（亿元）	第三产业增加值（亿元）	产业构成比例
2004	763.16	201.34	301.71	260.11	26.4∶39.5∶34.1
2005	675.64	213.22	225.77	236.65	31.6∶33.4∶35.0
2006	764.30	223.14	266.14	275.02	29.2∶34.8∶36.0
2007	921.84	271.60	336.11	314.13	29.5∶36.4∶34.1
2008	1182.34	322.60	466.73	393.01	27.3∶39.5∶33.2
2009	1433.78	364.01	568.93	500.84	25.4∶39.7∶34.9
2010	1709.06	417.39	714.83	576.84	24.4∶41.8∶33.8
2011	2102.37	485.84	939.28	677.25	23.1∶44.7∶32.2
2012	2486.24	560.51	1135.75	789.98	22.5∶45.7∶31.8

资料来源：根据历年《湖北省统计年鉴》中各县域经济状况数据整理所得。由于《湖北省统计年鉴》中没有列出黄冈市龙感湖区和孝感市双峰山旅游度假区的经济数据资料，故在研究"大别山试验区"产业结构变化时，未考虑上述两区的产业结构状况。

从表3－1可看出，2004～2012年，“大别山试验区”GDP总量增长迅速，年均增长15.91%，但同时也要注意2005年GDP总量比2004年减少了，因此在经济发展过程中应尽量减少经济发展的波动性。从产业结构上看，2004～2012年九年时间里，第一产业的比重总体上在下降，第二产业的比重总体上在上升，第一产业和第二产业的变化都是符合产业结构合理化要求的，但第三产业所占比重不仅没有提高，反而有所下降，这与产业结构合理化要求严重不符合。因此，努力提升第三产业在经济总量中所占的比重是“大别山试验区”产业结构调整面临的最为重要的问题，同时也是试验区产业结构努力的方向。

从表3－1所反映出的“大别山试验区”产业结构的这种变化，一方面反映了“大别山试验区”近几年来加强工业主导地位的战略部署已初见成效，另一方面也说明“大别山试验区”作为传统农业地区的格局还未发生根本改变，第一产业所占比重仍然高于20%，第三产业所占比重不升反降，这说明“大别山试验区”的产业结构还远未达到合理化的程度，产业结构调整还有很长的路要走。

因此，通过“大别山试验区”2004～2012年的产业结构变化，我们可以得出：自2004年以来，“大别山试验区”的产业结构的变化虽说趋向是正确的，反映了该地区经济发展进一步朝着健康有序方向迈进，但其中也存在一些问题，由于“大别山试验区”人均收入水平不高导致消费能力较低，从而使第三产业的发展不尽如人意，不仅没有出现占比持续上升的状况，反而还呈现出占比下降的情况，因此，要想从根本上促进“大别山试验区”的经济发展，“大别山试验区”必须出台相应的政策文件，拿出相应的政策措施，确保三大产业部门之间的协调健康发展，其中要重点做好第三产业的发展，提升第三产业所占的比重。如作为在“大别山试验区”中所占面积最大的黄冈市，根据《黄冈市国民经济和社会发展第十一个五年计划纲要》，黄冈市将全市产业结构调整的基本方向定位为：突出工业主导地位，不断提高农业产业化水平，加快发展第三产业。根据《黄冈市经济和社会发展第十二个五年规划纲要》，黄冈市将“十二五”期间产业结构调整的基本方向定位为：把转变经济发展方式、调整优化产业结构作为主线，坚持重点抓工业，突破性发展以旅游、文化、金融、物流为重点的现代服务业。

为进一步深入和细化分析“大别山试验区”的产业结构变化情况，下面从“大别山试验区”内部的16个县市区（不含黄冈市龙感湖区和孝感市双峰山旅游风景区）2004～2012年的产业构成比例变化来分析“大别山试验区”的产业结构演变，如表3－2所示。

从表3－2可以看出，2004～2012年，“大别山试验区”16个县市区没有一个达到产业结构合理化的标准，即第一产业比重小于10%且第三产业成为最大的

表 3－2　2004～2012 年“大别山试验区”16 个县市区产业构成比例变化情况

年份 县市区	2004	2005	2006	2007	2008	2009	2010	2011	2012
武汉市黄陂区	29. 4:24. 4:46. 2	30. 7:36. 6:32. 7	28. 3:38. 6:33. 1	26. 7:40. 1；33. 2	24. 7:42. 2:33. 1	19. 3:41. 2:39. 5	19. 2:44. 5:36. 3	18. 4:47. 4:34. 2	18. 9:49. 5:31. 6
武汉市新洲区	25. 3:26. 0:48. 7	28. 7:45. 8:25. 5	26. 6:46. 8:26. 6	24. 4:50. 7:24. 9	19. 7:52. 6:27. 7	14. 9:47. 1:38. 0	13. 5:50. 2:36. 3	12. 6:55. 3:32. 1	14. 0:57. 0:29. 0
黄冈市黄州区	11. 2:52. 4:36. 4	10. 5:41. 8:47. 7	9. 5:44. 2:46. 3	10. 2:47. 0:42. 8	10. 3:47. 6:42. 1	9. 5:52. 8:37. 7	9. 6:53. 9:36. 5	9. 0:52. 7:38. 3	8. 8:48. 7:42. 5
黄冈市黄梅县	29. 7:46. 9:23. 4	41. 4:29. 9:28. 7	37. 7:30. 8:31. 5	37. 9:31. 6:30. 5	37. 4:33. 9:28. 7	36. 2:34. 5:29. 3	33. 5:38. 9:27. 6	28. 5:43. 1:28. 4	31. 9:40. 9:27. 2
黄冈市麻城市	27. 1:40. 6:32. 3	40. 2:19. 2:40. 6	38. 5:20. 4:41. 1	39. 0:21. 8:39. 2	39. 2:25. 8:35. 0	36. 8:30. 7:32. 5	34. 6:32. 5:32. 9	28. 2:41. 4:30. 4	24. 6:44. 0:31. 4
黄冈市英山县	39. 4:36. 3:24. 3	47. 3:20. 7:32. 0	33. 3:24. 5:42. 2	45. 5:25. 6:28. 9	30. 5:41. 5:28. 0	42. 5:30. 8:26. 7	35. 9:31. 8:32. 3	51. 6:21. 7:26. 7	43. 5:28. 3:28. 2
黄冈市团风县	36. 6:47. 0:16. 4	30. 0:37. 0:33. 0	27. 3:40. 3:32. 4	27. 2:43. 0:29. 8	22. 7:50. 5:26. 8	25. 0:50. 7:24. 3	22. 8:56. 6:20. 6	23. 5:54. 9:21. 6	23. 1:55. 4:21. 5
黄冈市红安县	22. 6:46. 5:30. 9	32. 7:34. 5:32. 8	30. 8:35. 7:33. 5	30. 3:37. 9:31. 8	29. 2:41. 7:29. 1	28. 0:42. 2:29. 8	28. 2:41. 5:30. 3	24. 2:47. 7:28. 1	24. 6:47. 8:27. 6

续表

年份 县市区	2004	2005	2006	2007	2008	2009	2010	2011	2012
黄冈市罗田县	25. 0:48. 2:26. 8	34. 8:28. 0:37. 2	32. 8:29. 6:37. 6	30. 9:32. 1:37. 0	28. 9:39. 6:31. 5	24. 5:42. 5:33. 0	24. 6:43. 4:32. 0	23. 4:41. 0:35. 6	24. 9:39. 5:35. 6
黄冈市浠水县	29. 3:40. 3:30. 4	37. 5:26. 2:36. 3	34. 5:27. 6:37. 9	38. 1:27. 5:34. 4	37. 1:30. 6:32. 3	36. 7:32. 1:31. 2	35. 0:36. 4:28. 6	31. 7:36. 4:31. 9	29. 5:37. 6:32. 9
黄冈市武穴市	22. 2:44. 4:33. 4	31. 9:36. 2:31. 9	28. 4:38. 4:33. 2	30. 3:38. 5:31. 2	29. 3:42. 4:28. 3	28. 4:41. 5:30. 1	26. 9:43. 8:29. 3	27. 1:46. 8:26. 1	24. 9:48. 4:26. 7
黄冈市蕲春县	20. 6:48. 1:31. 3	25. 6:30. 6:43. 8	26. 7:30. 9:42. 4	27. 6:32. 4；40. 0	26. 2:35. 0:38. 8	27. 2:34. 3:38. 5	26. 2:35. 4:38. 4	27. 5:37. 7:34. 8	24. 7:40. 4:34. 9
孝感市孝昌县	30. 4:35. 4:34. 2	41. 1:21. 9:37. 0	39. 8:22. 7:37. 5	38. 9:24. 3:36. 9	34. 6:25. 6:39. 8	33. 5:28. 2:38. 3	33. 0:29. 8:37. 2	30. 4:32. 6:37. 0	31. 5:31. 7:36. 8
孝感市安陆市	29. 2；40. 1:30. 7	30. 2:25. 9:43. 9	28. 1:26. 2:45. 7	29. 1:27. 4:43. 5	27. 3:29. 4:43. 3	27. 0:31. 9:41. 1	25. 5:35. 4:39. 1	24. 4:39. 3:36. 3	24. 3:39. 5:36. 2
孝感市大悟县	25. 0:40. 8:34. 2	31. 4:28. 2:40. 4	30. 1:28. 3:41. 6	29. 3:30. 2:40. 5	27. 6:30. 9:41. 5	28. 3:31. 9:39. 8	28. 8:29. 7:41. 5	28. 9:29. 1:42. 0	30. 0:28. 9:41. 1
随州市广水市	30. 0:42. 4:27. 6	28. 5:41. 9:29. 6	26. 9:42. 4:30. 7	26. 1:43. 6:30. 3	24. 4:44. 5:31. 1	24. 0:44. 8:31. 2	24. 2:45. 7:30. 1	22. 7:48. 4:28. 9	22. 1:48. 0:29. 9

资料来源：根据历年《湖北省统计年鉴》中各县域经济数据整理所得，本表也未考虑黄冈市龙感湖区和孝感市双峰山旅游度假区的经济数据。

产业部门。同时还发现"大别山试验区"内部产业结构演变也是有差异的，其中产业结构最趋近于合理化标准的是黄冈市黄州区，产业构成比例由2004年的11.2:52.4:36.4演变为2012年的8.8:48.7:42.5，第一产业比重已降到10%以下，而第三产业比重有较大幅度提升且与第二产业比重的绝对差值不断缩小。产业结构最不合理的是黄冈市英山县，九年来第一产业比重始终在30%以上，最高时达到51.6%，与产业结构合理化的标准相差甚远。第一产业比重下降较快的有武汉市黄陂区、武汉市新洲区、黄冈市团风县，九年来第一产业比重下降都在10个百分点以上。第二产业比重提升较快的是武汉市黄陂区和武汉市新洲区，九年来第二产业比重提升都在20个百分点以上，但令人遗憾的是这两个地区的第三产业比重下降也是最多的，九年来第三产业比重下降都在10个百分点以上，因此统筹协调各产业之间的发展至关重要。

二、"大别山试验区"产业构成横向上的对比分析

前面我们研究了"大别山试验区"及其内部县市区2004~2012年的产业构成变化情况。接下来给出全国2004~2012年的产业构成比例变化情况，并将"大别山试验区"的产业构成比例变化情况和全国同一时期进行对比，以全面了解"大别山试验区"产业结构的演变情况及当中存在的问题。为此，表3-3给出了全国2004~2012年的GDP总量、各产业增加值及其构成情况的数据资料。

表3-3　2004~2012年GDP、各产业增加值及其构成情况

年份	GDP总量（亿元）	第一产业增加值（亿元）	第二产业增加值（亿元）	第三产业增加值（亿元）	产业构成比例
2004	159878.3	21412.7	73904.3	64561.3	13.4:46.2:40.4
2005	184937.4	22420.0	87598.1	74913.3	12.1:47.4:40.5
2006	216314.4	24040.0	103719.5	88554.9	11.2:47.9:40.9
2007	265810.3	28627.0	125831.4	111351.9	10.8:47.4:41.8
2008	314045.4	33702.0	149003.4	131340.0	10.7:47.5:41.8
2009	340902.8	35226.0	157638.8	148038.0	10.3:46.2:43.5
2010	401512.8	40533.6	187383.2	173596.0	10.1:46.7:43.2
2011	473104.0	47486.2	220412.8	205205.0	10.0:46.6:43.4
2012	518942.1	52373.6	235162.0	231406.5	10.1:45.3:44.6

资料来源：根据历年《中国统计年鉴》相关数据整理所得。

从表3-3可看出，2004~2012年，全国GDP总量由159878.3亿元增加到518942.1亿元，累计增幅达224.59%，年均增长15.86%；产业构成比例由13.4:46.2:40.4演变为10.1:45.3:44.6，第一产业所占比重继续下降，而第二

产业与第三产业所占比重的绝对差值不断缩小，表明全国产业结构正在趋近于合理化。

将表 3－3 和表 3－1 的数据比较可看出，和全国同期情况相比，尽管“大别山试验区”GDP 的累计增幅和年均增长速度略快于全国，但由于“大别山试验区”地处大别山革命老区，经济基础薄弱，经济发展条件差，导致“大别山试验区”的三大产业结构和全国相比，差距很大。主要表现在第一产业所占比重仍然偏高，2012 年第一产业比重比全国高 12.4 个百分点，而第三产业比重明显偏低，2012 年第三产业比重比全国低 12.8 个百分点，第三产业与第二产业所占比重的绝对差值过大，这一差值全国仅为 0.7 个百分点，而“大别山试验区”高达 13.9 个百分点。因此，尽管“大别山试验区”的产业结构也逐步趋近于优化，但与合理化的产业结构标准相比相差甚远，充分说明“大别山试验区”的产业结构变化与经济发展的要求还很不适应，而要达到比较合理的产业结构，还有很长的路要走。

将表 3－3 和表 3－2 的数据比较，即将“大别山试验区”内部各县市区的产业构成比例变化和全国同一时期的产业构成比例相比，从中可得出：“大别山试验区”内部黄冈市黄州区的产业构成比例与全国水平最为接近，而黄冈市英山县的产业构成比例与全国水平差距最大。

因此，通过“大别山试验区”及其内部县市区的产业结构和全国在同一时间上的产业结构进行横向比较，可以看出“大别山试验区”的产业结构发展情况与全国的差距还是非常明显的。“大别山试验区”目前的产业结构很难支撑“大别山试验区”的经济又好又快发展，所以要从根本上改变“大别山试验区”经济落后的面貌，改变不合理的产业结构已迫在眉睫。

第三节 “大别山试验区”产业结构数量分析

在从横向和纵向两个维度对“大别山试验区”的产业结构进行对比分析的基础上，本节将引入产业结构偏离度、比较劳动生产率、二元对比系数、二元反差指数等指标，从数量上对“大别山试验区”的产业结构演变进行分析。

一、“大别山试验区”产业结构偏离度分析

产业结构偏离度是测度某一产业劳动生产率高低的重要指标，具体是用某一产业的就业比重与增加值比重之差计算得到。一般来说，产业结构偏离度与劳动生产率成反比。也就是说，产业结构偏离度大于零（正偏离），表示该产业的就业比重大于增加值比重，意味着该产业的劳动生产率较低。反之，负偏离则意味

着该产业的劳动生产率较高。从劳动力转移角度讲，产业结构正偏离的产业存在着劳动力转出的可能性；相反，产业结构负偏离的产业则存在着劳动力转入的可能性。如果国民经济各产业都是开放的，产业间没有行政壁垒，即呈完全竞争状态，那么通过市场对劳动力资源的重新配置，会使各产业的生产率逐步趋于一致，各产业的结构偏离度也就逐步趋于零。

因此，用产业结构偏离度指标来衡量“大别山试验区”的产业结构变化情况，进而考察“大别山试验区”各大产业的劳动生产率问题，对于分析“大别山试验区”的产业结构演变状况，进而促进“大别山试验区”产业结构优化都是非常有用的。表3－4给出2004～2012年“大别山试验区”从业人员总数及各产业从业人员数据资料。

表3－4　2004～2012年“大别山试验区”从业人员总数及各产业从业人员数

年份	从业人员总数（万人）	第一产业从业人数（万人）	第二产业从业人数（万人）	第三产业从业人数（万人）	从业人员构成比例
2004	596.03	268.85	125.62	201.56	45.1:21.1:33.8
2005	609.99	254.14	140.28	215.57	41.7:23.0:35.3
2006	622.53	241.02	151.83	229.68	38.7:24.4:36.9
2007	656.25	229.90	178.32	248.03	35.0:27.2:37.8
2008	669.66	212.92	190.27	266.47	31.8:28.4:39.8
2009	677.31	215.30	200.82	261.19	31.8:29.6:38.6
2010	690.85	203.61	212.13	275.11	29.5:30.7:39.8
2011	722.17	208.51	221.88	291.78	28.9:30.7:40.4
2012	737.06	210.91	230.26	295.89	28.6:31.2:40.2

资料来源：根据历年《湖北省统计年鉴》中各县域从业人员数据整理所得。由于《湖北省统计年鉴》中没有列出黄冈市龙感湖区和孝感市双峰山旅游度假区的从业人员数据资料，故在研究“大别山试验区”三大产业从业人员构成变化时，未考虑上述两区的从业人员状况。

从表3－4可看出，“大别山试验区”从业人员总数在不断增加，由2004年的596.03万人增加到2012年的737.06万人，累计增长幅度达23.66%。从产业来看，第一产业从业人数总体不断减少，第二产业和第三产业从业人数不断增加，三大产业从业人员构成比例由2004年的45.1:21.1:33.8演变为2012年的28.6:31.2:40.2，第一产业从业人员比重下降了16.5个百分点，第二产业和第三产业从业人员比重分别提高了10.1个百分点和6.4个百分点，这样的变化对于“大别山试验区”的经济发展是积极的。

为计算得到“大别山试验区”产业结构偏离度指标，将表3－4中各年各产业的从业人员构成比例与表3－1相应年份相应产业的产业构成比例作差，即可得到2004～2012年“大别山试验区”产业结构偏离度数据资料，如表3－5所示。

表3-5 2004~2012年"大别山试验区"产业结构偏离度数据

单位：%

年份	2004	2005	2006	2007	2008	2009	2010	2011	2012
第一产业结构偏离度	18.7	10.1	9.5	5.5	4.5	6.4	5.1	5.8	6.1
第二产业结构偏离度	-18.4	-10.4	-10.4	-9.2	-11.1	-10.1	-11.1	-14.0	-14.5
第三产业结构偏离度	-0.3	0.3	0.9	3.7	6.6	3.7	6.0	8.2	8.4

资料来源：根据表3-1和表3-4的数据资料整理所得。

由表3-5可看出，2004~2012年"大别山试验区"产业结构偏离度变化规律是：第一产业结构偏离度始终为正值，说明第一产业劳动生产率较低，但同时发现第一产业结构偏离度总体上不断减小，表明第一产业劳动生产率在不断提高；第二产业结构偏离度始终为负值，表明第二产业劳动生产率较高，说明"大别山试验区"着力发展工业的战略取得了实效；第三产业结构偏离度除了2004年之外，其余年份都为正值，表明第三产业劳动生产率也较低，且第三产业结构偏离度还有不断增大的趋势，这种变化对"大别山试验区"的经济健康协调发展是非常不利的，因此，"大别山试验区"要采取措施确保第三产业劳动生产率的提高，才有希望实现各产业之间的协调发展。

为从横向上清晰地分析"大别山试验区"的产业结构偏离度状况，并指出其中存在的问题，要计算全国同一时期三大产业的产业结构偏离度指标。表3-6给出了2004~2012年全国三大产业的从业人员数据资料。

表3-6 2004~2012年全国三大产业从业人员总数及各产业从业人员数

年份	从业人员总数（万人）	第一产业从业人数（万人）	第二产业从业人数（万人）	第三产业从业人数（万人）	从业人员构成比例
2004	74264	34830	16709	22725	46.9:22.5:30.6
2005	74647	33442	17766	23439	44.8:23.8:31.4
2006	74978	31941	18894	24143	42.6:25.2:32.2
2007	75321	30731	20186	24404	40.8:26.8:32.4
2008	75564	29923	20553	25087	39.6:27.2:33.2
2009	75828	28890	21080	25857	38.1:27.8:34.1
2010	76105	27931	21842	26332	36.7:28.7:34.6
2011	76420	26594	22544	27282	34.8:29.5:35.7
2012	76704	25773	23241	27690	33.6:30.3:36.1

资料来源：根据历年《中国统计年鉴》三大产业从业人员数据资料整理所得。

从表3-6可看出，我国从业人员总数由2004年的74264万人增加到2012年的76704万人，累计增幅为3.29%。第一产业从业人数不断减少，由2004年的34830万人减少到2012年的25773万人；第二产业从业人数和第三产业从业人数都在不断增加，分别累计增加6532万人和4965万人。从三大产业从业人员构成比例情况看，第一产业从业人数所占比重下降较快，2004～2012年的九年时间里下降13.3个百分点，第二产业从业人数所占比重和第三产业从业人数所占比重都有所提升，分别提高7.8个百分点和5.5个百分点。

为计算我国2004～2012年各年各产业的产业结构偏离度指标，将表3-6中各年各产业的从业人员构成比例与表3-3相应年份相应产业的产业构成比例作差，结果如表3-7所示。

表3-7　2004～2012年全国三大产业结构偏离度数据

单位:%

年份	2004	2005	2006	2007	2008	2009	2010	2011	2012
第一产业结构偏离度	33.5	32.7	31.4	30.0	28.9	27.8	26.6	24.8	23.5
第二产业结构偏离度	-23.7	-23.6	-22.7	-20.6	-20.3	-18.4	-18.0	-17.1	-15.0
第三产业结构偏离度	-9.8	-9.1	-8.7	-9.5	-8.6	-9.4	-8.6	-7.7	-8.5

资料来源：根据表3-3和表3-6的数据资料整理所得。

从表3-7可看出，2004～2012年，我国三大产业的产业结构偏离度变动规律是：第一产业结构偏离度为正值且都在20%以上，表明我国第一产业劳动生产率仍比较低下，但第一产业结构偏离度指标不断下降的趋势说明我国第一产业劳动生产率也在不断提高；第二产业和第三产业的产业结构偏离度指标都为负值，表明我国第二产业和第三产业的劳动生产率较高，尤其是第二产业结构偏离度指标的绝对值更大，故劳动生产率更高。以上这些规律表明我国积极促进第二产业和第三产业发展的各项政策取得了一定实效，但我国目前仍处在由传统农业向现代农业过渡的阶段，农业整体生产率水平仍较低，因此，必须解决好与农业生产有关的各种问题，在更大程度上、更大范围内提高农业劳动生产率，才能保持整个国民经济的持续快速健康发展。

结合表3-5和表3-7的计算结果，将“大别山试验区”的产业结构偏离度的变化趋势与全国相比，可以发现两者既有共同点也有不同点。共同点主要有：一是两者的第一产业结构偏离度都为正值，表明不管是在全国范围内还是在“大别山试验区”范围内，第一产业劳动生产率都较低，同时两者的第一产业结构偏离度都在不断下降，表明第一产业的劳动生产率虽低，但也在不断提高。二是两者的第二产业劳动生产率都为负值，表明不管是对全国而言，还是针对

“大别山试验区”来说，第二产业劳动生产率都较高。不同点在于：全国的第三产业结构偏离度为负值，而“大别山试验区”的第三产业结构偏离度为正值，表明“大别山试验区”的第三产业劳动生产率和全国相比相差甚远。

借助于产业结构偏离度指标并和全国三大产业的产业结构偏离度指标进行对比分析，我们得出：“大别山试验区”经济发展与全国的差距主要是在第三产业方面，因此，千方百计发展好第三产业，提高第三产业的劳动生产率，对于“大别山试验区”摆脱经济落后面貌，迅速赶超全国经济发展水平，从而实现地区经济腾飞至关重要。

二、“大别山试验区”二元经济结构分析

在发展经济学中，刘易斯提出了著名的二元经济结构理论，即在发展中国家，经济落后部门和经济发达部门是同时并存的。对于中国这样一个正处于经济持续健康快速发展阶段的发展中大国来说，由于经济发展的不平衡性，导致其二元经济结构特征非常明显。同样，“大别山试验区”也存在明显的二元经济结构特征。为此，可通过对“大别山试验区”二元经济结构的测度，来进一步把握“大别山试验区”的产业结构演变，从而为缩小“大别山试验区”不同部门之间的经济发展差距提供相应对策建议。测度二元经济结构的指标主要有 3 个，分别为比较劳动生产率、二元对比系数和二元反差指数。下面分别从这 3 个指标对“大别山试验区”二元经济结构进行评价。

（一）比较劳动生产率指标

比较劳动生产率指标是某一产业的产值比重与该产业劳动力比重之比。该指标反映 1% 的劳动力在该部门创造的产值比重。一般来说，一个部门的产值相对比重越高，劳动力相对比重越低，比较劳动生产率就越高；二元经济中两部门的比较劳动生产率的差别越大，二元性就越大。目前普遍认为，结构效益好的产业结构应该是各行业的比较劳动生产率接近 1。

在国民经济运行各项指标中，设 G 为总产值，L 为劳动力总数，G_1 为农业部门产值，G_2 为非农业部门产值，L_1 为农业部门劳动力数，L_2 为非农业部门劳动力数。又设 B_1 为农业部门比较劳动生产率，B_2 为非农业部门比较劳动生产率；R_1 为二元对比系数，R_2 为二元反差指数。很显然有：

$$G_1 + G_2 = G，L_1 + L_2 = L \quad 式（3-1）$$

则比较劳动生产率的数学计算公式为：

$$B_1 = \frac{G_1/G}{L_1/L}，B_2 = \frac{G_2/G}{L_2/L} \quad 式（3-2）$$

其中，G_1/G 表示农业部门的产值比重，G_2/G 表示非农业部门的产值比重，L_1/L 表示农业部门的劳动力比重，L_2/L 表示非农业部门的劳动力比重。

由式（3－2），计算“大别山试验区”农业部门和非农业部门的比较劳动生产率，由此需要先计算农业部门和非农业部门各自的产值比重和劳动力比重。表3－8给出了“大别山试验区”2004～2012年的部门产值比重和劳动力比重。

表3－8　2004～2012年“大别山试验区”部门产值和劳动力比重

年份	2004	2005	2006	2007	2008	2009	2010	2011	2012
G_1/G	26.4	31.6	29.2	29.5	27.3	25.4	24.4	23.1	22.5
G_2/G	73.6	68.4	70.8	70.5	72.7	74.6	75.6	76.9	77.5
L_1/L	45.1	41.7	38.7	35.0	31.8	31.8	29.5	28.9	28.6
L_2/L	54.9	58.3	61.3	75.0	68.2	68.2	70.5	71.1	71.4

资料来源：根据表3－1和表3－4的数据资料整理所得。

在计算出“大别山试验区”农业部门和非农业部门各自的产值比重和劳动力比重的基础上，接下来再根据式（3－2），可计算得到“大别山试验区”农业部门比较劳动生产率指标和非农业部门比较劳动生产率指标，结果如表3－9所示。

表3－9　2004～2012年“大别山试验区”部门比较劳动生产率指标

年份	2004	2005	2006	2007	2008	2009	2010	2011	2012
B_1	0.59	0.76	0.75	0.84	0.86	0.80	0.83	0.80	0.79
B_2	1.34	1.17	1.15	0.94	1.07	1.09	1.07	1.08	1.09

资料来源：根据表3－8的数据资料整理所得。

由表3－9可以看出，“大别山试验区”2004～2012年农业部门比较劳动生产率指标值均小于1，表明农业部门比较劳动生产率较低，从其发展趋势看，最近几年“大别山试验区”的农业部门比较劳动生产率逐步稳定在0.80左右，即1%的劳动力在农业部门创造的产值比重只占0.80左右。相比较而言，非农业部门比较劳动生产率指标值基本都大于1，表明非农业部门比较劳动生产率较高，从其发展趋势看，最近几年“大别山试验区”的非农业部门比较劳动生产率逐步稳定在1.08左右，表示1%的劳动力在非农业部门创造的产值比重占1.08左右。通过将非农业部门和农业部门的比较劳动生产率指标对比后发现，两者的绝对差值除了2007年都在20%以上，反映出“大别山试验区”的农业和非农业部门比较劳动生产率的差距比较大，表明“大别山试验区”经济具有较为典型的二元性。

为了和同一时期全国的二元经济程度进行对比分析，接下来测算全国的农业

和非农业部门的比较劳动生产率指标。为此，需要先计算全国的农业部门和非农业部门各自的产值比重和劳动力比重，结果如表3-10所示。

表3-10 2004~2012年全国部门产值和劳动力比重

年份	2004	2005	2006	2007	2008	2009	2010	2011	2012
G_1/G	13.4	12.1	11.2	10.8	10.7	10.3	10.1	10.0	10.1
G_2/G	76.6	87.9	88.8	89.2	89.3	89.7	89.9	90.0	89.9
L_1/L	46.9	44.8	42.6	40.8	39.6	38.1	36.7	34.8	33.6
L_2/L	53.1	55.2	57.4	59.2	60.4	61.9	63.3	65.2	66.4

资料来源：根据表3-3和表3-6的数据资料整理所得。

在计算出2004~2012年全国农业部门和非农业部门各自的产值比重和劳动力比重的基础上，同样再根据式（3-2），可计算得到全国农业部门比较劳动生产率指标和非农业部门比较劳动生产率指标，结果如表3-11所示。

表3-11 2004~2012年全国部门比较劳动生产率指标

年份	2004	2005	2006	2007	2008	2009	2010	2011	2012
B_1	0.29	0.27	0.26	0.26	0.27	0.27	0.28	0.29	0.30
B_2	1.44	1.59	1.55	1.51	1.48	1.45	1.42	1.38	1.35

资料来源：根据表3-10的数据资料整理所得。

从表3-11可看出，2004~2012年，全国农业部门的比较劳动生产率指标严重偏低，大多在0.27上下波动，也就是说，1%的劳动力在农业部门创造的产值比重只占0.27左右，表明我国农业部门相对于非农业部门发展严重滞后；相反，2004~2012年非农业部门的比较劳动生产率指标值较高，最低为2012年的1.35，最高为2005年的1.59，表明我国非农业部门的劳动生产率处在一个较好的发展水平。但同时还发现，我国农业部门比较劳动生产率指标与非农业部门比较劳动生产率指标数值相差甚远，两者的绝对离差都在1.0以上，表明我国存在非常严重的二元经济结构，这也是我国长期以来坚持的“重工业、轻农业”的发展战略造成的恶果，因此必须要大力气发展农业、促进工农业之间的比例协调发展。

将表3-9和表3-11的结果对比后发现，“大别山试验区”农业部门劳动生产率高于全国农业部门劳动生产率，但非农业部门的劳动生产率低于全国水平，从而使得“大别山试验区”二元经济结构的程度没有全国那么深，但也不能因为这样的结果沾沾自喜，因为非农业部门与农业部门比较劳动生产率的绝对差值也都在20%以上，说明非农业部门与农业部门的发展差距还是比较大的。因此，在发展过程中也要注意工农业之间的均衡协调发展。

（二）二元对比系数指标

在计算出农业部门和非农业部门各自的比较劳动生产率的基础上，可计算二元对比系数。二元对比系数是用二元经济中农业部门和非农业部门比较劳动生产率的比率计算得到。因此，对比农业部门与非农业部门的比较劳动生产率，就可计算得出二元对比系数指标，从而能快速反映经济的二元程度。二元对比系数的大小反映了区域经济二元程度的高低，系数越小，表明部门间的经济发展差别越大，也就是二元程度越高。二元对比系数的数学计算公式为：

$$R_1 = \frac{B_1}{B_2} \qquad \text{式}(3-3)$$

利用式（3－3），由表3－9中的数值可计算出2004～2012年“大别山试验区”的二元对比系数数值，结果如表3－12所示。

表3－12　2004～2012年“大别山试验区”二元对比系数

年份	2004	2005	2006	2007	2008	2009	2010	2011	2012
R_1	0.44	0.65	0.65	0.89	0.80	0.73	0.78	0.74	0.72

资料来源：根据表3－9的数据资料整理所得。

将表3－12的计算结果转化为折线图，如图3－1所示。

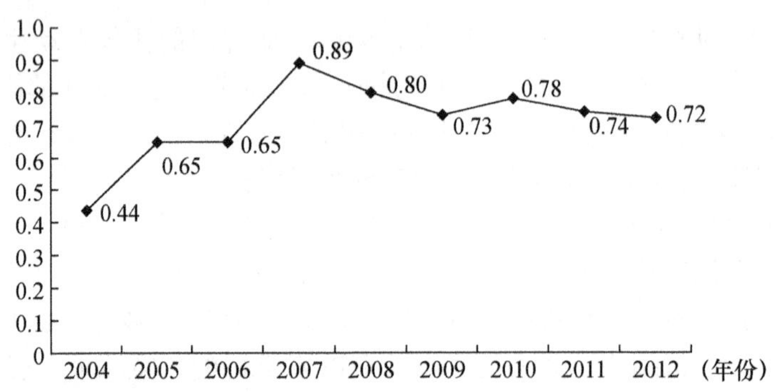

图3－1　2004～2012年“大别山试验区”二元对比系数折线图

从图3－1可以看出，2004～2012年，“大别山试验区”二元对比系数均小于1，并于2004年达到最小值0.44，于2007年达到最大值0.89，其他年份该指标值在0.44～0.89波动，表明农业部门与非农业部门之间有一定的经济发展差

距，因此可得出“大别山试验区”存在一定程度的二元经济结构。

同样可计算得出全国的二元对比系数，结果如表 3－13 所示。

表 3－13　2004～2012 年全国二元对比系数

年份	2004	2005	2006	2007	2008	2009	2010	2011	2012
R_1	0.20	0.17	0.17	0.17	0.18	0.19	0.20	0.21	0.22

资料来源：根据表 3－11 的数据资料计算得到。

将表 3－13 的计算结果转化为折线图，如图 3－2 所示。

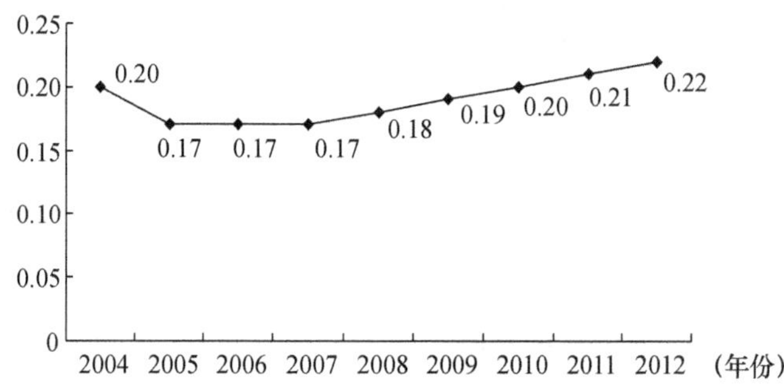

图 3－2　2004～2012 年全国二元对比系数折线图

从图 3－2 可以看出，2004～2012 年，全国二元对比系数远小于 1，围绕 0.20 上下波动，表明农业部门和非农业部门存在巨大的经济发展差距，由此再次验证了我国存在非常严重的二元经济结构。只有大力提升农业的劳动生产率，才有助于缓解这种二元经济结构。

将图 3－1 和图 3－2 进行对比发现，“大别山试验区”二元对比系数大于全国二元对比系数，再次表明“大别山试验区”的二元经济程度没有全国严重，但也存在农业部门和非农业部门劳动生产率的显著差异，因此必须采取措施消除这种二元结构。

（三）二元反差指数指标

二元反差指数是用两部门产值（或收入）比重与劳动力比重之差的绝对数的平均值计算得到。二元反差指数值的大小可以直接反映某一地区的二元结构是否明显。该指数越大，表明二元经济结构越明显。

二元反差指数的数学计算公式为：

$$R_2 = \frac{1}{2} \times \left(\left| \frac{G_1}{G} - \frac{L_1}{L} \right| + \left| \frac{G_2}{G} - \frac{L_2}{L} \right| \right) \qquad \text{式 (3-4)}$$

由表3－8中的数据，利用式（3－4）可计算出“大别山试验区”2004～2012年各年的二元反差指数，如表3－14所示。

表3－14　2004～2012年“大别山试验区”各年二元反差指数

年份	2004	2005	2006	2007	2008	2009	2010	2011	2012
R_2	18.7	10.1	9.5	5.0	4.5	6.4	5.1	5.8	6.1

资料来源：根据表3－8中的数据资料整理所得。

从表3－14可看出，2004～2012年“大别山试验区”的二元反差指数维持在5.0～18.7，说明“大别山试验区”的二元经济结构特征也是非常明显的。

同样可根据表3－10计算出2004～2012年全国的二元反差指数，结果如表3－15所示。

表3－15　2004～2012年全国各年二元反差指数

年份	2004	2005	2006	2007	2008	2009	2010	2011	2012
R_2	28.5	32.7	31.4	30.0	28.9	27.8	26.6	24.8	23.5

资料来源：根据表3－10中的数据资料整理所得。

从表3－15可看出，2004～2012年全国的二元反差指数维持在23.5～32.7，说明全国的二元经济结构特征更为明显。

结合表3－14和表3－15的数据资料，将“大别山试验区”的二元反差指数和全国的二元反差指数对比发现，全国的二元反差指数更大，这说明虽然“大别山试验区”的二元经济结构不像全国那样严重，但同样不能忽视“大别山试验区”工农业之间的经济发展差距。

根据二元经济结构测度指标的计算公式，以“大别山试验区”的实际发展数据为依据，计算得出“大别山试验区”的二元经济结构特征是客观存在的，也是比较明显的。由于“大别山试验区”的第二产业和第三产业不够发达，导致测度“大别山试验区”二元经济结构中的比较劳动生产率、二元对比系数和二元反差指数的计算结果不像其他地区的差异那样大，原因就在于其他地区的第二产业和第三产业的发展赶上了，而“大别山试验区”的第二产业、第三产业发展取得的成绩还非常小，所以可以得出“大别山试验区”的经济结构没有我国其他发展中地区合理，更不用说与我国发达地区之间的差距了。所以，绝不能因为“大别山试验区”二元经济结构的指标数值差距不大而沾沾自喜，恰恰相反，这反映了“大别山试验区”非农业部门发展的落后程度。所以，进一步验证了前面的结论：要想推进“大别山试验区”经济又好又快发展，加快第二产

业、第三产业的发展是其必然选择。

发展经济学告诉我们，要实现经济的稳定高效增长，就要求现代部门的产业不断扩张和传统部门劳动生产率的不断提高，为现代部门的发展提供支持，从而带动整体经济发展。因此，“大别山试验区”要想摆脱贫困落后的面貌，加快经济发展步伐、从而缩小与全国发达地区的经济发展差距，必须促使产业结构合理化，才有望赶上全国发达地区的经济发展水平，为此应努力提高第一产业的劳动生产率，同时为非农部门的发展提供劳动力支撑，促进非农部门的发展。这样一来，农业部门和非农业部门的劳动生产率都提高了，从而使得该地区的产业结构更加合理化，在二元经济结构逐步消失的情况下实现“大别山试验区”各部门经济的协调发展，为实现“大别山试验区”的各项建设目标奠定基础。

第四节 “大别山试验区”经济结构存在的问题

结合全国在同一时期的产业结构演变状况，我们从定性和定量两方面，借助各项具体指标对“大别山试验区”的产业结构演变状况进行了分析，依据分析的结果，可以归纳出“大别山试验区”经济结构存在的问题。

一、现代农业发展基础薄弱、条件不足

在2013年中央一号文件《关于加快发展现代农业 进一步增强农村发展活力的若干意见》中，国家明确提出要重点支持现代农业的发展，而农业的产业化和规模化经营是实现现代农业的重要途径。但长期以来，由于“大别山试验区”经济发展基础薄弱、经济发展条件落后，农民自身掌握的科技文化知识和专业技能非常有限，农业机械水平低下，小农耕作的传统观念影响以及试验区内部存在的行政管理不一致，经济政策不一致等原因，导致在“大别山试验区”的农业生产中，大多是“单打独斗”的局面，没有形成有效的产业化和规模化经营。这种状况一方面使得农业劳动生产率极低，影响农民收入的持续稳定增加，从而拉大了农业与非农业部门之间的收入差距；另外，由于不具备现代农业发展的各项基础使得“大别山试验区”的农业发展状况与国家所倡导的农业的产业化和规模化经营的取向相差甚远，更谈不上农产品的市场交易、农产品的深加工服务等产业链条的建立和发展。

二、产业具有趋同性，主导产业作用不明显

由于“大别山试验区”涵盖湖北省的黄冈市全部，武汉市的新洲区、黄陂区，孝感市的安陆市、孝昌县、大悟县、双峰山旅游风景区以及随州市的广水市

等区域，由于跨市行政区的存在，再加上区域内交通条件的限制，各区域在经济发展上往往是单干的，没有进行区域之间经济发展的统一协调、资源整合，因此，也没有真正形成1+1>2的效果，致使区域内产业出现简单的趋同或重复，产业间关联程度与互补性不强，缺乏区域主导产业对经济的带动效应。从“大别山试验区”所涵盖的18个县市区的产业结构来看，基本都是第三产业比重过低而第一产业比重偏高，产业趋同性非常明显。同时，由于试验区内人均收入水平较低，经济发展落后，致使没有形成明显能对经济发展起带动效应、经济实力强、发展后劲足的主导产业，且各产业的生产活动大多属于简单的重复性再生产，技术含量很低，发展后劲不足。这也是“大别山试验区”经济和全国整体经济水平之间产生差距的重要原因。这种简单的重复性生产导致的直接后果就是资源浪费严重，劳动生产率和经济效益低下，不利于主导产业的形成和区域产业结构的优化升级。

三、城乡经济发展差距大，二元结构矛盾突出

“大别山试验区”由于山地丘陵较多，交通不发达，再加上经济基础薄弱，结构单一，资源利用粗放，产业链条短，生产效率低。导致该地区城乡经济发展差距较大，第二、第三产业的发展主要集中在城市，而农村相对处于封闭落后的状态，与外界的经济联系很少，由于从事农业劳动的机器设备落后，一方面，农产品产量极低；另一方面，农产品的科技含量不高，在市场上没有任何竞争优势，长此以往，导致城乡之间的经济发展差距拉大，形成二元经济结构现象。如2012年“大别山试验区”城镇居民人均年可支配收入最高的是黄冈市黄州区，达到19257元，农村居民人均年纯收入最低的是黄冈市团风县，仅为4762元，两者之间的收入比为4.04∶1。过大的城乡经济发展差距对于“大别山试验区”经济的协调发展是极为不利的。同时由于城市主要发展第二、第三产业，农村主要发展第一产业，城乡的收入差距又导致了产业之间的收入差距，由城乡二元结构演变为产业二元结构，两者相互作用的结果是经济发展缓慢。因此，只有从根本上改变城乡二元结构的经济发展模式，“大别山试验区”经济才能真正实现健康发展。

四、区域经济发展差异大，不平衡问题严重

在“大别山试验区”所涵盖的18个县市区中，武汉市黄陂区和新洲区在武汉整体经济发展条件较好的带动下，经济发展较为迅速。2012年地区生产总值分别达到393.55亿元和384.42亿元，三大产业构成比重分别为18.9∶49.5∶31.6和14.0∶57.0∶29.0，与此相对应，“大别山试验区”内2012年地区生产总值最低的为黄冈市团风县，仅为56.54亿元，三大产业构成比重为23.1∶55.4∶21.5。

2012 年，“大别山试验区” 内地区生产总值极差为 337.01 亿元，这足以反映出“大别山试验区” 内部经济发展差异较大，经济发展不平衡问题比较突出，而这构成了“大别山试验区” 经济实现健康快速协调发展的严重障碍。

总之，虽然“大别山试验区” 的产业结构在其演进过程中由于受地域和经济发展条件的影响而呈现出自身的特殊性，但产业结构的不合理导致产业效益比较低，虽然在工业化道路的指引下，“大别山试验区” 第二产业的发展在数量上比较充足，但发展水平相对滞后，生产效率较低，从而导致第三产业的发展水平很低，这与全国的产业结构相比是非常不合理的。因此，“大别山试验区” 经济结构的不合理从根本上导致产业结构问题突出。我们应该从根本着手，进行产业结构调整，实现经济的快速健康增长。

第四章 “大别山试验区”生态可持续发展现状评价

第一节 生态补偿概述

一、生态补偿的内涵

补偿，即抵消（损失、消耗），补足（欠缺、差额）①。《辞海》对补偿的解释是：对损失成本的一种弥补，弥补缺陷、抵消损失。也就是说，通常是损失在先，补偿在后。从法理上讲，补偿是以当事人的过错（故意或过失）为前提，但生态补偿并非如此，它不存在故意侵害行为，不存在法律上的过错，也并不是法理上要求的补偿。尽管早在1960年，科斯在提到社会成本问题时指出，污染企业应该对其污染行为进行付费，这奠定了生态补偿的逻辑思想。目前，世界上实施的生态补偿项目已超过200项（如哥斯达黎加、墨西哥、欧洲和美国的农业环境计划、中国实施的退耕还林（草）工程等均在此列）。但关于生态补偿的定义目前还存在争议，大多数情况下，人们都只是把生态补偿当成保护生态系统市场工具的汇总，关于什么是生态补偿至今尚未达成一致意见。

在国外，比较公认的定义是Wunder于2005年在玻利维亚的实际工作中制定的5个简单准则，即自愿交易；生态系统服务功能的供给者；生态系统服务功能；生态系统服务功能的购买者；确保生态系统服务功能的供给。从这个准则可知：

首先，生态补偿是一种各方自愿且可以协商的框架，这与传统的命令控制型方式存在明显差异。这也暗示着潜在的生态系统服务功能的提供者具有真正的土地利用选择权，但实际情况并非如此，很多生态系统服务的提供者并没有真正的土地利用选择权，这种情况在发展中国家尤其明显。在市场上买卖的生态系统服

① 中国社会科学院语言研究所词典编辑室：《现代汉语词典》，商务印书馆2002年版。

务必须有明确的定义，是一种可以直接测量的服务，或可能提供这种服务的土地面积。

其次，这里可能隐含着很多科学的不确定性，实际上很多生态补偿项目都是凭感觉设计的，不够严谨。尽管如此，不理解生态系统服务的供给会降低生态补偿项目的稳定性和可持续性。

再次，生态补偿项目至少有一个买者和一个卖者，有些生态补偿的交易是通过中间人发生的。如何确定买者和卖者是生态补偿项目设计过程中无法回避的一个问题，尤其是卖方的确定，是目前生态补偿理论研究的关键。

最后，生态系统服务使用者付费是有条件的，也就是只有在生态系统服务的供给者保护生态系统服务供应的条件下，使用者才会付费。因而使用者需要对生态系统服务提供者的履约情况进行监测。

在国内，对生态补偿概念的理解主要有生态学角度和经济学角度两个方面：

第一，从生态学角度来看，所谓生态补偿是指当外界产生破坏或干扰时，生态系统本身充分发挥内部稳定机制的作用进行自我调节与恢复，说明生态系统能够对外在生产活动过程中产生的废物进行消纳和净化。我国的《环境科学大辞典》中对生态补偿的定义是：生物有机体或生态系统在遭到外界干扰的情况下，可以调节自身状态缓和干扰继而维持生存的能力。然而，伴随着人类社会经济发展步伐的加快，生态系统本身所具有的还原能力越来越低，纯粹生态学意义上的生态补偿难以实现。在这种情况下，人们逐渐从社会经济领域探讨生态系统功能的还原，将生态补偿的内涵拓展为对资源生态环境进行保护的激励手段与制度安排。

第二，从经济学角度来看，国内学者张诚谦 1987 年从征收生态环境补偿费的角度最早提出了具有经济学意义的生态补偿概念，他提出，生态补偿是指将资源利用过程中得到的经济收益提取出来一部分，转换成物质或能量的形式归还于生态系统，通过这种方式来实现生态系统在输入和输出过程中的物质和能量的动态平衡。毛显强（2002）指出，生态补偿通过对破坏资源环境的行为收取费用来刺激该破坏行为主体，尽量减少由于其行为带来的外部不经济，进而实现保护生态环境的目的。王钦敏等（2004）认为，生态补偿是对生态环境遭到的污染和破坏进行补偿以及对现在使用环境资源而放弃其未来所能实现价值的补偿，而补偿主体就是生态环境的破坏者。王金南、李文华（2006）指出，生态补偿主要是指以保护生态系统的服务功能为目的，实现人类与自然的和谐共处，对生态环境保护者、生态环境受益者以及生态环境破坏者之间的经济利益关系进行协调的一种制度安排，这也是 2006 年我国生态补偿机制与政策研究课题组在“中国生态补偿机制与政策研究”课题报告中给出的定义。

在以上诸多定义中，表述上有所区别，但总体来看，都包括以下内涵：生态补偿的目的是保护与可持续利用生态系统，将外部的、非市场环境价值转化为经济激励措施，实现环境保护外部成本的内部化。生态补偿通过对相关利益主体间的关系进行调节，提高生态系统服务提供者的积极性，以此鼓励参与者提供更多的生态系统服务，实现群体公平与环境社会的协调可持续发展。

二、生态补偿在我国的提出背景

关于我国生态补偿实践的起始时间，学者们有些争议。一种观点认为开始于20世纪70年代，由于缺乏护林经费，四川青城山森林乱砍滥伐现象严重，使其一度面临生态危机，后来成都市政府决定将青城山门票收入的30%用于护林，并作为一项制度确立，开创了我国森林生态效益的补偿。另一种观点认为开始于1983年的云南省对磷矿开采征收植被及其他生态环境破坏恢复费用。1984年，我国开征资源补偿费，正式拉开了我国生态补偿实践的序幕。从20世纪90年代在广西、福建等地开设生态补偿试点到2002年先后启动退耕还林工程、退牧换草工程、天然林保护等重大生态建设工程，再到2006年我国环境与发展国际合作委员会完成了生态补偿机制与政策课题研究报告，初步建立了我国生态补偿的理论框架。可以说，我国生态补偿机制是在国内政治、社会、经济和法律基础条件成熟的情况下发展，并逐步得到重视和实施的。

（一）政治背景

政治背景表现为建立生态补偿机制得到了党中央、国务院的高度重视。2000年国务院颁布《生态环境保护纲要》和2003年颁布的促进西部开发建设的重要政策文件都明确提出要建立我国的生态保护补偿机制。《生态环境保护纲要》指出："坚持谁开发谁保护，谁破坏谁恢复，谁使用谁付费制度。要明确生态环境保护的权、责、利，充分运用法律、经济、行政和技术手段保护生态环境。"通过建立生态环境补偿费，为生态建设和生态保护筹集足够的资金，以促进我国生态保护产业的进一步发展。2005年8月，《国务院关于全面整顿和规范矿产资源开发秩序的通知》提出探索建立矿区生态环境恢复机制。

党中央的一系列文件，如《国民经济和社会发展第十一个五年规划纲要》、《国务院关于落实科学发展观加强环境保护的决定》、《国务院2006年工作要点》以及《国务院2007年工作要点》都明确提出积极推进环境有偿使用制度改革和加快、抓紧建立生态补偿机制的要求。温家宝总理在2006年4月17日召开的第六次环境保护大会上的重要讲话中明确提出，"要按照'谁开发谁保护、谁破坏谁恢复、谁受益谁补偿、谁污染谁付费'的原则，完善生态补偿政策，建立生态补偿机制"。

2007年3月15日，原国家环保总局下发《关于进一步加强生态保护工作的意见》（环发［2007］37号），要求"研究探索生态补偿政策，拓宽生态保护资金渠道。总局将继续与有关部门合作，研究流域上下游之间、资源开发与生态保护之间、自然保护区内外的生态补偿途径，研究建立遗传资源获取与惠益共享机制”。2007 年 8 月 24 日，国家环境总局下发了《关于开展生态补偿试点工作的指导意见》（环发［2007］130 号），决定在自然保护区、重要生态功能区、矿产资源和流域水环境保护四个重点领域开展生态补偿试点，为全面建立生态补偿机制奠定基础。2007 年 10 月，中共十七大报告提出“实行有利于科学发展的财税制度，建立健全资源有偿使用制度和生态环境补偿制度”。

2008 年国务院“深化经济体制改革工作意见的通知”（国办发［2008］103 号）提出“建立健全资源有偿使用制度和生态环境补偿机制。全面推行探矿权、采矿权有偿取得制度，建立欠发达地区资源补偿机制。推进建立跨省流域的生态补偿机制试点工作；开展火力发电厂二氧化硫排污权有偿使用和交易试点，在太湖流域开展主要水污染物排污权有偿使用和交易试点，探索建立环境有偿使用制度”。2008 年修订通过并于 2008 年 6 月 1 日起实施《水污染防治法》是流域生态补偿的基本法律依据，它首次在国家正式法律中提出了水环境生态保护补偿的内容：“第七条国家通过财政转移支付等方式，建立健全对位于饮用水水源保护区域和江河、湖泊、水库上游地区的水环境生态保护补偿机制。”

2009 年 3 月，温家宝在中共十一届人大二次会议上的政府工作报告中再次明确提出“加快建立健全矿产资源有偿使用制度和生态补偿机制”。中共十八大报告指出，要建立反映市场供求与资源稀缺程度、体现生态价值和代际补偿的资源有偿使用制度与生态补偿制度。

2014 年中央一号文件指出，在保障粮食等重要农产品供给与资源环境承载能力的矛盾日益尖锐的背景下，要严守耕地保护红线，落实最严格的耕地保护制度，启动重金属污染耕地修复试点，从 2014 年起，继续在陡坡耕地和严重沙化耕地实施退耕还林还草，支持地方开展耕地保护补偿。

党中央、国务院领导的讲话和一系列关于建立生态补偿机制的文件要求，充分反映了要高度重视环境保护和要尽快建立生态补偿机制的政治意愿。

（二）经济背景

经济发展水平的提高，中央、地方财政收入的增加为生态补偿支付提供了坚实的经济基础。与此同时，人们对环境质量的要求也逐步提高，对环境问题的关注及投资也随之增加，在国家环境保护“十二五”规划中提到，为把“十二五”环境保护目标和任务落到实处，要积极实施各项环境保护工程（全社会环保投资需求约 3.4 万亿元）。其中，优先实施 8 项环境保护重点工程，开展一批环境基础调查与试点示范，投资需求约 1.5 万亿元。要充分利用市场机制，形成多元化的投入格局，确保工程投资到位。工程投入以企业和地方各级人民政府为主，中央政府区别不同情况给予支持。要定期开展工程项目绩效评价，提高投资效益。

（三）法律背景

国务院在2000年颁布的《生态环境保护纲要》，把生态保护提升到我国生态安全的重要地位。虽然我国尚处于生态补偿的摸索期和起航期，但已实施多项有关环境保护的法律法规。

第一，《中华人民共和国环境保护法》、《中华人民共和国农业法》、《中华人民共和国森林法》、《中华人民共和国水污染防治法》等23部法律。

第二，《中华人民共和国水土保持法实施条例》、《退耕还林条例》、《土地复垦规定》、《基本农田保护条例》等35项国家行政法规和条例。

第三，《中华人民共和国野生动物保护实施条例》、《占用农业灌溉水源、灌排工程设施补偿办法》等16项部门规章和规范性文件。

第四，《北京市森林资源保护管理条例》、《吉林省水土流失补偿费征收、使用和管理办法》等多项地方性法规和条例。这些法律法规的颁布实施，促进了我国环境保护工作的开展。

针对目前我国生态补偿机制面临的诸多困境以及《生态补偿条例》出台后将会产生的重要作用，越来越多的专家、学者开始呼吁生态补偿专门条例的规定。国家发展和改革委员会副主任杜鹰在2009年9月6日召开的生态环境补偿机制国际研讨会上表示，我国需抓紧研究制定《生态补偿条例》。2010年3月1日，国内第一部促进生态文明建设的地方性法规——《贵阳市促进生态文明条例》开始实施并引发热议，体现了在经济发展的新时期，人们对生态文明的高度关注和迫切要求。2010年4月底，《生态补偿条例》草案起草领导小组、工作小组和专家咨询委员会成立。此次《生态补偿条例》的起草，国家发展和改革委员会牵头西部司，意味着《生态补偿条例》的起草，将更好地推动东部向西部地区的生态扶贫。

（四）学术项目背景

从学术界已有的理论研究成果来看，有关生态补偿的研究得到了各级部门的大力支持。从学术期刊网查询的结果来看，得到多项厅级、省部级以及国家级项目支持。其中，国家级项目中，比较有代表性的有：2002年，中国科学院李文华的“我国典型生态系统服务功能及其经济价值评估理论”项目；2005年，中南民族大学陈祖海的“西部生态补偿机制”项目；2008年，中国科学院严岩的“流域水源地生态补偿标准计算模型及政策机制研究”项目；2009年，山东农业大学葛颜祥的“引入市场机制对水源地进行生态补偿的理论与管理政策研究”项目；2010年，北京师范大学孙涛的“基于生态需水保障的流域生态补偿标准研究”项目；2011年，中国科学院张志强的“西北内陆河流域生态补偿机制研究”项目。厅及省部级项目中，比较有代表性的有：教育部科学技术重点项目“甘南黄河水源补给区生态补偿机制研究”；云南省水利厅“云南省针对水土流

失的生态补偿政策研究”；甘肃省哲学社会科学规划资助项目“甘肃健全农业生态环境补偿制度研究”；黑龙江省教育厅 2010 年人文社会科学项目“生态文明背景下农业生态补偿法律问题研究”；中国农业科学院科技经费项目“我国北方农村农业清洁生产技术采纳的补偿机制实证研究”；2011 年农业国际交流与合作项目（中欧合作）“中欧农业生态补偿政策研究”；中欧政策对话支持项目“中国—欧盟农业可持续发展及生态补偿政策研究”（PDSF A8）；黑龙江省教育厅 2010 年人文社会科学项目“生态文明背景下农业生态补偿法律问题研究”（11554058）；教育部博士点新教师基金“土地发展受限及基本农田保护的经济补偿机制研究”（20090146120005）。

在国内已有的经济基础、政治基础、法律基础和国家资金支持学术研究的背景下，我国的生态补偿经历了从实践到理论再到实践的过程。在流域生态补偿、矿产资源生态补偿、生态功能区生态补偿、农业生态补偿等领域涌现了一大批卓有成效的示范地区。

第二节 能值理论与生态足迹模型

一、能值理论

（一）能值理论的基本原理

能值理论是 20 世纪 80 年代后期由美国著名生态学家 H. T. Odum 提出的，这是一种将生态系统和经济系统统一起来进行定量分析研究的方法，它把形成各种资源、产品以及劳务所需的太阳能量用一致的单位太阳能焦耳（Solar Emergy Joules，SEJ）表示，采用一致的能值标准，使生态系统的物质流和能量流具有可加性与可比性，为生态经济系统过程的分析提供了一个崭新的工具和途径。Odum 认为：“能量的能值，是指一种流动的或存储的能量所包含另一种能量的数量。”在实际应用中，通常用“太阳能值”，即“任何流动的或储存的能量中所包含的太阳能之量”来衡量某一种能量的能值，也就是在这种能量中所包含的太阳能值（SEJ）。

在能值理论中，包含两个重要的概念：①能值转换率。能值理论就是通过能值转换率在不同能量等级之间建立关系，实现对不同质量的能量进行量化的计算。所谓的能值转换率，是指每单位某种能量或物质中，所包含的另一种能量的值。在实际应用中，一般使用的是太阳的能值转换率（Solar Transformation），也就是指单位的能量或物质中所包含的太阳能值的量，单位为太阳能/焦耳或太阳能/克，即 SEJ/J 或 SEJ/G。在自然界与人类社会系统中，能量的传递及转化类似于食物链的特性，能量转化率会随着能量等级的提升而增加。H. T. Odum 和各国的研究人员经过大量的实践研究，换算出自然界与人类社会经济各能量类型的太阳能值转换率。②能值密度。一个国家或者地区一年内单位面积上所能利用的太阳能值数量，即能值总利用量与总面积之比，单位为 SEJ（m^2. a）。能值密度可以反映研究区域的经济发展强度和经济发展等级。研究区域的经济越发达，在系统中的等级越高，能值密度越大；相反，研究区域的经济越不发达，在系统中的等级越低，能值密度就越小。

能值分析就是以能值为基准，把生态系统或生态经济系统中不同种类、不可比较的能量转换成同一标准的能值来衡量和分析，以评价其在系统中的作用和功能。由于任何形式的能量均源于太阳能，因此，在实际应用中以"太阳能值"来衡量各种能量的能值，即任何资源、产品或劳务形成过程中直接或间接消耗的太阳能值之量，就是其所具有的太阳能值，单位为太阳能焦耳（Solar Emergy Joules，SEJ）。把系统中不同种类、不可比较的能量利用太阳能值转换率转换为同一标准的太阳能值，通过这一标准来衡量和分析生态系统或生态经济系统的运行特征和发展的可持续性。

（二）能值理论的方法与步骤

H. T. Odum 所建立的能值分析理论，从总体经济的角度出发，全面考虑生态和经济系统，以能值为衡量单位，建立了一套价值理论体系，能值分析理论可以对不同类型、不同尺度的系统进行综合研究。能值理论的应用，并不是要替代货币在市场上的功能，而是用来评价自然资源对生态经济系统所起的作用，是政策分析和决策研究的重要手段。能值分析的方法根据对象的不同会略有差别，但是基本上可以分为以下七个步骤：资料的收集、能量系统图的绘制、能值分析表的制作、能值综合结构图的构建、综合能值指标体系的确定、动态模拟及系统发展策略的评价、分析。

二、生态足迹模型

（一）传统生态足迹模型的基本概念

生态足迹（Ecological Footprint）这一概念，最初是由加拿大生态经济学家 William Rees 于 1992 年提出，并于 1996 年由其博士生 Wackernagel 完善的一种衡量人类对自然资源利用程度以及自然界为人类提供的生命支持服务功能的方法。William Rees 曾形象地将生态足迹描述为："一只负载着人类与人类所创造的城市、工厂……的巨脚踏在地球上留下的脚印。"生态足迹是一种衡量人类对自然资源利用程度以及自然界为人类提供生命支持服务功能的方法。此方法计算在相对固定的社会条件下，需要维持一定数量人群生产生活的生物生产性土地。从需求层面计算生态足迹的大小，从供给层面计算生态承载力的大小，通过两者的比较，定量测度特定区域的可持续发展状况。所谓生态生产性土地是指具有生态生产能力的土地，根据生产力大小的差异，地球表面的生态生产性土地分为六大类，即耕地、林地、草地、水域、建筑用地以及化石能源用地。

生物生产性土地是指具有生产能力的土地或水体。所谓的生物生产性，是指在生态系统中，生物从外界环境中汲取其生存发展所必需的物质、能量，并将其转化为新的物质，实现物质能量的存储过程。根据其生产力的大小，将地球表面的生物生产性土地分为六大类，包括：耕地（Arable Land）、林地（Forest）、牧草地（Pasture）、建筑用地（Built - up Areas）、水域（Sea）、化石燃料土地或化石能源用地（Fossil Energy Land）。其中化石燃料用地，是指人类应该留出的，用以吸收燃烧煤、石油、天然气等不可再生的化石燃料所产生的 CO_2 的土地。

（二）传统生态足迹模型的计算方法

生态足迹的计算主要基于以下两个事实：①人类可以确定其自身所消费的绝大多数资源、能源以及产生的废弃物的数量。②这些资源和废弃物流可以折算成生产和消纳这些资源、废弃物流的生物生产性面积或生态生产性面积。因此，任何特定的人口（个人、单一城市乃至国家）的生态足迹，就是他所占用的用于生产给定人口需要消费的资源，以及利用现有的科学生产技术，并消纳产生的废弃物所需的生物生产性土地或海洋等水域的总面积。

由于各种类型的生物生产性土地面积的生态生产力各不相同，需要借助世界平均生产力的数值，转换出资源的消费和废物的吸纳所需要的生物生产性面积，此时需要引入产量因子这一概念，使得不同类型的生物生产性土地面积能转换为等价的生态生产力，从而计算出给定研究区域的生态足迹总量。在生态足迹的计算中，主要分为生物资源生态足迹和能源生态足迹两大类。为使计算结果便于区域之间相互比较，采用了联合国粮农组织 1993 年计算出的世界平均产量，将生物资源的消费量转化为提供这些消费所需要的生物生产性面积。能源消费部分主要包括煤炭、焦炭、原油、汽油、柴油以及电力，计算时采用世界单位化石燃料生产土地面积的平均发热量，将能源消费转化为化石燃料产地的面积。

生态足迹模型由于具有科学完善的理论基础、形象明了的概念框架、精简统一的指标体系以及方法本身的普适性而得到广泛应用。该方法基于生物物理量衡量区域可持续发展状态，将人类消费的大多数资源及其产生的废弃物流转换成相应的生物生产性土地面积。生态足迹的计算采用全球平均生产能力、产量因子和均衡因子，遵循以下步骤进行：

第一，计算各主要消费项目的人均年消费量的值。Wackernagal 在 1997 年对 52 个国家和地区进行测算，将消费项目分为消费性能源与食物，按照消费总量等于本国产出加进口量之和再减去出口量进行计算，进而得出某种消费项目的人均年消费量。

第二，计算人均占用的生态生产性土地面积。利用生产力数据，将各种消费项目折算为实际的生态生产性土地面积。

第三，计算生态足迹。汇总生产各种消费项目人均占用的各类生态生产性土地，分别乘以均衡因子。

第四，计算生态承载力用人均占有的某种类型的生态生产性土地面积乘以均衡因子与产量因子。

第五，判断生态盈亏情况。如果得出研究区域的生态足迹超过了其所能提供的生态承载力，就意味着该地区为生态赤字，否则为生态盈余。

生态足迹计算流程如图 4－1[①] 所示。

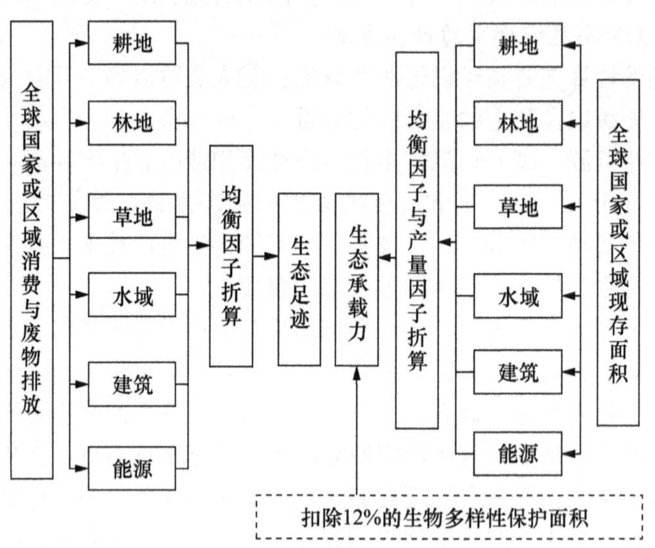

图 4－1　生态足迹计算流程

1. 生态足迹的计算

$$EF = N \times ef = \sum (aa_i \times r_i) = N \times \sum (\frac{c_i}{p_i} \times r_i) \qquad 式（4-1）$$

其中，EF 为总生态足迹；N 为区域的总人口数；ef 为人均生态足迹；aa_i 为 i 类资源的生物生产性面积；c_i 为 i 类资源的人均消费量；p_i 为 i 类资源的世界平均生产能力；r_i 为均衡因子。

① 徐中民，程国栋，张志强：《生态足迹方法的理论解析》，《中国人口·资源与环境》2006 年第 6 期，第 70 页。

2. 生态承载力的计算

生态承载力是与生态足迹紧密联系的概念，指区域所能提供给人类的生物生产性土地面积的总和，将现有的耕地、草地、林地、水域、建筑用地等空间面积乘以其相应的均衡因子和产量因子，就可以得到与世界平均产量化一致的生态承载力。其中产量因子的运用，是由于即使是相同单位面积的生物生产性土地面积也存在很大的差异，故需要对其进行调整。耕地、林地、草地、水域、建筑用地、化石燃料用地的产量因子分别为 1.66、0.91、0.19、1.66、1.00（57、58）。其计算公式为：

$$EC = N \times ec = N \times (a_i \times r_j \times y_j) \ (j = 1, 2, 3, \cdots, 6)$$ 式（4-2）

其中，EC 为区域总人口的生态承载力；N 为总人口数；ec 为人均生态承载力；a_j 为人均生物生产性面积；r_j 为均衡因子；y_j 为产量因子。同时，出于可持续发展的考虑，在生态承载力计算时应扣除 12% 的生物多样性保护面积。

3. 生态赤字/生态盈余

生态足迹的指标是将人类对资源、能源的消耗，折算成全球统一的单位值来进行比较。如区域的生态足迹小于该区域所能提供的生态承载力，则表现为生态盈余，表明：人类的生产生活处于区域的生态承载力所能承受的范围之内，区域的生态环境为可持续发展的状态；如区域的生态足迹大于其生态承载力，则表现为生态亏损，表明：区域的生态环境处于不可持续发展状态；若该区域的生态足迹等同于生态承载力，则表明区域处于生态平衡状态，生态亏损/生态盈余的计算公式为：

$$ED/ES = EC - EF$$ 式（4-3）

其中，ED 表示生态赤字；ES 表示生态盈余；EC 表示生态承载力；EF 表示生态足迹。

（三）传统生态足迹模型存在的不足

第一，传统生态足迹模型所得结论缺乏动态性。最初，生态足迹分析法是一种基于静态的分析方法，一般以年为时间单位来评价一定范围内人类对自然系统的影响情况，所得出的结论不具有动态性，无法反映其未来的可持续发展趋势，且没有考虑人口、科技、经济发展的变化，也不能提供改进的方法和手段。因而只能作为区域范围内可持续发展的阶段性结果评价，而不能为其可持续发展趋势做预测。

第二，各类型生物生产性土地面积的折算标准即均衡因子的取值不够合理，缺乏透明度。在生态足迹模型中，耕地与建筑用地的均衡因子选取的是同一数值，尽管城市中的建筑大多数是在耕地上建成的，建筑用地的潜在生产能力与耕地是相同的，但实际上，建筑用地的生物生产能力几乎为零。除此之外，产量因子这一概念是在计算全球平均产量的时候引入的，但并没有观察其各种潜在因子之间的相互影响关系，且数据资料也不够精准。

第三，各类型的生物生产性土地具有空间上的互斥性，这一假设饱受争议。这种土地利用空间上的互斥性只是一种简单化的理想状态，在现实的土地利用中，大多数土地都会出现重复使用的情况，从而在计算结果上出现误差，导致生态承载力的结果偏低。

第四，低估了人类主观能动性的作用。在传统生态足迹的模型中，人类的作用仅仅是通过调整产量因子得到了体现，对人类主观能动性考虑不够。一方面，弱化了人类对于农业系统知识、劳作与技术的作用；另一方面，人类具有强大的信息接受和学习的能力，可以保障生态经济系统有效地运转，产生了较大的生态承载力，而这些在传统的生态足迹模型中都无法很好地表达出来。

由于传统生态足迹模型是基于生物物理量来衡量区域可持续发展状态，将人类消费的大多数资源及其产生的废弃物流转换成相应的生物生产性土地面积。在计算时，采用的全球平均生产能力、产量因子、均衡因子等参数忽视了土地功能复杂性与区域功能差异性，导致计算结果与实际情况之间存在较大误差。

首先，传统生态足迹模型的计算结果受各种消费项目全球平均生产能力的影响相对较大，当研究区域是整个国家时，将某种消费项目的国家平均生产力与全球平均生产力进行对比无可厚非。但是，当研究区域为省级层面或更小的范围时，就会出现由于研究区域的平均生产力与全球的平均生产力相差较大而导致运用全球生产力这一指标计算得来的生态足迹结果横向对比的偏差过大和代表性不强的问题。

其次，传统生态足迹模型中产量因子的测算结果直接影响生态承载力的高低。所谓产量因子，是指在某一特定年份，不同土地利用类型在潜在生产力方面存在的差异。传统生态足迹模型中计算产量因子的前提在于可以通过产量因子将某种土地利用类型转换成另外一种土地利用类型。这一假设前提忽视了不同土地利用类型具有不同生态功能这一事实，将不同种类和结构的土地利用类型运用产量因子折算后直接加总，导致生态系统内部不同土地利用类型以及结构比例的信息损失，对生态系统进行评价的精度降低。

总之，传统生态足迹模型在计算时忽略了区域生态系统不同土地利用类型的功能差异性，使得测算结果与实际情况存在较大偏差。因此，本书为了弥补传统生态足迹模型的不足，引入能值理论进行分析，以使测算结果对地区生态可持续发展的评价更加客观真实。

三、基于能值理论改进的生态足迹模型

（一）能值—生态足迹模型的提出

针对传统生态足迹模型中存在的静态封闭系统的假设、产量因子与均衡因子

的选取具有很大的主观性、忽视了区域功能定位的差异等缺点和不足，并结合能值理论，有学者[①]最早提出了“能值—生态足迹”模型。在改进的能值—生态足迹模型中，放弃使用有较大争议的产量因子和均衡因子，而采用了更加成熟和稳定的能值转换率作为其转换因子，将研究区域中的各种能量流、物质流都转化为太阳能值，并引入全球能值密度（Global Energy Density）和区域能值密度（Regional Energy Density）的概念。通过对我国 1981 ~ 2001 年生态足迹和能值生态足迹进行了比较分析，两种模型所得出的结论基本一致，并且通过理论和实践研究证明：基于事物之间内在的能量联系和能值转换的能值生态足迹模型在一定程度上弥补了生态足迹模型的不足[②]。能值生态足迹模型就是以能值理论及生态足迹模型为基础，先将人类所消费的不同类型、不同级别的能量流，通过太阳能值转换率换算成太阳能值，统一其度量单位便于直接进行运算，进而引入能值密度这一概念，将各种消费项目的太阳能值转换率转化为相应的生物生产性土地面积，计算出研究区域的生态足迹与生态承载力，以此来确定研究区域的生态可持续发展情况。基于能值理论的生态足迹模型按以下思路进行：

首先，将各种能量流统一转变为太阳能值。

其次，借助能值密度，将得到的太阳能值转变为生物生产性土地面积。

再次，结合人口数量，得出研究区域的人均生态足迹和生态承载力。

最后，通过生态盈亏对区域可持续发展情况进行评价。

能值理论从分析系统中的能量流入手，把系统中不同种类的能量利用太阳能值转换率转换为具有相同标准的太阳能值（Solar Emergy），再运用这一标准衡量生态经济系统的运行规律。当前条件下，自然界产品与服务的太阳能值转换率已达到相对稳定的状态，将能值理论引入传统生态足迹方法中，可以弥补传统生态足迹模型存在的上述缺陷，得到的计算结果能更客观真实地反映区域生态经济系统的环境状况。将能值分析理论与传统生态足迹方法相结合，可以有效弥补传统生态足迹在区域可持续发展评价中所采用的标准不够统一、不同研究结果缺乏可比性等缺陷，使计算结果能更客观真实地反映研究区域生态经济系统的环境状况。

（二）能值—生态足迹模型的优点

传统的生态足迹模型采用的是全球平均生产力、均衡因子及产量因子来考察各个不同国家或区域的生态状况，这种相对性的指标忽略了各地区的现实状况。

---

① Zhao S. Li Z. Z.，Li W. L.，“A Modified Method of Ecological Footprint Calculation and its Application”, Ecologcial Modeling, Vol. 185, 2005, pp. 65 – 75.

② Chen B.，Chen G. Q.，“Ecological Foorprint Accounting Based on Energy – a Case Study of the Chinese Society”, Ecological Modeling, Vol. 198, 2006, pp. 101 – 114.

改进后的基于能值分析的生态足迹模型采用较为稳定的能值转换率及能值密度，由于自然生态系统的自组织程度已经达到较高的水平，故太阳能值转换率就更为稳定，改进后的基于能值分析的生态足迹模型采用能值转换率及能值密度，能够更加真实地反映各地区的生物生产性土地面积的需求。

（三）运用能值—生态足迹模型测度可持续发展情况的方法

1. 能值生态承载力的计算

自然资源可分为可更新和不可更新两大类。鉴于不可更新资源消耗的速度远远大于其再生的速度，因此要考虑生态承载力的可持续发展问题，只有使用可更新的能源，生态承载力才具有可持续性，区域的发展才可以连续。在计算能值生态承载力的时候，需要分析区域的可更新资源与不可更新资源。对于区域可持续发展来说，只有可更新资源才能起到重要作用，因此本书仅将可更新资源纳入生态承载力的计算中，主要考虑太阳能、风能、雨水势能、雨水化学能、地球旋转能、地热能、海浪能及潮汐能。

根据能值理论，为避免计算重复，同一性质的能量只选取其能量最大值。太阳能、风能、雨水势能及化学能、海浪能同属于太阳光的转换形式，故只取最大值。地球旋转能是由于万有引力的存在使得地球绕太阳公转，由于地球和太阳磁场的摩擦力，在地球公转的同时也发生自转现象。潮汐能则是由于地球与月球之间的引力作用产生的，故而地球旋转能与潮汐能同属于统一性质的能量，只取最大值。

公式如下①：

太阳光能 = 国土面积 × 太阳光平均辐射量 = (_ m^2) × [_ J/(m^2ga)] = _ J/a　　式（4-4）

风能 = 研究区面积 × 平均风速 × 空气层高度 × 空气密度 × 空气比热 × 水平温度梯度 × 焦耳/千卡的比值 × 年间秒量
= (_ m^2) × (_ m/s) × (_ m) × (1.23×10^3 g/m^3) × (0.24kcal/°k) × (3.00×10^{-9} k/m) × (4186J/kcal) × (3.15×10^7 ssc/a) = _ J/a

（注：空气层高度一般取 1000m）　　式（4-5）

雨水化学能 = 土地面积 × 降雨量 × 吉布斯自由能 G = _ m^2 × _ m/a × (4.94J/g) × (1×10^6 g/m^3) = _ J/a　　式（4-6）

雨水势能 = 面积 × 平均海拔高度 × 平均降雨量 × 密度 × 重力加速度
= (_ m^3) × (_ m) × (_ m/a) × (1×10^3 kg/m^3) × (9.8m/s^2) = _ J/a　　式（4-7）

地球转动能 = 土地面积 × 热通量 = _ m^2 × _ J/(m^2ga)

① 蓝盛芳，钦佩，陆宏芳：《生态经济系统能值分析》，化学工业出版社 2002 年版（公式中划线的空白部分表示需要代入进行计算的数值）。

$= (\_\ m^2) \times (1 \times 10^6 J/(m^2 ga))$ 式（4-8）

其中，用到的各种可更新资源的太阳能值转换率如表4-1所示。

表4-1 可更新资源的太阳能值转换率

项目	太阳能	地表风能	雨水势能	雨水化学能	地球转动能
单位能值转换率	1	1496	10488	18199	29000

$E_c = e/p_1$ 式（4-9）

式（4-9）中，E_c 代表人均能值生态承载力，e代表可更新资源的人均太阳能值，p_1 代表全球平均能值密度（3.1E+10Sej/（m^2ga））。

笔者认为，此处采用全球能值密度忽略了研究区域的特性，不具有针对性，进而提出采用改进的区域平均能值密度，使用区域平均能值密度进行计算，以使研究结果更能体现区域特性。按如下思路进行：

（1）计算研究区域的能值密度：

$$区域能值密度（sej/hm^2）=\frac{区域可更新资源的年均总能值（sej）}{区域土地总面积（hm^2）}$$

式（4-10）

（2）计算人均可更新资源的太阳能值，并将其折算成生物生产性土地面积：

$$人均生物生产性土地面积（hm^2/cap）=\frac{人均可更新资源的能值（sej/cap）}{区域能值密度（sej/hm^2）}$$

式（4-11）

（3）按照生态足迹理论，需预留12%的生态生产性土地面积作为生物多样性保护用地。

2. 能值—生态足迹的计算

（1）划分生产及消费项目。对研究区域进行生态足迹分析，需要明确参与计算的各个消费项目。按照生态足迹理论，地球表面的生物生产性土地共包括六大类型：耕地、林地、草地、水域、建筑用地与化石燃料用地。其中，耕地、林地、草地和水域对应生物资源足迹，建筑用地与化石燃料用地对应能源足迹。

（2）计算太阳能值。首先，获得研究区域生产（或消费）某种资源项目的数量。

其次，结合能量折算系数转换成能量。

最后，引入能值转换率，将得到的生产（或消费）项目的能量转换为可以直接比较的太阳能值。也就是说，在计算上述生产（或消费）项目的太阳能值时，需要引入两个参考系数，即能量折算系数与能值转换率。按式（4-12）、式（4-13）进行计算：

某消费项目的能值＝有效能×能值转换率 式（4-12）

能量=生产（消费）量×能量折算系数　　式（4-13）

（3）计算能值生态足迹。

$$E_f = \sum_{i=1}^{n} a_i = \sum_{i=1}^{n} (c_i/p_2)$$　　式（4-14）

式（4-14）中，E_f 代表人均能值生态足迹；a_i 代表第 i 种消费项目的能值生态足迹；c_i 代表第 i 种消费项目的人均能值；p_2 代表区域能值密度。

p_2 = 区域总能值/区域土地面积　　式（4-15）

能值密度的计算基于太阳能、风能、雨水化学能等可再生资源进行。

3. 生态赤字/盈余

依据"能值—生态足迹"的指标，把人类对资源、能源等的消耗，折算成全球统一的具有生物生产力的土地面积，以方便比较。若研究区域内所能提供的生态承载力大于该区域的生态足迹，则表现为生态盈余，表示人类的活动处于区域所能提供的生态承载力范围之内，即区域的生态环境处于可持续发展状态；若研究区域内所能提供的生态承载力小于区域内的生态足迹，则表现为生态亏损，表示区域的生态环境处于不能可持续发展的状态。若该区域的生态足迹等于生态承载力，则表示该研究区域正处于生态平衡状态。

按此思路，若计算出来的能值生态承载力大于能值生态足迹，说明该区域为生态盈余，生态环境处于可持续发展状态。若计算出来的能值生态承载力小于能值生态足迹，说明该区域为生态赤字，生态环境处于不可持续发展状态。

第三节　基于能值生态足迹模型的"大别山试验区"可持续发展评价
——以黄冈市为例

一、黄冈市 2002~2012 年能值—生态承载力计算

（一）生态承载力模型的确定

黄冈市的生态承载力的计算项目主要包括：太阳能、风能、雨水化学能、雨水势能及地球旋转能五种可更新资源项目。利用前文所述公式以及能值转换率可得出这五种可更新资源的能值。依据能值理论原理，为避免重复计算，同一性质的能量只选取其能量最大值。

（二）黄冈市能值—生态承载力的计算

1. 可更新资源的有效能的计算

依据黄冈市实际情况，黄冈市"能值—生态足迹"模型中主要考虑五种可

更新的资源，即太阳辐射能、风能、雨水化学能、雨水势能及地球旋转能，运用前文所述公式。在计算过程中，所需要的原始资料来源于《黄冈市统计年鉴》及《湖北省统计年检》。通过查阅《黄冈市统计年鉴》，走访黄冈市气象局、农业局等部门得到本模型计算所需的数据。黄冈市土地总面积为 17446 平方千米，太阳年均总辐射量 4.54E+9（J/m^2），全市年均降水量 1283 毫米左右（见表 4-2），土壤有机质平均含量 1.5%。

表 4-2　2002~2012 年黄冈市年均降雨量

年份	2002	2003	2004	2005	2006	2007
降雨量（毫米）	1779	1600.9	1239.5	1060.9	1047.9	1185.5
年份	2008	2009	2010	2011	2012	
降雨量（毫米）	1115.2	1195.8	1431.3	1044.9	1414.5	

资料来源：黄冈市气象局。

依据图 4-2 左下方，可以看出风速分别为 1、2、4、8，单位为米/秒，进而推出黄冈市年平均风速为 1.5 米/秒。

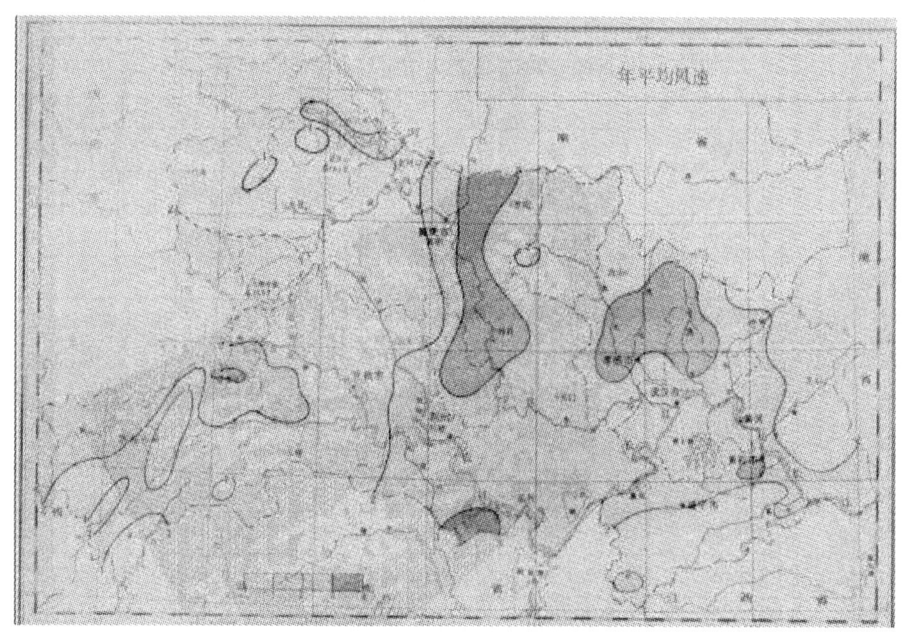

图 4-2　湖北省年平均风速分布

太阳光能 = 国土面积 × 太阳光平均辐射量

$$= (\_\ m^2) \times [\_\ J/(m^2 ga)] = \_\ J/a$$

$= 17446\text{km}^2 \times 4.54\text{E}+9\ (\text{J/m}^2)$

$= 17446 \times 1000000 \times 4.54\text{E}+9$

$= 7.92\text{E}+19$

风能 = 研究区面积 × 平均风速 × 空气层高度 × 空气密度

× 空气比热 × 水平温度梯度 × 焦耳/千卡的比值 × 年间秒量

$= (\_\ \text{m}^2) \times (\_\ \text{m/s}) \times (\_\ \text{m}) \times (1.23 \times 10^3 \text{g/m}^3)$

$\times (0.24\text{kcal/°k}) \times (3.00 \times 10^{-9} \text{k/m})$

$\times (4186\text{J/kcal}) \times (3.15 \times 10^7 \text{ssc/a})$

= _ J/a(注：空气层高度一般取 1000m)

风速取：1.5m/s

雨水化学能 = 土地面积 × 降雨量 × 吉布斯自由能 G

$= (\_\text{m}^2) \times (\_\text{m/a}) \times (4.94\text{J/g}) \times (1 \times 10^6 \text{g/m}^3) = \_\text{J/a}$

雨水势能 = 面积 × 平均海拔高度 × 平均降雨量 × 密度 × 重力加速度

$= (\_\text{m}^3) \times (\_\text{m}) \times (\_\text{m/a}) \times (1 \times 10^3 \text{kg/m}^3) \times (9.8\text{m/s}^2) = \_\text{J/a}$

地球转动能 = 土地面积 × 热通量 $= (\_\text{m}^2) \times [\_\text{J/(m}^2\text{ga)}]$

$= (\_\text{m}^2) \times (1 \times 10^6 \text{J/(m}^2\text{ga)})$

表 4-3　2002~2012 年黄冈市可更新资源的能量

单位：焦耳

年份	太阳光能	风能	雨水化学能	雨水势能	地球转动能
2002	7.92E+19	3.06E+18	1.53E+17	2.65E+17	1.74E+16
2003	7.92E+19	3.06E+18	1.38E+17	2.39E+17	1.74E+16
2004	7.92E+19	3.06E+18	1.07E+17	1.85E+17	1.74E+16
2005	7.92E+19	3.06E+18	9.14E+16	1.58E+17	1.74E+16
2006	7.92E+19	3.06E+18	9.03E+16	1.56E+17	1.74E+16
2007	7.92E+19	3.06E+18	1.02E+17	1.77E+17	1.74E+16
2008	7.92E+19	3.06E+18	9.61E+16	1.66E+17	1.74E+16
2009	7.92E+19	3.06E+18	1.03E+17	1.78E+17	1.74E+16
2010	7.92E+19	3.06E+18	1.23E+17	2.13E+17	1.74E+16
2011	7.92E+19	3.06E+18	9.01E+16	1.56E+17	1.74E+16
2012	7.92E+19	3.06E+18	1.22E+17	2.11E+17	1.74E+16

从黄冈市十余年来可更新资源的能量数值可以看出，各年份的太阳辐射能、风能及地球旋转能基本保持不变，但是由于降水量不同年度有所差别，所以雨水化学能与雨水势能在不同年份表现不同。

2. 可更新资源的太阳能值的计算

将各项可更新资源的能量分别乘以相应的太阳能值转换率，便可以得到其相应的太阳能值，其中各种可更新资源的能值转换率见表4－4。

依据表4－1的能值转换率，得出2002～2012年黄冈市可更新资源的太阳能值。

表4－4 2002～2012年黄冈市可更新资源太阳能值

年份	太阳光能能值	风能能值	雨水化学能能值	雨水势能能值	地球转动能能值
2002	7.92E+19	4.58E+21	2.78E+21	2.78E+21	5.05E+20
2003	7.92E+19	4.58E+21	2.51E+21	2.51E+21	5.05E+20
2004	7.92E+19	4.58E+21	1.95E+21	1.94E+21	5.05E+20
2005	7.92E+19	4.58E+21	1.66E+21	1.66E+21	5.05E+20
2006	7.92E+19	4.58E+21	1.64E+21	1.64E+21	5.05E+20
2007	7.92E+19	4.58E+21	1.86E+21	1.86E+21	5.05E+20
2008	7.92E+19	4.58E+21	1.75E+21	1.74E+21	5.05E+20
2009	7.92E+19	4.58E+21	1.87E+21	1.87E+21	5.05E+20
2010	7.92E+19	4.58E+21	2.24E+21	2.23E+21	5.05E+20
2011	7.92E+19	4.58E+21	1.64E+21	1.64E+21	5.05E+20
2012	7.92E+19	4.58E+21	2.22E+21	2.21E+21	5.05E+20

由计算结果可以看出，在太阳辐射能、风能、雨水化学能、雨水势能这四项当中，最大值为风能。依据能值理论，为避免计算重复，同一性质的能量只选取其能量最大值，因此同属于太阳光的转换形式的这四种能中，只取风能的能值。

3. 可更新资源人均太阳能值

依据能值理论，为避免计算重复，同一性质的能量只选取其能量最大值的原则，黄冈市的可更新资源的总能值即为太阳辐射能、风能、雨水化学能及雨水势能中的最大值，风能与地球旋转能之和。黄冈市2002～2012年可更新资源人均太阳能值如表4－5所示。

表4－5 2002～2012年黄冈市可更新资源总值与人均能值

年份	可更新资源总值（sej）	人均可更新资源能值（sej/cap）
2002	5.08E+21	7.62E+14
2003	5.08E+21	7.60E+14
2004	5.08E+21	7.57E+14

续表

年份	可更新资源总值（sej）	人均可更新资源能值（sej/cap）
2005	5.08E+21	7.55E+14
2006	5.08E+21	7.60E+14
2007	5.08E+21	7.62E+14
2008	5.08E+21	7.61E+14
2009	5.08E+21	7.60E+14
2010	5.08E+21	8.25E+14
2011	5.08E+21	8.18E+14
2012	5.08E+21	8.16E+14

依据武汉市2002~2012年的可更新资源的总值，可以计算出黄冈市十余年来可更新资源的年均总能值。

4. 区域能值密度的计算

根据刘淼等①的研究，认为此处采用全球能值密度忽略了研究区域的特性，进而提出采用改进的区域平均能值密度，因此，本书使用区域平均能值密度进行计算，以使研究结果更能体现区域特性。

区域能值密度(sej/hm^2) = 区域可更新资源的年均总能值(sej)/区域土地总面积(km^2) ×10^{-2}(km^2/hm^2)　　　　式（4-16）

根据能值理论，为了避免计算重复，同一性质的能量只选取其能量最大值。太阳能、风能、雨水势能及化学能、海浪能同属于太阳光的转换形式，故只取最大值；地球旋转能是由于万有引力的存在使得地球绕太阳公转，由于地球和太阳磁场的摩擦力，在地球公转的同时也发生自转现象。潮汐能则是由于地球与月球之间的引力作用而产生的，故而地球旋转能与潮汐能同属于统一性质来源的能量，只取最大值。

在计算区域总能值时，为了避免重复计算，根据能值理论，同一性质的能值投入只取其最大值，在计算过程中将五项中最大的项目作为研究区总的能值。根据本研究结果，取风能和转动能之和。

黄冈市能值密度的计算：

$$\text{区域能值密度}(sej/hm^2)=\frac{\text{区域可更新资源的年均总能值}(sej)}{\text{区域土地总面积}(hm^2)}=2.91E+15$$

① 刘淼，胡远满，常禹，张文广，张薇：《基于能值理论的生态足迹方法改进》，《自然资源学报》2008年第3期。

5. 人均生态承载力

根据已计算出的黄冈市区域能值密度，可以把研究区域的人均可更新资源的太阳能值转换成生物生产性土地面积，公式如下：

人均生物生产性土地面积 = 人均可更新资源的太阳能值/区域能值密度

式（4-17）

同时，出于谨慎性考虑，在生态承载力计算时，应扣除12%的生物多样性保护面积。这样就可以得到修正后的人均可以利用的生物生产性土地面积，也就是所谓的人均生态承载力。将人均生态承载力乘以区域人口总数，即可得到研究区域的生态承载力了。

黄冈市2002～2012年的人均生态承载力与区域的总生态承载力的计算结果如表4-6所示。

表4-6 2002～2012年黄冈市人均生态承载力及区域总生态承载力

年份	人均可更新资源的太阳能值	区域能值密度	人均生态承载力	区域总生态承载力
2002	7.62E+14	2.91E+15	0.23	1534445
2003	7.60E+14	2.91E+15	0.23	1538539
2004	7.57E+14	2.91E+15	0.23	1543599
2005	7.55E+14	2.91E+15	0.23	1548820
2006	7.60E+14	2.91E+15	0.23	1538010
2007	7.62E+14	2.91E+15	0.23	1533410
2008	7.61E+14	2.91E+15	0.23	1535250
2009	7.60E+14	2.91E+15	0.23	1537872
2010	8.25E+14	2.91E+15	0.25	1540525
2011	8.18E+14	2.91E+15	0.25	1552600
2012	8.16E+14	2.91E+15	0.25	1557975

二、黄冈市2002～2012年能值—生态足迹计算

（一）选取生产及消费项目

根据黄冈市的实际生产及消费状况来选取生态足迹的计算项目，其中主要包含两大类项目：生物资源生产项目和能源消费项目。生物资源生产项目中，农产品主要包括稻谷、小麦、玉米、大豆、薯类、棉花、油料、糖类、蔬菜等；林产品主要包括木材及林产水果等；牧产品主要包括猪肉、牛肉、羊肉、禽蛋等；水产品主要包括鱼、虾、蟹、贝及藻类。能源消费账户主要包括煤炭、原油、汽油、柴油、电力等。依据生态足迹分析方法把地球表面的生物生产性土地分为六

大种类，即耕地、林地、草地、水域、建筑用地、化石燃料用地。其中生物资源足迹包括耕地、林地、草地、水域，能源足迹对应建筑用地和化石燃料用地。结合我国国民经济社会发展的统计指标、黄冈市的实际情况与数据的可得性，本书中，黄冈市生态足迹计算的资源账户选取13项，依次是稻谷、小麦、玉米、大豆、薯类、棉花、油料、糖类、蔬菜、猪肉、羊肉、禽蛋、水果。

（二）本地参数的确定

如前文所述，要计算各种生产及消费项目所对应的能值，需要用到两个参数：能量折算系数和能值转换率。本研究所需用的相关项目的能量折算系数与能值转换率如表4－7所示。

表4－7　各项目的能量折算系数与太阳能值转换率

项目	能量折算系数（J/t）	能值转换率（sej/J）	项目	能量折算系数（J/t）	能值转换率（sej/J）
小麦	1.57E+10	6.80E+04	猪肉	2.00E+10	1.70E+06
水稻	1.64E+10	3.59E+04	羊肉	1.41E+10	2.00E+06
玉米	1.65E+10	2.70E+04	禽蛋	5.50E+09	2.00E+06
棉花	1.67E+10	1.90E+04	糖类	2.50E+09	8.94E+04
薯类	4.20E+09	8.30E+04	蔬菜	2.50E+09	2.70E+04
大豆	2.13E+10	8.30E+04	水果	3.30E+09	5.30E+05
油料	2.55E+10	6.90E+05			

3. 黄冈市能值—生态足迹的计算

调查研究区域的生产、消费项目的数量，结合能量折算系数与能值转换率，将生产及消费的数量转换为可直接做比较的能值。

各种产出物质的能值计算：

各种产出物质的能值＝该种物质的产量(kg)×该种物质的能量折算系数(j/kg)×该种物质的太阳能值转换率（sej/j）　　式（4－18）

能量＝生产/消费量×能量折算系数　　式（4－19）

能值＝有效能量×能值转换率　　式（4－20）

表4－8　2002～2012年黄冈市主要生产消费项目的太阳能值

年份	油料	糖类	蔬菜	猪肉	羊肉	禽蛋	水果
2002	6.37E+21	1.93E+19	1.62E+20	7.58E+21	8.46E+19	9.56E+20	5.10E+20
2003	6.48E+21	1.56E+19	1.70E+20	7.82E+21	1.21E+20	9.83E+20	3.57E+20

续表

年份	油料	糖类	蔬菜	猪肉	羊肉	禽蛋	水果
2004	7.24E+21	1.14E+19	1.67E+20	8.45E+21	2.26E+20	9.38E+20	2.99E+19
2005	7.17E+21	9.37E+18	1.59E+20	8.93E+21	1.02E+20	3.15E+20	1.00E+20
2006	7.15E+21	9.32E+18	1.45E+20	7.81E+21	1.07E+20	1.08E+21	1.01E+20
2007	6.89E+21	1.11E+19	1.42E+20	7.68E+21	1.75E+20	1.02E+21	1.10E+20
2008	7.64E+21	6.41E+18	1.47E+20	8.57E+21	1.92E+20	2.24E+21	1.31E+20
2009	8.43E+21	7.39E+18	1.63E+20	1.18E+22	2.14E+20	2.39E+21	1.41E+20
2010	8.61E+21	6.77E+18	1.63E+20	1.08E+22	2.71E+20	2.80E+21	1.56E+20
2011	9.05E+21	6.88E+18	1.77E+20	1.14E+22	3.27E+20	6.02E+21	1.81E+20
2012	9.27E+21	8.07E+18	1.77E+20	1.20E+22	4.05E+20	6.09E+21	1.87E+20

年份	稻谷	小麦	玉米	大豆	薯类	棉花
2002	1.21E+21	1.65E+20	7.90E+18	9.68E+19	4.97E+19	1.16E+19
2003	1.15E+21	1.58E+20	4.60E+18	8.57E+19	3.13E+19	1.15E+19
2004	1.41E+21	1.66E+20	4.50E+18	8.50E+19	3.38E+19	1.26E+19
2005	1.46E+21	1.67E+20	4.24E+18	7.92E+19	2.76E+19	1.45E+19
2006	1.45E+21	1.96E+20	4.13E+18	6.99E+19	2.83E+19	1.94E+19
2007	1.45E+21	2.13E+20	5.58E+18	5.92E+19	2.22E+19	2.03E+19
2008	1.55E+21	2.18E+20	4.67E+18	7.30E+19	3.15E+19	2.28E+19
2009	1.60E+21	2.29E+20	9.41E+18	5.38E+19	3.01E+19	2.26E+19
2010	1.63E+21	2.08E+20	8.68E+18	6.48E+19	3.51E+19	2.31E+19
2011	1.49E+21	1.74E+20	1.18E+19	5.92E+19	7.80E+19	2.63E+19
2012	1.55E+21	1.94E+20	1.96E+19	6.78E+19	6.81E+19	2.96E+19

将黄冈市2002~2012年的太阳能值除以研究区域的总人口数，即可得到各主要生物生产性土地人均所占的太阳能值，再用人均太阳能值除以区域能值密度，即可得到人均所占有的生物生产性土地面积，区域生态足迹为人均生态足迹与区域内总人口数之积。黄冈市2002~2012年主要生产性土地人均太阳能值如表4-9所示。

表4-9 2002~2012年黄冈市主要生产性土地人均太阳能值

年份	常住人口	人均能值	人均生态足迹
2012	6231900	4.83E+15	1.66
2011	6210400	4.67E+15	1.61
2010	6162100	4.01E+15	1.38

续表

年份	常住人口	人均能值	人均生态足迹
2009	6686400	3.75E+15	1.29
2008	6675000	3.12E+15	1.07
2007	6667000	2.67E+15	0.92
2006	6687000	2.72E+15	0.93
2005	6734000	2.75E+15	0.95
2004	6711300	2.80E+15	0.96
2003	6689300	2.60E+15	0.89
2002	6671500	2.58E+15	0.89

通过计算2002~2012年黄冈市的生态足迹，可以分析黄冈市在研究时段内生态足迹的变化。结果由图4-3可以看出：2002~2012年，黄冈市人均生态足迹呈上升趋势，人均生态足迹由2002年的0.89增加到2012年的1.66。

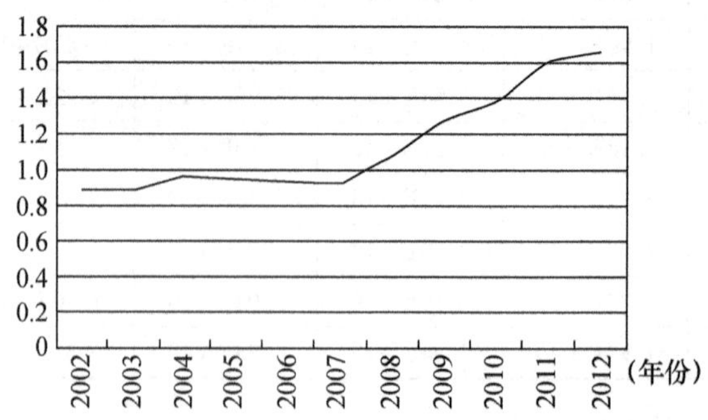

图4-3　2002~2012年黄冈市人均生态足迹变化趋势图

4. 黄冈市2002~2012年生态盈亏状况分析

将计算得出的黄冈市2002~2012年人均生态承载力和人均生态足迹做比较，可以得出研究区域的生态赤字/盈余，下表显示的是黄冈市2002~2012年的人均生态赤字情况。

三、黄冈市生态盈亏状况分析

从表4-10可以看出，将能值理论与生态足迹模型相结合，对黄冈市2002~2012年的生态足迹分析发现，研究期内黄冈市人均生态承载力基本维持在0.23平方公顷，由于政府对生态环境治理力度的加强，生态承载力有所上升和改善，

到2012年提高到0.25平方公顷。生态足迹呈快速上升趋势，表明研究区域内居民生活水平不断提高。生态赤字逐渐扩大，黄冈市2002~2012年的人均生态赤字逐年扩大，由2002年的0.66平方公顷上升到2012年的1.41平方公顷，人类的活动超过了生态系统的承载范围，处于不可持续发展状态。

表4-10 2002~2012年黄冈市人均生态赤字情况

年份	人均生态赤字（平方公顷）	年份	人均生态赤字（平方公顷）
2002	-0.66	2008	-0.84
2003	-0.66	2009	-1.06
2004	-0.73	2010	-1.13
2005	-0.72	2011	-1.36
2006	-0.70	2012	-1.41
2007	-0.69	—	—

通过上述分析得出，黄冈市生态环境处于不可持续状态，且有逐渐恶化的趋势。为了扭转这种不利的局面，为区域发展创建良好环境，应在黄冈市大力发展生态旅游等低能耗产业，缓解生态压力。同时，大力开发可更新资源，可更新资源对环境破坏小，且可以永续利用，要实现区域健康可持续发展，可更新资源的开发势在必行。加强区域间的交流合作，通过区域间的交流，实现物质与能量的交换，缓解本地区的生态压力。

值得一提的是，本书在计算黄冈市生态足迹时，受到数据来源的限制，没能够将部分资源项目统计进来，导致计算得到的人均生态足迹小于真实的人均生态足迹。同时，由于生态经济系统的复杂多样性，在能量折算系数和能值转换率的计算方面可能存在误差，从而造成最终结果存在偏差。但从总体上来看，基于能值理论的生态足迹模型，弥补了传统生态足迹模型的不足，测算结果基本上能够客观真实地反映区域生态经济系统的环境状况。

运用改进后的能值—生态足迹模型对区域城镇化的生态进行评价是一个十分复杂的过程，本书属于尝试性探索，从得到的结论看，基本能够客观真实反映湖北省生态经济系统的环境状况。需要说明的是，本书在计算湖北省生态足迹与生态承载力时，受到统计资料的局限，未将全部项目统计进来，导致人均生态足迹数值可能比实际偏小。生态承载力计算过程中对太阳能、风能的计算原始资料来源于《湖北省统计年鉴》，取的是湖北省多年的平均值，亦可能会导致计算结果与实际情况有所出入。另外，在能量折算系数和能值转换率的选取方面，参考蓝盛芳等的计算方法，借鉴已有文献中的数值进行计算。对于生态承载力，运用的是刘淼等改进后的模型。在此一并致谢！

第四节 "大别山试验区"生态补偿机制构建分析

一、"大别山试验区"创新生态补偿机制的必要性

黄冈是全国首家开展区域性生态补偿课题研究的地区，2013 年 4 月，由国家环保局担纲的《黄冈市"大别山试验区"生态补偿研究报告》在北京正式通过专家评审。该报告对黄冈市"大别山试验区"的生态补偿问题进行了全面探讨与评估，并预计，到 2020 年，黄冈"大别山试验区"可获得的生态补偿资金规模为 684.2 亿元。自从 2009 年，黄冈市有五个县（市）① 划入到国家"重点生态功能区"② 之后，连续三年获得国家重点生态功能区转移支付资金 2 亿多元，对保护和改善黄冈市生态环境起到了重要作用。黄冈在区域生态补偿研究方面走在了其他地区的前列。明确生态补偿过程中"谁补偿谁、补偿多少、补偿方式及实现保障"等核心问题，对黄冈市生态补偿从理论研究到实践探索过渡具有重大的理论与现实意义。

（一）创新生态补偿机制为"大别山试验区"走生态文明之路指明了方向

走人与自然和谐共处的生态文明发展之路，是实现可持续发展的必然选择。中共十八大报告提出"把生态文明建设放在突出地位，融入经济建设、政治建设、文化建设、社会建设各方面和全过程"，这为"大别山试验区"的可持续发展指明了方向。生态补偿机制是以保护生态环境、促进人与自然和谐为目的，根据生态系统服务价值、生态保护成本、发展机会成本，综合运用行政、市场手段，调整生态环境保护和建设相关方之间利益关系的环境经济政策。建立生态补偿机制有利于推动"大别山试验区"环境保护工作，推进资源的可持续利用，进而为加快我国生态文明建设添砖加瓦。建立和完善"大别山试验区"生态补偿机制，不仅是落实科学发展观、构建和谐社会的必然要求，也是维护群众利益的具体体现和推进生态建设的重要举措，更是建设生态文明的内在要求。

（二）创新生态补偿机制是促进"大别山试验区"经济与生态环境协调发展的必然要求

当前，全球生态环境问题日益凸显，温室效应、臭氧层破坏、土地退化和沙

① 麻城、红安、英山、罗田、浠水。

② 国家主体功能区按开发方式分为：优化开发区域、重点开发区域、限制开发区域和禁止开发区域。各个区域的主体功能定位有所区别。优化开发区域和重点开发区域主要是城市化地区，主体功能是提供工业品与服务产品。限制开发区域和禁止开发区域主要是农产品主产区和重点生态功能区，主体功能是提供农产品与生态产品。

漠化、废物质污染及转移、森林面积减少、生物多样性减少、水资源枯竭、核污染、海洋污染等正在威胁着人类的生存。全世界对环境污染和生态保护普遍关注，生态补偿作为一种有效的经济手段被美国、巴西、哥斯达黎加等国家成功用于解决生态环境保护与经济发展之间的矛盾。2006 年，我国政府在“十一五”规划纲要中正式提出了生态补偿的概念，许多学者纷纷著书立说投身于生态补偿这一研究领域。“大别山试验区”于 2011 年 2 月开始启动，并于 2012 年扩大范围，至今，试验区建设已取得了初步成效，探讨生态补偿机制对实现“大别山试验区”的绿色发展有重要作用。

（三）创新生态补偿机制为“大别山试验区”主体功能定位的实现奠定坚实基础

《中华人民共和国国民经济和社会发展第十一个五年规划纲要》提出：“根据资源环境承载能力、现有开发密度和发展潜力，统筹考虑未来我国人口分布、经济布局、国土利用和城镇化格局，将国土空间划分为优化开发、重点开发、限制开发和禁止开发四类主体功能区。”并进一步对四类主体功能区界定：“优化开发区域，是指国土开发密度已经较高、资源环境承载能力开始减弱的区域。重点开发区域，是指资源环境承载能力较强、经济和人口集聚条件较好的区域。限制开发区域，是指资源环境承载能力较弱、大规模集聚经济和人口条件不够好并关系到全国或较大区域范围生态安全的区域。禁止开发区域，是指依法设立的各类自然保护区域。”推进形成主体功能区，就是要根据不同区域的资源环境承载能力、现有开发强度和发展潜力，统筹谋划人口分布、经济布局、国土利用和城镇化格局，确定不同区域的主体功能，并据此明确开发方向，完善开发政策，控制开发强度，规范开发秩序，逐步形成人口、经济、资源环境相协调的国土空间开发格局。

“十二五”时期是“大别山试验区”社会经济和各项建设实现跨越式发展的关键时期，是加快转变经济发展方式、推进环境保护历史性转变的攻坚时期，是全面建设资源节约型和环境友好型社会、促进社会经济协调可持续发展的重要阶段。随着“大别山试验区”各项工作的深入开展，环境压力将不断加大，环境保护工作将面临更为严峻的形势。我们既要满足人口增加、人民生活改善、经济增长、工业化城镇化发展、基础设施建设等对国土空间的巨大需求，又要为保障农产品供给安全而保护耕地，还要为保障生态安全和人民健康，应对水资源短缺、环境污染、气候变化等，保护并扩大绿色生态空间，区域国土空间开发面临诸多两难挑战。“大别山试验区”所辖范围的大部分地区属于限制开发区中的国家重点生态功能区，其发展方向为实施生态移民，降低人口密度，恢复植被。要坚持保持优先、适度开发、点状发展，因地制宜发展资源环境可承载的特色产业，加强生态修复和环境保护，引导超载人口逐步有序转移的发展思路。

建立与完善"大别山试验区"生态补偿机制，通过对损害（或保护）资源环境的行为进行收费（或补偿），提高该行为的成本（或收益），从而激励损害（或保护）行为的主体减少（或增加）因其行为带来的外部不经济性（或外部经济性），达到保护资源的目的。这是推进区域生态保护与建设的一项重要措施，是探索用市场经济手段保护资源、改善环境的重要途径，是协调"大别山试验区"全面发展的重要方面。

（四）黄冈市农业生态环境恶化现状要求进行生态补偿

1. 黄冈市农业用地利用现状

（1）农业用地数量现状。黄冈市2011年末常用耕地面积342.93千公顷，人均拥有耕地面积0.69亩。湖北省2011年末常用耕地面积3361.86千公顷，人均拥有耕地面积0.88亩。分别占全省耕地面积和人均面积的10.2%和78.4%。近年来，黄冈市的耕地数量逐年下降，统计显示，1978～2011年，黄冈市耕地面积减少26.6万亩，年均减少0.805万亩。人均耕地面积由1978年的0.944亩变成2011年的0.689亩，减少幅度为27%，如图4－4所示。

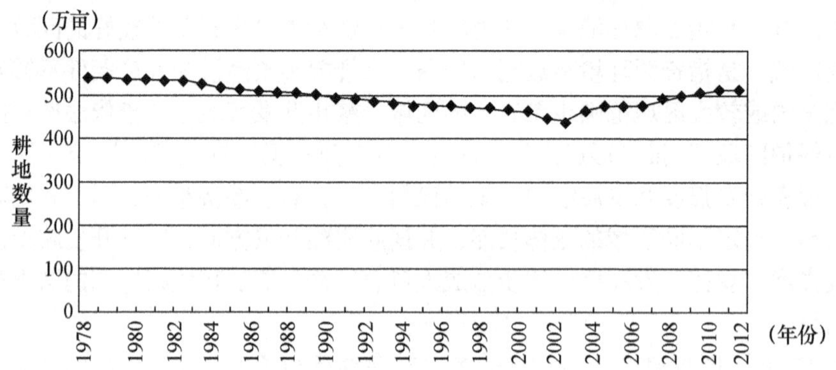

图4－4 黄冈市30余年耕地面积动态变化趋势

资料来源：依据《湖北省统计年鉴》整理。

造成耕地数量减少的原因一方面是城镇化快速发展的影响，另一方面是在耕地利用过程中缺乏严密的监督管理。在减少的耕地中，从种类上来看，大多为高质量的农田和蔬菜生产基地。从用途上来看，出于生态环境保护目的进行退耕以及灾害损毁占的比例较小，大部分用于非农建设用地。而在这部分用地当中，去除国家规划占用的部分，其余全部属于盲目扩大规模和无序侵占。

（2）农业用地质量现状。黄冈市现有可供开发利用的耕地总资源514.5万亩，相当一部分集中在坡岗和沿河岸边的低洼易涝区和滩涂地带，利用困难、效益低。长期不注重养护导致黄冈市耕地地力逐年恶化。资料显示，在黄冈市现存的耕地中，约375.3万亩缺乏有机质，占耕地总资源的72.9%。有机质缺乏不仅严重影响到农产品产量，还造成农产品的质量下降，威胁人类健康。表4-11为黄冈市1982~2010年28年间土壤有机质含量的变化情况。

表4-11 黄冈市28年间土壤有机质含量变化情况比较

单位:%

年份	级别，g/kg	>40.0	30.1~40.0	20.1~30.0	10.1~20.0	6.0~10.0	<6.0	总计
2010	水田	0.00	0.00	51.17	43.94	0.39	4.51	100.00
	旱地	0.00	0.00	49.91	43.54	0.29	6.25	100.00
	水旱合计	0.00	0.00	50.87	43.84	0.37	4.92	100.00
1982	水旱合计	1.94	10.04	52.82	29.64	4.45	1.10	100.00

资料来源：黄冈市土肥站土肥所整理。

值得一提的是，耕地地力的恶化削弱了肥料的增产能力。据统计，20世纪80~90年代，每1千克化肥的增产能力为7~9千克，而现在每1千克化肥的增产能力仅为5~8千克。黄冈市现有耕地中，呈酸性（PH值小于等于6.5）的土壤面积为407.25万亩，占耕地面积82.7%。与上一次土壤普查相比，酸性土壤面积增加2.4%。酸雨危害与长期使用酸性肥料导致耕地酸性加重，使农作物减产减收。同时，近年来，黄冈市部分地区耕地受到不同程度的污染，对黄冈市的农业生态环境与农业可持续发展造成了严重威胁。调查显示，黄冈市现有耕地中，被污染的面积占到5%，滥用农业化学投入品和农业废弃物的不当处理均对耕地质量造成了危害。为了进一步了解黄冈市化肥施用量的相对情况，本书利用《湖北省统计年鉴》得出的数据对湖北省与黄冈市的化肥施用量和有效灌溉面积进行对比，如表4-12所示。

表4-12 湖北省与黄冈市化肥施用量与有效灌溉面积对比

		2011年	2010年
湖北省	有效灌溉面积（千公顷）	2227.63	2187.17
	化肥施用量（折纯量：万吨）	354.89	350.77
黄冈市	有效灌溉面积（千公顷）	232.04	229.85
	化肥施用量（折纯量：万吨）	50.26	49.68

资料来源：《湖北省统计年鉴》（2011~2012）。

黄冈市化肥施用量逐渐增加，从2002年的32.46万吨上升至2011年的50.26万吨，在有效灌溉面积从209.89千公顷增加至232.04千公顷的情况下，单位面积化肥施用量增加了40%，如图4-5所示。

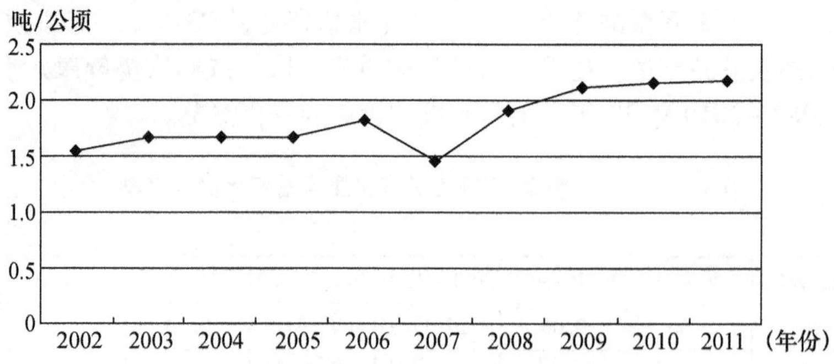

图 4－5　2002～2011 年黄冈市单位面积施肥量

2. 耕地质量下降的趋势要求采取保护措施

黄冈作为农业大市，保护耕地事关国民经济与社会稳定。没有一定数量和质量的耕地作为后盾，就无法实现黄冈市现代农业的可持续发展。

首先，从客观条件来看，耕地“占补不平衡”导致黄冈市耕地质量下降。虽然数据显示黄冈市每年实现了耕地的占补平衡，但那仅仅是从数字来说的，补充的耕地多属于丘陵地带和荒地，属于劣质的低产农田，土壤养分含量低、耕作层薄、灌溉设施配套不全、抗灾能力弱。总体来看，新补充的耕地地力低下、产量低，质量不好。

其次，从主观因素来看，黄冈市耕地质量下降与农户进行耕地养护的主动性不强有很大关系。近些年，农业生产所需要投入的生产资料价格不断上涨，农户进行农业生产的投入成本逐年攀高。尽管国家也在调高农产品价格，但相比其他产品的物价水平，调高幅度并不明显。给予农民的系列补贴和优惠也都被投入的高成本所抵消。此外，城镇化进程的加快为农村劳动力提供了广阔的就业空间，家庭劳动力外出打工的收入远远高于其务农收入，这些因素都在一定程度上制约了黄冈市农户养护耕地的积极性。

最后，从耕地质量管理方面来看，耕地质量保护与管理法规条例的缺失对黄冈市耕地质量下降有很大影响。在已有的《基本农田保护条例》和《土地管理办法》等与耕地保护有关的法规中，对耕地质量管理建设的目标不清晰。政府的农业综合开发项目用于对耕地质量建设的资金少，直接导致中低产田面积的扩大。黄冈市现有的农田水利基础设施，大部分始建于 20 世纪七八十年代，且在几次重大洪灾的影响下，已严重老化失修，更没有新建设施，这种现状导致黄冈市农民对自然灾害的抵御能力差，耕地质量受到严重影响。

3. 化肥施用量与农作物产量间的关系要求对农户进行补偿

施用化肥对农业的作用表现在增产效果方面，依据联合国粮农组织于1961～

1977年对41个国家10余万个地区的化肥试验结果显示，最好的施肥处理可增产达67%。我国化肥试验网的数据表明，若化肥施用得当，可使水稻增产40.8%，小麦增产56.6%，玉米增产46.8%。然而，从现实情况来看，尽管施用化肥对农作物增产有重要作用，但一味增加化肥投入量，会受到耕地报酬递减率的影响，不仅不会使产量增加，还会使耕地质量下降。图4-6是黄冈市2002~2011年化肥的投入量与农作物产量之间关系的曲线，从曲线变动趋势可以看出，农作物产量与化肥施用量之间的变化并不完全一致。

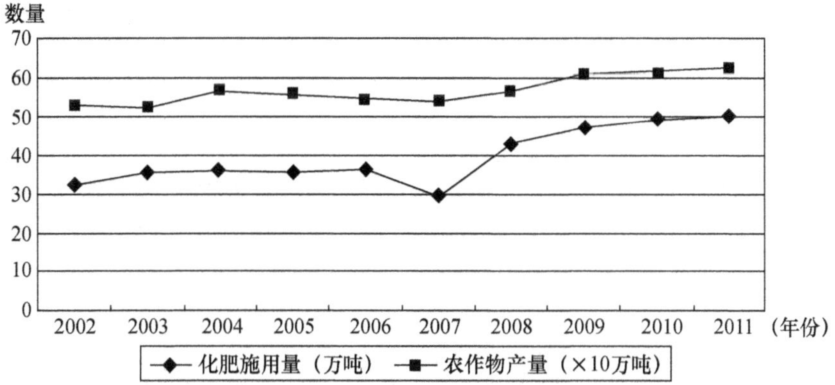

图4-6 2002~2011年黄冈市主要农作物产量与化肥施用量变化趋势

资料来源：依据《湖北省统计年鉴》（2003~2012）整理。

为了分析影响黄冈市农作物产量的主要因素，选择化肥投入作为解释变量，选择劳动力投入与农业机械总动力作为控制变量，建立方程如下：

$$Y = b_0 + b_1X_1 + b_2X_2 + b_3X_3 + m \quad \text{式 (4-21)}$$

其中，Y表示主要农作物产量，X_1表示化肥投入，X_2表示劳动力投入，X_3表示农业机械总动力，依据《湖北省统计年鉴》（2003~2012）整理出的相关数据，得到回归结果如表4-13所示。

表4-13 2002~2011年黄冈市农作物产量与主要投入要素相关性分析

变量（Variable）	回归系数（Coefficient）	标准误（Std. Error）	T统计量（t-Statistic）	显著性概率（Prob.）
C	13.8122	20.8315	0.6630	0.5436
X_1	0.4939**	0.1537	3.2125	0.0325
X_2	0.1614	0.1318	1.2248	0.2879
X_3	0.0132	0.0188	0.7016	0.2463

注：**表示统计检验结果达到5%的显著性水平。

控制变量 X_2（劳动力投入）与 X_3（农业机械总动力）没有通过显著性检验，为冗余变量，说明当前黄冈市农作物产量受劳动力投入与农业机械总动力影响不大。再用这十年的化肥施用量与农作物产量数据进行相关分析，两者间的相关系数为0.446，并通过了显著性水平为1%的显著性检验，结果如表4－14所示。

表4－14 2002～2011年黄冈市农作物产量与化肥施用量相关性分析

变量（Variable）	回归系数（Coefficient）	标准误（Std. Error）	T统计量（t－Statistic）	显著性概率（Prob.）
C	39.1704	2.7325	14.3351	0.0000
X_1	0.4460***	0.0680	6.5603	0.0002

注：＊＊＊表示统计检验结果达到1%的显著性水平。

上述结果充分说明，黄冈市农作物产量的增加与化肥施用量有密切的正相关关系，减少化肥施用量会显著影响农作物产量，实施农业生态补偿势在必行。

二、加快“大别山试验区”实施生态补偿机制的政策措施

（一）建立健全生态补偿机制的指导思想

建立健全生态补偿运行机制与政策，必须坚持以科学发展观为指导，以保护生态环境、促进人与自然和谐可持续发展为目的，以落实生态环境保护责任、理清相关各方利益关系为核心，以推进“大别山试验区”建设、促进主体功能实现、协调区域发展为主线，以体制创新、政策创新、科技创新与管理创新为动力，着力建立与完善生态补偿标准体系，探索解决生态补偿关键问题的方法和途径，不断完善各级政府对生态补偿的调控手段和政策措施，充分发挥市场机制作用，推动“大别山试验区”社会经济走上生态和谐、生产发展、生活宽裕的可持续发展道路。

（二）建立健全生态补偿机制的基本原则

1. 坚持公平补偿，科学合理原则

依据“污染者付费、利用者补偿、开发者保护、破坏者恢复”政策，公平补偿既要对享受和使用绿色农业生态服务者收取补偿费用，又要对保护者和受害者支付费用。明确生态环境补偿责任主体，确定生态环境补偿的对象和范围；生态环境补偿方式和标准的确定应具有科学性，应综合考虑生态系统服务、保护成本，以及因保护而影响经济发展速度所造成的损失。

2. 坚持动态补偿，透明长效原则

生态补偿的标准要根据不同阶段的社会经济发展水平、人们生活水平而有所变化，通过产业转型和生活方式的改变，逐步实现生态发展保护地区的可持续发

展。设立生态补偿专项基金，由生态发展保护区和主体生态功能区管理部门统一管理支付，专款专用，形成生态补偿资金来源的长效机制；建立明确的处罚制度，对自然资源占用应缴纳补偿费，对自然资源的破坏应缴纳比补偿更高的罚金；及时向公众发布补偿基金使用明细情况和奖惩信息，做到透明长效。

3. 坚持差异补偿，责权一致原则

考虑不同生态功能区域类型的差异，不同地区发展水平的差异，不同保护力度的差异，依据生态补偿基本原理，多渠道、多形式支持重点生态功能区和欠发达地区农村社会经济发展，努力实现社会经济发展与生态环境保护的双赢。合理界定生态保护的纵向、横向权利与义务，科学评估维护生态系统功能的直接成本和间接成本，依据生态环境保护标准，逐步建立责、权、利相统一的规范有效的生态补偿机制，确保生态功能区和欠发达地区环境权与发展权的实现。

4. 坚持分类补偿，逐步推进原则

多渠道、全方位筹措生态补偿资金，既要坚持政府主导，不断加大财政投入；又要合理引导社会力量参与，拓宽生态补偿资金来源渠道。因地制宜地建立政策补偿、实物补偿、资金补偿、技术补偿、智力补偿等多样化的绿色农业生态补偿方式和模式；根据国家补偿、区域补偿、流域补偿等不同层次，探索区内补偿、区际补偿以及代际补偿的实现途径。要结合全省各地实际和特点，开展生态补偿试点，认真总结和借鉴国内外有益经验，科学论证、积极创新，以点带面，逐步推进，为加快推进建立“大别山试验区”生态环境补偿机制提供新思路、新方法、新经验。

5. 坚持协商补偿，共同发展原则

各级各部门要按照不同区域的发展要求，加强绿色农业生态保护和环境治理方面的相互配合，并积极加强农业经济活动领域的分工协作，平衡各方的利益，共同致力于改善区域、流域绿色农业生态环境质量，拓宽发展空间，推动农业与农村可持续发展。绿色农业生态补偿标准既要体现农业生态服务、保护成本、保护损失，又要考虑当前农村社会经济发展水平和承受能力。积极引导鼓励生态环境保护者和受益者之间通过自愿协商实现合理的生态补偿，实现经济、社会与环境协调共同发展。

（三）建立健全生态补偿机制的途径与措施

1. 建立健全生态补偿的公共财政政策

各级政府要形成固定的、多渠道的生态补偿资金来源。在财政转移支付项目中增加生态补偿科目，建立有利于生态保护和建设的财政转移支付制度。财政转移支付增加生态补偿项目，用于自然保护区、主体生态功能区发展的建设补偿，对生态退化严重农村地区恢复补偿等。制定分区指导政策，增加对“大别山试验区”的补贴力度。建立激励环境保护与生态建设的财政补贴制度，增加对生态环境保护成绩显著地区的补助。按照建立完善的生态补偿机制的要求，进一步调整并优化财政支出结构，确保生态补偿最基本的资金需求。实施财政分类管理政策，提高生态补偿专项资金使用效率。

2. 明确生态补偿的范围和重点领域

生态补偿的范围是各级主体功能区规划和农业生态环境建设功能区规划中确定的禁止开发区区域（禁止准入）和限制开发区区域（限制准入）。生态补偿要重点支持流域间农业水资源利用的生态补偿、重点生态公益林生态补偿、农业面源污染防治与农村饮用水保护生态补偿及重要绿色农业区域生态功能区建设生态补偿等领域。建立"大别山试验区"生态补偿试点工作，探索建立重要生态功能区生态补偿机制、推动农业资源开发的生态补偿机制的建立。

3. 积极探索市场化的生态补偿模式

完善水、土地、矿产、森林、环境等各种资源税（费）的征收与使用管理办法，加大各项资源税（费）使用中用于生态补偿的比重，并向欠发达地区、重要生态功能区、水系源头地区和基本保护区倾斜。充分发挥湖北省的体制机制优势，积极探索农业资源使（取）用权、排污权交易等市场化的农业生态补偿模式，着手研究征收生态环境补偿税。科学编制流域和区域相结合的水资源配置方案，完善农业水资源有偿使用与补偿制度。

4. 制定生态补偿的产业扶持政策

要抓住"两型社会"建设综合改革试点的重要契机和建设"大别山试验区"的发展机遇，提升产业层次，促进"大别山试验区"现代服务业发展。要更新产业发展思路，对各地农村社会经济建设中的农业资源环境和社会经济差异进行分析，探讨建立以土地集约为前提的集约式发展模式，制定土地经济产出密度、城市人口密度、环境质量等级指标的评估体系，以环境保护为前提，建立以区域国土资源集约开发为约束的城乡产业协同发展模式，促进区域经济发展方式的转变。切实走资源节约型、环境友好型、社会和谐型发展之路，实现"大别山试验区"社会经济又好又快发展。

5. 强化责、权、利统一的生态补偿责任制

要以生态利益为中心，以生态公平与生态正义为准绳，兼顾当代人和后代人的生态利益，增进代内公平、代际公平与自然公平；区分不同情况执行污染者付费原则、使用者付费原则、受益者付费原则，生态保护投入向边际效率高的区域或领域转移。进一步完善有关法律制度，对各利益相关者的身份、地位和权责给予明确界定。在坚持公平、公开原则的基础上，建立科学合理的生态补偿标准体系与补偿程序和监督机制，建立责、权、利相统一的行政激励机制和责任追究制度。

第五章 “大别山试验区”农业竞争力分析

第一节 农业在“大别山试验区”发展中的地位与作用

农业是国民经济的基础，是人类的衣食之源、生存之本。农业的发展状况直接影响着国民经济全局的发展。我国农业作为国民经济的基础产业和相对弱势产业，其发展一直受到党和国家的高度重视。2004～2010年，中共中央连续6次颁发有关农业、农村、农民的中央一号文件，对加快农业与农村经济发展、增加农民收入起到了决定性的作用。其中，2007年中央一号文件提出了积极发展现代农业，提高农业素质、效益和竞争力。2010年中央一号文件强调着力推动资源要素向农村配置、促进农业发展方式转变。这些“中央一号文件”明确指出，发展现代农业的最终目的是增强农业竞争力。

在湖北省委、省政府实施大别山革命老区经济社会发展试验区初期启动范围里，黄冈市是核心区域，黄冈市作为农业大市，农业的作用是显而易见的。正确认识农业在“大别山试验区”的重要地位，科学分析“大别山试验区”农业的发展现状，全力探索适合“大别山试验区”实际的农业发展道路，对于推进黄冈市由传统农业向现代农业跨越式发展、推进农业大市向农业强市转变显得尤为重要。农业是“安天下、稳民心”的产业，没有农业的发展，国民经济其他产业发展都会停滞不前。建设“大别山试验区”，农业的基础地位不可动摇，农业应先行发展。当前黄冈市正处于加快发展的关键时期，区位交通优势进一步凸显。黄冈市与武汉市同城化格局即将形成，黄冈的产业发展空间进一步拓展。农业传统优势得到加强，粮棉油等大宗农产品和茶叶、板栗、药材等特色农产品量大质优，农副产品深加工潜力巨大。

一、农业是“大别山试验区”的“民生产业”

“大别山试验区”内的黄冈市，农业人口 605.38 万人，占总人口数的 81.1%。

2011 年农业增加值 1620834 万元，农业增加值在农林牧渔及服务业总增加值中占比 53.07%。粮食种植面积 412.21 万公顷，比 2010 年增加 5.37 万公顷；棉花种植面积 48.87 万公顷，增加 0.86 万公顷；油料种植面积 142.44 万公顷，减少 2.44 万公顷。粮食总产量 2388.53 万吨，比 2010 年增产 72.73 万吨，增长 3.1%；棉花总产量 52.58 万吨，增产 5.40 万吨，增长 11.5%；油料产量 303.12 万吨，减产 8.68 万吨。畜牧、水产业稳步增长。农村住户的家庭经营收入中，农业收入 2381.97 元，占家庭经营收入的 67.2%。农业不仅是试验区农民增收的主渠道，还决定着农民的生活水平和质量。因此，农业理所应当地成为“大别山试验区”的“民生产业”。

二、农业是“大别山试验区”的“支柱产业”

种植业建板块、畜牧业建小区推动了“大别山试验区”县市“一县一业”、“一县多业”的发展，“大别山试验区”的花生、蔬菜、茶叶、中药材、蚕桑、畜禽养殖等已成为农民增收的富民产业，也是县域经济发展的支柱产业。大别山丰富的农业资源，夯实了黄冈农业的发展基石。这里聚集了 5 个国家级、省级粮食生产先进县，4 个省级油料大县，3 个国家生猪调出大县，2 个全省水产十强县。罗田是全国板栗第一县，英山是中国绿茶之乡，蕲春是全国著名的中药材之乡，麻城福田白菊、红安花生红苕、黄梅青虾冠绝天下，众多国家级、省级示范基地布局在这里。黄冈市的大别山名优特农副产品久负盛名，目前已有黄州萝卜、团风荸荠、巴河莲藕、罗田板栗、黄梅青虾、蕲春珍米、英山云雾茶、麻城福田白菊、红安苕、武穴佛手山药等产品获得国家地理标志保护，国家地理标志保护产品总数量已达 35 个，占全省总数的 1/3，在全国地级市中首屈一指。黄冈市有 471 个无公害农产品，90 个绿色食品，8 个有机食品，梦丝家蚕丝被、东坡玉粒等 187 个涉农品牌成为国家、省级名牌和著名商标，人文优势和产业优势居全省地市之首，展示了黄冈农业的雄厚实力。

2012 年，黄冈市新申报认证农业“三品一标”（无公害绿色食品、绿色食品、有机食品、地标产品）42 个，已通过认证、获证的品牌 16 个，新增农产品地理标志产品登记保护产品 1 个，农业“三品”品牌质量合格率达 97% 以上。截至目前，该市有效期内“三品一标”总数已达 541 个，相关企业、个体户、专业合作社 238 家，“三品一标”总产量约 220 万吨，产值达 55 亿元。农业规模经营为黄冈市农业产业化发展奠定了坚实基础。全市优势产业生产基地发展到

800万亩以上，初步形成以山区、丘陵为主的茶叶、蚕桑、中药材、畜牧、森工产业区，以平原地区为主的粮食、油料、棉花、蔬菜产业区，以沿江地区为主的水产品产业区。目前已经拥有农业产业化国家级重点龙头企业2家、省级龙头企业47家、省级农产品加工园区3个，农产品加工产值达523亿元。综上所述，可充分表明农业是“大别山试验区”县市经济社会发展的支柱产业。

三、农业是“大别山试验区”的“蓄势产业”

近年来，“大别山试验区”引进的雨润集团、娃哈哈集团、永信食品集团以及麻城市蔬菜批发市场等，都是充分利用当地农业优势的成功范例，也说明了农业加工是“大别山试验区”企业发展、商贸物流业发展的重要载体，这也进一步凸显出农业在“大别山试验区”中的基础地位和作用。“大别山试验区”内茶叶、中药材、菊花种植现已形成规模效应，茶园、药园、花园星罗棋布，花香似海，市场开发前景十分广阔。突出“大别山试验区”农业的特殊地位，必须科学地开发农业内部积蓄的潜能，达到促进农民增收、保护生态等效果。

第二节 基于“钻石模型”的“大别山试验区”农业竞争力现状

波特在《国家竞争优势》中详细阐述了国内竞争优势理论，并将其理论运用到国际竞争中，在此基础上提出了著名的“钻石模型”，成为分析国际竞争领域的经典理论模型。所谓钻石模型，是指国际竞争环境促进生产率的提升，而国际竞争环境来源于诸多要素构造的框架，这一框架结构形似钻石。将钻石模型运用到现代农业领域，一国国内经济社会环境对区域现代农业的发展及其龙头企业竞争力的培养产生重要影响，其中生产要素、需求因素、相关与支持产业以及企业战略、组织结构与竞争状况是影响最大、最直接的因素。

生产要素，指一个国家在特定产业竞争中有关生产方面的情况；需求因素，指本国市场对该产业所提供的产品和服务的需求如何；相关与支持产业，指该产业上游、下游或相关行业是否具有国际竞争力。上游、下游行业及相关行业优势将构成有利的外部环境和信息环境，通过发挥群体优势及拉动互补产品的需求，从而对某一产业起到相互促进、扩大优势的作用；企业战略、组织结构与竞争状况，指企业建立、组织和管理的环境及国内竞争的性质。钻石模型中四个方面的环境优劣决定了产业竞争力的强弱，也就是说，现代农业竞争力的强弱取决于一国现代农业所处的国内环境。省域现代农业的发展除了受上述四种因素的影响外，还受到两种力量的制约或者推动，即机遇和政府。机遇，指企业能否借助偶然事件，形成和提升产业的竞争优势；政府，指政府的政策与其他因素的相互影响关系。虽然机遇对现代农业的发展不具有决定性，但是机遇对现代农业的影响却不能忽略，能否抓住并充分利用机遇在很大程度上还是由四因素决定的。政府对区域现代农业竞争力的阻碍或者推动作用体现在其对四因素环境的引导和促进。

一、生产要素情况分析

生产要素，是指进行社会生产经营活动时所需要的各种社会资源，它包括劳动力、土地、资本、技术、信息等内容，而且这些内容随着时代的发展也在不断发展变化。农业生产要素，是在农业生产过程中，为了获得人们需要的各种农产品所必须投入的各种基本要素的总称。

波特把生产要素归为人力资源、物质资源、知识资源、资本资源和基础设施等。其中，物质资源以及初级劳动力资源属于基础要素条件或传统农业生产要素。通信设备、受过高等教育的人才、科研设备和技术诀窍等属于高级要素条件或现代农业生产要素。基本要素中的人口、国土、自然资源是“遗传”的，是既定的先天条件，而高等要素是要通过长期投资和后天开发创造出来的，高级要素条件对竞争优势的形成起重要作用。

在分析“大别山试验区”的农业生产要素情况时，我们从试验区农业生产要素的三大类进行分析。即以土地和水为代表的自然资源、劳动力和科学技术。

1. “大别山试验区”以土地和水为代表的农业自然资源

农业自然资源是自然资源的基本组成部分，是指人们在农业生产中利用的或可能利用的自然条件。

（1）黄冈市的地形地貌与土地资源。黄冈市位于湖北省东部、大别山南麓、长江中游北岸。地理坐标为东经 114°24′～116°07′，北纬 29°45′～31°40′。东临安徽，西接孝感、武汉和鄂州，北靠河南，南部隔江与黄石、咸宁与九江相望。全市辖黄州、团风、红安、麻城、罗田、英山、浠水、蕲春、武穴、黄梅（包括龙感湖）。黄冈地势北高南低，大别山环绕于北，长江蜿蜒于南，形成东北山区，中部丘陵和西南沿江滨湖平原。亚热带季风气候，光照充足，热量丰富，雨量充沛，春夏“雨热同步”，秋冬“光温互补”，无霜期长，土地肥沃，具有得天独厚的发展农、林、牧、渔的优越条件。黄冈市国土面积 17446 平方公里，占湖北省总面积的 9.4%。总面积中平原占 12.10%，岗地占 10.34%，丘陵占 43.30%，山区占 34.25%。东西最长距离为 166 公里，南北最宽跨度为 209.5 公里。黄冈市自北向南逐渐倾斜、东北部与豫皖交界为大别山脉，主脊呈西北—东南走向，海拔 1000 米以上山峰 90 余座。位于罗田、英山的天堂寨主峰海拔 1729 米，为全市最高点。中部为丘陵区，海拔多在 300 米以下，高低起伏，谷宽丘

广，冲、垅、塝、畈交错。南部为狭长的平原湖区，海拔高度在 10 ~ 30 米，河港、湖泊交织，500 亩以上湖泊 38 个。发源于大别山脉的举水、倒水、巴水、浠水、蕲水和华阳河六大水系，均自北向南流经市域汇入长江。长江流经本市 189 公里，有“黄金水道”之称。图 5 – 1 为黄冈市 DEM 图①。

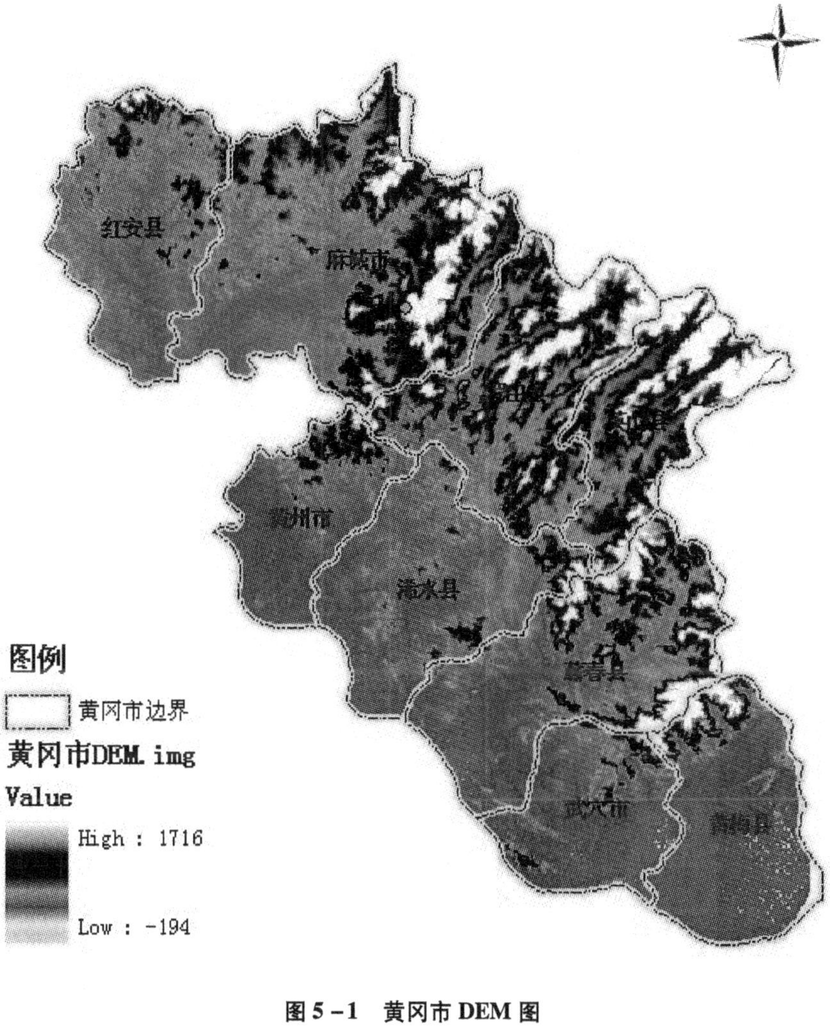

图 5 – 1 黄冈市 DEM 图

据第二次土壤普查统计：黄冈市耕地 587.89 万亩，园地 46.33 万亩，林荒地 1035.27 万亩，水域 269.78 万亩，难利用地 125.88 万亩，其他用地 597.09

① DEM 是数字高程模型（Digital Elevation Model）的简称，是用一组有序数值阵列形式表示地面高程的一种实体地面模型。

万亩。2005 年有耕地 31.8613 万公顷，年内减少 1.6054 万公顷。人均耕地面积：1949 年 1.99 亩，1978 年 0.94 亩，1988 年 0.80 亩，1991 年 0.75 亩，1997 年 0.67 亩，1998 年 0.66 亩，2005 年 0.66 亩。黄冈市农作物主要有水稻、小麦、棉花、油菜、花生、芝麻、蔬菜、麻类和烟叶等。全区总面积 17446 平方公里（折合 2612.24 万亩），包括平原 316 万亩，山区 894.69 万亩，丘陵 1131.16 万亩，岗地 270.21 万亩。2011 年黄冈市乡村户数 152.88 万户，乡村人口数 575.85 万人，其中男 309.86 万人，女 265.99 万人。乡村劳动力资源 336.97 万人，平均每个劳动力承担耕地 1.53 亩，按总人口平均每人 0.69 亩耕地，属于人多地少的地区。2011 年黄冈市种植业总产值 232.9 亿元。粮食总产量 301.14 万吨，其中小麦产量 17.17 万吨，稻谷产量 253.56 万吨，棉花产量 8.29 万吨，油料产量 51.45 万吨，蔬菜产量 261.55 万吨，水果产量 10.35 万吨。以上介绍的地形地貌和土地资源情况是黄冈市发展农业必不可少的条件。

（2）黄冈市的水利资源。黄冈市水资源总量为 106.67 亿立方米，水能资源的理论蕴藏量 33.4 万千瓦，其中可开发的水能资源 24.14 万千瓦，年发电量 7.06 亿度。长江多年过境客水每年 7200 亿立方米，可供沿江利用。全市有大中小型水库 1005 座，总库容 50.88 亿立方米，塘堰 26.3 万口，蓄水 4.75 亿立方米。有效灌溉面积 246600 公顷。地热资源丰富，已发现 12 处，英山汤河、罗田三里畈、蕲春桐梓等处的温泉已开发利用。众所周知，水利资源是国民经济的命脉，更是农业的命脉，所以要高度重视水资源问题在农业、生态协调发展中的作用。要切实提高粮食生产能力，全面增强农业竞争力，确保粮食安全和农民生活质量的提高，尽早解决"三农"问题，必须加大投人，出台相关政策，充分利用已有水资源加强农村水利建设，增大水利对农业的支持力度。

2. "大别山试验区"的农业劳动力情况

农业劳动力的概念包括农业劳动力的数量、质量和农业科学技术应用三个方面。

（1）"大别山试验区"农业劳动力数量调查。农业劳动力的数量，就是能参加农业劳动的人数。截至 2012 年初，黄冈市乡村人口数 575.85 万人，乡村劳动力资源 336.97 万人，乡村从业人员 312.07 万人，其中，农林牧渔从业人员 132.07 万人。在农林牧渔业从业人员中，黄州区为 4 万人，占 3.03%；团风县 9.19 万人，占 6.96%；红安县 11.37 万人，占 8.61%；麻城市 23.15 万人，占 17.53%；罗田县 10.43 万人，占 7.90%；英山县 9.33 万人，占 7.06%；浠水县 20.51 万人，占 15.53%；蕲春县 13.25 万人，占 10.03%；武穴市 13.33 万人，占 10.09%；黄梅县 16.66 万人，占 12.62%；龙感湖 0.85 万人，占 0.64%。截至 2014 年 6 月底，黄冈市农村外出从业人数为 148.87 万人，同比增加 1.01 万人，增幅为 0.68%。其中，省内从业人数为 53.19 万人，占整个外出从业人数的35.72%；省外国内从业人数为95.7万人，占整个外出从业人数的64.28%。

（2）“大别山试验区”农业劳动力的质量调查。农业劳动力的质量，是指农业劳动力的体力强弱、技术熟练程度和科学、文化水平的高低。目前“大别山试验区”农民劳动力文化素质偏低。从农村住户调查资料显示，劳动力中不识字的占9.78%，小学文化程度占27.06%，初中占47.68%，高中占12.20%，中专及大专以上占3.28%。根据黄冈市《市委办公室、市政府办公室关于印发〈黄州区人民政府机构改革方案〉的通知》（黄办文［2010］69号）和《区委办公室、区政府办公室关于印发〈黄州区人民政府机构改革实施意见〉的通知》（黄州办发［2010］13号）精神，设立黄州区教育局，为区政府工作部门。主要职责包括大力发展中等职业教育，坚持职业教育为黄州城乡一体化服务的办学理念，深化中等职业教育改革，推进机制体制创新和中等职业教育的发展活力。

从目前“大别山试验区”中黄州区已有的农业劳动力来看，所享受的教育资源、技能培训有以下方式：①职业教育资源。除黄冈职院、鄂东职院（现已与黄冈师院合并）外，城区内有职业高等教育学校1所（区电大本、专科），中专2所（黄州理工中专、电子工业学校），技校3所（黄冈高级技校、黄冈实验技校、市就业局职校），各类职教学校18所。各类学校年培训学生2万余人，城区职业技术学校中，区属3所，市属15所。城区技校及职校培训学生以电子、机械、计算机、数控等专业为主，城区18所技校、职校培训学生中，到珠三角地区就业的占82%，到长三角地区就业的占18%。②“阳光工程”培训。经考核确认过的“阳光工程”培训基地6个，分别为黄冈通用技术学校、黄冈东诺职校、黄冈电子信息学校、黄州理工中专、区电大、区新世纪职校。自2004年实施“阳光工程”以来，“阳光工程”累计培训优秀学生近万人。③农村劳动力技能培训。黄州区农村劳动力采取多种培训方式，既包括职业技能培训、职业学历教育，也包括职业资格教育。此外，从教育局2014年对黄冈市中小学布局的调整来看，市区保留公办高中3所，撤并公办高中（高中部）2所；在达到规定办学标准的基础上保留民办高中2所，迁建民办高中2所。规划设置高中共7所，在校生总规模为309个班，15450人。

大量调查材料表明，农民文化水平的高低对发展农业生产关系极大。提升农产品竞争力的根本出路在于科教兴农，依靠科技进步和高新技术，提高农民素质。据国外经济学家统计，从事农业生产的小学、中学、大学毕业生可分别提高劳动生产率的43%、108%、300%。有专家做过分析，我国农村劳动力素质高低直接影响到农民总收入。我国农业所面临的挑战，归根结底是要提高农民科技文化素质的挑战，在试验区的各级各类农业劳动力的培训中，试验区农业劳动力素质已有了很大提高，但仍有很大的提高空间。

（3）"大别山试验区"农业科学技术应用情况。在农业科学技术研发方面，黄冈市有农科所的支持。黄冈市农科所是湖北省地市级重点科研单位，是国家小麦原种生产基地。长期承担国家、省市下达的农作物新品种（系）选育，新品种繁殖、示范、品种区域试验，作物高产栽培技术、植物保护、土壤肥料等多方面的研究与推广工作。"十五"期间主要承担国家"863"计划项目子课题，湖北省"十五"重点攻关子课题，省农业厅和农科院课题以及国家、省级稻麦棉油等作物区试项目30多项。建所以来，共完成各类课题2196个，取得科技成果148项，其中获国家、省部级科技成果奖20项，获地市级科技成果奖36项，在省级以上各类刊物上发表论文1800多篇，主编了《鄂东土肥》等专著八部，培育稻、麦、棉、油新品种（系）50个，累计推广3亿多亩，为社会创造经济效益100多亿元。"八五"以来，科技成果颇丰。黄冈是农业大市，也是国家重要的粮、棉、油生产基地之一，黄冈市以水稻为主的粮食作物总产为30亿公斤，棉花总产100多万担。黄冈市又是双季稻主产区，全市农作物复种指数达2.38。针对黄冈市的具体情况，黄冈市农科所历来以水稻新品种选育为主，以棉花新品种选育为辅，突出双季稻新品种选育和高产棉花新品种选育的特点，取得了一批重大科技成果。

其一是水稻育种。1990年，高产抗病早稻新品种"鄂冈早1号"通过省级审定，先后推广600余万亩，1992年获黄冈地区科技进步二等奖，1993年获湖北省科技进步三等奖。继"鄂冈早1号"之后，又选育出优质、高产、抗病早稻品种"鄂早11号"，并于1995年通过省级审定，该品种是湖北省早稻优质米品种选育的突破，1997年作为全省早稻主推品种，同时是全省早稻区试统一对照种，累计推广1000多万亩，1997年获黄冈市科技进步一等奖，1998年获湖北省科技进步二等奖。2001年，优质早稻"鄂早14"和优质晚杂新组合"金优12"同时通过省级审定，两品种目前均为湖北省早稻和晚稻的主推品种。2002年，早杂"金优152"通过湖北省审定，已推广50余万亩，优质抗病早稻"鄂早14"累计推广200多万亩，占全省早稻的30%；优质高产晚杂"金优12"是湖北省自育米质达国际三级优质稻米的第一个品种，已推广种植近200万亩，是湖北省稻米品质达国标三级优质米品种推广面积最大，推广速度最快的品种，2002年获省科技进步三等奖，2003年优质高产早稻"鄂早18"和"鄂晚12"（粳稻）2个品种通过省级审定，"鄂早18"稻米品质达国标二级优质米，该品种的育成，是湖北省早稻新品种选育的又一重大突破。2004年，晚杂新组合"金优38"通过省级审定，该品种稻米品质达国标二级，使湖北省晚杂新组合选育又登上了一个新的台阶。自"九五"以来，黄冈市农科所共选育并审定了水稻品种8个，在湖北省内外处于领先地位，累计种植面积近5000万亩，增创社会经济效益约20亿元，目前所内拥有水稻育种材料3000多份，水稻"三系"

育种自成体系。除上述品种外，所内尚贮备早杂、晚杂、中杂等新组合100余个，特别是在优质米不育系和亚种间超高产组合选育方面，正在不断通过筛选、试验而最终转化为生产力。

其二是棉花育种。在重点抓好水稻育种的同时，黄冈市农科所并未放松棉花育种。1993年，选育了高产棉种“鄂棉18”，先后通过了湖北省和国家的审定，1995年被国家科委列为国家科技成果重点推广项目。由于该品种在长江流域区试中，其单产边续居第一位，在长江流域累计推广近3000万亩，1995年，获黄冈地区科技进步特等奖，1996年获湖北省科技进步一等奖；1998年高产棉花新品种“鄂棉22”通过审定，2000年通过国家审定，该品种1996年被湖北省科委列为重大科技成果，1998年被国家科委列为科技成果重点推广项目，同年被湖北省农业厅重点推广品种，累计推广600余万亩；2004年，“鄂棉24”通过省级审定。上述品种累计推广3000余万亩，创社会经济效益近30亿元。

其三是小麦育种。自1995年以来，黄冈农科所先后育成并审定了小麦新品种“鄂麦13”和“鄂麦21”，并被省农业厅列为重点推广品种。黄冈市农科所在进行主要农作物新品种选育的同时，十分关注当代农业的发展趋势，力争在高科技农业发展中占有自己的位置。根据生命科技理论及其生物技术应用不断发展的趋势，在农业部和省农业厅的支持下，借重点所建设之机，建设了以生物技术应用为主的科技大楼，调整研究室布局。一是根据农业部关于全国农作物的区域布局，撤销了小麦研究室。二是根据农业部和省农业厅的要求，成立了农作物区试站和作物新品种选育的同时，着手果树、花卉、蔬菜、药材等多种经济作物的开发性研究。目前，生物技术应用研究室利用生物克隆技术和种子、种苗的脱毒、组培与快繁技术，获得更为丰富的特种，不仅丰富了主要农作物的育种材料，加速了育种进程，而且，已经着手了洋芋、山药、草莓、桃树、药材等作物的茎尖脱毒和细胞组织培养工作，并已初步取得了成效，为加快黄冈所农作物育种速度和多途径地研发奠定了较好的基础。

在“大别山试验区”的建设过程中，为促进科技支持“大别山试验区”经济社会可持续发展，湖北省科技厅三年内计划向“大别山试验区”投入科技资金超过20亿元。其中，无偿支持资金1亿元以上，帮助引进企业投入资金10亿元以上，组织风险投资及社会融资10亿元以上。

此外，2011年湖北省科技活动周以“提升创新能力，推进跨越发展”为主线，针对公众生产生活实际需要，面向广大人民群众和企业开展科技服务。科技助力“大别山试验区”，以“三步同化”、“两增同步”为目标，突出科教优势，整合科技资源，加大科技投入。首批组织华中农业大学、湖北省农科院、湖北省林科院等科研单位对口支持“大别山试验区”8个县市的发展特色产业；围绕11条重点农业产业链成立了首席专家负责制的科技特派团，带资金、带项目、带科技参与“大别山试验区”创新、创业活动；引导省内外企业到“大别山试验区”投资建厂，深化与澳大利亚、以色列等国家的国际科技合作，促进试验区产品出口。在蕲春设立专场开展企业投资“大别山试验区”洽谈会，成果显著，省内6家科研单位与“大别山试验区”8个县市对口签约，14家企业签订项目合作协议，省内外100多家企业参加项目洽谈会，共商发展大计，全面提高特色产业的科技含量及综合发展能力，推动特色产业链向纵深发展，带动区域经济发展。

二、需求状况分析

波特认为，国内市场的需求会刺激产品供应者的改进和创新，是产业发展的动力。国内需求对一国企业和产品竞争优势的作用表现在：

第一，需求的细分结构，即多样化的需求分布。市场的细分有助于企业形成有效的竞争战略，并发挥规模经济的作用，市场细分有助于企业集中优势，取得局部优势。

第二，成熟的买主有助于提高产品质量和服务的质量标准，努力降低成本，提升竞争力。

第三，前瞻性的买方需求有助于国内企业开发新产品和新市场，而且有利于培养国内成熟的消费者。

在农产品市场竞争日趋激烈的今天，农业生产者必须根据不同地区消费者的偏好做市场细分，并通过农业科学技术的不断研发，对产品做出特殊设计来满足不同消费者的需求，做到“人无我有，人有我精，人精我特”；在注重提高农产品质量标准的同时还要针对不同需求的消费者提供不同的服务。

对于“大别山试验区”的农业发展来说，存在着资源多但利用不足，特色产业多但优势不强，加工企业多但带动不力，发展势头好但机制不活的问题，要推动试验区农业快速发展，应在农业发展观念、农业发展绩效、农业经营模式上有所突破。推行试验区具备优势的生态农业、循环农业、旅游农业等多功能农业模式。

（一）试验区农业生产经营由单一模式转向多功能的好处

当前我国正处于从传统农业向现代农业过渡的重要时期，农业发展已跨入“十二五”新的历史起点。在这一关键转型阶段，充分挖掘农业内在发展潜力，促进农业由单一的保障性功能向多功能方向拓展，是农业县市今后发展的现实选择和必然趋势。黄冈市是传统农业大市，近年来，黄冈市各种特色优势产业得到较快发展，以板栗、蚕茧、中药材、茶叶为代表的特色农产品市场发展迅速，试验区农业基础优势比较突出，在此基础上实现农业多功能拓展有望取得新突破。

农业最原始的功能是满足人类的温饱需求。试验区经过几十年的发展，农民的收入虽有很大增长但与其他部分市县区相比，农村生产条件并没有很大改善，农民生活水平的提高远远不及城市。通过拓展试验区农业的多功能化，让有机农业、生态农业、文化农业、旅游农业相结合，大力发展观光旅游农业、休闲农业、规模农业、项目农业和农产品深加工，不仅可以提供优质食品还可以保护生态环境，不仅可以提供文化休闲服务产品，还可以提高农产品的文化品位，既能提供生态养生美景，又能传承农耕文化。既可以产生有形的经济和生态效能，又可以产生无形的社会和人文功能。吸引更多的人来试验区旅游和消费，从而可增加试验区农民的收入。促进试验区农业发展，因此，多功能是试验区农业发展的必然趋势和最佳选择。

（二）食品安全问题是试验区发展多功能农业之有机农业的推动力

所谓有机农业，是指在生产中不采取基因工程获得的生物及其产物，不使用任何化学合成的农药、化肥、生长调节剂、饲料添加剂等物质，生产技术的关键是依靠有机肥料和生物肥料来满足作物生长对养分的需求，同时必须采用生物防治措施。有机食品则是根据有机农业生产要求和相应的标准生产加工，并通过独立的有机认证机构认证的农副产品，包括粮食、蔬菜、水果等。

近年来，随着经济的发展和国民收入的增加，百姓对健康和食品安全的关注也与日俱增。有机食品的需求节节攀升。在此，我们先探讨一下国内外有机农业的发展现状及需求，再分析“大别山试验区”发展有机农业的优势。

1. 有机农业发展的历史回顾

从世界范围看，有机农业自提出至今已有近百年历史，其间大约经历了四个阶段。

（1）第一阶段：启蒙阶段（1900～1970年）。

最早可以追溯到1909年，美国农业土地管理局长考察了中国的农业，总结出中国农业数千年兴盛不衰的经验，于1911年写成了《四千年的农民》一书。书中指出，中国农业兴盛不衰的关键在于中国农民的勤劳、智慧和节俭，善于利用时间和空间提高土地利用率，并以人畜粪便和农场废弃物堆积沤制成肥料等还田培养地力，奠定了有机农业的实践基础。

1924年由德国的鲁道夫·施泰纳开设的“农业发展的社会科学基础”课程。其理论核心为：人类作为宇宙平衡的部分，为了生存必须与环境协调一致；企业作为个体和有机体，要求饲养反刍动物、使用生物动力制剂、重视宇宙周期。20世纪30年代，瑞士的汉斯·米勒积极推进有机生物农业。他的目标是：保证小农户不依赖外部投入而在经济上能独立进行生产，施用厩肥以保持土壤肥力。玛丽亚·米勒是将汉斯·米勒的理论应用到果园生产系统的先锋。汉斯·拉什强调厩肥对培肥地力的作用，丰富了通过土壤生物保持土壤肥力、促进有机物质循环的理论。汉斯·米勒和汉斯·拉什为有机生物农业奠定了理论基础，使有机生物农业在德语国家和地区得到发展。

1935年，英国植物学家霍华德爵士在《农业圣典》中论述了土壤健康与植物、动物健康的关系，奠定了堆肥的科学基础。20世纪40年代，美国的罗代尔受霍华德的影响，开始了有机园艺的研究和实践，成为美国有机农业的创始人。英国的伊夫·鲍尔费夫人第一个开展了常规农业与自然农业方法比较的长期试验。在她的推动下，1946年英国土壤协会成立。该协会根据霍华德的理论，提倡将有机质返还给土壤，保持土壤肥力，以保持生物平衡。

（2）第二阶段：发展阶段（1970~1990年）。20世纪60~70年代，由于"石油农业"的快速发展，导致自然资源特别是不可再生资源的浪费和逐渐枯竭，以及因大量使用现代技术和不合理利用自然资源而带来的对环境和生态的破坏，已经对人类的生存造成了不可逆转的影响。有机农业在这样的背景下作为有效保护人类与自然的方法被提到了议事日程中。在这一时期，有机农业的理论研究和实践在世界范围内得到了扩展。有机农业、有机生物农业、生物动力农业、生态农业、自然农业等概念得到扩展，研究更加深入，实践活动更为活跃。

1970年，美国的威廉姆·奥尔布雷克特提出了生态农业的概念，将生态学的基本原理纳入了有机农业的生产系统。英国"土壤协会"于20世纪70年代在国际上率先创立了有机产品的标识、认证和质量控制体系。1972年，国际上最大的有机农业民间机构——国际有机农业运动联盟（IFOAM）成立，标志着国际有机农业进入了一个新的发展时期。世界上一些主要的有机农业协会和研究机构，如法国国家农业生物技术联合会（FNAB）和瑞士有机农业研究所等，都成立于20世纪70~80年代。这些机构对推进有机农业的研究和普及起到了积极的作用。

（3）第三阶段：增长阶段（1990~2000年）。20世纪90年代后，世界有机农业进入快速增长期，已成为一种全球性的运动。各国政府或机构纷纷颁布有机农业法规或标准，政府与民间机构共同推动有机农业的发展。目前，世界上许多国家都有有机食品生产组织、加工企业、贸易团体以及研究、培训和认证机构。在上述机构和组织的推动下，有机农业生产运动正在日益扩大，并得到一些国家政府的认可和支持。从区域上看，欧洲、北美、日本、澳大利亚起步较早，发展也较快。东南亚地区虽然起步较晚，但近几年发展也较为迅速。

1990年美国联邦政府颁布了《有机食品生产条例》。欧盟委员会于1991年通过了欧盟有机农业法案（EU2092/91），1993年成为欧盟法律，在欧盟15个国家统一实施。北美、澳大利亚、日本等主要有机产品生产国和地区，相继颁布和实施了有机农业法规。1999年，国际有机农业运动联盟（IFOAM）与联合国粮农组织（FAO）共同制定了《有机农业产品生产、加工、标识和销售准则》，对促进有机农业的国际标准化生产有着十分积极的意义。

我国于2005年4月出台了GB/T19630—2005有机产品国家标准，对有机生产、加工、标志和销售以及管理体系四个方面进行了明确的规定。目前世界上已有约60个国家制定了有机农业标准或法规。各国政府通过立法来规范有机农业生产，使公众生态、环境和健康意识得到增强，扩大了对有机产品的需求规模，有机农业在研究、生产和贸易上都获得了前所未有的发展。

（4）第四阶段：全面平稳发展阶段（2000年至今）。

从21世纪开始，一方面由于长期发展已经奠定了良好的基础，另一方面则是受到发展潜力、生产成本等的限制，发达国家自身的有机农业虽然还在继续发展，但已经开始呈现出逐渐平稳的趋势，而其对有机产品，特别是有机食品的需求却仍在不断增长。在这样的形势下，发达国家对发展中国家有机产品的需求持续增加，从而加大了从发展中国家进口有机产品的力度。与此同时，在一些发展比较快的发展中国家，也出现了一批对有机产品有着相当强烈需求的群体，促进了发展中国家国内有机产品市场，特别是有机食品市场的起步和发展。在这样的形势下，中国等发展中国家的有机农业和有机产品事业出现了快速发展的势头。从2005年中国的IFOAM会员数已经仅次于德国和意大利而名列全球第三这一现象即可以看出以其为代表的发展中国家中有机事业的发展趋势。

尽管部分发展中国家的国内有机产品市场已经兴起和发展，标志着全球有机事业的全面展开。但与发达国家的市场份额相比，发展中国家的国内市场占全球有机市场的份额还是相当低的，因此对全球有机产品市场尚未产生显著影响。可以说，世界的有机事业已经进入了一个全面展开又相对平稳发展的阶段。而且由于发达国家与发展中国家在认证、市场准入等方面还需要一个适应和协调的过程，而发展中国家在开拓有机农业和有机产品市场中也需要一个逐渐规范和与国际进一步接轨的过程，因此，当前的这一阶段将会持续相当长一段时间。

2. 国内有机农业的需求

由前文可以看出，有机农业虽然起源于欧美，但它的生产理念却源于我国传统的农耕文化。从目前国内对有机农业的需求来看，主要是受以下方面的影响。

（1）食品安全问题是提高有机农业需求的推动力。我国的食品安全问题层出不穷，造成了极大的困扰。面对这些亟待解决的问题，社会各界开始同心协力寻找食品安全问题产生的根源。同时，在食品安全问题的背后，包括分散式生产中的"精耕细作"、小作坊加工中的粗制滥造、部分知名食品企业的逐利取向以及职能部门的监管缺失，人们开始寻找一种原生态的、自然的、无污染的食品，这种食品的购买正成为一种消费时尚，那就是有机食品。

现在市面上流行这样几个概念让人们有所迷惑，那就是有机食品、绿色食品、无公害农产品。这三个概念表面上看含义相同，实质上有所区别。以下我们一起来看一下：

1）有机食品、绿色食品和无公害农产品的定义。有机食品是指生产环境未受到污染，生产活动有利于建立和恢复生态系统良性循环，在原料的生产加工过程中既不使用农药、化肥及生长激素类化学合成物质，不采用转基因技术及其产品，也不采用其他不符合有机农业原则的技术与材料，通过有机食品认证、使用有机食品标志的、可供饮食的、符合国家或国家有机食品标准的农产品及其加工产品。

绿色食品是指遵循可持续发展原则，按照特定的生产方式，经专门机构认定、许可使用绿色食品标志的无污染的安全、优质、营养类食品。绿色食品分为A级和AA级。

无公害农产品是指产地环境、生产过程和产品质量符合国家标准和规范的要求，经认证合格获得认证证书，并允许使用无公害农产品标志的未经过加工或者经过初加工的安全、优质、面向大众消费的食用农产品。

2）有机食品、绿色食品和无公害农产品的联系。根据有机食品、绿色食品和无公害农产品的定义，可看出三者有共同之处。其一，在我国，有机食品、绿色食品和无公害农产品的概念同时存在，三者的开发目的是相同的，都是为了向社会提供无污染、优质、高品位的消费食品。其二，广义上的无公害农产品应包括有机食品和绿色食品。其三，在我国，AA级绿色食品和部分无公害农产品基本等同于有机食品，在生产要求和品质要求上没有质的区别，但目前欧盟、美国及日本等国还不认可这两者等同于有机食品。

3）有机食品、绿色食品和无公害农产品的区别。虽然有机食品、绿色食品和无公害农产品有着基本的联系，但实际上三者在认证管理机构、生产环境、生产过程控制及生产加工标准等方面还有很大不同。形象地说，三者的关系呈金字塔状，塔基为无公害农产品，塔身为绿色食品，塔尖为有机食品，越往上要求越严格，三者的主要区别如下：

第一，认证管理机构不同。有机食品归属国家环保总局的国家有机食品发展中心；绿色食品归属农业部国家绿色食品发展中心；无公害农产品由农业部进行宏观管理，由省级农业行政主管部门进行产地认证，由授权的认证机构进行产品认证。

第二，开发时间不同。绿色食品的开发始于1990年，以国家成立绿色食品发展中心为标志；有机食品开发始于1994年，以国家成立有机食品发展中心为标志；无公害农产品始于2001年，以国家出台《无公害农产品管理办法》为标志。

第三，生产加工依据不同。有机食品的生产加工是根据国际有机农业联合会（IFOAM）有机农业生产和粮食加工的基本标准进行的。其主要依据是《有关（天然）食品生产和加工技术规范》，具有国际性；绿色食品的生产加工是参照国际标准，同时结合中国国情，以《绿色食品管理办法》为主要依据；无公害农产品的生产加工是以《无公害农产品管理办法》为主要依据。

第四，生产加工标准不同。生产加工标准不同是有机食品、绿色食品和无公害农产品三者的本质区别。①在有机食品的生产加工过程中绝对禁止使用化学合成的农药、化肥、食品添加剂、饲料添加剂、兽药激素等物质，并且不允许使用基因工程技术；AA 级绿色食品标准与上述有机食品标准基本相同；A 级绿色食品和无公害农产品允许限量使用限定的化学合成生产资料。②从生产其他食品到生产有机食品需要有 2~3 年的转换期，而绿色食品和无公害农产品的生产没有转换期的要求。③在数量控制方面，有机食品的认证要求定地块、定产量，而绿色食品和无公害产品没有如此严格要求。因此，生产有机食品比生产其他食品难得多，需要建立全新的生产体系和监控体系，并采用相同的病虫害防治、地力保持、种子培育、产品加工和储存等替代技术。

第五，产品的标志不同。有机食品、绿色食品和无公害农产品均有各自不同的、具有特殊代表意义的、经国家注册的可在商品包装与商标同时使用的专用标志。

第六，产品消费市场不同。在当前，有机食品是面对收入高、生活富裕、知识层次较高的群体，是对外贸易的优势产品；绿色食品主要是针对工薪阶层或中等收入群体；无公害农产品旨在解决国内农业生产特别是蔬菜生产中日趋严重的工业污染和农药残留问题，是政府为保证大众饮食健康、对农产品实行“从农田到餐桌”的全部管理而设立的一道基本安全线，其消费群体是广大群众。

通俗地讲，有机食品是精品，绿色食品是优良品，无公害农产品是普及品。无论是有机食品、绿色食品和无公害农产品的生产者还是消费者，只有正确区分和了解这三者的异同，选准定位，才能使生产者和消费者的行为更为科学化，促进三者的产业化进程，引导广大群众的理性消费。

（2）有机食品消费走俏带动有机农业发展。人们都在呼唤并渴望着安全食品时代的到来，不管是无公害农产品，还是绿色食品或更精品的有机食品，凡是食品都起码应做到不会在利益的驱使下伤害百姓的健康。在北京、上海、深圳等大城市中，出现了一些城市白领，他们周一到周五在水泥森林里埋头工作，周末去郊区租一小块地，用最原始的农耕方式种植自己吃的蔬菜水果，这些蔬菜水果在生长过程中不添加任何农药和化学品。大约在 20 年前，日本、美国以及欧洲的发达国家在其快速工业化的过程中，发生了大量的食品安全事件。消费者发现，餐桌的食品安全不可能完全依靠市场的调节和政府的管制。这个问题不像亚当·斯密和管制经济学所说的，可以通过自由竞争或行为规制而得到有效控制。自由竞争推动市场进入良性循环的前提是消费者能及时发现问题。但事实上，一些问题出现时通常已经造成了很大的危害，而政府的各项规则必然滞后于各种食品生产技术的发展速度。这个时候，消费者意识到自己需要进入到生产环节中以维护餐桌上的食品安全。所以在 20 世纪 60 年代，日本的一些主妇组织起来，直接到乡村地区与农民结成对子。农民负责生产有机农产品，由此产生的风险则由主妇们来分担，从而形成了一种直接供销模式。后来，逐渐发展成为配送模式，每年消费者先交一部分定金，或者交全部定金，农民从事生产，每周将一定数目的农产品配送到消费者家中。与农业产业化的长链条相比，CSA 提供了一种短链农业，缩短食品从田间到餐桌的距离，消费者知道自己吃的食品是谁生产的、从哪块地生产的，容易引发食品安全问题的信息不对称被极大弱化。因此，短链农业很快就在日本发展起来。大约在 1986 年，美国建立第一个 CSA 农场，到现在，美国有 5000 多家 CSA 农场，CSA 农场的消费者有 200 多万。并且，除了 CSA 模式以外，还有其他消费者和生产者共同推动的产销对接的模式，如农夫市集和消费者合作社。虽然，目前在美国的整个农业生产中，CSA 所占的比重不大，但推动了整个有机产业的发展，并且 CSA 所做的消费者教育工作，其实是帮助整个有机产业做了宣传和教育的基础。不少国内的专家和学者都认为，目前人们对有机食品的渴望是因为国内外市场的旺盛需求。

湖北省十堰市早在 2002 年 9 月就出台了《关于十堰山地绿色有机农业示范基地建设实施方案》全面发展现代有机农业。襄樊借势“三高”（高品质加工企业、高品位生产基地、高端消费市场），上下发力，有机农业扬帆起航。2009 年，有机食品加工业产值同比增长 52%，成为其第二大支柱产业。2011 年 3 月，为了推进绿色大别山建设、发展有机茶生产、提升有机茶品牌质量，黄冈市绿色食品管理办公室积极与中国茶叶研究所联系，聘请知名专家赴该市指导有机春茶生产进行指导。所谓有机茶是一种按照有机农业的方法进行生产加工的茶叶。在其生产过程中，完全不施用任何人工合成的化肥、农药、植物生长调节剂、化学食品添加剂等物质生产，并符合国际有机农业运动联合会（LFOAM）标准，经有机（天然）食品颁证组织发给证书。有机茶叶是一种无污染、纯天然的茶叶。有机茶也是我国第一种颁证出口的有机食品。

通过以上阐述，应该知道，有机农业不是一项单纯解决食品安全问题的措施，而是一种让我们的生活更为多元化的渠道和路径。我们都知道，多元化的消失会损害一个体系的容纳能力和适应未来变化的能力，这是一个非常大的代价。食品安全问题固然可怕，但最可怕的是，当食品不再安全的时候，我们没有可以替代当前食品生产的生产经营模式，没的选才是最可怕的。有机农业就是增加这种可选择性。所以，有机农业的出现，是农业体系恢复多元化平衡发展的一种标志，它带来的将是一个多元平衡的新时代。

3. 试验区发展有机农业的优势

（1）恢复有机农业方式相对容易。从前述分析已知，有机农业的思想来源于我国的农耕文化。“大别山试验区”由于地处山区，以前相对贫困落后。在其他部分地区已实行现代化农业生产方式下，尚未普及现代化农业生产方式。“大

别山试验区”的土地资源优势不变，加之试验区农民有使用和制作有机肥料的传统和技术，所以恢复有机农业相对容易。

（2）劳动力充足。我国第六次人口普查统计显示，我国居住在乡村的人口为6.74亿人，占全国总人口的50.32%。“大别山试验区”内仅黄冈市的乡村劳动力资源就达到336.97万人，有充足的劳动力面对需要高密度人工的有机农业。有机农业需要充足的劳动力，但不能误以为所谓有机农业就是还原到刀耕火种的耕作方式。这里需要分清有机农业、现代农业和现代化农业。

从生产的角度来说，现代化农业的基本特征是农业科学化、集约化、商品化和市场化，目的是提高土地生产率、资源产出率、劳动生产率和产品商品率。所以，现代化农业是以生产效率为核心的生产模式。这个概念是在20世纪60年代提出的。农业现代化的政策导向是为了完成工业化从农业提取积累，是当时特定的政治、经济大背景下的政策选择。现在，农业生产面临的不单纯是生产效率问题，而是农业和农村的发展问题、农民的生计问题。所以，2007年的一号文件提出了一个词——现代农业。它指出，农业不仅具有食品保障功能，而且具有原料供给、就业增收、生态保护、观光休闲、文化传承等多项功能，未来的农业发展必须注重开发农业的多种功能，拓展农业的广度和深度。现代农业的提法，意味着放弃了以往单纯追求产量、追求剩余的目标的做法，开始关注农业的多功能性，农业本身的多元化。只是，2007年到现在，这个理念提出了四年之久，还没有产生显著的现实效果，也没有改变以往人们对农业的认识。提及农业发展，人们更多想到的还是一直以来对美国大农场的宣传。事实上，美国的大规模农业体系越来越不可持续。就拿农场规模来说，当所有的农场都趋向规模化经营时，小规模生产就很难在市场竞争中赢得一席之地，那么，只能不断扩大规模，农场的数量越来越少，整个地区的人口数量也相应越来越少，美国很多小镇就剩下一两百人居住，那么，这个地区的经济就衰落了，无法维系和发展了。对于美国而言，这个问题也许不是非常严峻，对中国则不同。中国有数亿农民，美国只有大约300万农民，走美国大规模农场的道路，城市需要提供多少就业岗位？事实上，我国应该参照的是日韩农业形式，即东亚的小农模式，生产经营个体不一定要全部规模化，但应对市场风险的规模化运营可以依靠农民合作社这样的经济体。

所以，有机农业与现代化农业并不是背离的。仅从有机农业和现代化农业的概念上就可以分析出来。有机农业是指“低耗能、低污染、低投入；高起步、高产出、高品位”的生产模式，现代化农业则是指“高产、优质、低耗、高效”的生产模式。显然，有机农业包含了现代化农业的生产内容和目标，但同时它不再单纯强调机械性、产量效益，更关注农业与环境、自然的关系。因而，有机农业是一种回归，是螺旋式的上升，它不是现代化农业，而是现代农业。

4. “大别山试验区”具有发展多功能农业的环境条件

“大别山试验区”农业具有得天独厚的资源优势，积累了一定的产业优势，打造了一些知名的农产品品牌，在发展生态农业、旅游农业、有机农业方面大有潜力可挖。

第一，“大别山试验区”资源丰富，工业起步较晚，大型工矿企业不多，总体上污染程度较轻。试验区在过去的农产品生产过程中，施肥数量少，并以有机肥为主，化肥用量很少，农药使用量也很少。试验区大部分地区的空气、水及土壤基本上保持着良好的自然状态，洁净度较高，具有开发有机食品的良好环境条件。

第二，“大别山试验区”在盛产罗田板栗、甜柿、中药材、蕲春珍米、莲藕、广济佛山山药、黄州萝卜、红安苕、绿毛龟、团风荸荠等的同时，还兼种多种其他农作物。试验区一年四季光照充足，农产品风味佳、品质好，是当前人们餐桌上追求的营养保健型食品。适宜的气候和土壤为这些高级食品原料的生产提供了得天独厚的条件。

第三，“大别山试验区”区位优势明显，潜在市场大。“大别山试验区”具有承东启西的区位优势，是连接皖江城市带、长三角和武汉城市圈的重要桥梁和纽带。黄冈地处大别山腹地，是湖北省的东大门和武汉城市圈的重要组成部分。近几年，在有关部门的共同努力下，黄冈大别山区交通呈现出快速发展的良好局面。基本形成了“三横一纵”的交通主骨架，已通车里程在湖北省名列前茅。黄冈市境内拥有铁路412.5公里，长江黄金水道212.9公里。一些重大的建设项目顺利开工兴建，如武汉至黄冈的城际铁路，横贯黄冈中部的麻竹高速公路，惠及沿线县市几百万群众的大别山旅游公路建设也全面掀起了高潮。具有区位优势和交通便利的好处在于生产出的有机食品可以方便地打入其他邻近省份，待发展到一定规模、稳定占领市场后，就可以向沿海城市及国际市场发展。

总之，“大别山试验区”发展有机农业具有很多优势。我们必须明确的是，有机农业和有机食品的生产发展不是传统农业的回归，还必须依靠科技进步，既要重视现代技术的开发，也要重视传统技术的应用，并使之结合起来，形成既不同于传统农业，也不同于常规农业的配套体系。这对试验区的农业工作者来说，是挑战也是机遇。试验区农民应该在挖掘祖先留下的宝贵生产经验的基础上，研究应用现代生物技术，紧跟当前我国及国际上有机食品生产的潮流，把试验区有机食品发展成为一个新的产业。

当前农业普遍趋向单一追求农产品产量和单纯依赖农业增收的生产模式，严重破坏了农业的多功能性，农业源污染成为我国环境面源污染的第一大污染源，进一步导致了食品安全危机，同时弱化了农业生产应对自然、市场风险的能力。农业政策不仅应当兼顾粮食安全和食品安全，未来环境安全也将成为影响农业可持续发展的重要因素。有机农业是对当前农业生产模式的突破，其所带来的消费理念、生活模式，不仅有利于解决食品安全问题，更有助于农业走向多元化的平衡发展。

有机农业对农业的影响，更大可能是促成农业的多元化平衡发展。未来农业是一个多种农业生产和生活模式的平衡问题。有大规模的生产，也有小农经营。有机械操作，也有人力、畜力的采用。一些农场会继续采用化肥、农药、温室大棚，有些农场会坚持按照自然规律和生长周期来耕种和生产。因为，有机农业的出现会改变消费者的消费习惯，形成新的消费理念。消费者可以根据自己的喜好、习惯和理念来选择一种生活模式，进而选择一种农业生产模式。

（三）“大别山试验区”特色农产品的产业优势分析

1. 湖北省农产品生产开发的基本条件

（1）被列入国家农业部《优势农产品区域布局规划（2008～2015 年）》的产品较多，区域较广。

（2）地处亚热带与北温带交界处，长江中游平原广阔湖泊众多，自然生态条件适宜，是具有生产传统、生产规模和技术条件的区域。

（3）以县市为单位，小麦、水稻、油菜种植和水产养殖面积均在 30 万亩以上，蔬菜、棉花均在 10 万亩以上，林果种植面积在 5 万亩以上，生猪出栏 30 万头以上。

（4）农产品生产区域相对集中连片，具有行程优势的农产品产业带产值在 50 亿元以上，特色产品基地产值在 10 亿元以上。

（5）农产品产业带及产品基地的商品率在 60% 以上，商品量占全省的 60%，农产品产业化基础良好。

综上所述，湖北省具备较优秀的农产品生产和营销条件，特别适宜种植或养殖商品率高、具有明显竞争优势的农产品及市场需求量大、加工基础较好、发展潜力大、出口潜力大的农产品。

2. 试验区农产品生产分布情况

（1）优质水稻——产业优势。水稻是湖北省农作物中面积最大的作物。湖北省水稻面积占粮食作物总面积的 50% 左右，稻谷总产量在全国名列前茅。以中国香稻为主的优质稻米发展迅速，产业化经营蓬勃开展，稻米市场占有份额明显提高，竞争力不断增强；在区域布局方面，鄂东南丘陵低山优质稻区，包括团风、浠水、蕲春、武穴、黄梅、孝南、孝昌 7 个县市区；在重点基地及重点项目方面，鄂东等地丘陵低山优质稻种繁育基地为三大优质稻区提供良种保证。

（2）“双低”油菜——产业优势。湖北省是油菜生产大省，自然条件得天独厚，国家农业部将湖北省列入长江中游“双低”油菜优势区。油菜种植面积早已超过 126 万公顷，占全国油菜总播面积的 15% 以上，达全国总产的 20% 左右，种植面积、产量和“双低”化率连续多年在全国保持第 1 位；在区域布局方面，鄂东种植区，包括新洲、浠水、红安、黄梅、麻城、鄂州、武穴、阳新、大冶、赤壁、咸安11个县市区；在重点基地及重点项目方面，鄂东种植区依托湖北省华益，建立麻城、红安、浠水、武穴油菜生产基地，利用“双低”油菜籽适温直接浸出技术，建设年产1万吨系列保健油及2万吨饼粕脱毒项目。

（3）蔬菜产业优势。湖北省蔬菜、食用瓜种植面积已发展到100余万公顷，总产量较高，在全国居第4位。湖北省是莲藕等水生蔬菜最适宜地区，莲藕种植面积、产量全国第1位。冬天露天叶菜、苔菜、根菜类在长江以北地区具有较强的市场竞争优势，高山野生菜和越夏延秋菜在南方占有较大的市场份额；在区域布局方面，武汉市周边及鄂东蔬菜种植区，包括东西湖、蔡甸、汉南、新洲、团风、黄州、麻城、孝南、汉川、云梦、嘉鱼、浠水、黄石江北农场等县市区场，主要以精细菜、加工菜及反季节菜为主。

（4）优质三元猪产业优势。湖北省是传统养猪大省，生猪出栏和猪肉产量均居全国前6位。养猪既是农民现金收入的重要来源之一，也是农产品出口创汇的重要增长点。湖北省良种猪的数量和品质居全国前列，市场覆盖25个省市，信誉较高，供港活猪优质率在95%以上。科技力量雄厚，肉类加工企业发展迅速；在区域布局方面，建立以江汉平原为中心，与龙头企业相配套的优质三元猪产业带，包括黄陂、天门、仙桃、潜江、京山、钟祥、夷陵、枝江、当阳、松滋、公安、监利、鄂州、新洲、江夏、浠水、通城、阳新、蕲春、武穴、黄梅21个市区县，产业带出栏生猪占全省的1/3。

（5）优质水产品产业优势。湖北省是千湖之省，淡水养殖资源丰富，有经济鱼类130多种，可养水面73.4万公顷，占全国可养水面的1/10。淡水水产品产量和商品量居全国首位。2012年，湖北省水产品总产量388.9万吨，人均67.4公斤，渔业总产值626.2亿元（其中黄冈市渔业产值56.5亿元），农林牧渔业总产值增长5.6%。科技力量雄厚，驻有中科院水生生物研究所等一批国家级研究院所，是全国渔业科技力量最强的省份之一。

（6）速生丰产林产业优势。湖北省速生丰产林以杨树、国外松、竹林为主栽品种。早在2011年，湖北省仅杨树面积就已发展到28万公顷，居全国第4位。湖北省还有可供栽种杨树的面积55万公顷，主要在江汉平原和沿江滨湖地区及鄂北岗地。杨树是人造板的主要原料和木浆造纸的理想原料。湖北省的人造板工业每年消耗杨树200万立方米，而本省只能提供140万立方米。随着人造板需求量和用纸量的扩大，对杨树等速生木材的需求量不断扩大，在武汉市周边县市区均有种植。

（7）柑橘产业优势。湖北省种植柑橘有2000多年的历史，是全国主要柑橘产区之一。以宜昌为中心的柑橘产区被农业部列为国家长江上中游柑橘优势区域。2012年，湖北省柑橘园面积243.59千公顷，柑橘总产量385.31万吨，均位居全国前列。三峡脐橙、宜昌蜜橘等品种在全国享有盛名，畅销国内北方市场，并出口东欧，产品供不应求，市场竞争优势十分明显。

（8）优质棉花产业优势。湖北省是全国六大产棉区之一，国家农业部已将湖北省列为高支纱纺棉重点产区。同时，湖北省也是原棉消费大省，棉布织机的年末生产能力在2012年达533163台/万米。以棉花为主要原料的纺织品、服装是湖北省出口创汇的第一大支柱产品，年创汇约占全省出口总值的近50%。在区域布局方面，鄂东棉区包括黄梅、麻城、武穴、新洲、黄州、团风6个县市区。

（9）优质专用小麦产业优势。湖北省是我国南方小麦主产省份，小麦是湖北省第二大粮食作物，商品率和加工转化率居粮食作物之首。湖北省优质专用小麦供需矛盾突出，60%的小麦原料从外省调进，其中专用中、弱筋小麦供应量远远不能满足省内加工企业的需求，优质专用小麦有着巨大的市场潜力和发展空间。

（10）茶叶产业优势。湖北省是茶圣陆羽的故乡，种茶历史悠久，特别是“八五”以来，茶叶生产发展很快，2012年，湖北省茶园面积达260.13千公顷，茶叶产量20.7万吨（其中红毛茶叶产量2.17万吨，绿毛茶叶产量16.5万吨）。茶园面积和产量在全国均跻身前五位。近年来，绿茶、有机茶在国际市场上具有明显的竞争优势，出口潜力很大。在区域布局方面，大别山优质绿茶产业区，包括英山、大悟两县。在重点基地及重点项目方面，在恩施、咸宁、英山、竹溪、五峰各建设一个茶树良种繁育场或繁殖基地。建设4万公顷无公害茶叶出口基地，名优绿茶出口基地包括鹤峰、五峰、恩施、宣恩、英山、保康、竹溪、竹山、谷城、通城10个县市，红茶基地包括宜都、咸丰、夷陵3个县市区。以湖北省龙王垭茶叶集团公司、鹤峰绿林茶厂、五峰绿珠采花毛尖公司、恩施华龙茶叶有限公司、竹溪前进茶场、英山长冲茶场六家企业为龙头，引进先进的加工设备，扩大生产规模，进行名优茶加工，开展品牌宣传。建设英山、恩施、竹溪、宜昌、咸宁5个产地茶叶质量检测中心，配备必要的检测设施和检测仪器，为茶叶产品质量检测服务。在五峰、夷陵、保康、英山、竹山5个县市建设名优茶冷藏保鲜库，使名优茶保险增值。建立武汉市京汉大道茶叶批发市场，形成中南地区乃至全国茶叶交易贸易中心，并建立宜昌、恩施、英山、谷城、竹溪五大产地茶叶批发交易市场，搞活茶叶流通。

（11）中药材产业优势。湖北省地处南北过渡地带，气候多样，地貌类型复杂，是全国中药材的主产地之一。有各类中药材402科、3654种，占全国品种资源的75%左右，居全国第2位。名贵中药材品种多，鸡爪连、板党、紫油厚朴、贝母、茯苓、杜仲、黄柏等是湖北省名贵中药材，在国内外市场享有盛誉。近年来，湖北省中药材生产发展很快，到2012年，湖北省药材播种面积达138.01千公顷，尤其是黄姜发展迅速，已成为农业增效、农民增收的一大亮点；在区域布局方面，大别山优势种植区，包括蕲春、英山、罗田、麻城4个县市。

重点发展白术、菊花、茯苓、元胡、桔梗、射干、天麻等药材；在重点基地及重点项目方面，六大种植区分别以利川、巴东、郧县、竹山、房县、蕲春、通城、神农架、长阳10个县市区为基地，并各建设一个中药材良种选育快繁中心，在10个县市各建设1000亩GAP示范基地。

（12）牛奶产业优势。2009年，奶业发展较快，到2012年，奶类产量达15.74万吨，主要集中在武汉、宜昌两市。目前，湖北省牛奶人均占有量与全国水平相比较低，市场潜力巨大。在区域布局方面，以武汉、宜昌、黄石和荆州四个城市为轴线，沿轴线连片开发，形成牛奶生产及加工基地；在产业基地及重点项目方面，以省畜禽育种中心为主体，建设奶牛育种中心，培育高产优质奶牛核心群。以武汉市海口奶业总公司为龙头，在武汉市东西湖区、咸安向阳湖、蕲春县建设2万头奶牛养殖小区，为武汉市牛奶加工企业提供奶源。

（13）板栗产业优势。湖北省非常适宜板栗生长，2012年，板栗产量17.23万吨。在区域布局方面，鄂东片区包括罗田、红安、英山、麻城、大悟5个县市；在重点基地及重点项目方面，鄂东片区以罗田为基地，建设60公顷中心苗圃，为本片区提供优质种苗。以罗田板栗冷冻厂为龙头，建设板栗储藏加工基地，树立“罗田板栗”品牌。

（14）蚕茧产业优势。湖北省是全国桑蚕生产最适宜地区之一，栽桑养蚕历史悠久，属全国蚕茧主产区。2012年，蚕茧产量0.82万吨，基本形成了与蚕种生产、栽桑、养蚕、收烘、剿丝、丝织、印染和服装产业链紧密相连的配套体系。在重点基地及重点项目方面，三大产区分别以英山、罗田、麻城、南漳、远安为基地。建设英山、罗田、麻城、南漳、远安5个桑树良种苗木繁育基地，每个基地建设10公顷母本园，为各产区老桑园更新改造和发展新桑园提供良种桑苗木。

三、相关产业与支持产业分析

波特的相关支持产业是指为主导产业提供投入的国内产业，其发达和完善程度关系着主导产业的产品成本、品质和信息交流，从而影响主导产业的竞争优势。相关支持产业往往能带来新的资源、技术以及竞争手段，从而可以带动企业产品的创新和升级。在很多产业中，各产业具有潜在优势是因为它的相关产业具有竞争优势。农业相关产业包括为农业提供支持的上游产业如种子供应、农药、农膜、饲料、农业机械等，也包括农产品储存、加工、销售等下游产业。优质的上游产业的存在可以为农业提供各种产前产中所需的商品和服务，为提高农业生产率和增产增收提供有效的保障。而有竞争力的下游产业的发展则可进一步拉长农业产业链，对农业竞争力起到进一步提升的作用。

“大别山试验区”所在的湖北省是农业大省，其优越的地理资源和气候条件，使得湖北省农产品品种繁多，除海水养殖和少数其他省份特有物种外，湖北

省在种植业、林业、畜牧业、淡水养殖业等领域均有多种多样的农产品产出，而且基本上与全国性的大宗农产品构成相近，许多农产品产量名列全国前茅。近几年湖北省在资源优势基础上确立和形成了优质稻、棉花、蔬菜、名特水产品、优质三元猪、专用小麦、双低油菜、柑橘8种优势农产品，魔芋、奶牛、家禽、食用菌、蚕桑、蜂产品、板栗、茶叶、中药材等多种特色农产品。与这些农产品相对应，构成了诸如粮食产业链、棉花产业链、油料产业链等众多的农产品链，可以说农业产业链的类型是多种多样的。

（一）“大别山试验区”的农业上游产业分析

湖北省农业产前产业已有较大发展，2012年农用化肥产量已达1142.9万吨，化学农药产量17.8万吨。种子、苗木等品种较为齐全，农资供应体系不断完善；农业产后产业的发展主要体现在农产品加工业。早在2001年，湖北省仅国有及规模以上农产品加工企业产值就已达到911.96亿元，比1978年增长了15.5倍，占轻工业产值的比重为76.3%，与农业总产值之比为0.78:1。近些年来，湖北省农产品加工企业逐步向专业化、规模化、集团化方向发展，产业链的龙头企业不断壮大，市场竞争力不断加强。2002年，全省县以上龙头企业发展到2400家，其中国家级龙头企业15家，省级龙头企业68家。这些企业加工了数量巨大的农产品，网罗了一大批农民，规模和效益突出。以纺织业为例，2003年，湖北省纺织工业规模以上企业764户，实现总产值378.62亿元，出口创汇9.22亿元，实现利润17.94亿元。

农业产业链运行环境条件逐步加强。近些年湖北省在农业基础设施建设、农村社会化服务、涉农制度与管理等方面均有所加强，使农业产业链的软硬环境大为改善。另外，产业链的运行离不开科技支持，科技创新能力是农业产业链竞争力的主要来源，农业科研不仅是农业产业链产前环节的主要构成部分，其科技创新能力也作用于产中生产环节和产后加工环节。在科技支持上，湖北省具有相对有利的条件，湖北省也是高教大省，有普通高校75所，还有几十家相关农业科研单位，为农业产业链的科技创新提供了巨大的支持。

（二）“大别山试验区”的农业下游产业分析

农业产业链的下游产业包括农产品加工、储存、运输、销售等诸多环节，其中对农业产业链影响最大的是农产品加工业。

1. 试验区农产品加工业现状分析

作为农业大省，湖北省早在2004年8月30日就印发了《湖北省优势农产品加工业发展规划（2004~2010年）》，着力推进湖北省农产品加工业的自主创新能力和产业发展水平。湖北省农产品加工业从起步、创业到成长和盈利经历20多年的发展历程，已经形成了良好的产业基础，但是虽然湖北省农产品加工业相比改革开放之初有了一定程度的发展，但与当前全省农业农村经济现实发展要求和农业产业链竞争力提升需要相比，仍显滞后，与发达省份存在较大差距。近年来，湖北省的农产品加工业发展速度比较快，现实的状况是，整体加工水平偏低，发达国家的农产品加工率达到了80%，而湖北省可能只有40%，60%的产品以原材料的形式进入终端市场，没有经过工业加工这个环节。因为整体水平偏低，加工增值效益大量流失。目前，湖北省农产品加工还存在批量小，标准化生产不够，加工落后等问题，导致这些问题的存在关键是企业的规模上不去。湖北省农产品极其丰富，几乎对每种农产品都有程度不同的加工。但占主导地位的是食品加工和制造、纺织、饮料、烟草、皮革、木材、家具。

“大别山试验区”的农产品加工业存在脱节的问题，即农产品加工脱节。大别山区利用资源优势，已形成了蕲春的药材、英山的茶叶、罗田的板栗、红安的花生、麻城的黄牛等特色产业，在全省乃至全国都小有名气。但是优势产品并没有转化为加工优势而形成大的加工产业。黄冈、全省、全国农产品加工产值与农业产值之比分别是0.65:1、0.95:1、1.5:1，远远低于全国、全省水平。大别山区农产品加工除粮食、棉花外，油菜、花生、生猪、蚕茧等，大部分加工原料对外依存度高。为了挖掘潜力，有些地区纷纷立项，投资建厂，实现大宗产品加工增值，如罗田县投资1500万元的板栗深加工项目已全面启动。

2. “大别山试验区”农产品加工业的潜力及优势

试验区农产品加工业潜力巨大，也有相对的优势。试验区结合实际发展情况，建立了比较齐全的农产品加工业门类，培植了一批农产品加工骨干龙头企业，形成了一批特色突出的专业化生产区域和农产品加工园区。开发了一批名优新产品，涌现了一批农业产业化经营组织，形成了一批农产品加工科研队伍和创新平台，开启了产学研结合的良性机制，主要表现在食品工业、饲料工业、精细化工业。

（1）食品工业。食品工业是关系国计民生的重要产业，具有产业链长、关联度高、行业跨度大等特点，其现代化水平已成为反映人民生活质量和经济发展程度的重要标志。食品工业作为湖北省的传统优势产业之一，在其经济和社会发展中发挥着越来越重要的作用。湖北省食品工业是制约农业结构优化升级的“瓶颈”产业。统计数据显示，1998年全系统完成工业总产值118.15亿元，除去食盐业、硅酸盐、日用化工等行业的产值，真正称得上食品工业的主要是饮料和味精、酱油，其产值大约在30亿元，加上加工的大米、面粉、面条、食用油和皮盐蛋的产值，合计为100亿元左右，与农业总产值之比为1:6.7。这与全国平均的1:3、世界平均的1:0.5~1:0.33、发达国家的1:0.2相比差距很大。也就是说，如果湖北省食品工业达到全国平均水平，产值将翻一番多；赶上世界平均水平，湖北省食品工业产值将为1300亿~1800亿元，成为左右全省经济发展的超大型产业。“十一五”期间，湖北省食品工业规模以上企业不断增加，由2005年的1027家增加到2010年的2463家。2010年全省食品工业完成工业增加值693亿元，实现主营业务收入2342亿元，实现利税189亿元，其中实现利润120亿元。五年间食品工业增加值、主营收入、利税和利润分别增长了4.53倍、5.58倍、4.39倍和6倍，年均分别递增35.5%、41%、34.4%和43%，是新中国成立后发展最好最快的时期。

当前，省内食品工业技术创新体系不断完善，产学研合作加强，基本形成了以市场为导向、以企业为主体、以科研院所为支撑的技术研发体系。创新平台不断增加，食品工业园区初具规模并不断集中，向着做大做强的方向发展。以食品工业为支撑的优质农产品加工基地建设全面铺开，形成了长江三峡柑橘罐头生产、汉江流域水果加工、江汉平原优质粮油、环洪湖优质水产、沿武汉城郊蔬菜加工等具有区域特色的食品生产基地。

（2）饲料工业。饲料工业是以粮食原料为基础，以现代科技为支撑的一大新型工业。这一产业的兴起，不但改变了湖北省畜牧业生产方式，提高其生产水平，还为粮食结构调整提供了广阔的空间。配合饲料要求有50%～60%的能量原料（玉米）、17%的高蛋白饲料（豆粕）。近年来，湖北省科研人员研究的糙米代替玉米、双低油菜粕代替豆粕和引进试种的高产量、高出糙率、高蛋白质饲料早稻获得成功，这为饲料工业的发展创造了商机。早稻作食品是劣质的，但作饲料和米粉又是优质的；菜籽饼作肥料显示不出其价值优势，改作蛋白质饲料后身价大增。再从湖北省饲料工业发展现状看，湖北省以占全国5.5%的配合饲料(306万吨)，生产出了占全国5.0%的肉类、5.3%的蛋类，饲料与肉蛋占全国比例大体相当。值得指出的是，湖北省以食粮为主的猪肉占肉类总产的78%，比全国平均高13个百分点，这说明湖北省配合饲料的应用率低于全国平均水平，在湖北省发展饲料工业的潜力比其他省份大。如果湖北省集约化养猪规模达到全国平均的30%的水平，配合饲料的入户率、应用率分别提高到80%和50%，那么全省仅生猪一个品种即需要配合饲料500万吨，比现在的产量要增长70%，饲料工业产值将由现在的60亿元增加到100亿元以上，相当于增加了40多个上亿元产值的工业企业。

（3）精细化工业。据专家分析，由于加工不足，我国农产品产后损失大，水果为20%～25%、粮食为14.8%、蔬菜为35%～40%。大豆加工成奶粉，价格会上涨11倍。华中农大食科系研究，米糠、麦麸分别含有8%和4%左右的植酸，油菜籽可以多次提取数种精细化工原料。油菜籽毛油脚中可提取出价格昂贵的维生素E、磷脂、角鲨烯，从饼粕中提取植酸盐、单宁、食用蛋白，菜籽壳既可作牛饲料也可加工成纤维板，或提取增黏剂——羧甲基纤维素钠。维生素E、角鲨烯价格相当于黄金价格的10倍。湖北省油菜籽产量达到了279.45万吨，且全部用于压榨，不用说油脚的精深加工，单拿出50%的饼粕用于提取植酸盐，其油饼的价值就可增加30亿元，相当于目前全省油菜籽产值的总和。

四、战略结构与竞争对手分析

波特钻石模型中确定区域竞争力的第四个因素是企业战略结构与同业竞争状况。由于产业中不同企业其在不同选择的目标、战略与组织管理形式各不相同，其竞争力也就不同。激烈同业竞争有利于增加企业生产压力，迫使改进技术，实施创新，那么在竞争中取得优势的企业就具有较强的发展能力，这些都有利于企业获得竞争优势。经营规模的大小对企业战略结构影响较大，我国粮食生产主要以农户小规模经营为主，在世界所有主要粮食生产国中其生产规模都是最小的。农业经营规模可从人均耕地、人均粮食产量、农业人均生产力以及单位农产品的生产成本等方面度量，经营规模的大小直接影响农业生产要素的运用和农产品在市场上的竞争力。

黄冈是典型的农业大市和粮食生产大市，是湖北省的"米袋子"、武汉的"菜篮子"，是湖北省的重要粮食主产区，更是水稻生产大市。常年粮食面积、产量保持在全省前2位，水稻面积、产量保持在全省前2位，为国家粮食安全做出了重要贡献。耕地是人类赖以生存和发展的基础，耕地保护是关系到黄冈市国民经济和社会持续发展的全局性战略问题。没有一定数量和质量的耕地，就不可能提高农业综合生产能力，更不可能实现优质、高产、高效、安全的现代农业。近年来，由于黄冈市在土地利用上缺少周密计划且监管不力，黄冈市的耕地数量逐年下降。黄冈市2011年末常用耕地面积342.93千公顷，人均拥有耕地面积0.69亩。湖北省2011年末常用耕地面积3361.86千公顷，人均拥有耕地面积0.88亩。黄冈市的总耕地面积和人均面积分别只有湖北省的10.2%和78.4%。统计显示，1978~2011年，黄冈市耕地面积减少26.6万亩，年均减少0.805万亩（如图5-2所示）。人均耕地面积由1978年的0.944亩降到2011年的0.689亩，减少幅度为27%。

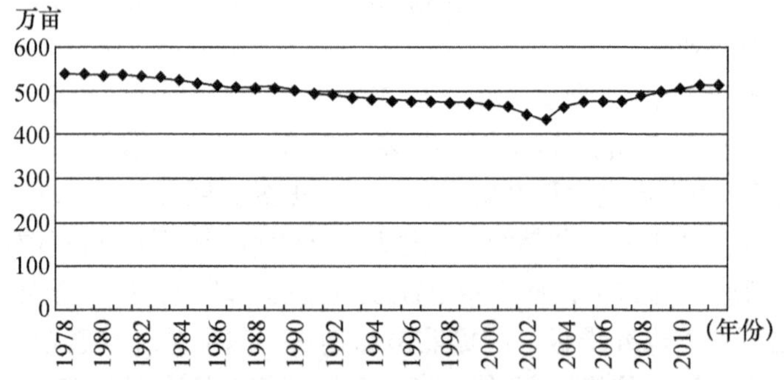

图5-2 黄冈市耕地面积动态变化趋势

资料来源：依据《湖北省统计年鉴》整理。

造成耕地数量减少的原因：一方面是由于城镇化快速发展的影响；另一方面是由于在耕地利用过程中缺乏严密的监督管理。在减少的耕地中，从种类上来看，大多为高质量的农田和蔬菜生产基地。从用途上来看，出于生态环境保护目的进行退耕以及灾害损毁所占的比例较小，大部分用于非农建设用地。而在这部分用地当中，除去国家规划占用的部分，其余全部属于盲目扩大建设规模和无序侵占。

近年来，黄州区坚持把推进农业产业化作为加快现代农业发展，推进新农村建设，促进农民增收的重要手段，突出生产基地、龙头企业、农业品牌建设。充分发挥城郊优势，以“菜篮子”工程建设为重点，突出蔬菜、特色水产、奶牛、畜禽四大品业，建设农产品生产基地。蔬菜板块种植面积达到 10.2 万亩，新建连片蔬菜基地 7500 亩，其中新建 500 亩以上的连片基地 6 个。畜牧产业大力推广生猪“150”、生物发酵床、林草鸡、虫草鸡等生态养殖模式，建成万头猪场 6 个，千头以上猪场 16 个。引进厦门惠尔康食品有限公司投资 7000 万元，已建成湖北扬子江生态牧业科技有限公司，共建成千头奶牛牧场 4 个，奶牛养殖规模 3000 头以上。水产业已形成幸福鱼苗孵化、青鱼专养、黄颡鱼、南美白对虾、小龙虾、网箱养鳝养鳜等水产业的六大板块，产值达 6.1 亿元，其中特色水产比重达 80% 以上，幸福鱼苗孵化 180 亿尾，占全省鱼苗孵化总量的 1/3 以上，建有集消费、娱乐为一体“水乡渔村”、“绿波园”等休闲农家乐 50 多家。

同时，黄州区注重突出抓好农产品加工企业拉动和农业专业合作组织的带动作用，已形成以祥辉、三泰、富华、和泰为主的棉纺织产业，以宏升粮油、陈策楼米业为主的粮食加工产业，以信柳工艺为龙头的竹制品产业，以永通、永康、九叶泡菜和康尔达为主的蔬菜加工产业，以白潭湖鱼面加工厂为主的水产品加工产业，建有省级、市级农业产业化龙头企业及各类专业合作社多个，形成了“龙头 + 基地 + 农户”的产业化发展格局。从品种、品质和品牌抓起，认真贯彻实施《农产品质量安全法》，大力推进农业标准化，着力打造农产品品牌，建立以农产品质量标准体系、监督体系和质量认证体系为核心的质量安全管理长效机制，从生产源头上实行监管，全面加强农产品质量安全管理，大力提升农产品质量和市场竞争力。“大别山试验区”农业具有得天独厚的资源优势，积累了一定的产业优势，打造了一些知名的农产品品牌，在农业综合开发利用、农产品加工、农产品市场拓展等方面仍大有潜力可挖。

五、机会与政府政策

机会与政府决策是波特钻石模型理论的两个辅助因素，但是也会对农业产业竞争优势形成产生重要的影响。机会是一个很重要的要素，作为竞争条件之一的机会，它一般与产业所处的国家环境无关，也并非企业内部的能力所能左右，甚至不是政府所能够影响的。机会主要包括重要发明、重大的技术突破、生产要素供求状况的重大变动导致投入成本的突然变化、世界金融市场和汇率的突然变动等，抓住机遇的企业的产品往往能很快取得竞争优势，占据市场，同时也可能使另一些企业丧失优势。

政府政策是指政府制定的各种经济政策与市场法规，通过影响体系中的四个主要因素，即通过影响农业生产要素状况、相关和支持产业发展状况、农业经营主体状况等关键因素来实现的，从而改变企业竞争优势。例如政府通过加大对农田基本水利建设等农业基础设施的投资，加强农业科技研究投入，加大先进技术的推广力度，加大农业生产补贴以及制定了一些有利于农产品出口的优惠政策等措施来提高农业的现实和潜在的竞争力。

湖北省委、省政府提出建设“大别山革命老区经济社会发展试验区”，这是黄冈史无前例的发展机遇，建设“四个大别山”的要求，内容广、空间广、内涵丰富，是一个完整的经济社会生态发展体系，为试验区的建设发展指明了方向。过去的实践经验证明，决定一个地区发展水平的关键只有几步，抓住了就成功，抓不住，可能就永远不会再有了。“大别山试验区”的建设，是黄冈市实现跨越式发展的重大机遇，也是湖北省委、省政府赋予黄冈新的历史使命。对“大别山试验区”来说，“十二五”是一个重要的战略机遇期，省委、省政府先后启动“两区”建设，推动“一主两副”建设，为跨越式发展注入强大的动力。

为设立大别山革命老区经济社会发展试验区，湖北省做了大量的工作。在《中共湖北省委关于制定湖北省经济和社会发展第十二个五年规划的建议》和《湖北省经济社会发展第十二个五年规划纲要》中，把建设大别山革命老区经济社会发展试验区作为一项重大战略任务，进行了专门部署，研究了一系列政策措施。2011 年 2 月，湖北省委、省政府举行了湖北省大别山革命老区经济社会发展试验区建设启动仪式，成立了设在各级扶贫办内的革命老区发展办公室的专门机构，并出台了《关于推进湖北省大别山革命老区经济社会发展试验区建设的意见》：

（1）从 2011 年起 5 年内，省发改委每年给红安县、麻城市、罗田县各安排 1000 万元省预算内投资；省财政厅每年给团风县、蕲春县、孝昌县各安排 1000 万元省级农业综合开发项目资金，该资金由直接项目安排改为切块到试验区县市，项目由试验区县市确定，报省相关部门备案。

（2）从 2011 年起 5 年内，省财政厅采取资金调度方式，每年给试验区每个县市安排 1000 万元担保资金，支持担保机构建设。

（3）从 2011 年起 5 年内，省扶贫办、省财政厅对试验区各县市每年安排 300 万元用于贷款贴息额度。

（4）从 2011 年起 5 年内，省国土资源厅、省财政厅每年对试验区每个县市按 1 亿元左右的资金规模投入，用于基本农田土地整理。

(5) 从2011年起5年内，省交通运输厅每年安排试验区每个县市不少于100公里免费修建的通村沥青（水泥）路建设计划，主要用于重点自然村通村公路建设。

(6) 省人社厅于实施前两年将试验区内县市全部纳入国家新农保试点范围。

(7) 省水利厅优先支持试验区农田水利建设、病险水库除险加固建设，加大山洪防洪系统建设支持力度。将试验区县市全部纳入国家小型农田水利建设重点县市，并争取各安排1条中小河流综合整治项目。

(8) 省农业厅在农业板块资金、农机购机补贴、测土配方施肥、畜牧业发展等资金项目安排上予以支持。从2011年起5年内，每年每县市安排2~3个农业示范项目。到2013年，使试验区40%以上农户用上农村清洁能源。

(9) 从2011年起5年内，省住建厅每年为每县市安排100万元资金计划，用于示范乡镇的小城镇建设。到2015年基本消除农村现有D级危房，在安排国家下达湖北省的农村危房改造计划时，对试验区县市进行倾斜支持。

(10) 省林业厅优先将试验区内坡耕地退耕还林、低产林改造、长江防护林建设等纳入国家和省重点生态建设工程予以支持。优先安排森林防火、森林病虫害防治等项目，每年每县市林业投资不少于2000万元。

第三节 “大别山试验区”农业综合竞争力定量评价

一、“大别山试验区”农业综合竞争力评价指标体系的构建

前文基于波特的国家钻石模型对“大别山试验区”的农业竞争力进行了分析，该模型被学者们作为“经济分析范式”运用于不同产业的国际竞争力分析，得到如潮好评。然而，要想对区域农业竞争力进行深入评价和横向对比，建立测度模型是至关重要的。关于区域农业竞争力评价指标体系的建立，不同学者从不同角度展开，本书已在第二部分述及。此处参考游士兵等①在对全国各省农业竞争力进行研究时设计的指标体系，结合湖北省各市州的实际情况，并结合数据的可得性和有效性，对其进行调整，从农业生产要素条件、农产品需求状况、相关产业发展状况、农业经营主体竞争力和机制竞争力因素五个方面出发，构建评价指标体系，共包括5大类，18个具体指标。指标权重的选择运用德尔菲法，本书沿用游士兵通过问卷设计、专家打分得出的研究结论，对湖北省各市州的农业综合竞争力进行测算排序。

---

① 游士兵，肖加元：《农业竞争力的测度及实证研究》，《中国软科学》2005年第7期，第147-152页。

表 5-1 农业竞争力评价指标体系 1

指标要素	指标名称	代码	指标权重
农业生产要素条件	劳动力数量（万人）	X_{11}	5
	有效灌溉面积（千公顷）	X_{12}	6
	水库总库容量（亿立方米）	X_{13}	6
	农业机械总动力（万千瓦）	X_{14}	7
	化肥施用量（万吨）	X_{15}	6
农产品需求状况	农林牧渔总产值（亿元）	X_{21}	7
	农林牧渔占本市 GDP 比重（%）	X_{22}	5
	农民人均纯收入（元）	X_{23}	6
	粮食人均占有量（公斤）	X_{24}	6
农业经营主体竞争力	单个劳动力粮食产量（公斤）	X_{31}	6
	人均经营耕地面积（亩/人）	X_{32}	5
	谷类作物（农作物）单产量（公斤/公顷）	X_{33}	5
	人均经营山地面积（亩/人）（用人均林地替代）	X_{34}	4
相关产业发展状况	年末农业生产性固定资产原值（元/人）	X_{41}	4
	农村用电量（亿千瓦时）	X_{42}	6
机制竞争因素	农业 R&D 支出比重（%）	X_{51}	7
	每万户村民委员会个数指标（个/万户）	X_{52}	4
	水土流失治理面积（万公顷）	X_{53}	5

注：测算所用数据均为 2010 年数据。

资料来源：《湖北省农村统计年鉴》、《黄冈市统计年鉴》和《湖北省统计年鉴》。

对农业竞争力的测算运用综合评分分析法（见表 5-1）。计算公式如下：

$$ACI = \sum_{i=1}^{n} W_i (\sum_{j=1}^{m} W_{ij} P_{ij}) \qquad 式(5-1)$$

ACI 为 Agriculture Competition Index 的缩写，代表某一地区农业竞争力指数，n 为农业竞争力的构成要素个数，m 表示农业竞争力第 i 个构成要素的指标个数，P_{ij}为第 i 个构成要素的第 j 项指标标准化后的值，W_{ij}为第 i 个构成要素的第 j 个指标在其中的权重。

二、统计指标的无量纲化处理

量纲是物理学中的一个重要概念，由于各物理量以一定的关系式相互联系，所以可以取其中的一些独立的物理量作为基本量，并给它们规定一个基本量度单位，其他物理量的量度单位将以确定的形式来导出。我们把基本量所采用的量度单位叫作基本量度单位，其他的物理量的单位称为导出单位。按照此种方法构成的一套单位，构成一定的单位制。在作理论运算和数值计算时，往往做无量纲化处理，这样做可以使理论运算简单，数值计算方便，物理方程转换为特定的数学方程时，便于数学处理。

多指标评价的数据无量纲化过程中，由于各个指标的单位不同，量纲不同，数量级不同，不便于分析，甚至会影响评价的结果。因此，为统一指标，先要对所有的评价指标进行无量纲化处理，以消除量纲，将其转化为无量纲，无数量级差别的标准分，然后进行分析评价。

所谓综合评价指标的无量纲化就是指通过一定的数学变换消除指标类型与量纲影响的方法，即把性质、量纲各不相同的指标转化为可以综合的一个相对数，即无量纲化值。

对于综合评价指标的无量纲化处理，在 SPSS 软件聚类分析中提供了四大类指标无量纲化处理方法，包括极值化方法、标准化方法、均值化方法和标准差化方法。

对于极值化方法，主要包括以下三种：

（1）Range -1 to 1：$X_i = \frac{X_i}{max - min} = \frac{X_i}{R}$ 式（5-2）

（每一变量值除以该变量取值的全距。标准化后将各变量的取值范围限于 -1~1）

（2）Range 0 to 1：$X_i = \frac{X_i - min}{max - min} = \frac{X_i - min}{R}$ 式（5-3）

（每一变量值与变量最小值之差除以该变量取值的全距。标准化后将各变量的取值范围限于 0~1）

（3）Maximum Magnitude of 1：$X_i = \frac{X_i}{max}$ 式（5-4）

（每一变量值除以该变量取值的最大值。标准化后使各变量的最大取值为 1）

采用极值化方法对变量数据无量纲化是通过利用变量取值的最大值和最小值将原始数据转换为介于某一特定范围的数据，从而消除量纲和数量级影响。在采用极值法时，对极端取值的要求较高，本书采用式（5-3）对原始数据进行无量纲化处理，依据样本量确定极值，使处理结果更接近实际情况。

三、“大别山试验区”农业竞争力评价结果

为了使评价结果更清晰，结合统计年鉴数据的实际情况，我们并未局限于“大别山试验区”的各县市，而是对湖北省覆盖的所有市州进行测评，并列出位序表，以期能对“大别山试验区”农业竞争力在整个湖北省的排名情况有深入了解。（见表 5-2 至表 -7）

表5-2 2010年湖北省各市州农业综合竞争力排序

市州名称	AIC值	位序
荆州市	58.46755464	1
襄阳市	53.97223421	2
黄冈市	52.33032524	3
荆门市	50.70184269	4
随州市	50.11456136	5
孝感市	39.30467693	6
宜昌市	37.62666510	7
武汉市	32.96329723	8
恩施市	31.85729307	9
十堰市	31.39887239	10
咸宁市	31.39700436	11
鄂州市	28.60383625	12
仙桃市	28.36308235	13
天门市	24.50399189	14
潜江市	24.26135800	15
黄石市	16.17650120	16
神农架	15.81538135	17

表5-3 2010年湖北省各市州农业生产要素状况排序

市州名称	农业生产要素条件得分	位序
荆州市	17.68963208	1
襄阳市	16.78389181	2
随州市	15.62487557	3
宜昌市	15.24523288	4
孝感市	15.23135241	5
荆门市	13.58639074	6
十堰市	12.51695247	7
黄冈市	11.31881252	8
武汉市	10.28562599	9
恩施市	9.612232122	10
咸宁市	7.529652208	11
鄂州市	6.571026941	12
天门市	4.790235797	13
仙桃市	4.753037507	14
黄石市	4.217000590	15
潜江市	4.172291395	16
神农架	0.010367863	17

表5-4 2010年湖北省各市州农产品需求状况排序

市州名称	农产品需求状况得分	位序
荆州市	19.90460363	1
襄阳市	18.29995756	2
荆门市	17.81421317	3
黄冈市	15.04368686	4
孝感市	14.63390919	5
随州市	14.17919797	6
仙桃市	12.56889178	7
宜昌市	11.67714812	8
咸宁市	11.04897819	9
天门市	10.68955912	10
恩施市	10.64518932	11
武汉市	10.62845609	12
潜江市	10.19242308	13
鄂州市	9.052832651	14
黄石市	5.776891805	15
十堰市	5.592026098	16
神农架	3.859113057	17

表5-5 2010年湖北省各市州经营主体竞争力状况排序

市州名称	农业经营主体竞争力得分	位序
荆门市	13.73592418	1
襄阳市	13.44878856	2
黄冈市	11.34630258	3
荆州市	9.813525645	4
神农架	9.044446614	5
仙桃市	7.927125611	6
随州市	7.729138913	7
潜江市	7.602515660	8
孝感市	6.789671015	9
天门市	6.607514616	10
咸宁市	6.082183578	11
恩施市	5.774665252	12
宜昌市	5.209712164	13
十堰市	4.345264525	14
鄂州市	3.825627624	15
黄石市	3.016060968	16
武汉市	1.857714876	17

表5-6 2010年湖北省各市州相关产业发展状况排序

各市州名称	相关产业发展状况得分	位序
荆州市	7.013235659	1
黄冈市	6.000000000	2
荆门市	4.606838007	3
随州市	4.399555045	4
襄阳市	3.849154439	5
宜昌市	3.507583881	6
武汉市	3.373184871	7
鄂州市	3.272850742	8
黄石市	2.798583774	9
仙桃市	2.71432838	10
神农架	2.693252179	11
孝感市	2.407189388	12
天门市	2.332274529	13
潜江市	2.273552943	14
恩施市	2.253046735	15
咸宁市	2.063241015	16
十堰市	1.600592282	17

表5-7 2010年湖北省各市州农业机制因素发展状况排序

各市州名称	机制竞争因素得分	位序
黄冈市	8.621523269	1
随州市	8.181793865	2
十堰市	7.344037015	3
武汉市	6.818315403	4
鄂州市	5.881498296	5
咸宁市	4.672949369	6
荆州市	4.046557630	7
恩施市	3.572159644	8
宜昌市	1.986988053	9
襄阳市	1.590441834	10
荆门市	0.958476603	11
仙桃市	0.399699078	12
黄石市	0.367964060	13
孝感市	0.242554916	14
神农架	0.208201640	15
天门市	0.084407824	16
潜江市	0.020574921	17

在对湖北省2010年各市州农业竞争力进行测度的基础上，对评价指标体系进行了适当调整，分析2012年武汉城市圈各市的农业竞争力情况（见表5-8）。武汉城市圈简称"武汉圈"，又称"1+8"城市圈，是指以武汉为圆心，包括黄石、鄂州、黄冈、孝感、咸宁、仙桃、天门、潜江周边8个城市所组成的城市圈。面积不到全省1/3的武汉城市圈，集中了湖北省一半的人口、六成以上的GDP总量，不仅是湖北省经济发展的核心区域，也是中部崛起的战略支点。2007年12月7日，国务院正式批准武汉城市圈为"全国资源节约型和环境友好型社会建设综合配套改革试验区"，对"大别山试验区"的发展具有重要的辐射带动作用。

表5-8 农业竞争力评价指标体系2

指标要素	指标名称	代码	指标权重
农业生产要素条件	劳动力数量（万人）	X_{11}	8
	有效灌溉面积（千公顷）	X_{12}	8
	农业机械总动力（万千瓦）	X_{13}	9
	化肥施用量（万吨）	X_{14}	9
农产品需求状况	农林牧渔总产值（亿元）	X_{21}	8
	农林牧渔占本市GDP比重（%）	X_{22}	8
	农民人均纯收入（元）	X_{23}	8
	粮食人均占有量（公斤）	X_{24}	9
农业经营主体竞争力	单个劳动力粮食产量（公斤）	X_{31}	9
	人均经营耕地面积（亩/人）	X_{32}	8
	谷类作物（农作物）单产量（公斤/公顷）	X_{33}	8
	农村用电量（亿千瓦时）	X_{34}	8

依照上述评价指标体系，查阅年鉴数据，得到相关数据如表5-9与表5-10所示。

表5-9 农业竞争力评价指标体系相关数据1

市	劳动力数量（万人）	有效灌溉面积（千公顷）	农业机械总动力（万千瓦）	化肥施用量（万吨）	农林牧渔总产值（亿元）	农林牧渔占本市GDP比重
武汉市	141.32	162.01	252.4033	15.4951	410.6692	0.0513
黄石市	86.16	49.18	82.7299	4.9992	122.8464	0.1180
鄂州市	40.00	27.75	61.9871	12.0318	126.6783	0.2261

续表

市	劳动力数量（万人）	有效灌溉面积（千公顷）	农业机械总动力（万千瓦）	化肥施用量（万吨）	农林牧渔总产值（亿元）	农林牧渔占本市 GDP 比重
孝感市	236.68	229.34	232.6061	21.0020	417.5718	0.3778
黄冈市	319.45	242.88	288.2708	51.0256	505.7204	0.4239
咸宁市	106.32	85.74	168.062	11.8559	237.6424	0.3073
仙桃市	65.51	89.16	128.499	6.5739	127.8462	0.2878
天门市	60.79	109.8	159.7814	7.7278	101.2317	0.3151
潜江市	35.99	58.98	98.5009	7.3289	101.3363	0.2294

表 5－10　农业竞争力评价指标体系相关数据 2

市	农民人均纯收入（元）	粮食人均占有量（公斤）	单个劳动力粮食产量（公斤）	人均经营耕地面积（亩/人）	农作物单产量（公斤/公顷）	农村用电量（万千瓦时）
武汉市	11190.00	466.3266	890.8449	0.30	6228.6860	12.1145
黄石市	7477.35	394.0401	731.8280	0.55	7039.6673	11.4885
鄂州市	9072.08	448.0385	862.2500	0.58	8505.5487	4.2897
孝感市	7988.21	528.2302	928.9112	0.81	8381.4837	8.7482
黄冈市	6141.91	538.3568	978.2270	0.83	9097.8980	18.4537
咸宁市	7505.41	475.2208	969.5720	0.95	6583.1088	4.0918
仙桃市	9076.40	676.9596	1188.8902	1.15	8602.1869	4.4638
天门市	8506.80	545.2003	1141.8802	1.22	6321.9399	2.5508
潜江市	8785.07	720.2073	1390.3862	1.14	6942.2863	1.6169

按照上述无量纲数据的处理方法，得到武汉“1＋8”城市圈各市农业竞争力的 AIC 值，如表 5－11 所示。

表 5－11　武汉城市圈各市区农业竞争力 AIC 值排名

市	AIC 值	排名
武汉市	0.4087	4
黄石市	0.1616	9
鄂州市	0.2373	8
孝感市	0.5949	2
黄冈市	0.7796	1
咸宁市	0.3338	7
仙桃市	0.4575	3
天门市	0.3608	6
潜江市	0.3839	5

第六章 “大别山试验区”城镇化与新型工业化现状分析

第一节 城镇化与新型工业化概述

一、城镇化概述

（一）城镇化内涵

所谓城镇（Urban），在古代，一般是指商品集中交易的场所，在产生顺序上，先有集、市，再有镇、城。在现代，城镇主要是指第二产业、第三产业以及非农人口的聚集地，通常是科技集中，交通、通信设施完备的经济、政治文化教育中心。对于城镇化的概念，目前学术界尚未形成统一权威的认识，不同学科的定义角度不同，主要有以下四种观点。

1. 人口城镇化

人口城镇化主要是指分散的人口由农村向城市迁移和集中的过程，在农村人口逐渐转变为城市人口的过程中，农村人口数量减少，城镇人口数量增多，城镇人口所占比重不断上升。这一定义把城镇化限定在农村人口的转移上，没有考虑城市人口快速增长所带来的问题，忽视了城镇化过程中经济、社会、生活方式的改变，没有体现出城镇化的“质”的内涵。

2. 经济城镇化

经济城镇化主要是指经济活动的聚集，既包括生产、交换、消费的聚集，也包括生产要素的聚集。这一定义强调了城镇化的经济实质，却忽略了作为主体的人在这一过程中的作用，忽略了城市对乡村的辐射以及带动的作用。

3. 生活方式城镇化

生活方式城镇化主要是指农村居民的生活方式的转变，既包括全社会接受城市文明、乡村生活方式向城市生活方式转变的过程，也包括城市生活方式以及价值观向乡村传播的过程，是城市与乡村的同步发展。

4. 制度城镇化

制度城镇化主要是指在农村和城市实行两种不同制度的情况下，进行制度变迁，由城市制度替代农村制度，是农村人口向城镇集中，是产业和就业结构非农化制度重组的过程。这一定义强调了城镇化并非是静态的，而是一个过程。

（二）城市化发展的主要阶段

“城市化”（Urbanization）这一术语最早是由西班牙城市规划师 A. 塞尔达于 1876 年在《城市化概论》一书中提出，用于表明随着工业的发展，乡村向城市的转变过程。“城市化”作为一个术语出现之后，国内外学者从不同的角度对城市化概念进行了界定，只是我国学者对于城市化的定义更多强调城镇的作用，用城镇化的概念来替代城市化的概念。其实城市化和城镇化在本质上是相同的，镇包含于广义的城市之中，是城市的初级发展阶段，人口不管转移到城镇还是城市都是经济的发展、社会的进步、生活方式的改变。

西蒙·库兹涅茨概括出了一个国家和地区的城市化三个阶段的不同特征，如表 6－1 所示。

表 6－1　城镇化三个阶段的特征

阶段	人均收入水平（1958 年，美元/人）	第一产业占 GDP 比重（%）	第二产业占 GDP 比重（%）	第三产业占 GDP 比重（%）	城市人口占总人口的比重（%）
城市化起步阶段	100 以下	49.9	22.7	27.3	22.8
	101～200	32.6	28.5	38.6	32.1
城市化加速阶段	201～350	33.8	29.2	37.2	36.3
	351～575	15.2	39.3	45.6	49.8
	576～1000	14.2	50.8	35.1	65.7
城市化稳定阶段	1000 以上	—	—	—	68.1

资料来源：西蒙·库兹涅茨：《现代经济增长》，北京经济学院出版社 1989 年版。

（三）新型城镇化

新型城镇化是中共十八大报告提出的，是立足于国内外城镇化发展的经验教训，是对城镇化理论与实践的创新。新型城镇化并未破除城镇化发展的一般规律，而是继续坚持科学发展观，坚持以人为本的理念，遵照“集约、低碳、绿色、宜居”的原则，强调产城互动、产业互动、城乡互动、全面提升城镇化的发展水平，实现城乡一体同步发展。新型城镇化的“新”主要体现在以下方面：

（1）新的发展核心。新型城镇化的核心是人，重点是人的城镇化，不是物的城镇化，是以人为核心，城乡居民都能得到好处的城镇化。由片面强调城镇规模和空间的扩张转变到促进人的发展，从根本上改变以往发展中只见物不见人的弊端。新型城镇化主要解决的是农业转移人口逐步融入城市，重点是农民工市民化问题。

（2）新的发展理念。新型城镇化实现的是包容性发展、公共服务的均等化，目的是破除城乡二元结构、破解城市内部的二元结构。实现城乡一体化的发展、公共服务的均等化，做到机会平等、权利平等。

（3）新的发展路径。在坚持工业化、信息化、城镇化和农业现代化互动协调的过程中推动城镇化。新型城镇化发展的基础是依靠产业的支撑，做到产城互动、产业协调、城乡互动。

（4）新的发展方式。城镇化发展的过程与生态文明融为一体，始终贯穿着生态文明的理念和精神，实行集约、高效、绿色、低碳的发展方式。

（5）新的发展格局。在遵循国家整体规划的前提下，实现城市群、大中小城市和小城镇合理布局，既考虑经济协调持续发展的问题，同时也要考虑国家安全的问题。

二、工业化概述

工业（Industry）是社会分工发展的产物，经过手工业、机器大工业、现代工业几个发展阶段。在古代社会，手工业只是农业的副业，经过漫长的发展过程，工业是指采集原料，并把它们在工厂中生产成产品的工作和过程。

工业化通常被定义为工业（特别是其中的制造业）或第二产业产值（或收入）在国民生产总值（或国民收入）中比重不断上升的过程，以及工业就业人数在总就业人数中比重不断上升的过程。工业发展是工业化的显著特征之一，但工业化并不能狭隘地仅仅理解为工业发展。因为工业化是现代化的核心内容，是传统农业社会向现代工业社会转变的过程。在这一过程中，工业发展绝不是孤立进行的，而是与农业现代化和服务业发展相辅相成的，总是以贸易的发展、市场范围的扩大和产权交易制度的完善等为依托的。

（一）传统工业

传统工业又称夕阳工业，主要为西方经济学家使用，指在经济发达国家的整个工业中，地位逐渐下降的工业部门。主要是传统的基础工业，如钢铁、汽车、建筑、纺织、橡胶、造船以及相关的一些附属工业部门，20世纪70年代后，西方国家的经济危机日益频繁，导致许多传统的工业部门相继衰落，如开工严重不足，产品市场萎缩，从而在整个社会生产中的比重不断下降。传统工业大多是工业革命后机器大工业发展的鼎盛标志。

随着现代科学技术和经济结构的发展需要，新兴工业不断兴起，发展迅速，如石油化工、合成材料、电子技术、原子能、宇航工业等，极大地冲击和改变了原有的工业结构，使传统工业生产停滞不前，甚至衰退。但传统工业目前在发达国家的经济中仍占主要地位，在较短时间内还不可能为新兴工业所取代。在发展中国家，传统工业仍处于兴起、兴盛时期，尚待大力发展，故传统工业只是一个相对概念。通过引入、采用新技术，对其进行改造，提高生命力，是传统工业继续发展、适应工业现代化要求的重要途径。在区域工业发展规划中，必须重视对传统工业的技术改造与引导，重视其在现代工业结构中的地位与特点，在许多落后的地区经济发展中，传统工业仍将是工业发展的主体。

（二）现代工业

现代工业采用现代生产技术设备的工业生产。主要包括生产工艺过程的机械化、电气化、自动化、化学化等。一般泛指20世纪末计算机广泛应用以来对现存物质系统飞跃性认知后发展起来的新型高技术高信息化的工业生产，不同于"新兴工业"的概念。

现代工业主要特征有：①工业生产技术现代化。即劳动手段的机械化、电气化、强速化、精密化和自动化。②工业结构现代化。主要指产业结构与规模结构的合理组成比例。③工业生产组织现代化。生产实现高度集中化、专业化、协作化和联合化，具有较高的劳动生产率。④工业企业管理手段和方法现代化。⑤工业职工结构的现代化。要求拥有大量素质高、技术熟练的生产工人、科技人员与管理人员。现代工业在国民经济中占主导地位，它反映一个国家、地区的经济发展水平与阶段。工业现代化是经济发展的必经之路和中心环节，必须选择符合现代工业基础的工业现代化途径与目标，选择科学的跳跃追赶战略，才能保证工业现代化的顺利进行。这也是国家与地区工业发展规划与布局中的一个重要内容，现代工业布局必须重视和满足现代工业的各种特点与布局要求。

（三）新型工业化

工业化是一个国家经济发展过程中的必经阶段，也是衡量一个国家和地区经济发展水平的重要标志。我国要实现现代化，全面建设小康社会，就必须快速推进工业化进程。然而，目前我国经济增长方式粗放，只注重数量增长而忽略质量发展，由此导致的经济发展和生态环境的冲突愈演愈烈，已成为我国全面可持续和谐发展的重大障碍。为此，中共十六大报告提出走一条"科技含量高、经济效益好、资源消耗低、环境污染少、人力资源优势得到充分发挥的新型工业化路子"。总结国内外工业化经验，充分发挥后发优势，依靠技术进步，提高经济效益，合理开发和利用资源，实现经济的可持续发展，加速推进新型工业化进程是国家作出的重大战略部署。

所谓新型工业化，就是坚持以信息化带动工业化，以工业化促进信息化，就是科技含量高、经济效益好、资源消耗低、环境污染少、人力资源优势得到充分发挥工业化道路。与传统工业化相比，新型工业化有三个突出的特点：

第一，以信息化带动的、能够实现跨越式发展的工业化。以科技进步和创新为动力，注重科技进步和劳动者素质的提高，在激烈的市场竞争中以质优价廉的商品争取更大的市场份额。

第二，能够增强可持续发展能力的工业化。要强调生态建设和环境保护，强调处理好经济发展与人口、资源、环境之间的关系，降低资源消耗，减少环境污染，提供强大的技术支撑，从而大大增强中国的可持续发展能力和经济后劲。

第三，能够充分发挥人力资源优势的工业化。

三、新型城镇化与新型工业化的关系

中共十八大报告提出：“坚持走中国特色新型工业化、信息化、城镇化、农业现代化道路，推动信息化和工业化深度融合、工业化和城镇化良性互动、城镇化和农业现代化相互协调，促进工业化、信息化、城镇化、农业现代化同步发展。”为中国特色新型工业化道路指明了方向。中共十八届三中全会提出，新型工业化作为推进新型城镇化的引擎动力，对于一个地区增强发展后劲，实现城镇一体，促进群众就业和提高收入水平尤为重要，它是打破“城乡二元结构”制约的基础和关键。必须把新型工业化作为第一推动力，带动和促进农牧业现代化、新型城镇化协调发展。

四、“大别山试验区”走新型城镇化与工业化道路的必要性

自2004年实施中部崛起战略以来，中部六省在走新型工业化道路上发挥各自的基础优势，不断转变经济发展方式，取得了一定的成绩，也面临新的发展难题，在继续实施中部崛起战略的“十二五”时期，推进各地区的工业化进程既是全国实现全面小康、实现中部崛起的客观要求，也是各地区实现科学发展、夯实经济基础的现实需要。因此，在攻坚转变经济发展方式的“十二五”时期，科学认识各地区工业化发展水平与态势、判断各自在新型工业化推进中的问题与差距，有助于制定科学合理的政策来推进新型工业化的健康协调发展。

新型工业化是试验区可持续发展的必经之路。黄冈市是管辖11个县市区、1.74万平方公里、730万人口版图的大市，同时又是工业小市、农业弱市，这种畸形格局的根本症结就在于缺乏工业的有力支撑。因此，加快工业发展，尤其是加快推进新型工业化发展步伐，是加快黄冈市经济发展的当务之急、关键之举、必由之路。作为拥有730万人口的革命老区，黄冈市传统工业基础薄弱，发展经济的唯一出路就是走新型工业化的道路，即要发挥农业资源优势，抓好农副产品的精深加工，使农业链接工业，工业反哺农业；内抓盘活企业，外抓招商引资，做大做强一批优势产业；运用高新技术改造提升传统产业，在高起点上推进新型

工业化，不走先污染后治理的老路。黄冈市是武汉城市圈"资源节约型"、"环境友好型社会"改革试验区的重要成员，建设节约型社会的核心是节约资源，是要在经济、政治、文化、社会各方面，特别是在生产、流通、消费等领域，通过采取法律、经济和行政综合措施，降低资源消耗强度，提高资源利用效率，以最少的资源获取最大的经济和社会效益。环境友好型社会就是一种人与自然和谐共生的社会形态，其核心内涵是人类的生产和消费活动与自然生态系统协调可持续发展，建设"两型"社会要求黄冈市不能走传统的消耗资源、破坏环境的工业化道路，而是要走科技含量高、经济效益好、资源消耗低、环境污染少、人力资源优势得到充分发挥的工业化道路，即新型工业化道路。

第二节 "大别山试验区"城镇化与新型工业化现状——以黄冈市为例

前文已述及，城镇化（Urbanization）是指第二产业、第三产业在城镇集聚，农村人口不断向非农产业和城镇转移、集中以及由此引起的产业、就业结构的非农化重组，是现代化过程的主要内容和重要表现形式。新中国成立以来，我国的城镇化大致经历了曲折发展、快速发展和科学发展的过程。1949 年，我国的城镇人口 5765 万，城镇化率为 10.6%。新中国成立后，城镇进程稳步推进，特别是 1958 年开始的"大跃进"，城镇人口年增长 10.4%，到 1960 年底，城镇人口比重达到 19.7%。后来由于国家工业调整，导致了逆城镇化。到 1978 年底全国城镇化率仅为 17.9%。1979 年开始的农村经济体制改革，推动乡镇企业异军突起，新兴的小城镇迅速发展起来，1984 年全国城镇化水平上升至 23.01%。随后，城镇经济体制改革启动，中国市场经济体制加速建立，工业化、城镇化在全国全面展开，截至 2002 年，全国城镇化率达到 39.09%。2003 年后我国的城镇化进程进入了科学发展的轨道，城镇化率平均每年提高约 1.07 个百分点。

一、黄冈市城镇化现状

湖北省作为中部大省，城镇化过程与全国基本一致。1957 年城镇人口为 411.69 万人，城镇化率为 13.44%。1960 年末城镇人口达到 560.76 万人；1961 年开始调整经济结构，精减城市人口，城市人口降至 485.06 万人，城镇化率为 13.84%；到 1977 年湖北省城镇化水平仅为 14.24%（马大强，1994）。改革开放以后，湖北省大、中、小城市得到全面发展，到 2012 年湖北省城镇化率达到 53.5%，如表 6-2、表 6-3 所示。

表 6-2 2001~2010 年湖北省城镇化率

年份	2001	2002	2003	2004	2005	2006	2007	2008	2009	2010
城镇人口（万人）	2846	2631	2581	2525	2494	2467	2427	2388	2348	2309
总人口（万人）	5724	5720	5711	5699	5693	5710	5698	5685	5672	5658
城镇化率（%）	49.72	46.00	45.20	44.30	43.80	43.20	42.60	42.00	41.10	40.80

资料来源：根据《湖北省统计年鉴》整理（其中城镇人口为城市常住人口）。

表 6-3 2010~2013 年黄冈市城镇化率

单位:%

年份	2010	2011	2012	2013
黄冈市	34.80	36.91	39.35	40.85
黄州区	73.03	74.67	74.84	75.02
团风县	26.05	28.15	33.00	34.54
红安县	31.08	34.09	35.85	37.43
罗田县	31.10	34.13	35.89	37.43
英山县	29.28	30.89	34.90	36.44
浠水县	27.03	30.00	34.00	35.55
蕲春县	32.13	33.78	35.59	37.11
黄梅县	33.03	34.94	37.01	38.56
麻城市	35.65	37.00	39.22	40.74
武穴市	42.05	43.86	46.01	48.00

资料来源：黄冈市统计局统计整理。

其中，2011 年和 2012 年城镇人口与常住人口如表 6-4 所示。

表 6-4 2011~2012 年黄冈市常住人口及其中城镇人口

年份	2011 年			2012 年		
	常住人口（万人）	其中：城镇人口（万人）	城镇化率（%）	常住人口（万人）	其中：城镇人口（万人）	城镇化率（%）
黄冈市	621.04	229.25	36.91	623.19	245.22	39.35
黄州区	36.79	27.47	74.67	36.89	27.61	74.84
团风县	33.93	9.55	28.15	34.00	11.22	33.00
红安县	60.28	20.55	34.09	60.36	21.64	35.85
罗田县	54.52	18.61	34.13	54.67	19.62	35.89
英山县	35.77	11.05	30.89	35.90	12.53	34.90
浠水县	87.39	26.22	30.00	87.57	29.77	34.00

续表

年份	2011 年			2012 年		
	常住人口（万人）	其中：城镇人口（万人）	城镇化率（%）	常住人口（万人）	其中：城镇人口（万人）	城镇化率（%）
蕲春县	75.64	25.55	33.78	76.04	27.06	35.59
黄梅县	86.03	30.06	34.94	86.32	31.95	37.01
麻城市	86.01	31.82	37.00	86.33	33.86	39.22
武穴市	64.68	28.37	43.86	65.11	29.96	46.01
龙感湖	3.25	1.14	35.08	3.27	1.21	37.00

资料来源：黄冈市统计局统计整理。

二、黄冈市新型工业化现状

（一）现状概述

2012 年，黄冈市开发区规模以上工业增加值 238.33 亿元，在规模以上企业中，股份制企业、外商及港澳台商投资企业、私营企业均增长 10% 以上。2011 年，黄冈市规模以上企业中，农副食品加工业增加值比 2010 年增长 14.1%，纺织业增长 8.3%，通用设备制造业增长 17.4%，专用设备制造业增长 19.8%，交通运输设备制造业增长 12.0%，通信设备、计算机及其他电子设备制造业增长 15.9%，电气机械及器材制造业增长 14.5%。六大高耗能行业增加值比 2010 年增长 12.3%，其中，非金属矿物制品业增长 18.4%，化学原料及化学制品制造业增长 14.7%，有色金属冶炼及压延加工业增长 13.6%，黑色金属冶炼及压延加工业增长 9.7%，电力、热力的生产和供应业增长 10.1%，石油加工、炼焦及核燃料加工业增长 7.6%。高技术制造业增加值比 2010 年增长 16.5%。

（二）黄冈市新型工业化发展的优势

1. 基础条件好，具有较强的后发优势

黄冈作为"大别山试验区"的核心组成部分，正处于快速发展的关键时期，工业经济初步形成了一定的规模和实力，产业发展空间进一步拓展。工业已初步形成食品饮料、医药化工、纺织服装、建筑建材、机械电子等支柱产业。同时，造船、窑炉、钢构等新兴产业加快发展，具有较大的产业配套空间。黄冈市新型工业化道路的形成与推进，是支撑黄冈经济保持又好又快发展的主要动力。

2010 ~ 2012 年，黄冈市规模以上工业企业数逐年增加，从 2010 年的 720 个，增加到 2011 年的 840 个，再增加到 2012 年的 979 个。2012 年规模以上工业总产值（当年价格）达到 1222.55 亿元。2012 年，黄冈市开发区规模以上工业增加值 238.33 亿元。2012 年，黄冈市规模以上工业企业资产总计 649.51 亿元，比 2011 年的 552.14 亿元提高了 17.6%。这充分显示了黄冈工业经济的蓬勃发展，

循着科技含量高、经济效益好、资源消耗低、环境污染少、人力资源得到充分发展的新型工业化道路的基本模式，黄冈新型工业化道路具有强劲的后发优势。

2. 工业园区迅速崛起，产业集群规模扩大

工业园区是产业集聚、项目汇聚的基地和摇篮，它载负着产业发展的承接功能和辐射功能，是体制机制创新的试验区，是招商引资的窗口，是发展高新技术产业的平台，更是推进新型工业化和发展地域工业经济的载体和引擎。从1990年黄州经济开发区铲下第一镐土开始，经过近二十年的不懈努力，黄冈工业园区和入园企业从无到有，从弱到强，已呈现出蓬勃崛起、迅猛发展的良好势头。

截至2013年底，黄冈市共有经省批准的各类开发区15家，遍布黄冈市11个县市区，显示了强劲的龙头带头作用，以区带园，形成了区中有园、区外建区的工业园区建设壮观局面。据初步统计，黄冈依托开发区已经建成的各类工业园区35家，县均达3家以上。工业园区规划总面积501.5平方公里，已建成园区面积166平方公里。以上工业园区在不断发展壮大的同时，工业产业集群也逐步壮大，大批实力强、前景好的工业项目落户园区，成为促进黄冈经济发展的新的增长点。农产品加工、医药化工、纺织服装、汽车配件、食品饮料、建筑建材、新型窑炉、茶叶丝绸等特色产业集群不断发展，工业园区逐渐成为主要企业成长的核心区，工业园区的迅速崛起为招商引资、产业发展和项目聚集提供了重要平台。

3. 工业产业集群蓬勃发展，县域工业特色鲜明

黄冈市工业产业集群的蓬勃兴起和初具规模，是黄冈市工业经济市场竞争力不断提升的突出表现，也是黄冈市工业经济最为鲜明的特色。新的产业集群的兴起，改变了工业产业布局结构，极大丰富了黄冈市的工业特色。各县市区坚持以“工业园区突破”为方向，按照“项目集中园区、产业集群发展、资源集约利用、功能集成建设”的要求，开创了县域经济发展的新天地。

4. 市直工业昂起龙头，工业经济特效凸显

黄冈市地处革命老区，以农业为主，工业基础薄弱，经济欠发达。新中国成立以来，黄冈市没有省级、国家级的大型工业项目布点，欠缺支柱产业支撑。黄冈1996年撤地建市之初，市直经济总量小于所辖县市，呈现一种“小马拉大车”的尴尬格局。近年来，市委市政府抓本级工业出硬招下真功，这种“小马拉大车”的被动局面得到了根本的扭转。市直亿元企业从无到有，发展到十余家，并形成了以汇源、太子奶、伊利为龙头的饮品产业集群。已拥有湖北省太子奶、黄冈伊利、汇源黄冈、兴和铝业、振达钢管、稳健医疗、江润造船、白莲河抽水蓄能等产值过亿元以上的大中企业。黄冈市直主要经济指标增幅持续高涨，市直龙头地位作用逐步显现。一方面，带动了就业与消费，促进了供电、供水、供气、通信、交通运输、餐饮住宿、休闲旅游等第三产业的迅速增长；另一方面，推进了市区城市化建设的进程，为县市区加快工业发展作出了样板。

(三) 黄冈市新型工业化发展的不足

虽然黄冈市新型工业化水平有了大幅度提升，但相对发达地区而言，发展速度仍显迟缓，发展过程中仍存在不少矛盾和困难。从全省 17 个市州中选取常住人口 400 万以上的 5 个市州的资料进行比较，黄冈市处于第 4 位的有三项，处于第 5 位的有一项，如表 6－5 所示。

表 6－5 2012 年湖北省 5 个市州主要经济指标及黄冈位次表

单位：亿元

指标	黄冈位次	武汉	黄冈	荆州	孝感	宜昌
GDP	4	8004.00	1192.88	1195.98	1105.16	2509.00
固定资产投资	4	5031.2488	1102.9444	1042.8870	980.8222	1620.9833
规模以上工业增加值	5	2633.21	238.33	340.17	481.08	1161.72
社会消费品零售总额	4	3467.37	559.37	688.36	535.50	766.19

资料来源：《湖北省统计年鉴》(2013)。

依照这 5 个市州的常住人口，计算上述主要经济指标的人均数值，黄冈市均处于末位，如表 6－6 所示。

表 6－6 2012 年湖北省 5 个市州主要经济指标及黄冈位次表

单位：元

指标	黄冈位次	武汉	黄冈	荆州	孝感	宜昌
人均 GDP	5	79482	19220	20912	20934	61517
人均固定资产投资	5	49716	17698	18234	20294	39649
人均规模以上工业增加值	5	26020	3824	5948	9954	28416
人均社会消费品零售总额	5	34263	8976	12036	11080	18741

资料来源：《湖北省统计年鉴》(2013)。

2014 年以后，黄冈市紧抓“大别山试验区”发展机遇，围绕工业经济转型升级和增量提质的总要求，继续实施“双强双兴”发展战略，深入推进双百项目、招商引资和服务企业“三大行动”，大力发展中小型工业企业和培育壮大支柱产业，工业经济整体上保持平稳增长态势。但尚存在增速放缓、工业税收下降、企业减产面大等问题，工业经济运行下行压力进一步加大。

1. 工业增速放缓

2014 年 1～6 月，黄冈市 1229 家规模以上工业企业累计完成现价工业产值 740.7 亿元，工业增加值增速只有 11.3%，低于湖北省 11.6% 的平均增长水平 0.3 个百分点，其中 6 月增加值增速只有 9.7%，低于湖北省平均增速 1.3 个百分点，居湖北省17个市州的第13位。

2. 工业税收下降

2014年以来，黄冈市工业增值税除1月份保持增长外，连续5个月持续下降，其中2月下降25%、3月下降2%、4月下降12.9%、5月下降7.7%、6月下降29%。半年内，黄冈市累计完成工业增值税8.43亿元，同比下降11.8%，除红安增长7%、龙感湖增长6.8%以外，其余9个县市区均为负增长，说明黄冈市工业企业实现和申报的应税收入也呈下降趋势。

3. 部分重点企业开工不足

2014年上半年，由于开工不足导致黄冈全市270家企业工业产值下降，大别山发电有限责任公司、华新水泥（武穴）有限公司、黄冈亚东水泥有限公司、中粮（黄冈）粮油等重点企业开年后都先后进行过设备检修，发电量和水泥产量同比均下降。湖北省鑫镍鑫材料有限公司受印尼禁止出口影响，镍原矿无法正常供应，7月有一半电炉停产，导致企业开工不足。市区132家规模以上工业企业有40多家企业产值出现负增长。浠水福瑞德化工有限责任公司受市场影响产品价格大幅度下降，不得不将尿素生产计划由13000吨/月调减为10000吨/月。

4. 两大主导产业拖累增长

黄冈市36个大类工业行业中，有黑色金属矿采选、钢结构、汽车制造和电力生产4个行业产值下降，其中，钢结构和电力生产是黄冈的两大主导产业。2014年以来，两大产业工业产值一直下降，其中1~5月同比分别下降7.7个和5.8个百分点，一定程度上拖累了全市工业的增长。部分钢结构企业由于成本上升，效益下降，不得不限产压产。据调查，黄冈市团风县近年来工业增长主要依赖于支柱产业——钢结构，由于订单减少、用工成本上升、经济效益下降，部分钢结构企业不得不限产压产，团风全县9家规模以上钢构企业中有毅博、鸿路、中南、潮流、辉创5家企业产值负增长，共减少产值3.91亿元，减幅22.9%，辉创重工和鸿路钢构均减少1.27亿元、中南钢构减少1.12亿元。表6-7为2014年上半年重点工业企业调查数据。

表6-7 2014年上半年重点工业企业调查表

单位名称	工业总产值		营业收入		应收账款		利润总额	
	1~6月累计（万元）	累计增速（%）	1~5月累计（万元）	累计增速（%）	1~5月累计（万元）	累计增速（%）	1~5月累计（万元）	累计增速（%）
湖北祥云（集团）化工股份有限公司	300974	10.2	69243	-40.8	8710	77.6	1433	-8.5
中粮粮油工业（黄冈）有限公司	99704	-2.0	54801	32.4	3675	322.6	1323	—

续表

单位名称	工业总产值		营业收入		应收账款		利润总额	
	1~6月累计（万元）	累计增速（%）	1~5月累计（万元）	累计增速（%）	1~5月累计（万元）	累计增速（%）	1~5月累计（万元）	累计增速（%）
湖北鑫镍鑫材料有限公司	93070	51.0	48713	149.3	0	—	1971	558.1
麻城市兴业物资有限责任公司	106258	10.0	46670	7.8	8015	5.2	1634	—
湖北省鸿路钢结构有限公司	64080	-16.6	51455	-9.8	8291	229.6	1278	-62.7
李时珍医药集团有限公司	93745	4.0	41789	6.0	1300	-23.4	723	6.0
湖北省宏源药业有限公司	83487	-5.3	31822	11.1	7565	-15.4	967	-16.1
黄冈大别山发电有限责任公司	112191	-1.7	82719	-12.7	14142	-45.2	1226	-91.6
浠水县福瑞德化工有限责任公司	15523	-52.4	13171	8.7	69	—	-1535	—
浠水县中禾粮油有限公司	88100	14.8	62492	17.8	658	25.6	2497	-4.4
湖北黄冈伊利乳业有限责任公司	118888	-5.4	68306	-5.1	4553	-57.2	4272	-15.8
浠水四方饲料有限公司	37704	-5.1	31362	-0.5	398	162.8	727	-33.2
合计	1213723	3.1	602542	-1.2	57374	-9.9	16514	-41.3

资料来源：黄冈市统计局。

第三节　黄冈市新型工业化发展程度评价

一、评价指标体系的构建

如何监测和评价新型工业化的实现程度，学术界尚未形成统一标准，目前社会各界均是从各自领域出发研究新型工业化的评价指标体系，基本是围绕中共十

六大报告所提及的板块入手。本章从新型工业化的内涵出发，认为新型工业化是一个涵盖经济、科技、资源环境以及社会等多领域的动态复杂系统，在最大限度满足对新型工业化内涵概括的基础上，综合前人相关研究成果，并咨询相关专家讨论，同时考虑对指标数据可获得性等方面的因素，以全面性、科学性、可比性、动态性、可操作性为原则，构建评价黄冈市新型工业化水平的指标体系，包括工业化水平、科技含量、经济效益、资源环境、信息化水平、国际竞争力6个层面，共选取14个指标，具体结构和内容如表6－8所示。

表6－8 黄冈市新型工业化评价指标体系

目标层	准则层	指标层	单位	数据
新型工业化	工业化水平	X_1——人均GDP	元	19220
		X_2——工业增加值占GDP比重	%	19.98
		X_3——农业就业人数所占比重	%	51.26
		X_4——城市化率	%	39.02
		X_5——城乡居民人均纯收入比	—	2.73
	科技含量	X_6——专利授权数	项	597
		X_7——高新技术产业增加值占GDP比重	%	0.0006
	经济效益	X_8——成本费用利润率	%	6.8
		X_9——总资产贡献率	%	18.94
	资源环境	X_{10}——工业固体废物综合利用率	%	95.85
	信息化水平	X_{11}——互联网用户	万户	39.52
		X_{12}——年末移动电话用户	万户	347.42
		X_{13}——人均邮电业务量	元/人	388.392
	国际竞争力	X_{14}——对外贸易总额占GDP比重	%	2.26

根据表6－8，结合数据的可得性，选取黄冈市2012年数据进行分析，得到表6－9。

表6－9 2012年黄冈市新型工业化评价指标数据

指标	单位	数据
X_1	元	19220
X_2	%	19.98
X_3	%	51.26
X_4	%	39.02

续表

指标	单位	数据
X_5	—	2.73
X_6	项	597
X_7	%	0.0006
X_8	%	6.8
X_9	%	18.94
X_{10}	%	95.85
X_{11}	万户	39.52
X_{12}	万户	347.42
X_{13}	元/人	388.392
X_{14}	%	2.26

二、新型工业化水平综合评价方法与判断标准

监测和评价新型工业化水平的方法有许多，但是由于评价目的与对象存在差异性，所采用的方法也各有差异。目前常用的方法包括层次分析法、因子分析法、模糊综合评价法、灰色关联评价法以及熵权法等。毛文娟（2005）在测度我国各省份的新型工业化程度时运用的是因子分析法；陈晓红（2006）在对吉林省的新型工业化水平进行评价时运用的是层次分析法；梅强（2010）在测度企业的新型工业化程度时运用的是模糊评价法。新型工业化水平测度涉及经济、社会、环境等多个层面，是一个综合的、全方面的、多层次的评价对象，因而在选取方法上需结合地区的特殊性以及方法的优异性来正确选取，在综合各种方法优缺点以及评价对象特点的基础上，本章还是应用 Delphi 专家咨询法和层次分析法来综合进行评价。

（一）运用层次分析法确定指标值的权重的步骤

1. 构建层次分析结构

在层次分析法中最重要的一步就是建立问题的层次结构模型，将复杂的问题逐渐分解，并且按照各元素的相互关系和其隶属关系而形成不同的层次。在层次分析时是以同一层次的元素作为基本准则，它不仅对下一层次的元素起到支配作用，而且还要受到上一层次元素的支配。一般来说，层次分析法中每一层次中的元素不超过 9 个，如果同一层次中所包含的元素数目过多，将会给两两比较判断带来困难。

2. 构造判断矩阵

建好层次分析模型以后，我们就可以把各层次的元素进行两两比较，以此来

构建出比较判断矩阵。层次分析法主要是人们判断出每一层次中每一个元素的相对重要性，并且以合适的标度数值将重要性表达出来，将各数值写成判断矩阵。而在判断矩阵中数值表示针对上一层次的因素，本层次与有关因素之间相对重要性的比较。表6－10为一种常用的1～9标度法。

表6－10 判断矩阵标度与含义

序号	重要性等级	赋值
1	i，j两元素同等重要	1
2	i元素比j元素稍微重要	3
3	i元素比j元素明显重要	5
4	i元素比j元素强烈重要	7
5	i元素比j元素极端重要	9
6	i元素比j元素稍微不重要	1/3
7	i元素比j元素明显不重要	1/5
8	i元素比j元素强烈不重要	1/7
9	i元素比j元素极端不重要	1/9

现假定上一层的元素以 A_1 作为准则，对下一层元素 B_1，B_2，…，B_n 有支配关系，我们的目的就是要将准则 A_1 的重要性赋予 B_1，B_2，…，B_n。针对准则 A_1，则 B_i 元素与 B_j 元素哪个更为重要，其重要性程度如何。对于“重要性”赋值的根据与来源，一般都是以该领域的专家学者给予评分来确定。

如果有n个元素，则可以得到两两的比较判断矩阵 $B=(B_{ij})_{n\times n}$。

其中 B_{ij} 就是表示元素i与元素j相对于目标的重要值，并根据这些元素的重要性等级来确定赋值。根据上述表述，构造的一般判断矩阵取以下形式：

A_k	B_1	B_2	—	—	—	B_n
B_1	B_{11}	B_{12}	—	—	—	B_{1n}
B_2	B_{21}	B_{22}	—	—	—	B_{2n}
⋮	⋮	⋮	⋮	⋮	⋮	⋮
B_n	B_{n1}	B_{n2}	—	—	—	B_{nn}

则可以知道矩阵B的性质如下：

（1）$B_{ij}>0$。

（2）$B_{ij}=1/B_{ji}$（$i\neq j$）。

（3）$B_{ij}=1$（i，j＝1，2，…，n）。

这类矩阵被称为正反矩阵。如果有正反矩阵B，对于任何的i、j、g都会有 $B_{ij}\times B_{jg}=B_{ik}$，这就是一致性矩阵。

3. 层次单排序与一致性检验

A 为判断矩阵，则其特征根的值为 $AW = \lambda maxW$ 的解 W_i，经过归一化处理以后，即成为同一层次所相对应因素的相对重要性的排序权重值，我们把这一过程称作层次单排序。在对判断矩阵即为层次单排序进行一致性检验的时候，第一步就是要计算出一致性指标：$CI = \frac{(\lambda_{max} - n)}{n - 1}$。

其中，CI 就是一致性指标；而判断矩阵的阶数用 n 来表示。根据表 6－11 选取相对应的 RI 的值。

表 6－11　平均随机一致性指标对照表

矩阵阶数	1	2	3	4	5	6	7	8
RI	0	0	0.52	0.89	1.12	1.26	1.36	1.41
矩阵阶数	9	10	11	12	13	14	15	16
RI	1.45	1.49	1.52	1.54	1.56	1.58	1.59	1.60

根据一致性指标值 CI 与平均随机值 RI 可以计算出随机一致性比率为：$CR = \frac{CI}{RI}$。

在上式中，随机一致性比率以 CR 表示；一致性指标为 CI；而平均随机性指标是以 RI 来表示。$CR < 0.1$ 的时候，我们就可以认定判断矩阵 A 满足一致性要求，这就表明，权重可以由向量 W 分量来表示；而如果 $CR > 0.1$，则我们可以认定判断矩阵 A 没有通过一致性检验，因而 W 分量就不能作为权重，与此同时，就应该对判断矩阵 A 进行修正，一直到满足一致性要求为止。

4. 层次总排序与一致性检验

层次总排序就是要计算出确定某一层次后所有因素对最高层相对重要性的排序权值。在综合指标体系之中，由于指标所设置承载的信息量不尽相同，因而各个指标子系统以及各项具体指标所描述的状况过程之中所起到的作用是不尽相同的，所以，对综合指标值就不是简单对各项分指标相加，而应该做一个加权求和。现我们假设上一层 A 所包含的因素为 m 个，即为 A_1，A_2，…，A_m，其层次总排序的权值就依次为 a_1，a_2，…，a_m；而在本级层次 B 中所包含的 n 个因素 B_1，B_2，…，B_n，所对应的总层次排序权重值为 b_{1j}，b_{2j}，…，b_{nj}，以此类推，得出总排序权重值。层次总排序的一致性检验就是从高层逐渐向低层进行的，从而可以得出总排序随机一致性的比率为：$CR_{总} = \frac{CI_{总}}{RI_{总}}$ 。

如果 $CR_{总} < 0.1$，则可以认定总排序的结果满足一致性要求；而如果 $CR_{总} >$

0.1，则不能认定其满足一致性要求，就需要重新调整判断矩阵直至达到一致性要求。

（二）新型工业化评价指标标准值的确定

新型工业化评价指标标准确定是否合理直接影响到新型工业化实现程度的测度结果。在对标准值进行确定时，本章在实现工业化以及全面建设小康社会战略目标的指导下，参考国际上广泛应用的指标，结合中等发达国家或地区的平均水平，围绕我国国民经济和社会中长期发展规划，并结合国内发展现状趋势以及国内外学者提出的影响较大的工业化评价标准为依据进行确定。采用 Delphi 专家咨询法和层次分析法，邀请经济学、管理学、社会学、环境学、生态学等专家学者 120 名，发放问卷 120 份，其中相关政府部门官员 20 名，相关学者 100 名。要求问卷回答者对每一个评价指标作出肯定或否定回答，还可以根据自己研究经验提出相关意见，回收问卷 102 份，得到黄冈市新型工业化评价指标的权重值，如表 6 - 12 所示。

表 6 - 12 黄冈市新型工业化评价指标权重值及标准值

目标层	准则层	指标层	标准值	指标权重
新型工业化	工业化水平	X_1——人均 GDP	60000	0.09
		X_2——工业增加值占 GDP 比重	35	0.07
		X_3——农业就业人数所占比重	15	0.05
		X_4——城市化率	80	0.07
		X_5——城乡居民人均纯收入比	2	0.05
	科技含量	X_6——专利授权数	40000	0.07
		X_7——高新技术产业增加值占 GDP 比重	30	0.14
	经济效益	X_8——成本费用利润率	12	0.07
		X_9——总资产贡献率	16	0.04
	资源环境	X_{10}——工业固体废物综合利用率	95	0.06
	信息化水平	X_{11}——互联网用户	600	0.07
		X_{12}——年末移动电话用户	4000	0.05
		X_{13}——人均邮电业务量	4000	0.07
	国际竞争力	X_{14}——对外贸易总额占 GDP 比重	30	0.11

在计算黄冈市新型工业化指数时，采用线性加权法：$K=\sum P_iW_i$。其中，P_i 为第 i 个指标的实际值/标准值进行无量纲化处理后的值，W_i 为综合权重，$\sum W_i=1$。据此，可以得出 2012 年黄冈市新型工业化发展各个方面的指数以及综合指数。

（三）新型工业化水平判断划分标准

关于新型工业化水平或阶段的划分标准，国内学者已基本达成统一观点：

（1）当综合评价指数小于0.6时，处于新型工业化的初期阶段，新型工业化达到初级水平。

（2）当综合评价指数为0.6～1时，处于新型工业化的中期阶段，新型工业化达到中级水平。

（3）当综合评价指数大于1时，处于新型工业化的后期阶段，新型工业化达到高级水平。

三、黄冈市新型工业化发展水平实证分析

根据上述所建指标体系和评价方法，对黄冈市2012年新型工业化发展水平进行评价，得出各个方面的指数及综合指数，如表6－13所示。

表6－13　2012年黄冈市新型工业化综合指数及各项指数

目标层	准则层	指标层	各项指数	综合指数
新型工业化	工业化水平	X_1——人均GDP	0.03	0.53
		X_2——工业增加值占GDP比重	0.04	
		X_3——农业就业人数所占比重	0.18	
		X_4——城市化率	0.03	
		X_5——城乡居民人均纯收入比	0.07	
	科技含量	X_6——专利授权数	0.00	
		X_7——高新技术产业增加值占GDP比重	0.00	
	经济效益	X_8——成本费用利润率	0.04	
		X_9——总资产贡献率	0.05	
	资源环境	X_{10}——工业固体废物综合利用率	0.06	
	信息化水平	X_{11}——互联网用户	0.00	
		X_{12}——年末移动电话用户	0.00	
		X_{13}——人均邮电业务量	0.01	
	国际竞争力	X_{14}——对外贸易总额占GDP比重	0.01	

根据新型工业化水平测算结果以及新型工业化进程评判标准，可以得出黄冈市2012年处于新型工业化初级阶段，所得综合指数值为0.53，小于0.6且近0.6，说明黄冈市正处于新型工业化的初期阶段，新型工业化达到初级水平，正向着新型工业化的中级水平迈进。

第七章 “大别山试验区”旅游产业竞争力分析

第一节 旅游产业的界定

一、旅游产业的定义

在经济学中，“产业”被定义为所有生产相同或相似产品的单个企业的集合。众所周知，旅游业涵盖了旅游活动的食、住、行、游、购、娱六个方面，可见，这种以产品为依据来界定产业的方法，对旅游产业这样一个综合性产业就显得不太适用。

旅游产业涉及的行业相当广泛，从其构成的角度可分为狭义旅游业、广义旅游业和大旅游业。狭义旅游业又可称为直接旅游业，包括住宿、交通和旅行社，这三个组成部分被称为旅游业的核心产业。广义旅游业又称为旅游产业、相关旅游业，其构成部分包括旅游吸引物、旅行社、宾馆饭店业、餐饮、旅游购物、娱乐、保险、金融等，通常为满足旅游者所需要的产品和服务提供有力的保障。大旅游业又可以称作间接旅游业，其组成部分包括公共服务部门、基础设施以及支持性行业，主要为旅游者以及旅游业提供水、电、医疗、环保、治安等服务，是旅游业得以快速发展的前提和保障。

从广义旅游业的角度，旅游产业便是为旅游者提供旅游活动所必需的一切有形产品和无形劳务的行业群体组成的集合。

二、旅游产业的统计口径

1983 年，世界旅游组织发表了一个报告，强调旅游产业在全球范围内的重要性，以及它与经济、社会的相互影响和依赖关系，报告建议将旅游作为一个产业直接纳入国民经济核算体系，但由于旅游产业的综合性特点而受阻。2000 年，经过多方努力，联合国统计委员会正式批准了世界旅游组织提交的《旅游附属账户：建议的方法框架》，又称旅游卫星账户，使旅游业成为第一个拥有获得联合国首肯的国际性标准来测量和计量的产业，旅游卫星账户亦成为各国所推崇的旅游统计技术，它将传统产业中生产旅游商品的各部分结合起来，进而形成一个“合成”的旅游产业，如表 7－1 所示。

表 7－1　旅游特征产品与旅游特征产业清单

旅游特征产品清单（TSA/TCP）			旅游特征产业清单（TSA/TCA）	
产品描述			产业描述	
1		住宿服务	1	旅馆和类似设施
	1.1	旅馆和其他住宿服务	2	第二处宅邸所有权（虚拟）
	1.2	自用或免费的第二处宅邸服务	3	餐馆和类似设施
2		食品和饮料供应服务	4	铁路客运服务
3		客运服务	5	公路客运服务
	3.1	城市间铁路供应服务	6	水路客运服务
	3.2	公路运输服务	7	航空客运服务
	3.3	水路运输服务	8	客运支持性服务
	3.4	空运服务	9	客运设备出租
	3.5	支持性客运服务	10	旅行社和类似机构
	3.6	旅客运输设备出租	11	文化服务
	3.7	客运设备的保养和修理服务	12	体育和其他娱乐服务
4		旅行社、旅游经营商的导游服务		
	4.1	旅行社服务		
	4.2	旅游经营商服务		
	4.3	旅游信息和导游服务		
5		文化服务		
	5.1	表演艺术		
	5.2	博物馆和其他文化服务		
6		娱乐和其他文娱活动		
	6.1	体育及娱乐性体育服务		
	6.2	其他消遣和娱乐服务		
7		其他旅游服务		
	7.1	金融和保险服务		
	7.2	其他货物出租服务		

资料来源：《旅游卫星账户：推荐方法和框架》，2000 年。

第二节 “大别山试验区”发展旅游产业的意义

旅游业具有其他产业无可比拟的经济、社会文化和环境效应，其强大的乘数效应能有效地带动区域经济的发展、调整产业结构，旅游业的发展能促进当地文化的保护与传承，生态环境的改善和协调，这对于有着脆弱生态环境条件、“两型”——资源节约型和环境友好型特点的“大别山试验区”而言，是其实现跨越式发展的必由之路。

一、政治意义

大别山作为中国革命三大策源地之一，曾走出几百位将军和无数革命先烈，是英雄之山；邓小平率军千里跃进大别山，掀开解放战争大反攻序幕，从这里走向辉煌，世人瞩目大别山。把“大别山试验区”建成旅游胜地，是对老区人民的报答，也是对无数革命先烈的安慰，同时也是弘扬老区精神的重大举措。特别是通过当地的红色旅游开发，使其成为爱国主义教育基地，有利于增强广大党员的党性观念，切实提高党组织的吸引力和凝聚力，使广大党员牢牢坚持党的宗旨，发扬优良传统，脚踏实地，真正做到执政为民，扎扎实实地为人民群众谋利益。

二、经济意义

由于历史原因和客观条件的限制，作为革命老区的“大别山试验区”，其经济发展水平较低；同时作为全国14个连片贫困区之一，“大别山试验区”集中了黄冈、孝感等8个重点贫困县（市），经济社会发展动力不足。特别是大多数资源禀赋较高的景区都处于贫困地区、欠发达地区，人民群众的生活还比较艰苦。培育和发展旅游业成为老区新的经济增长点和引擎产业，可以加快该区域的基础设施建设，能极大地推动地方经济的发展，合理调整当地产业结构，通过其乘数效应扩大就业，实现旅游扶贫。

三、社会意义

通过发展旅游产业，带动“大别山试验区”知名度的提升，进一步改善其城市基础设施、投资环境和居住环境，形成旺盛的人气，带动旺盛的财气，进而通过旅游产业链带动试验区城建、交通、通信、文化、服务等社会事业的全面进步。

四、对湖北省旅游业的意义

“大别山试验区”旅游业的发展可以改变湖北省旅游发展“一头沉的”不合理布局，与鄂西、武汉一起形成“双凤朝阳”的湖北省旅游总体格局，进而成为湖北省旅游三大板块之一。同时大别山地处吴头楚尾，位于华东、华中、华北、华南四大旅游市场结合部，战略地位十分重要，旅游业的崛起，可以使其成为“大武汉旅游圈”的重要支撑。

第三节　基于“钻石模型”的大别山试验区旅游产业现状分析

一、生产要素竞争力分析

依据波特的“钻石模型”，旅游产业的要素禀赋主要包括资源禀赋、资金要素和劳动力要素，本章节将从“大别山试验区”拓展后的18个县市进行分析。

（一）旅游资源

旅游资源是构成旅游产业实力的基础，是旅游业赖以生存和发展的前提条件。“大别山试验区”旅游资源富集，以“千里跃进、将军故里”为主题的红色旅游，以“青山绿水、四季分明”为特征的绿色旅游、以“厚重历史、多元文化”为特征的古色文化交相辉映，本章将从如下三个方面来解读其旅游资源禀赋特点。

1. 红色旅游资源禀赋

大别山地区是我国重要的红色革命圣地，有着丰富的红色革命资源。无论是土地革命战争时期的黄麻起义，还是抗日战争时期李先念领导的新四军五师转战大江南北，或者解放战争时期刘邓大军挺进大别山，大别山为中国革命和胜利做出了重要贡献，在中国革命历史中有着不可磨灭的影响和地位。其资源特色主要体现为数目庞大的红色旅游资源（见表9－8）、响亮的红色旅游品牌和传唱不息的红色歌谣，详见第九章第四节。

2. 生态旅游资源禀赋

大别山属北亚热带温暖湿润季风气候区，具有典型的山地气候特征，气候温和，雨量充沛，优越的山地气候和森林小气候，造就了大别山丰富的山地地形景观、水文景观和植被景观。自然景观以中山山岳地貌、森林景观为特征。以森林为主的植被景观在境内呈连续的片状分布，其中，森林植被主要分布在试验区范围内罗田大别山国家森林公园、英山吴家山森林公园、英山桃花冲森林公园、罗田天堂

寨国家森林公园。河流景观的分布也很密集，主要分布在吴家山的龙潭河谷、樱桃沟和桃花冲的茅坪河谷、麒麟河谷及天堂湖景区的天堂河。山地景观在各地都有分布，但以天堂寨、吴家山、薄刀峰、桃花冲景区、青苔关和安徽的白马寨山地景观最具特色，观赏价值最高，成为六个主要风景区。优美的自然风光与丰富的人文景观相结合，形成独具特色的旅游资源基础，且气候适宜，冬暖夏凉，宜游宜居，使大别山生态旅游区开发更具潜力，是适合开展避暑度假、旅游观光以及会议旅游、科教、休养、健身、探险等活动的综合旅游区，具体如表7－2所示。

表7－2 “大别山试验区”主要生态景区（点）

县市区	主要景区（点）
黄州区	滨江森林公园、十里长堤、白潭湖
团风县	大崎山森林公园
红安县	天台山风景区
麻城县	龟峰山风景区、九龙山国家地质公园、千岛湖生态旅游区、五脑山国家森林公园、黑潭池、桃花林、白鸭山、龙湖钓台
罗田县	天堂寨风景区、薄刀峰风景区、天堂湖风景区、九资河风景区、青苔关风景区
英山县	后花园峡谷漂流风景区、毕昇故里风景区、桃花冲风景区、吴家山风景区
浠水县	三角山国家森林公园、白莲河水库、浠水县华桂山、浠水县策湖、浠水县龙凤山
蕲春县	三江风景区、鄂人谷生态旅游度假村、太平森林公园、横岗山风景区、仙人台风景区
武穴市	仙姑山风景区、武山湖度假村、灵泉洞、双善洞、龚隆洞、太平山
黄梅县	东观山、望江山景区、南北山景区
大悟县	金鼓山、仙姑洞、龙潭洞、娘娘顶、泉水寨森林公园
孝昌县	观音湖旅游度假村、观塘湖公园、楚天鹿园
安陆市	白兆山旅游风景区、钱冲古银杏生态旅游区、桃花涯
广水市	三潭风景区、封江风景区、中华山风景区、黑龙潭风景区
黄陂区	木兰山景区、木兰草原、木兰天池、木兰湖、清凉寨、云雾山郊野公园
新洲区	道观河风景旅游区

资料来源：刘汉成，程水源：《大别山旅游合作发展战略研究》，中国经济出版社2012年版。

3. 古色旅游资源禀赋

大别山区古色斑驳、名人辈出，古有毕昇、李时珍、程颢、程颐闻名世界；现代则有李四光、闻一多、王亚南、熊十力、胡风等举世闻名的科学家、文学家、经济学家和哲学家，形成了闻名遐迩的将军县（红安）、教授县（薪春）、作家县（英山）；这里也是历代迁客骚人流连之所，苏轼在黄州写下了《赤壁赋》和《念奴娇·赤壁怀古》，徐寿辉反元曾在此建“天完国”，李贽客居麻城讲学著书，太平军转战鄂东等；黄冈还是黄梅戏的发源地、佛教禅宗发祥地、京剧鼻祖余三胜的故乡；公元727年，风华正茂的诗仙李白云游天下，来到人文荟萃之地安陆，并被已故宰相许圉师家招为女婿，由此开始了酒隐安陆、蹉跎十年的生活，还在安陆生下女儿平阳和儿子伯禽，安陆是他名副其实的第二故乡。灿烂的人文资源使得“大别山试验区”以“东坡文化、佛教文化、历史名人文化”的古色文化特色名扬海内外，具体如表7－3所示。

表7－3 “大别山试验区”主要历史文化景点（区）

县市区	主要景点（区）
黄州区	东坡赤壁、安国寺、李四光纪念馆
团风县	林家大湾
红安县	双城塔、吴氏祠、天台寺
麻城市	柏子塔、麻城乘马会馆、龙潭寺、教育台遗址、麻城杏花村、能仁寺
罗田县	孔庙、东坡井、塔山古寺、李家楼东周遗址、蛇形地商周遗址、明代医圣万密斋坟墓
英山县	毕昇森林公园、浠水文庙、斗方山、清泉古寺、浠川八景、天然寺
浠水县	三角山国家森林公园、白莲河水库、浠水县华桂山、浠水县策湖、浠水县龙凤山
蕲春县	达城毛家咀遗址、蕲阳八景、昭化寺、金陵书院、玄妙寺、蕲州古城、李时珍陵园
武穴市	西来古寺、大藏寺、林隐寺、象山寺、郑公塔、鲍照读书台、龙湫寺
黄梅县	王仙芝墓、五祖寺、四祖寺、老祖寺、乱石塔、于干侯进士墓、黄梅桃花
大悟县	九里关、大胜关、墨斗关、吕王城、双桥古镇、八字沟、黎元洪故居
孝昌县	殷家墩遗址、草店芳城遗址、小河明清一条街、关山禅寺、太平古寨、白云寨
安陆市	太平寨、金泉禅寺、夏家寨遗址
广水市	炎帝神农故里、王子殿古遗址
黄陂区	盘龙城遗址、木兰故里、大余湾
新洲区	问津书院、报恩禅寺、紫霞寺、庆福寺、吉灵寺、徐源泉公馆

资料来源：刘汉成，程水源：《大别山旅游合作发展战略研究》，中国经济出版社2012年版。

可见，作为基本生产要素，“大别山试验区”独特的、丰富的旅游资源，在国内各省（市）占有一定的优势，为其旅游产业竞争力提升奠定了物质基础。但是，波特认为，“基本要素通过不断升级优化才能获得持续的竞争优势，当一国（或区域）的某一资源丰富廉价时企业会依赖这些优势，并导致欠缺效率”。因而，我们可以看到，“大别山试验区”在丰富的旅游资源背后，也存在许多障碍：旅游资源地域分布不平衡，不利于旅游资源的统一规划与进一步开发；缺乏原始的自然环境和未经开发的神秘地带，后备资源缺乏；高级别的旅游景区尤其是5A级旅游景区数量相对较少（见表7－4、图7－1），旅游景区接待能力稍显

落后；一般观光性产品多，且处于门票经济的低端阶段，休闲度假等高端产品少，这些问题在一定程度上制约了“大别山试验区”内旅游业的发展水平。

表7-4 2013年湖北省A级景区（点）统计表

地区	合计（个）	5A	4A	3A	2A	1A
武汉市	26	2	16	6	2	0
宜昌市	31	3	12	16	0	0
襄樊市	26	0	3	12	7	4
十堰市	58	1	14	31	12	0
荆州市	13	0	4	7	2	0
荆门市	14	0	5	4	5	0
孝感市	16	0	5	6	5	0
黄冈市	31	0	10	16	5	0
咸宁市	25	0	11	10	4	0
黄石市	9	0	3	4	2	0
鄂州市	5	0	2	1	2	0
随州市	7	0	3	1	3	0
恩施州	25	1	10	8	6	0
天门市	0	0	0	0	0	0
潜江市	0	0	0	0	0	0
仙桃市	1	0	0	0	1	0
神农架林区	6	1	3	2	0	0
合计	293	8	101	124	56	4

资料来源：湖北省旅游网。

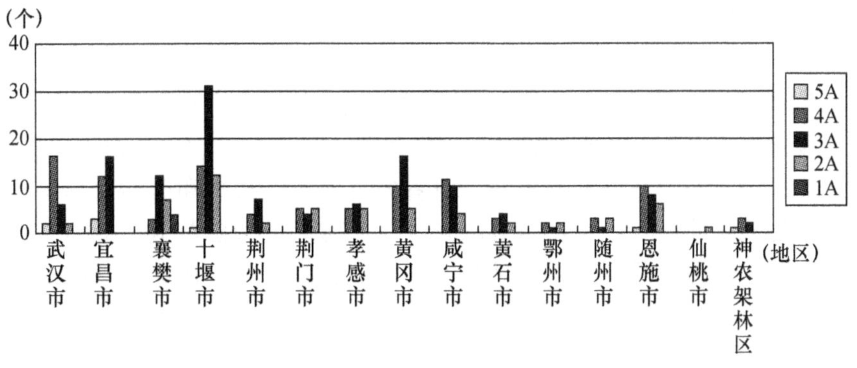

图7-1 2013年湖北省A级以上景区（点）分布

（二）资金投入

建立试验区以来，湖北省委、省政府不断加大旅游资金投入，按照“三年明显变化、五年大变化、十年跨越式大发展”的要求，加快“大别山试验区”完善旅游基础设施和公共服务设施，着力打造在全省具有影响力和竞争力的核心旅游品牌。其中国家和湖北省先后安排2多亿元红色旅游和旅游专项资金用于黄冈市重点景区和项目的开发建设。市、县、镇三级通过多方面融资，累计投入15多亿元用于重点景区和旅游基础设施建设。2012年，黄冈市还先后引进了深圳盛世传媒公司、北京信中利、湖北省华夏龙景公司、武汉丰太公司、湖北省铁路公司等一批战略投资者，投资60多亿元参与红安将军文化军事乐园、蕲春李时珍健康文化旅游区、黄梅禅宗文化旅游区、罗田薄刀峰景区、三里畈温泉、英山温泉开发等重大旅游项目建设。黄冈市把旅游业作为国民经济的战略性支柱产业来抓，加大财政性资金对旅游发展的支持力度，全市旅游发展专项资金按旅游总收入的增长速度逐年递增，并主要用于旅游整体形象宣传、重点（高端）旅游项目和大型活动的启动、入境旅游市场开发和配套设施建设等方面，进一步强化了政府扶持资金在市场开拓、资源开发等方面的导向作用，也提升了旅游产业的综合竞争力。

“十一五”期间，孝昌县共投入旅游开发资金3.6亿元，主要用于基础设施建设和景区（点）开发，其中，投入资金4000余万元，扩建了观音湖电力度假村和全洲山庄；引资过亿元，建成了各类“农家乐”、休闲山庄321家；投资1.2亿元，用于交通、电力、通信等基础设施建设；投资1.5亿元，扩建改善了西山天园、楚天鹿园、绿丰园、观音湖茶果基地等生态农业旅游园区带。同时，积极加大招商引资力度，先后成功引进观音湖文体公园、博士湾旅游度假区，井边湾旅游度假村等旅游大项目，其中观音湖文体公园总投资10亿元，一期工程观音阁项目已于2009年9月动工，基本完成了施工通道、渡口台、码头景点等建设；二期工程完成基础统计工作，正在规划设计阶段；博士湾旅游度假区总投资3亿元，目前已完成了征地勘测等前期工作，正在规划编制过程中；井边湾旅游度假村总投资3000万元，目前已完成了垂钓中心、水上漂流等基础工程。

（三）人力资源

波特认为，高级要素是获取一国（或区域）持久竞争优势的根本动力，旅游经济发展的途径除了新资本的投入、旅游目的地景区景点等方面的开发与建设因素外，关键的一点是要不断提高从业者的平均技术水平和劳动效率等综合素质。经过近几年的发展，“大别山试验区”旅游人力资源数量迅速增长。截至2011年，“大别山试验区”核心区域黄冈市一线旅游（景区、旅行社）从业人员约7000人，涉及旅游六要素的从业人员约有5万人以上，持证导游人数达到301人，景区讲解员（持证导游除外）150人。与此同时，旅游教育事业也蓬勃发展，截至2013年底，黄冈市设有旅游专业的大专院校3所，中专1所，职业

高中5所，黄冈师范学院和大别山旅游投资有限公司、黄冈市旅游局签订了旅游实训基地和旅游合作协议，为黄冈市旅游业的发展提供了相对充足的人才储备。

但是总体而言，大别山旅游从业人员的整体素质偏低，外语类导游奇缺，更缺少具有国际视野和富有创新意识的高层次旅游专门人才，在一定程度上影响和制约了“大别山试验区”旅游业的发展和提升。

二、需求条件分析

收入情况、客源市场规模和结构是旅游产业发展的关键，也是旅游产业竞争力提高的命脉。通过分析“大别山试验区”核心区域黄冈市旅游客源的构成，可以在一定程度上发现其旅游产业发展的优势和劣势，为今后客源市场结构的优化和潜力的发挥找到切入点。

（一）旅游收入分析

据湖北省旅游局统计数据，“十一五”期间，黄冈市累计接待入境旅游者超过5.4万人次，年增长25%，旅游外汇收入1038万美元，年增长20%，国内旅游收入133亿元，年均增长17%，旅游业已成为黄冈市发展较快的特色产业和重要的经济增长点。并直接带动第三产业的发展和产业结构的调整升级，为社会提供了大量的就业机会，如表7－5和表7－6所示。2013年黄冈市共接待游客1500万人次，实现旅游收入78.25亿元，增长21%。

表7－5 2005～2012年湖北省分地区接待国内旅游者人数

单位：万人次

地区	2005年	2006年	2007年	2008年	2009年	2010年	2011年	2012年
全省总计	7630	8459.78	10134.53	11678.28	15065.2	20946.48	27154.87	34230.26
武汉市	2901	3283.05	3889.07	4612.79	6359.99	8852.34	11636.12	14067.70
黄石市	140	198.22	312.47	426.84	517.6	788.69	981.29	—
十堰市	595	666.70	737.53	921.45	1123.71	1466.16	1850.87	2333.33
宜昌市	862	901.81	1000.05	970.00	1197.22	1519	1905.43	2639.34
襄阳市	626	690.22	750.10	820.05	993.51	1397.48	1804.55	2353.7
鄂州市	115	125.99	140.26	161.98	212.43	284.54	376.66	477
荆门市	380	437.76	507.71	543.30	662.14	864.03	1100.63	1501.82
孝感市	310	312.14	429.13	508.07	643.46	822.86	995.18	1182.59
荆州市	387	434.05	512.56	564.02	649.78	916.24	1205.34	1570.46
黄冈市	300	323.91	465.42	515.05	667.81	819.78	1015.32	1362
咸宁市	332	334.04	430.25	560.09	715.74	1155.95	1500.98	2102.75
随州市	322	323.94	334.15	398.57	481.69	597.19	850.82	1202.87
恩施州	200	225.73	429.55	450.10	505.53	1014.24	1400.48	2198.58
神农架区	51	87.07	89.67	118.09	166.42	252.15	297.03	407.99

资料来源：湖北省及各地区经济和社会发展统计公报。

我们整理得到2005~2012年黄冈市接待国内游客旅游收入走势图（见图7-2），我们发现，2005~2008年，黄冈市国内旅游收入增长缓慢，2009~2012年黄冈市旅游出现了大幅快速增长，发展前景看好。

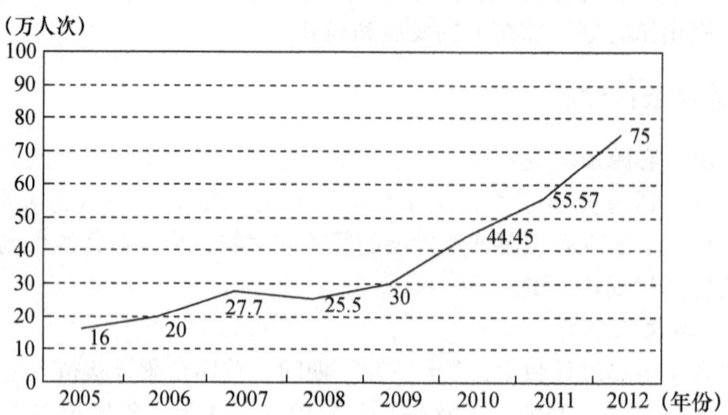

图7-2 黄冈市接待国内游客旅游收入走势

同时，我们也会看到，在武汉城市圈范围内，目前黄冈市国内旅游收入处在中等水平（见表7-6）。

表7-6 2011年武汉城市圈旅游收入比重

地区	旅游总人数（万人次）	增减（%）	占全省比重（%）	旅游总收入（亿元）	增减（%）	占全省比重（%）
总计	16863.44	29.52	61.62	1336.35	36.60	67.06
武汉市	11752.03	31.58	42.94	1054.10	39.85	52.89
咸宁市	1502.29	29.83	5.49	77.52	30.48	3.89
黄冈市	1016.62	23.83	3.72	55.57	24.43	2.79
孝感市	997.24	20.94	3.64	57.77	18.24	2.90
黄石市	982.90	24.45	3.59	51.20	26.05	2.57
鄂州市	377.18	32.33	1.38	24.73	37.16	1.24
仙桃市	134.37	26.68	0.49	8.71	18.99	0.44
天门市	53.90	10.16	0.20	3.66	18.45	0.18
潜江市	46.91	12.47	0.17	3.09	18.85	0.16

资料来源：《湖北省旅游统计年鉴》（2011）。

（二）客源结构分析

通常，按空间分布一般可将某旅游地的旅游客源市场分为境外客源市场和国内客源市场两大部分，美国著名旅游市场学家埃塞尔等，按旅游者流向将旅游市场分为一级市场（即游客数占目的地接待总人数比例最大，一般达40%～60%的客源市场），二级市场（即游客人数在目的地接待总人数中占相当比例的客源市场）以及目前来人尚少的机会市场（也叫边缘市场）。了解“大别山试验区”范围内的旅游客源结构，可以针对目标市场制定切实可行的旅游产品经营组合，并集中人力、物力、财力等，选择最佳的宣传促销渠道，有针对性、有秩序地开拓自己的客源市场，以提高旅游客源市场占有率和旅游经济效益。由于受数据收集的局限性，下面以“大别山试验区”的核心城市黄冈市为例进行分析。

从表7－7和表7－8可以看出，黄冈市的入境旅游与国内旅游市场最近几年在不断扩展，但旅游客源市场总体空间结构不合理，客源市场在空间上分布不均衡，国内游客占总游客的比重在98%以上，而入境游客不足2%。以2011年为例，黄冈市接待的游客总数为1016.62万人次，而其接待的国内的游客人数为1015.32万人次，接待的入境游客人数为1.30万人次，游客绝大部分集中在国内。同时在接待的入境游客中，中国香港、中国澳门、中国台湾地区为8171人次，外国人为4838人次，中国港澳台地区游客数量是外国游客数量的两倍。综上可以得出，黄冈市旅游客源市场空间地域结构具有以下特点：①旅游客源市场主要分布在国内地区，境外旅游客源市场分布小。②境外旅游客源市场主要分布在中国港澳台地区，国外旅游客源市场较少。

表7－7 2011年黄冈市入境旅游主要指标

	项目	人次数	增减（%）	人天数	增减（%）	外汇收入（万美元）	增减（%）
黄冈市	总计	13009	10.75	17220	5.81	334.35	8.00
	外国人	4838	13.17	5403	－89.20	105.96	6.97
	中国香港地区	3105	7.51	4424	1.51	84.43	4.07
	中国澳门地区	2208	12.14	3310	8.95	61.32	10.17
	中国台湾地区	2858	9.33	4083	5.42	82.63	12.06

资料来源：根据黄冈市政府、统计局各年公布的年度统计公报整理汇总。

而从省内客源市场来看，作为省会城市的武汉是整个湖北省的经济中心，GDP占了整个湖北省的1/3，经济的发达为武汉居民外出旅游提供了雄厚的物质基础。据有关数据显示，2012年武汉市居民外出旅游的普及率就到达了62%左

表7-8　2006~2012年黄冈市旅游人数及收入统计表

年份	国内旅游人数（万人次）	增长率（%）	国内旅游收入（亿元）	增长率（%）	入境旅游人数（万人次）	增长率（%）	国际外汇收入（万美元）	增长率（%）
2012	1362	34.1	75	35.50	—	—	—	—
2011	1015.32	23.83	55.35	24.43	1.30	10.75	—	—
2010	819.78	22.76	44.45	29.40	1.16	-22.60	—	—
2009	667.81	15.00	34.35	20.00	1.50	12.00	230.00	11.00
2008	585.00	15.80	25.50	15.90	1.20	7	200.00	10.00
2007	465.42	1.20	27.70	38.50	0.87	—	224.59	61.58
2006	460.00	31.43	20.00	11.11	—	—	139.00	58.00

资料来源：根据黄冈市政府、统计局各年公布的年度统计公报整理汇总。

右，加之整个武汉地区的人口数量庞大，据第六次全国人口普查的资料显示，武汉市的人口达到了9785392人。另外，武汉地区和黄冈市的距离很近，许多地区都交接，从武汉市区到黄冈市区的直线距离只有100多公里，坐车只有一个小时，特别是随着武汉城市圈的确立，使得黄冈和武汉的联系更加密切，人员往来和各种交流更加频繁。这些都使得武汉地区在黄冈客源市场中占据了首要位置。同时，和黄冈隔江相对的鄂州、黄石等地由于与黄冈市的地理空间距离很近，人文社会环境相近，交往联系密切，经济发展水平也比较高，所以这些地区也是黄冈的主要旅游客源市场。而靠黄冈西部的仙桃、潜江、随州、十堰、宜昌等地与黄冈的地理空间距离相对较远，往来成本相对较高，所以这些地区来黄冈旅游的人相对较少，是黄冈的二级旅游客源市场。

（三）停留天数、人均花费分析

游客在当地的停留天数和人均花费，直接决定着目的地旅游收入的大小。2011年，黄冈国内旅游人均停留1.07天/人，入境旅游人均停留1.32天/人，均低于全省平均水平2.31天/人和2.15天/人，国内旅游人均停留时间超过入境旅游停留时间。通过仔细分析，发现黄冈市旅游人均停留时间有趋减倾向，增减幅度都明显高于全省其他地区和全省平均水平，这要引起相关部门的重视和关注。国内旅游人均花费545.11元/人，入境旅游人均花费257.19美元/人。均低于全省平均水平711.40元/人和440.32美元/人。可见，黄冈市旅游发展要在提高人均停留时间上下功夫，提高旅客过夜率和人均花费（见表7-9）。

表 7－9 2011 年各市州人均停留时间、人均花费

城市	人均停留时间				人均花费			
	国内旅游		入境旅游		国内旅游		入境旅游	
	(天/人)	增减(天)	(天/人)	增减(天)	(元/人)	增减(元)	(美元/人)	增减(美元)
全省	2.31	0.38	2.15	0.09	711.40	38.50	440.32	27.00
武汉市	3.85	1.35	2.58	0.04	872.06	57.13	552.65	39.90
黄石市	2.26	0.26	1.61	0.15	518.41	6.62	314.96	28.41
十堰市	2.24	0.19	1.69	0.10	629.09	35.33	331.39	29.59
宜昌市	2.91	0.99	1.09	-0.07	720.87	60.32	242.71	7.87
襄阳市	1.66	-0.53	3.15	0.05	643.12	28.40	566.09	-25.33
鄂州市	1.11	-0.75	1.54	0.43	653.85	22.62	301.31	85.25
荆门市	1.49	-0.46	1.36	-0.03	479.21	14.31	269.84	-1.80
孝感市	1.84	-0.09	2.88	0.21	572.87	-13.65	563.80	38.07
荆州市	1.84	-0.14	1.54	0.07	579.12	14.30	291.00	55.35
黄冈市	1.07	-0.55	1.32	-0.07	545.11	2.86	257.19	-6.38
咸宁市	1.93	0.10	1.93	-0.37	514.05	3.24	424.87	-39.17
恩施州	2.46	0.44	1.74	0.17	514.46	41.27	386.77	66.33
随州市	1.86	0.28	2.37	-0.01	611.37	-32.44	436.45	-10.15
仙桃市	1.17	-0.98	3.76	-0.61	627.66	-32.71	731.45	-117.34
潜江市	1.77	-0.20	1.86	-0.36	652.27	35.59	357.43	-77.07
天门市	1.86	-0.07	1.80	0.11	672.41	46.58	346.85	24.97
神农架	2.05	0.19	1.49	0.12	691.32	145.97	320.47	56.37

资料来源：湖北省 2011 年旅游统计便笺。

三、相关和支持性产业竞争力分析

旅游业是一个产业集群高度关联的产业，受到旅行社、饭店业、交通运输业等产业的直接和间接影响。旅游业的发展离不开这些行业的支持，同时旅游业也带动了这些行业的发展。

（一）旅行社

旅行社是衡量一个区域旅游产业发展水平的重要标志之一，在整个旅游产业链中处于龙头地位，是旅游供给者和旅游消费者之间的联系纽带。改革开放 30 多年来，“大别山试验区” 的旅行社业发展迅速，以黄冈市为例，截至 2013 年底，共有旅行社（含门市部）128 家，如表 7－10 所示。但是，黄冈市旅行社在

数量扩张的同时，也存在着劣势：一是缺乏国际旅行社，黄冈市旅行社大多承担地接业务，这在很大程度上限制了黄冈出入境旅游的发展。二是“小、散、弱”的问题突出，缺乏整体竞争力。旅行社规模较小，层次低，接待能力弱。因而，旅行社综合实力的提高是黄冈市旅游产业竞争力提升的关键。

表7－10 “大别山试验区”旅行社一览表

县市	旅行社名称	个数
黄州区	黄冈市东坡旅行社、黄冈市亚太旅行社、黄冈市九州旅行社、黄冈市青年旅行社、黄冈市东方旅行社、黄冈市原野旅行社、黄冈市海华旅行社、黄冈市安泰旅行社、黄冈市神州旅行社、黄冈市环宇旅行社、黄冈市星之旅旅行社等	32
团风县	湖北省鸿运道旅行社、团风县三江旅行社有限责任公司	2
红安县	天龙假日旅行社、湖北省天台山旅行社、红安映山红旅行社、红安千百度旅行社、红安青年旅行社	5
麻城市	麻城阳光旅行社、麻城天河旅行社、麻城通达旅行社、麻城康辉旅行社、麻城万国旅行社、麻城华侨旅行社、麻城映山红旅行社、麻城龟峰旅行社、麻城艳阳天旅行社	9
罗田县	罗田大别山旅行社、罗田薄刀峰旅行社、罗田深山旅行社、罗田阳光旅行社、罗田金凤凰旅行社、罗田迎客松旅行社、湖北省天堂红旅行社、罗田红叶旅行社	8
英山县	英山毕昇旅行社、英山温泉旅行社、湖北省喜洋洋旅行社、湖北省神州旅行社、湖北省中景旅行社	5
浠水县	湖北翔宇旅行社、浠水旭日旅行社、湖北新启程旅行社、湖北美程旅行社	4
蕲春县	蕲春龙之行旅行社、蕲春华海旅行社、蕲春环球旅行社、蕲春五洲旅行社、湖北红太阳旅行社、蕲春釜海旅行社、蕲春普天旅行社	7
武穴市	武穴广济旅行社、武穴金世纪旅行社、武穴龙潭旅行社、武穴新天地旅行社、金色大明旅行社、武穴玉湖旅行社	6
黄梅县	黄梅风光旅行社、黄梅楚龙旅行社、明珠恒通旅行社、黄梅虹桥旅行社、古雷池生态旅行社、黄梅中天旅行社	6
大悟县	大悟恒顺旅行社、大悟金帅旅行社	2
孝昌县	孝昌朝阳旅行社、孝昌天仙旅行社	2
安陆市	安陆华洋旅行社、安陆市天仙旅行社、安陆梦之旅旅行社	3
广水市	广水青年旅行社、广水何家乐旅行社、广水新天地旅行社、广水印象旅行社	4

续表

县市	旅行社名称	个数
黄陂区	木兰阳光旅行社、彩虹桥旅行社（设立社）、中国青年旅行社黄陂门市部、木兰风旅行社（设立社）、湖北昌大旅行社黄陂门市部、湖北海旅百事通黄陂门市部、千里行旅行社（设立社）等	15
新洲区	康辉国际旅行社、易游天下国际旅行社、九州国际旅行社、幸运乐游国际旅行社、东航国际旅行社等	18

资料来源：刘汉城，程水源：《大别山旅游合作发展战略研究》，中国经济出版社2012年版。

（二）酒店

星级酒店的数量是一个区域经济发展和旅游产业发展的重要标志。2009年，黄冈市的星级宾馆和饭店只有34家，其中四星级宾馆只有1家，三星级宾馆19家，二星级宾馆31家，一星级宾馆2家，到2013年发展到41家（详见表7－11、表7－12）；大悟县仅有星级酒店2家，其中三星级酒店泉水山庄有床位150个，二星级酒店胜鑫宾馆有床位22个（见表7－13）；孝昌县建成星级饭店3家，建成农家乐、休闲山庄321家。可见“大别山试验区”内规模较大的星级酒店数量少，中小规模星级酒店是旅游饭店业的主要接待力量，这在一定程度上影响了游客的接待能力，制约了旅游产业竞争力的提升。

表7－11 2013年黄冈市星级宾馆数量

酒店等级	数量
一星级	2
二星级	31
三星级	18
四星级	6
五星级	2
三星级休闲农庄	1
合计	54

资料来源：根据湖北省旅游网提供数据和调查数据整理。

表7－12 2009年黄冈市星级酒店（饭店）情况

等级	名称	地区	客房数	床位数
一	英山云峰山庄	英山县	30	50
一	英山桃花山庄	英山县	67	131

续表

等级	名称	地区	客房数	床位数
二	武穴舒城大酒店	武穴市	38	76
二	团风交通宾馆	团风县	25	41
二	英山县楚东宾馆	英山县	66	120
二	英山县紫阳山庄	英山县	30	50
二	英山县大别山主峰宾馆	英山县	33	60
二	英山县龙门度假村	英山县	60	110
二	罗田薄刀峰龙泉山庄	罗田县	53	106
二	罗田县金鹰山庄	罗田县	39	86
二	蕲春国农商务大酒店	蕲春县	61	119
二	蕲春县八一大酒店	蕲春县	75	120
二	蕲春县新红楼宾馆	蕲春县	96	180
二	红安县天台山万松苑	红安县	27	60
二	红安县红烟宾馆	红安县	60	115
二	黄冈市新世界商务酒店	黄州区	37	73
二	黄冈市凯顺花园大酒店	黄州区	60	120
三	黄冈市菱湖宾馆	黄州区	76	152
三	武穴市龙潭宾馆	武穴市	94	202
三	武穴市南洋花园酒店	武穴市	133	260
三	黄梅县皇家大酒店	黄梅县	88	145
三	蕲春宾馆	蕲春县	89	180
三	麻城市金源大酒店	麻城市	95	201
三	红安县金沙大酒店	红安县	86	160
三	罗田县天源大酒店	罗田县	81	160
三	红安富家寨山庄	红安县	74	96
三	黄梅九六八大酒店	黄梅县	72	121
三	英山宾馆	英山县	118	224
三	龙腾大酒店	团风县	30	54
三	红安县天台万松苑酒店	红安县	27	60
四	东源大酒店	黄州区	98	188
四	艳阳天新荆楚酒店	黄州区	—	—
四	黄冈宾馆	黄州区	—	—
四	黄梅世纪金源	黄梅县	—	—
四	麻城聚豪大酒店	麻城市	—	—
五	黄冈市纽宾凯瓦尔顿酒店	黄州区	—	—
五	红安玺丽国际大酒店	红安县	—	—

资料来源：根据湖北省旅游网提供数据和调查数据整理。

表 7-13 2009 年大悟县星级酒店（饭店）情况

序号	单位名称	星级	总床位
1	泉水山庄	三星	150
2	胜鑫宾馆	二星	22
3	盛源商务酒店	—	83
4	大悟财校	—	24
5	福禄居	—	50~60
6	教育宾馆	—	40
7	龙鑫宾馆	—	24
8	白云边酒店	—	40
9	迎春宾馆	—	29
10	开发办旅社	—	12
11	恒源宾馆	—	24
12	八一宾馆	—	38
13	金达莱宾馆	—	16
14	金城大酒店	—	45
15	一桥宾馆	—	10
16	今世缘	—	—
17	鸿运宾馆	—	25
18	地税宾馆	—	40
19	金滕子宾馆	—	30
20	东方宾馆	—	42
21	紫金园	—	—
22	东方明珠	—	26
23	红土地	—	—
24	中客宾馆	—	40~50
25	运泰宾馆	—	60
26	新华宾馆	—	20
27	二桥宾馆	—	18
28	红府	—	—
29	龙潭湖休闲山庄	—	23
30	玉皇岛	—	61

资料来源：大悟县人民政府网，http：//www. hbdawu. gov. cn/wsbs/bjsswsb/z/10254. html.

（三）交通运输

交通是旅游发展的命脉，是制约旅游产业发展的“瓶颈”。多年来，大别山区域由于景区交通条件较差，公路弯急坡陡，路面颠簸，严重影响了旅游资源的整合，制约了革命老区旅游业和经济社会发展。2011 年，建成通车的大别山红色旅游公路（又称“红旅路”）全长约 460 公里，从红安土库出发，横贯红安、麻城、罗田、英山、浠水、蕲春、黄梅 7 个县市，最终抵达“鄂东门户”黄梅。“红旅路”横贯大别山红色遗迹、绿色生态、禅宗文化三大旅游片区，一路串起七里坪长胜街、乘马会馆、天堂寨等 38 个景区（点）以及 22 个乡镇，惠及 230 万群众。

2013 年黄冈市国民经济和社会发展情况统计公报显示，交通运输邮电业增加值 28.82 亿元，增长 8.0%。公路总里程 2.59 万公里，桥梁 3965 座。行政村通客车率 98%。行政村通畅率 100%，行政村通客车率 95%。客运量 9096 万人，旅客周转量 65.62 亿人公里。2014 年 6 月开通的武冈城际铁路，运行时间 33 分钟，真正实现了黄冈到武汉的半小时经济圈。此后的黄冈长江大桥、黄鄂高速公路、大别山旅游公路、黄州火车站扩建改造、麻竹高速、九江长江二桥北岸接线等重点项目动工兴建，交通运输业的快速发展为黄冈市旅游业的发展奠定了基础。

未来几年，大别山区内交通将按照“一轴两区两港多通道”进行布局，即完善一轴，连通两区，建设两港，打通多通道。完善一轴，即打通黄冈大别山红色旅游公路与孝感大悟红色旅游公路的断头路与安徽六安的循环路，将片区内红色旅游公路顺畅连接循环。启动黄冈大别山红色旅游公路支线建设，完善主线安保配套设施及地质灾害整治工程，建设改造游客集散中心和站场。连通两区，即通过连通以红安、麻城、团风与河南信阳、湖北武汉为主的红色旅游区，以罗田、英山、蕲春与安徽六安、安庆为主的绿色生态区，加强两大区域内部公路循环网建设，畅通区域内县际边界断头路，完善区域内部公路循环网。建设两港，即团风港和蕲春港。以打造长江中游城市集群三角为契机，以武汉新港和鄂东组合港建设为依托，推进区域内港口码头建设。打通多通道，主要是打通与河南、安徽的 35 条约 400 公里对外省际通道。

规划到 2015 年，实现 100% 乡镇通二级以上公路，二级以上公路里程达到 90% 以上，重要省际出口公路通畅化，县道公路等级化，3A 景区出口路二级化，重点乡镇车站三级化（以上航道全面疏浚），重点大型湖泊水库开发化。12 个重点乡镇建成三级客运站，县道中桥以上危桥、乡村道大桥危桥全面改造。实现农村公路对区域内重要产业基地的全覆盖。

到 2020 年，实现二级以上公路里程达到 20% 以上，省际出口通畅化，乡道公路等级化，旅游公路网络化，100% 的乡镇客运站等级化，100% 建制村通客运班车，100%的农村公路危桥完成改造，五级以上航道全面疏浚，100%的湖泊水库完成开发。实现旅游公路对所有景点的覆盖，基本消灭景区断头路、景区道路通行能力不足、安保设施不足、出行舒适度不高等问题，总体上全面适应大别山旅游业发展的需要，并适度超前。

四、产业战略、管理体制和业内竞争情况分析

按照湖北省委、省政府关于“红色大别山、绿色大别山、发展大别山、富裕大别山”的总体要求，试验区内的各大县市高度重视旅游产业，充分认识到旅游业在建设“四个大别山”、促进当地经济社会发展和城乡就业致富中的重要作用，以红色、文化、绿色旅游资源为载体，加强旅游基础设施，做大做强旅游产业，形成大别山特色旅游产业发展新格局，推动大别山旅游业跨越式发展。

（一）产业战略

结合试验区内的资源特色和空间分布格局，各县市正在加大资源整合力度和区域合作机制，着力培育红色观光、生态休闲、文化体验等旅游品牌，增强大别山旅游的吸引力和竞争力。同时还应加大两大旅游板块的建设力度，一是大别山红色旅游资源和山水旅游资源优势，加强红安、麻城、新洲、大悟、孝昌的整合互动，形成红色生态旅游板块；二是大别山主峰区域生态旅游资源和文化资源优势，加强团风、罗田、英山、蕲春、黄梅的整合互动，形成生态文化旅游板块。同时还应着力建设五大产业示范区：以将军文化品牌为依托，建设红安红色旅游产业发展示范区；以大别山旅游度假区为依托，建设罗田度假旅游产业发展示范区；以温泉、漂流等为依托，建设英山生态休闲旅游产业发展示范区；以医药文化品牌为依托，建设蕲春文化旅游产业发展示范区；以观音湖为依托，建设孝昌生态旅游产业发展示范区。

（二）管理体制

旅游业管理体制机制问题一直困扰着“大别山试验区”旅游产业的发展，最近几年更加显示出与旅游产业快速发展的脱节。目前存在的主要问题有：体制不顺、条块分割严重、政出多门、多头管理、体制性障碍突出等。试验区内各县市旅游行政管理体制和机制的落后，导致旅游行业管理机构存在着体系不完善、机构设置不健全、人员配备不合理等多方面的问题，不能满足旅游业发展的需要，旅游业“大产业”和“弱行业”的矛盾日益突出。这已经严重影响到“大别山试验区”旅游产业的持续发展和竞争力的提升。加快旅游管理体制改革，建立有利于旅游产业发展的运行机制成为提升试验区旅游产业竞争力的迫切要求。

（三）业内竞争情况

集团化水平是反映一个产业是否成熟的重要标志。近年来，黄冈市围绕加快

产业转型升级，积极推进旅游大企业培育工程，由市、县两级政府 12 个股东单位出资组建，注册资本 3 亿元的黄冈大别山旅游开发有限公司在 2010 年成立，黄梅县引进了湖北省华夏龙景旅游投资公司整合开发以五祖寺旅游风景区为核心的黄梅旅游资源。

2012 年红安天台山，麻城龟峰山，罗田薄刀峰，天堂寨，蕲春屏风寨，黄州陈潭秋故居、遗爱湖等景区建设不断加快，停车场和游客服务中心等基础设施逐步得到完善。黄冈市还先后引进了深圳盛世传媒公司、北京信中利、湖北省华夏龙景公司、武汉丰太公司、湖北省铁路公司等一批战略投资者，投资 60 多亿元参与红安将军文化军事乐园、蕲春李时珍健康文化旅游区、黄梅禅宗文化旅游区、罗田薄刀峰景区、三里畈温泉、英山温泉开发等重大旅游项目建设。同时，2012 年，黄冈市政府站在“大旅游”产业高度，充分发挥其引擎带动功能，实施整合联动，引动整个“大别山试验区”社会经济发展。

但是到目前为止，黄冈市不仅没有产生一家能在国内外市场叫得响的旅游企业品牌，也没有形成能在区域旅游板块中发挥龙头作用的骨干企业，省内以旅游为主的企业基本都是小企业，经营效率低、盈利能力弱、抗拒风险能力不足和缺乏核心竞争力。而且各大旅行社产品单一，差异化程度低，没有自己的特色，使得竞争力不高。

五、政府政策和发展机遇分析

为了建设好“四个大别山”，湖北省旅游局及时制订了《大别山革命老区经济社会发展试验区旅游产业推进工作方案》，深入 8 个县市区调研，指导大别山旅游业加快发展。团省委组织开展了“十万青年重走大别山”活动，引起强烈反响，拉动了红色旅游高位发展。铁路部门首次开通了武昌火车站到红安、麻城的红色旅游专列，进一步拉升了大别山旅游的人气。新闻部门加大对大别山的宣传报道力度，提升了大别山旅游的知名度和吸引力。旅游企业特别是旅行社大力推广大别山旅游线路，使大别山各主要景区迅速成为热点。

结合湖北省旅游规划，各级政府制定了相应的旅游规划方案，如黄冈市人民政府编制了《黄冈市旅游发展总体规划》和《黄冈市旅游发展“十二五”规划纲要》，并相继出台了《黄冈市扶持旅行社发展的意见》和《黄冈市旅游安全管理办法》，这都为大别山旅游产业发展提供了重要动力和政策保障。尽管这些旅游政策内容广泛、细致，但是政策落实力度、程度不够，政策性和制度性障碍还在不同领域不同程度地存在。

今后一个时期是大别山加快旅游业发展的战略机遇期，也是加速实现旅游国际化、推动传统旅游向现代旅游转型、从规模旅游向效益旅游发展的关键时期。当前，“大别山试验区”旅游业加快发展面临以下机遇：长江中游城市集群加快

发展、"两圈一带"战略深入推进、被纳入国家集中连片特困地区扶贫开发区域等一系列重大历史机遇；同时不少专家学者提议将"大别山试验区"上升为国家战略高度，其受关注程度日益加强；旅游业是低碳产业，旅游的优势充分凸显，国家在政策上将给予多方面倾斜，也会构成中国旅游发展的长期重大机遇。另外要以大别山革命老区经济社会发展试验区建设为契机，深入推动旅游产业大发展。

第四节 "大别山试验区"旅游产业综合竞争力的定量评价

产业竞争力是个相对的概念，它是通过选择一定评价产业竞争力的指标体系进行比较分析的。旅游产业竞争力综合评价指标体系设计的基本出发点是，尽可能利用现有统计资料和相关数据，客观、准确、定量地反映区域旅游产业的竞争力。受数据资料的局限性，本节选取"大别山试验区"的核心城市黄冈市作为代表，分析其旅游产业竞争力。

一、旅游产业综合竞争力评价指标体系的构建

（一）旅游产业竞争力评价指标体系构建的原则

在区域旅游产业竞争力评价指标体系的构建中，必须遵循一定的原则，保证所建立的评价指标具有一定的实用性，便于在实际中应用。根据实际需要，主要应该遵循以下原则：

（1）完整性和规模适度原则。由于区域旅游产业的影响因素较多，所以要尽可能地建立完整的指标体系，对区域旅游产业竞争力进行全面评价，以使评价结果具有较好的解释性。指标体系的规模要适当，如果指标太少，虽然能够减少评价的工作量，但是难以综合反映评价对象的特征。指标太多，虽然有利于把握评价对象的特征，但是加大了评价的工作量。

（2）科学性和相关性原则。在产业竞争力评价中，这一原则体现在对产业竞争力概念认识的正确性、评价指标体系设计的合理性、评价方法的逻辑严密性以及数据分析的准确性等方面。

（3）针对性和代表性原则。产业竞争力指标的选择过程必须针对所研究的对象，特别是要突出区域特色（如当地政府的作用和当地旅游资源的特点）以及旅游产业特点（如旅游产业的综合性、空间性和文化性等特点）。

（4）可行性原则。筛选评价指标的过程，要尽可能不受主观因素的影响，客观地分析所选指标的经济含义，但同时必须考虑到指标数据的可操作性，尽

可能采用有数据支撑的量化指标，对数据难以获取的指标要作适当的舍弃。同时要考虑旅游产业竞争力指标体系的数据的可获得性，必须有现实的、可达到的收集渠道，同时指标体系要简繁适中，计算、评价方法简便、明确、易于操作。

（5）过程指标和状态指标相结合原则。过程指标是指那些反映产业竞争力提高过程的指标，而状态指标指那些反映产业竞争能力或竞争结果的指标。由于产业竞争力具有明显的动态性，只从静态角度对其进行考察是不全面的。而只从静态角度考察产业的发展规律，得到的评价结果又没有多大的实用价值。因此，在评价产业竞争力时，既要有反映当前产业竞争力状态的静态指标，也要有能反映产业竞争力变化趋势的动态指标。

（6）定性和定量相结合原则。考虑到区域旅游产业竞争力评价体系的许多因素都无法用定量指标描述，而这些因素又是评价中所必须考虑的，因此采用定性和定量指标相结合来建立评价指标体系是非常必要的。

（二）旅游产业竞争力评价指标的构建

竞争力是一种综合能力，其构成复杂，来源广泛，再加上角度不同，人们关于区域旅游产业竞争力构成的研究莫衷一是，众说纷纭。本书根据城市旅游产业竞争力的特征，在坚持可持续发展战略、政府主导战略及市场需求导向的基础上，结合实际材料，构建了城市旅游产业竞争力评价体系，该体系包括 8 个层次 27 个指标。这些指标中有定性指标，也有定量指标；有绝对指标，也有相对指标（见表 7－14）。

表 7－14　城市旅游业竞争力评价指标体系及标准值

一级指标	二级指标	单位	标准值	依据
旅游效益	旅游总收入占本市 GDP 比例	%	15	参考《中国优秀旅游城市标准》
	入境旅游收入	亿美元	10	参考《中国优秀旅游城市标准》
旅游资源	景区景点特色水平		100 分	标准详见注（1）
	景区景点知名度	%	100	
	景区景点顾客满意度	%	100	
旅游设施及服务水平	星级宾馆饭店接待能力及服务水平		100 分	标准详见注（2）
	旅行社接待能力及服务水平		100 分	标准详见注（3）
	到达主要景区的交通线路	%	100	
	旅游购物收入占旅游总收入比例	%	25	参考《中国优秀旅游城市标准》
	旅游文化娱乐水平		100 分	标准详见注（4）

续表

一级指标	二级指标	单位	标准值	依据
现代旅游功能	旅游信息系统		100分	标准详见注（5）
	双语标识设置率	%	100	
	服务行业基础外语普及率	%	100	
	城市夜景		100分	标准详见注（6）
自然环境	森林覆盖率	%	40	国家环境保护一级质量标准
	生态环境指数（EI值）	%	75	国家环境保护一级质量标准
	建成区环境噪声平均值	分贝	≤45	国家环境保护一级质量标准
	全年API指数≤100的天数	天	320	国家环境保护一级质量标准
	城市饮水达标率	%	95	参考《中国优秀旅游城市标准》
经济环境	人均GDP	美元	6000	参考《中国现代化进程》
	第三产业增加值占GDP比重	%	60	参考《中国现代化进程》
	恩格尔系数	%	≤30	参考《中国现代化进程》
社会环境	万人刑事案件立案数	件	≤30	参考《中国现代化检测系统研究》
	旅游教育培训		100分	标准详见注（7）
	居民好客度		100分	
	政府主导机制水平		100分	标准详见注（8）
城市基础设施	公共设施服务系统		100分	标准详见注（9）

资料来源：潘建民：《旅游城市产业结构优化研究》，中国旅游出版社，2008年版。

以下具体标准均参考《中国优秀旅游城市标准》，并结合实际加以调整。

1. 景区景点特色水平对应标准

（1）100分是被评为国家5A级的旅游景区（点）。

（2）90分是被评为国家4A级的旅游景区（点）。

（3）80分是被评为国家3A级的旅游景区（点）。

（4）70分是被评为国家2A级的旅游景区（点）。

2. 星级宾馆饭店接待能力及服务水平

（1）达到ISO18000标准的星级宾馆饭店占所有星级宾馆饭店的比重。

（2）星级宾馆饭店服务顾客满意度。

两方面标准均为100%，对应分值均为50分。

3. 旅行社接待能力和水平

（1）旅行社接待入境游客人次占总入境人数的比重。

（2）旅行社服务顾客满意度。

其中（1）的标准为90%，（2）的标准为100%，两方面对应分值均为50分。

4. 旅游文化娱乐服务水平

以下标准，每项分值20分，根据具体情况酌情给分：

（1）城市有一处以上固定场所常年在晚间为海外旅游者演出。

（2）城市有一处以上能为旅游团队提供文艺演出的歌舞厅。

（3）城市有一处以上旅游景区（点）能在白天开展定时文娱演出。

（4）有民俗风情表演项目。

（5）星级饭店普遍具有比较丰富的夜间娱乐活动。

5. 旅游信息系统

在机场、火车站、码头、商业及交通中心区等游客集散地设立旅游咨询服务中心，具有咨询、预订、受理游客投诉等功能，具体分值对应如下：

（1）100分设有咨询服务中心，布局合理，功能齐全。

（2）80分设有咨询服务中心，布局不够合理或功能有欠缺。

（3）60分以上地区仅设有触摸屏电脑免费旅游信息服务。

6. 城市夜景

以下标准（1）、（2）各35分，（3）、（4）各15分，根据实际情况酌情给分：

（1）有用霓虹灯或彩灯装饰的街道，向市民和旅游者提供购物、娱乐、餐饮服务。

（2）有用霓虹灯或彩灯装饰晚间游览点。

（3）有晚间水上游览项目。

（4）旅游区（点）有晚间固定接待旅游团队的旅游项目。

7. 旅游教育与培训

以下标准每项20分，根据实际情况酌情给分：

（1）单独设有旅游职业学校。

（2）高等学校设有旅游管理专业。

（3）有面向全市旅游从业人员的培训基地。

（4）饭店中高级管理人员培训。

（5）酒店、车船公司中高级人员培训。

8. 政府的主导机制水平

以下标准每项20分，根据实际情况酌情给分：

（1）城市旅游业有明确且重要定位。

（2）城市旅游业纳入本市国民经济发展计划和愿景目标。

（3）市政府对城市旅游业发展有专项资金或专项政策支持。

（4）旅游市场促销经费有财政来源并每年保持增长。

（5）城市具有健全的城市旅游业法规体系。

9. 公共设施服务系统

以下标准（1）、（2）、（5）、（6）每项20分，（3）、（4）每项10分，并根据实际情况酌情给分：

（1）主要街区设有公共电话亭且完好无损。

（2）主要旅游经营单位的水电燃料供应有保障。

（3）星级饭店的外币兑换点设置在前台收银处，有当日外汇牌价公告，营业时间8小时以上。

（4）场外外币兑换点应设置在前台收银处，有当日外汇牌价公告，营业时间18小时以上。

（5）可以容纳200人以上、具有同声传译的国际会议中心。

（6）800个标准以上的展馆场地。

二、城市旅游产业竞争力评价方法

（一）评价模型的选取

选用线性加权综合法：

$$S = \sum_{i=1}^{n} w_i x_i \qquad \text{式（7-1）}$$

其中，S为城市的综合评价值。同时根据事物的不断发展论、发展阶段论与得分的不同，将城市旅游业竞争力的发展划分为不同的阶段，以判断其是否到达了城市旅游业竞争的标准。本课题规定，$85\% \leq S \leq 100\%$时，为城市旅游业竞争力的成熟期；$75\% \leq S < 85\%$时，为城市旅游业竞争力的基本发展阶段；$60\% \leq S < 75\%$时，为城市旅游业竞争力的初步发展阶段；$S < 60\%$时，为城市旅游业竞争力的准备阶段。

（二）指标权重的确立

借用杨建荣构建的分析模型。

1. 确定序关系

对于评价指标体系$\{X_1, X_2, \cdots, X_m\}$，将按下述步骤建立序关系：

（1）专家（或决策者）在指标集$\{X_1, X_2, \cdots, X_m\}$中选取认为最重要（关于某评价标准）的一个（只选一个）指标，记为X_1^*。

（2）专家（或决策者）在余下的m-1个指标中选取认为最重要的关于某评价标准）的一个（只选一个）指标，记为…。

（3）专家（或决策者）在余下的m-（k-1）个指标中选取认为最重要的（关于某评价标准）的一个（只选一个）指标，记为X_k^*。

（4）经过 m－1 次挑选剩下的评价指标，记为 X_m^*。

这时，有序关系：

$X_1^* > X_2^* > \cdots > X_m^*$　　式（7－2）

为书写方便且不失一般性，以下仍记式（7－2）为：

$X_1 > X_2 > \cdots > X_m$　　式（7－3）

2. 给出 X_{k-1} 与 X_k 的重要程度的比较判断

由专家给出 X_{k-1} 与 X_k 的重要程度之比 ω_{k-1}/ω_k 的理性判断为：

$\omega_{k-1}/\omega_k = r_k$，$k = m, m-1, m-2, \cdots, 3, 2$　　式（7－4）

r_k 的赋值可以参照表 7－15。

表 7－15　r_k 赋值表

r_k	说明	r_k	说明
1.0	指标 X_{k-1} 与 X_k 具有同样重要性	1.2	指标 X_{k-1} 与 X_k 具有稍微重要性
1.4	指标 X_{k-1} 与 X_k 具有明显重要性	1.6	指标 X_{k-1} 与 X_k 具有强烈重要性
1.8	指标 X_{k-1} 与 X_k 具有极端重要性		

3. 权重系数 ω_k 的计算

由专家给出 r_k 的理性赋值，通过式（7－5）、式（7－6）可计算出 ω_m 为：

$$\omega_m = (1 + \sum_{k=2}^{m} \prod_{i=k}^{m} r_i)$$　　式（7－5）

$\omega_{m-1} = r_k \omega_k$，$k = m, m-1, m-2, \cdots, 3, 2$　　式（7－6）

本课题将城市旅游业竞争力的评价体系分为两个层次，由专家对所列层次指标逐层赋值，将每一指标所属层次对应权重相乘后得到该指标的具体权重值（见表 7－16）。

表 7－16　城市旅游产业竞争力的各级评价指标权重

一级指标	权重	二级指标	权重	综合权重
旅游效益	0.161	旅游总收入占本市 GDP 比例	0.400	0.064
		入境旅游收入	0.600	0.097
旅游资源	0.193	景区景点特色水平	0.309	0.060
		景区景点知名度	0.433	0.084
		景区景点顾客满意度	0.258	0.050

续表

一级指标	权重	二级指标	权重	综合权重
旅游设施及服务水平	0.146	星级宾馆饭店接待能力及服务水平	0.202	0.029
		旅行社接待能力及服务水平	0.242	0.035
		到达主要景区的公交线路	0.339	0.049
		旅游购物收入占旅游总收入比例	0.09	0.013
		旅游文化娱乐水平	0.126	0.018
现代旅游功能	0.146	旅游信息系统	0.292	0.043
		双语标识设置率	0.243	0.035
		服务行业基础外语普及率	0.292	0.043
		城市夜景	0.174	0.025
自然环境	0.112	森林覆盖率	0.202	0.023
		生态环境指数（EI值）	0.120	0.013
		建成区环境噪声平均值	0.144	0.016
		全年API指数≤100的天数	0.291	0.033
		城市饮水达标率	0.242	0.027
经济环境	0.094	人均GDP	0.450	0.042
		第三产业增加值占GDP比重	0.321	0.030
		恩格尔系数	0.229	0.022
社会环境	0.071	万人刑事案件立案数	0.261	0.019
		旅游教育培训	0.155	0.011
		居民好客度	0.218	0.015
		政府主导机制水平	0.202	0.026
城市基础设施	0.078	公共设施服务系统	0.120	0.078

三、指标值的规范化处理

原始指标数据涉及不同的单位和统计数量级，为消除这方面的影响，先对原始数据进行标准化处理。因此可以采用“指数化变化方法”，即指标体系中的指标值与相对应的标准值进行比较，计算出指数，以反映每个指标的达标程度。

记第j个指标值为x_j，相对应的标准值为m_j，规范化后的指标值记为r_j，则x_j为极大型指标时：

$$r_j = \frac{x_j}{m_j} \qquad 式（7-7）$$

x_j 为极小型指标时：

$$r_j = \frac{m_j}{x_j} \qquad \text{式（7-8）}$$

当标准化值大于1时，标准化值取1。

黄冈市旅游产业竞争力的综合评价结果如表7-17所示。

表7-17　2011年和2012年黄冈市旅游产业竞争力各项指标实现程度

序号	指标名称	单位	标准值	2011年		2012年		指标权重
				实际值	实现程度(%)	实际值	实现程度(%)	
1	旅游总收入占本市GDP比例	%	15	6.4	42.7	6.29	41.9	0.064
2	入境旅游收入	亿美元	10	0.003	0.0003	0.0038	0.0004	0.097
3	景区景点特色水平		100分	88	88	90	90	0.060
4	景区景点知名度	%	100	65	65	70	70	0.084
5	景区景点顾客满意度	%	100	70	70	75	75	0.050
6	星级宾馆饭店接待能力及服务水平		100分	70	70	75	75	0.029
7	旅行社接待能力及服务水平		100分	60	60	60	60	0.035
8	到达主要景区的公交线路	%	100	60	60	70	70	0.049
9	旅游购物收入占旅游总收入比例	%	25	12.56	50.24	15.45	61.8	0.013
10	旅游文化娱乐水平		100分	40	40	40	40	0.018
11	旅游信息系统		100分	60	60	60	60	0.043
12	双语标识设置率	%	100	80	80	80	80	0.035
13	服务行业基础外语普及率	%	100	60	60	60	60	0.043
14	城市夜景		100分	70	70	75	75	0.025
15	森林覆盖率	%	40	43	100	43	100	0.023
16	生态环境指数（EI值）	%	75	70.89	100	67.08	100	0.013
17	建成区环境噪声平均值	分贝	≤45	50	90	50.1	90	0.016
18	全年API指数≤100的天数	天	320	341	100	353	100	0.033
19	城市饮水达标率	%	95	100	100	100	100	0.027
20	人均GDP	美元	6000	2727.1	45.5	3055.89	50.93	0.042
21	第三产业增加值占GDP比重	%	60	33.3	55.5	31.81	53.02	0.030
22	恩格尔系数	%	≤30	36.4	82.42	36.9	81.30	0.022
23	万人刑事案件立案数	件	≤30	22.7	100	23.5	100	0.019
24	旅游教育培训		100分	90	90	90	90	0.011

续表

序号	指标名称	单位	标准值	2011 年		2012 年		指标权重
				实际值	实现程度(%)	实际值	实现程度(%)	
25	居民好客度		100	85	85	85	85	0.015
26	政府主导机制水平		100 分	85	85	88	88	0.026
27	公共设施服务系统		100 分	70	70	70	70	0.078

由评价模型 $S=\sum_{i=1}^{n}w_ix_i$，可以得出 2011 年黄冈市旅游产业竞争力的得分为 63.39 分，2012 年黄冈市旅游产业竞争力的得分为 65.25 分，这表明黄冈市旅游产业竞争力处在初步发展阶段。在 27 个评价指标体系中，资源特色、生态环境、社会文化环境得分较高，而旅游效益、旅游设施及服务、现代旅游功能、城市经济环境和基础设施得分较低，特别是入境旅游收入，达标程度几乎为 0。由此可以看出黄冈市目前的旅游产业存在如下问题：一是旅游产业链发展滞后，六大要素存在“吃不香、住不好、行不畅、游不欢、购不值、娱不乐”的问题，旅游业主要还停留在“门票经济”阶段。二是旅游基础设施薄弱，景区之间道路不通畅，受天气影响明显，部分路段晴通雨阻，旅游线路稀少，无法构筑跨区域的黄金旅游圈，旅客集散中心、大型停车场等景区旅游基础设施匮乏，指示标志、厕所难以达到星级标准，游客满意度低下。三是宣传力度不大，各大景区（点）在宣传上各自为政，形不成合力，宣传手段简单，科技含量低，宣传覆盖面小，市场开拓缓慢，客源吸引力不高，同时缺乏相关的电子服务平台。四是旅游建设投入不够，受区域经济发展水平的限制，旅游相关投资建设不足，缺少龙头旅游企业，同时旅游商品开发滞后，地方特色商品没有进入旅游购物环节，缺少有影响力的、体现大别山本土文化特色的旅游娱乐项目、文化项目。

第八章 “大别山试验区”农业信息化建设评价

第一节 “大别山试验区”农业信息化建设综合评价指标体系的构建

一、指标体系的构建原则

为准确把握“大别山试验区”农业信息化建设的基本情况，在构建评价指标体系时，应更加注重所选指标之间的代表性、系统性和完整性，遵循“简单、独立、普遍、可操作”的原则。

（一）简单性原则

简单性原则是指在构建评价指标体系时，应贯彻“宜少而不宜多、易简而不易繁”的选择思路，凸显所选指标的重要性，同时，应当指出指标数量的多少和指标体系层级的繁简程度并不是衡量指标体系科学合理的唯一标准；相反，过于繁复的层级设计和大量的指标涵盖还会加大获取数据的难度，从而影响指标数据的准确性，进而影响评价结果的可靠性和说服力。因此，从简单性原则出发，构建简单、易实施的评价指标体系是获得较好评价结果的基础。

（二）独立性原则

独立性原则是指在评价指标体系中，所选取的每一项指标都能独立反映事物某一方面的典型特征，具有很好的代表性，同时要求处在同一层级的指标之间不重叠，不能是包含或被包含的关系，也不能是因果关系。从评价指标体系整体看，处于不同层级且属于上下级关系的指标之间的关联性要强，低层级的各指标能够对上级指标进行诠释和说明，同时反映上级指标某一方面的特征和能力。

（三）普遍性原则

普遍性原则是指在构建评价指标体系时，要充分考虑“大别山试验区”所涵盖的18个县市农业信息化发展的整体情况，将共性的情况、普遍面临的问题纳入评价指标体系中，而不能将个别县市特有的现象或指标纳入评价指标体系，同时要求所构建的评价指标体系对这18个县市都有比较强的适用性，即其中任何一个县市都可以以我们所构建的农业信息化建设综合评价指标体系对该县市的农业信息化建设情况进行评价。

（四）可操作性原则

可操作性原则是指所构建的评价指标体系既要反映当前“大别山试验区”农业信息化建设的客观实际，各项指标又要有稳定的资料来源，便于计算。同时还要求在所构建的评价指标体系中定量指标和定性指标要尽量与国家相关行业指标内容保持一致，以方便数据的查找和相关指标的计算。只有具备可操作性，所构建的评价指标体系才有实际意义，才有助于得出“大别山试验区”农业信息化建设的真实结果。

二、指标体系的筛选依据

构建“大别山试验区”农业信息化建设综合评价指标体系的主要目的有：一是对目前“大别山试验区”农业信息化建设和运行情况进行评价，掌握“大别山试验区”农业信息化建设的现状。二是根据“大别山试验区”农业信息化建设的综合评价结果，对该地区农业信息化建设的内容与重点进行调整，从而优化该地区农业信息化的建设结构，为提升该地区农业信息化整体水平奠定基础。三是通过对“大别山试验区”农业信息化建设状况的考察，为政府机构和管理部门作出更有利于该地区信息化发展的决策提供理论依据，从而促进该地区农业信息化整体水平的提高。

为此，在筛选“大别山试验区”农业信息化建设综合评价指标体系各项指标时，应把握以下原则：一是所构建的评价指标体系要能充分遵循规范化及实用、普遍、易操作原则，能够体现该地区农业信息化建设主体向农业信息服务需求方提供标准化农业数据共享服务、专业化农技咨询服务、智能化专家决策支持服务的能力。二是所构建的评价指标体系还要能测度出该地区农业信息服务体系的基层服务能力，加强乡（镇）及村级基层信息服务站建设的能力，开拓基层农业信息服务新渠道的能力，创新基层农业信息服务模式的能力，探索基层农业信息服务站点自运营机制的能力，提升农业信息服务体系的基层服务的深度和广度。三是所构建的评价指标体系还要有助于测度农业信息服务体系中各信息服务主体的信息服务能力，通过技术培训、网络指导以及服务站点定期宣讲等方式，提高各信息服务主体的信息意识和信息分析应用能力，特别是农民和基层农业信息服务从业人员的信息意识和信息分析应用能力，保证农业信息服务效果。

首先，农业信息化建设综合评价指标体系要满足以农户为主的信息主体服务需求，要根据农户对农业信息的需求种类和优先顺序，向其提供差异化、个性化的农业信息服务；同时，帮助农户构建信息交流、信息传播以及信息运用的平台，让农户在信息获取和利用的实践中增加知识积累；培养农户的信息意识，使农户能够认识信息和识别信息需求，明确信息运用的方向和目的，寻求农业信息服务帮助，利用各类农业信息来改善自己的生活环境和经济状况。

其次，农业信息服务体系要为农业政策制定和农业科研工作开展提供数据支持，通过提供准确、及时、完备的基层农业原始数据，帮助政府根据“大别山试验区”各地差异化的农业信息服务客观需求，制定具有现实指导意义的农业信息服务体系建设规划，预防盲目性农业信息服务体系建设项目的产生，保证农业信息服务体系建设项目的质量；同时，通过向农业高校及科研机构提供准确、及时、全面的农业原始信息数据，指导其开展农业科研活动，加快农业科技成果的转换，为农业信息服务体系提供技术支撑。

最后，农业信息化建设综合评价指标体系要为“大别山试验区”农业信息化和农业现代化的实现提供信息服务保障，通过对信息的有效组织和高效利用，为农业生产、经营的信息化和农村社会生活的数字化提供信息服务；同时，利用农业信息服务平台促进农业信息产品生成、流通与应用，通过对各传统信息传播媒介的整合，发挥网络技术的传播优势，开拓一条以信息资源为驱动力，充分发挥农业劳动力资源优势，克服农业资源匮乏的缺点，走上农业现代化建设道路。

三、指标体系的建立

关于农业信息化建设评价指标体系的构建，我国不同学者针对所研究地区的具体情况做出了不同的研究。刘彦圻（2004）以吉林省为例，从“硬件投入”、“软件投入”、“人员因素”、“运行效率”和“信息环境”五大因素构建了测度农业信息化水平的 5 大类 15 项子类指标体系。王艳霞（2007）以河北省作为数据采集的样本空间，从“战略地位”、“生产子系统”、“传播子系统”、“施效子系统”、“系统环境”五大因素构建了测度中国农业信息化服务水平的 5 大类 17 项子类指标体系。韩兴顺、潘海峰、文静华等（2007）以贵州省作为数据采集的样本空间，从“农村信息化资源”、“农村信息化发展”、“农村信息服务基础设施”、“农村信息服务人力资源”、“农村信息技术普及与应用”、“农业信息服务发展环境”、“农业信息服务效益”七大因素构建了测度农业信息服务发展水平的 7 大类 39 项子类指标体系。马增林、谭延强（2012）以黑龙江省作为数据采集的样本空间，从“信息主体发布信息的能力”、“信息传播基础设施的建设水平”、“农民接受并且应用信息的能力”、“农业信息服务的效用”四大因素构建了测度农业信息服务水平的 4 大类 25

项子类指标体系。梁春阳（2012）在遵循系统性、代表性、可操作性以及可比较性原则的基础上，从“农业信息资源服务绩效指数”、“农业信息装备服务绩效指数”、“农业产业信息服务绩效指数”、“农业信息化主体水平指数”、“农业信息服务环境指数”五大因素构建了测度农业及农村信息化水平的5大类28项子类指标体系。

以上成果对于测度我国农业信息化水平及服务状况有着极强的理论指导与应用价值，也遵循和贯彻了农业信息化评价指标体系构建的基本原则，操作性很强。但同时通过对这些评价指标体系的对比研究发现，到目前为止还没有出现对湖北省某一发展区域农村信息化发展情况进行评价的指标体系，因此，本书试着解决这一问题。

通过对现有几种农业信息化建设及服务评价指标体系的研究分析，结合“大别山试验区”建设的总体要求及对农业信息化建设的具体要求，通过仔细研究和认真筛选，决定从农业信息采集能力、农业信息发布能力、农业信息服务基础设施建设水平、农业信息服务人力资源储备以及农业信息服务政策法规保障五个方面对“大别山试验区”农业信息化建设情况进行综合评价。同时，在遵循简单性、独立性、普遍性和可操作性原则的基础上，在农业信息采集能力方面，决定选用“农业信息数据统计基站覆盖率”、“农业信息数据采集频率”和“农业信息调查人员占农村人口总数比重”这三项具体指标对其能力进行测度。在农业信息发布能力方面，决定选定“农业图书、期刊和报纸年发行量”、“广播农业专题频道或节目比重”、“电视农业专题频道或节目比重”、“农业信息电话或短信年服务频率”、“农业信息服务平台覆盖率”、“农业信息服务机构覆盖率”、“百人农业信息调查数据拥有条数”、“万人农业综合信息网站拥有数”和“农业信息服务网站覆盖率”这九项具体指标对其能力进行测度。在农业信息服务基础设施建设方面，决定选用“农村百户电视机拥有数”、“农村百户固定电话拥有数”、“农村百户移动电话拥有数”、“农村百户计算机拥有数”、“农村广播电视普及率”、“农村宽带入户率”、“农村3G网络覆盖率”和“农村光纤网络覆盖率”这八项具体指标对其建设水平进行测度。在农业信息服务人力资源储备方面，决定选用“农业信息服务从业人员比重”、“农业信息服务从业人员技术培训率”和“高中及以上教育程度农业信息服务从业人员比重”这三项具体指标对其储备情况进行测度。在农业信息服务政策法规保障方面，决定选用“农业信息服务相关政策年发布比重”、“农业信息服务相关法规发布比重”和“农业信息服务相关制度发布比重”这三项具体指标对其状况进行测度。最终确定了由5大类26项子类指标构成的“大别山试验区”农业信息化建设综合评价指标体系，如表8-1所示。

表8-1 "大别山试验区"农业信息化建设综合评价指标体系

	一级指标	二级指标	单位
"大别山试验区"农业信息化建设综合评价指标体系	农业信息采集能力	农业信息数据统计基站覆盖率	%
		农业信息数据采集频率	次/年
		农业信息调查人员占农村人口总数比重	%
	农业信息发布能力	农业图书、期刊和报纸年发行量	册或份
		广播农业专题频道或节目比重	%
		电视农业专题频道或节目比重	%
		农业信息电话或短信年服务频率	次/年
		农业信息服务平台覆盖率	%
		农业信息服务机构覆盖率	%
		百人农业信息调查数据拥有条数	条/百人
		万人农业综合信息网站拥有数	个/万人
		农业信息服务网站覆盖率	%
	农业信息服务基础设施建设	农村百户电视机拥有数	台/百户
		农村百户固定电话拥有数	部/百户
		农村百户移动电话拥有数	部/百户
		农村百户计算机拥有数	台/百户
		农村广播电视普及率	%
		农村宽带入户率	%
		农村3G网络覆盖率	%
		农村光纤网络覆盖率	%
	农业信息服务人力资源储备	农业信息服务从业人员比重	%
		农业信息服务从业人员技术培训率	%
		高中及以上教育程度农业信息服务从业人员比重	%
	农业信息服务政策法规保障	农业信息服务相关政策年发布比重	%
		农业信息服务相关法规发布比重	%
		农业信息服务相关制度发布比重	%

(一)农业信息采集能力指标

1. 农业信息数据统计基站覆盖率

指标解释:农业信息统计基站的数量决定了农业统计数据抽样空间的大小,其在"大别山试验区"各县市的覆盖情况直接反映了"大别山试验区"农业信息原始数据的采集能力和效果。

指标单位:%。

测算方法：

农业信息统计基站县级覆盖率 =（拥有农业信息统计基站的区县数量/“大别山试验区”区县总数）×100%。

资料来源：农业部统计数据、农业信息中心统计数据、调研取得数据。

2. 农业信息数据采集频率

指标解释：指一定时间范围内进行农业信息数据采集的次数，反映的是农业信息数据采集的及时性问题。鉴于农业信息的特殊自然属性，其准确性和时效性直接影响着农业信息的应用和服务效果，信息的采集周期越短，信息的相对准确性越高，其应用性越强。

指标单位：次/年。

资料来源：统计局统计数据、工信部统计数据、调研取得数据。

3. 农业信息调查人员占农村人口总数比重

指标解释：指从事农业信息数据采集工作人员与所调查地区农村人口总数的比例，反映基层农业信息数据采集的效率问题。农业信息调查人员比重越高，农业信息数据采集相对时间越短，单位时间内获取的信息量越大。

指标单位：%。

测算方法：农业信息调查人员占农村人口总数比重 =（农业信息调查人员总数/“大别山试验区”农村人口总数）×100%。

资料来源：农业部统计数据、调研取得数据。

（二）农业信息发布能力指标

1. 农业图书、期刊和报纸年发行量

指标解释：指一年内农业相关书籍、刊物和报纸的发行数量，反映传统纸质媒介的农业信息传播能力。

指标单位：册或份。

资料来源：统计局统计数据、图书出版社统计数据、网络平台查询数据、调研取得数据。

2. 广播农业专题频道或节目比重

指标解释：指农业专题广播频道或涉及农业相关内容的广播节目数量分别占广播频道总数或节目总数的比例。该比例越高，说明农业信息通过广播的传播能力越强，越有利于农村信息化建设。

指标单位：%。

测算方法：

（1）广播农业专题频道比重 =（农业专题广播频道数量/“大别山试验区”广播频道总数）×100%。

（2）广播农业节目比重 =（涉及农业相关内容的广播节目数量/“大别山试验

区"广播节目总数)×100%。

资料来源：统计局统计数据、广播网查询数据、广播电台查询数据、调研取得数据。

3. 电视农业专题频道或节目比重

指标解释：指农业专题电视频道或涉及农业相关内容的电视节目数量分别占电视频道总数或节目总数的比例。该比例越高，说明农业信息通过电视的传播能力越强，越有利于农村信息化建设。

指标单位：%。

测算方法：

(1) 电视农业专题频道比重 =(农业专题电视频道数量/"大别山试验区"电视频道总数)×100%。

(2) 电视农业节目比重 =(涉及农业相关内容的电视节目数量/"大别山试验区"电视节目总数)×100%。

资料来源：统计局统计数据、电视台网站查询数据、调研取得数据。

4. 农业信息电话或短信年服务频率

指标解释：指一年内农业信息通过电话或者手机短信方式提供服务的次数。该频率越高，反映固定电话和移动手机的农业信息服务能力越强。

指标单位：次或条。

资料来源：统计局统计数据、工信部统计数据、调研取得数据。

5. 农业信息服务平台覆盖率

指标解释：根据具体抽样情况，可细分为拥有农业信息服务平台的县的数量占"大别山试验区"县级行政区划单位总数的比例，反映各县级行政区域农业信息服务平台的建设情况。

指标单位：%。

测算方法：

农业信息服务平台县级覆盖率 =(拥有农业信息服务平台的区县个数/"大别山试验区"区县总数)×100%。

资料来源："12316"农业综合信息服务平台统计数据、调研取得数据。

6. 农业信息服务机构覆盖率

指标解释：根据具体抽样情况，可细分为拥有农业信息服务中心的县的数量占"大别山试验区"县级行政区划单位总数的比例，以及拥有基层农业信息服务站的村的数量占"大别山试验区"村级行政区划单位总数的比例，反映各地区农业信息服务机构的建设情况。

指标单位：%。

测算方法：

（1）农业信息服务中心县级覆盖率 =（拥有农业信息服务中心的区县个数/“大别山试验区”区县总数）×100%。

（2）农业信息服务站村级覆盖率 =（拥有农业信息服务站的行政村个数/“大别山试验区”行政村总数）×100%。

资料来源：统计局统计数据、农业部统计数据、农业信息中心统计数据、调研取得数据。

7. 百人农业信息调查数据拥有条数

指标解释：指每百人平均拥有农业信息调查数据的条数，反映农业信息调查数据的应用效果。

指标单位：条/百人。

测算方法：

百人农业信息调查数据拥有条数 = 100 ×（农业信息调查数据总数/“大别山试验区”人口总数）。

资料来源：农业部统计数据、农业信息中心统计数据、网络搜索统计数据。

8. 万人农业综合信息网站拥有数

指标解释：指每一万人平均拥有农业综合信息网站的数量，反映农业综合信息网站的覆盖效果。

指标单位：个/万人。

测算方法：

万人农业综合信息网站拥有数 = 10000 ×（农业综合信息网站总数/“大别山试验区”人口总数）。

资料来源：农业信息中心统计数据、网络搜索统计数据。

9. 农业信息服务网站覆盖率

指标解释：“大别山试验区”各区县的农业信息服务网站覆盖率，反映各区县农业信息服务网站的建设情况。

指标单位：%。

测算方法：

农业信息服务网站县级覆盖率 =（建有农业信息服务网站的区县个数/“大别山试验区”区县总数）×100%。

资料来源：农业部统计数据、农业信息中心统计数据、网络搜索统计数据、调研取得数据。

（三）农业信息服务基础设施建设指标

1. 农村百户电视机拥有数

指标解释：指“大别山试验区”区域内农村每百户家庭平均拥有的电视机数量，反映传统通信设施建设情况。

指标单位：台/百户。

资料来源：统计局统计数据、工信部统计数据、农业信息中心统计数据、调研取得数据。

2. 农村百户固定电话拥有数

指标解释：指“大别山试验区”区域内农村每百户家庭平均拥有固定电话的数量，反映农村固定电话网络建设情况。

指标单位：部/百户。

资料来源：统计局统计数据、工信部统计数据、调研取得数据。

3. 农村百户移动电话拥有数

指标解释：指“大别山试验区”区域内农村每百户家庭平均拥有移动电话的数量，反映农村移动电话普及和移动通信网络建设情况。

指标单位：部/百户。

资料来源：统计局统计数据、工信部统计数据、调研取得数据。

4. 农村百户计算机拥有数

指标解释：指“大别山试验区”区域内农村每百户家庭平均拥有家用电子计算机的数量（不包括平板电脑和集体所有的计算机），反映农村计算机普及程度。

指标单位：台/百户。

资料来源：统计局统计数据、工信部统计数据、调研取得数据。

5. 农村广播电视普及率

指标解释：指“大别山试验区”区域内拥有广播电视的农户数量占农村人口总数的比例，反映农村广播电视的普及状况。

指标单位：%。

测算方法：

农村广播电视普及率 =（拥有广播电视的农户数量/“大别山试验区”农村人口总数）×100%。

资料来源：统计局统计数据、工信部统计数据、调研取得数据。

6. 农村宽带入户率

指标解释：指“大别山试验区”区域内用过宽带连接访问互联网的农户占行政村农户总数的比例，反映农村通信基础设施建设情况。

指标单位：%。

测算方法：

农村宽带入户率 =（开通宽带上网服务的农户数/“大别山试验区”行政村农户总数）×100%。

资料来源：统计局统计数据、工信部统计数据、调研取得数据。

7. 农村3G网络覆盖率

指标解释：指“大别山试验区”区域内可以使用3G网络访问互联网的行政村占行政村总数的比例，反映农村3G无线移动通信网络的建设情况。

指标单位:%。

测算方法：

农村3G网络覆盖率=（可以使用3G上网的行政村数/“大别山试验区”行政村总数）×100%。

资料来源：统计局统计数据、工信部统计数据、调研取得数据。

8. 农村光纤网络覆盖率

指标解释：指“大别山试验区”区域内拥有光纤网络的农村数量占农村总数的比例，反映基层农村光纤网络的建设状况。

指标单位:%。

测算方法：

农村光纤网络覆盖率=(拥有光纤网络的农村数量/“大别山试验区”农村总数)×100%。

资料来源：统计局统计数据、农业部统计数据、农业信息中心统计数据、调研取得数据。

（四）农业信息服务人力资源储备指标

1. 农业信息服务从业人员比重

指标解释：指“大别山试验区”区域内从事农业信息服务工作的从业人员数量占农业从业人员总数的比例，反映农业信息服务人才储备情况。

指标单位:%。

测算方法：

农业信息服务人员占农业从业人员比重=(农业信息服务人员数量/“大别山试验区”农业从业人员总数)×100%。

资料来源：统计局统计数据、农业部统计数据、农业信息中心统计数据、调研取得数据。

2. 农业信息服务从业人员技术培训率

指标解释：指“大别山试验区”区域内经过培训的农业信息服务工作从业人员数量占农业信息服务工作从业人员总数的比例，反映农业信息服务机构的工作人员信息服务水平。

指标单位:%。

测算方式：

农业信息服务从业人员技术培训率=(经过培训的农业信息服务从业人员数量/“大别山试验区”农业信息服务从业人员总数)×100%。

资料来源：统计局统计数据、农业部统计数据、农业信息中心统计数据、调研取得数据。

3. 高中及以上教育程度农业信息服务从业人员比重

指标解释：指“大别山试验区”区域内拥有高中及以上学历的农业信息服务工作从业人员占农业信息服务工作从业人员总数的比例，反映农业信息服务工作人员的知识水平和专业能力。

指标单位:%。

测算方法：

高中及以上教育程度农业信息服务从业人员比重=(拥有高中及以上学历的农业信息服务从业人员数量/“大别山试验区”农业信息服务从业人员总数)×100%。

资料来源：统计局统计数据、农业部统计数据、农业信息中心统计数据、调研取得数据。

（五）农业信息服务政策法规保障指标

1. 农业信息服务相关政策年发布比重

指标解释：指农业信息服务相关政策的年发布数量占政策发布总数的比例，反映农业信息服务政策的建设情况和完善程度。

指标单位:%。

测算方法：

农业信息服务相关政策年发布比重=(年农业信息服务政策发布数量/“大别山试验区”政策发布总数)×100%。

资料来源：农业部统计数据、司法部统计数据、农业信息中心统计数据、调研取得数据。

2. 农业信息服务相关法规发布比重

指标解释：指农业信息服务相关法规的发布数量占法规发布总数的比例，反映农业信息服务法规的建设情况和完善程度。

指标单位:%。

测算方法：

农业信息服务相关法规发布比重=(农业信息服务法规发布数量/“大别山试验区”法规发布总数)×100%。

资料来源：农业部统计数据、司法部统计数据、农业信息中心统计数据、调研取得数据。

3. 农业信息服务相关制度发布比重

指标解释：指农业信息服务相关制度的制定数量占制度制定总数的比例，反映农业信息服务制度的建设情况和完善程度。

指标单位:%。

测算方法：

农业信息服务相关制度发布比重 =（农业信息服务制度制定数量/“大别山试验区”制度制定总数）×100%。

资料来源：农业部统计数据、司法部统计数据、农业信息中心统计数据、调研取得数据。

第二节 “大别山试验区”农业信息化综合评价指标体系权重的确定

一、权重确定方法

在构建“大别山试验区”农业信息化建设综合评价指标体系的基础上，要确定每一项指标的权重大小。在实际应用中，指标权重的确定方法有主成分分析法、层次分析法（AHP）等多种方法。这里采用 AHP 法确定各项指标的权重。

由于层次分析法具体的建模步骤在本书第六章已经有比较详细的介绍，本章直接根据建模步骤来确定各项指标的权重。

二、评价因素集和隶属度的确定方法

关于评价因素集和隶属度的确定，这里采用模糊综合评价方法（FCEM）。1965 年，美国加州大学控制论专家扎德在“Information and Control”杂志上发表了一篇题为“Fuzzy Sets”的论文，标志着模糊数学的诞生。模糊综合评价法就是以模糊数学为基础，运用模糊关系合成原理，通过对各要素隶属关系的考察，进行综合评价的一种方法。其具体分析步骤如下：

第一步，确定评价要素集和评价集，根据评价的目的，选择评价标准，并用相应指标进行度量，构成评价要素集 $U=\{u_1, u_2, \cdots, u_m\}$。对于评价要素集中的每个要素 u_i（$i=1, 2, \cdots, m$），分析其评价集 v_j（$j=1, 2, \cdots, n$）构成总评价集 $V=\{v_1, v_2, \cdots, v_n\}$。

第二步，分析评价要素集中的每一个要素集 u_i 对于评价集 v_j 的隶属度 r_{ij}，并建立模糊评价矩阵 R。

$$R=\begin{pmatrix} r_{11} & r_{12} & \cdots & r_{1n} \\ r_{21} & r_{22} & \cdots & r_{2n} \\ \vdots & \vdots & \vdots & \vdots \\ r_{m1} & r_{m2} & \cdots & r_{mn} \end{pmatrix}$$

第三步，将模糊评价矩阵 R 和评价要素集 U 中各要素的权重向量 W 进行模

糊合成，得到模糊综合评价结果向量S，依据模糊综合评价结果向量S判断被评价对象的评价集隶属程度，并按照最大隶属度法则做出最终决策。

$$W=\{w_1, w_2, \cdots, w_m\}$$

$$S=RW=\{s_1, s_2, \cdots, s_n\} \quad 式（8-1）$$

三、权重确定过程

（一）样本选择和数据准备

对"大别山试验区"农业信息化建设的综合评价问题，不仅仅涉及农业信息服务本身，还要对农业经济发展、农业生产经营、信息管理和情报数据分析及应用等影响农业信息服务效果和农业信息服务体系运行的诸多因素进行全面考量，以达到最佳的评价效果。本书选择湖北省农业科学院、中南财经政法大学、武汉大学、华中农业大学和华中师范大学等农业科研机构和高等院校的专家作为咨询对象，专家研究领域涵盖农业经济学、农业信息化、农业公共服务、情报学、农作物生产、农产品加工和项目管理等方向，以《"大别山试验区"农业信息化建设综合评价指标体系》（见表8-1）的调查结果为数据支撑，运用AHP法来确定"大别山试验区"农业信息化建设综合评价指标体系中的各评价指标的指标权重。专家咨询调查数据整理如表8-2至表8-8所示。

表8-2　评价指标名称和代码表

目标层（A）	一级指标名称（B）	代码	二级指标名称（C）	代码
"大别山试验区"农业信息化建设综合评价指标体系（A）	农业信息采集能力	B_1	农业信息数据统计基站覆盖率	C_1
			农业信息数据采集频率	C_2
			农业信息调查人员占农村人口总数比重	C_3
	农业信息发布能力	B_2	农业图书、期刊和报纸年发行量	C_1
			广播农业专题频道或节目比重	C_2
			电视农业专题频道或节目比重	C_3
			农业信息电话或短信服务频率	C_4
			农业信息服务平台覆盖率	C_5
			农业信息服务机构覆盖率	C_6
			百人农业信息调查数据拥有条数	C_7
			万人农业综合信息网站拥有数	C_8
			农业信息服务网站覆盖率	C_9
	农业信息服务基础设施建设	B_3	农村百户电视机拥有数	C_1
			农村百户固定电话拥有数	C_2
			农村百户移动电话拥有数	C_3

续表

<table>
<tr><th>目标层（A）</th><th>一级指标名称（B）</th><th>代码</th><th>二级指标名称（C）</th><th>代码</th></tr>
<tr><td rowspan="11">“大别山试验区”农业信息化建设综合评价指标体系（A）</td><td rowspan="5">农业信息服务基础设施建设</td><td rowspan="5">B_3</td><td>农村百户计算机拥有数</td><td>C_4</td></tr>
<tr><td>农村广播电视覆盖率</td><td>C_5</td></tr>
<tr><td>农村宽带入户率</td><td>C_6</td></tr>
<tr><td>农村 3G 网络覆盖率</td><td>C_7</td></tr>
<tr><td>农村光纤网络覆盖率</td><td>C_8</td></tr>
<tr><td rowspan="3">农业信息服务人力资源储备</td><td rowspan="3">B_4</td><td>农业信息服务从业人员比重</td><td>C_1</td></tr>
<tr><td>农业信息服务从业人员技术培训率</td><td>C_2</td></tr>
<tr><td>高中及以上教育程度农业信息服务从业人员比重</td><td>C_3</td></tr>
<tr><td rowspan="3">农业信息服务政策法规保障</td><td rowspan="3">B_5</td><td>农业信息服务相关政策年发布比重</td><td>C_1</td></tr>
<tr><td>农业信息服务相关法规发布比重</td><td>C_2</td></tr>
<tr><td>农业信息服务相关制度发布比重</td><td>C_3</td></tr>
</table>

表 8－3　A－B 咨询结果汇总表

单位：%

对比指标	相对重要	同样重要	相对不重要
B_1-B_2	63.75	11.50	24.75
B_1-B_3	48.00	4.91	47.09
B_1-B_4	62.00	24.50	13.50
B_1-B_5	61.50	13.50	25.00
B_2-B_3	17.33	9.34	73.33
B_2-B_4	26.00	13.50	60.50
B_2-B_5	48.00	26.00	26.00
B_3-B_4	82.33	5.17	12.50
B_3-B_5	24.00	36.50	39.50
B_4-B_5	40.66	18.67	40.67

表 8－4　B_1－C 咨询结果汇总表

单位：%

对比指标	相对重要	同样重要	相对不重要
C_1-C_2	74.00	5.17	20.83
C_1-C_3	63.50	12.50	24.00
C_2-C_3	61.50	26.00	12.50

表 8-5　B_2-C 咨询结果汇总表

单位:%

对比指标	相对重要	同样重要	相对不重要	对比指标	相对重要	同样重要	相对不重要
C_1-C_2	14.25	28.53	57.21	C_3-C_7	71.05	8.36	20.59
C_1-C_3	14.27	28.54	57.19	C_3-C_8	81.70	4.16	14.14
C_1-C_4	42.56	14.38	43.06	C_3-C_9	71.32	4.27	24.41
C_1-C_5	38.66	8.44	53.90	C_4-C_5	42.96	42.80	14.34
C_1-C_6	40.95	4.07	55.08	C_4-C_6	77.35	8.32	14.33
C_1-C_7	28.67	42.76	28.57	C_4-C_7	64.33	12.48	23.19
C_1-C_8	71.40	4.20	27.40	C_4-C_8	81.70	4.16	14.14
C_1-C_9	14.30	28.59	57.11	C_4-C_9	57.24	14.38	28.38
C_2-C_3	28.47	57.10	14.43	C_5-C_6	57.04	14.38	28.58
C_2-C_4	67.05	8.35	25.60	C_5-C_7	71.20	4.16	24.64
C_2-C_5	42.83	28.55	28.62	C_5-C_8	85.52	10.30	4.18
C_2-C_6	42.82	14.26	42.92	C_5-C_9	85.55	10.28	4.17
C_2-C_7	62.40	12.60	25.00	C_6-C_7	57.12	28.55	14.33
C_2-C_8	81.70	4.16	14.14	C_6-C_8	81.71	14.11	4.18
C_2-C_9	57.12	14.26	28.62	C_6-C_9	57.11	28.60	14.29
C_3-C_4	57.16	14.26	28.58	C_7-C_8	71.10	20.57	8.33
C_3-C_5	57.14	14.26	28.60	C_7-C_9	63.41	8.35	28.24
C_3-C_6	42.83	28.55	28.62	C_8-C_9	38.50	8.35	53.15

表 8-6　B_3-C 咨询结果汇总表

单位:%

对比指标	相对重要	同样重要	相对不重要	对比指标	相对重要	同样重要	相对不重要
C_1-C_2	83.43	4.17	12.40	C_3-C_5	83.30	4.17	12.53
C_1-C_3	48.00	26.00	26.00	C_3-C_6	62.45	12.52	25.03
C_1-C_4	49.00	13.50	37.50	C_3-C_7	37.53	25.00	37.47
C_1-C_5	24.00	62.50	13.50	C_3-C_8	75.02	12.49	12.49
C_1-C_6	45.73	8.35	45.92	C_4-C_5	62.45	12.52	25.03
C_1-C_7	37.45	12.52	50.03	C_4-C_6	24.95	50.03	25.02
C_1-C_8	62.48	25.01	12.51	C_4-C_7	50.02	24.99	24.99
C_2-C_3	12.52	12.49	74.99	C_4-C_8	83.31	4.17	12.52
C_2-C_4	12.48	12.51	75.01	C_5-C_6	33.30	8.32	58.38
C_2-C_5	24.98	25.01	50.01	C_5-C_7	33.32	4.16	62.52
C_2-C_6	37.40	4.22	58.38	C_5-C_8	62.48	12.47	25.05
C_2-C_7	37.45	4.20	58.35	C_6-C_7	37.52	49.99	12.49
C_2-C_8	37.52	12.49	49.99	C_6-C_8	79.15	8.32	12.53
C_3-C_4	48.00	26.00	26.00	C_7-C_8	83.30	4.18	12.52

表 8-7 B_4-C 咨询结果汇总表

单位:%

对比指标	相对重要	同样重要	相对不重要
C_1-C_2	49.00	25.05	25.05
C_1-C_3	41.62	12.53	45.85
C_2-C_3	45.80	8.35	45.85

表 8-8 B_5-C 咨询结果汇总表

单位:%

对比指标	相对重要	同样重要	相对不重要
C_1-C_2	24.50	37.75	37.75
C_1-C_3	37.40	37.40	25.20
C_2-C_3	49.00	25.50	25.50

（二）利用 AHP 法确定各指标权重

1. 构建递阶层次结构

根据“大别山试验区”农业信息化建设综合评价指标体系可构建递阶层次结构模型，如图 8-1 所示，对目标层、准则层以及方案层进行划分，并确定三个层次之间的关系。

2. 建立判断矩阵

以农业信息服务综合评价指标层次结构为基础，根据层次分析法相对重要性 1~9 比例标度，建立比较判断矩阵，如表 8-9 至表 8-14 所示，并在判断矩阵构建过程中，用加权平均法对数据进行处理①。

表 8-9 A-B 比较判断矩阵

A	B_1	B_2	B_3	B_4	B_5
B_1	1	2.110	1.646	2.150	2.063
B_2	0.474	1	0.858	1.117	1.787
B_3	0.608	1.166	1	2.563	1.217
B_4	0.465	0.896	0.390	1	1.542
B_5	0.485	0.560	0.822	0.648	1

① 加权平均数 = $(x_1 \cdot f_1 + x_2 \cdot f_2 + \cdots + x_k \cdot f_k)/n$，其中 x 是比例标度值，f 是选择对应标度值的次数，且 $f_1 + f_2 + \cdots + f_k = n$。

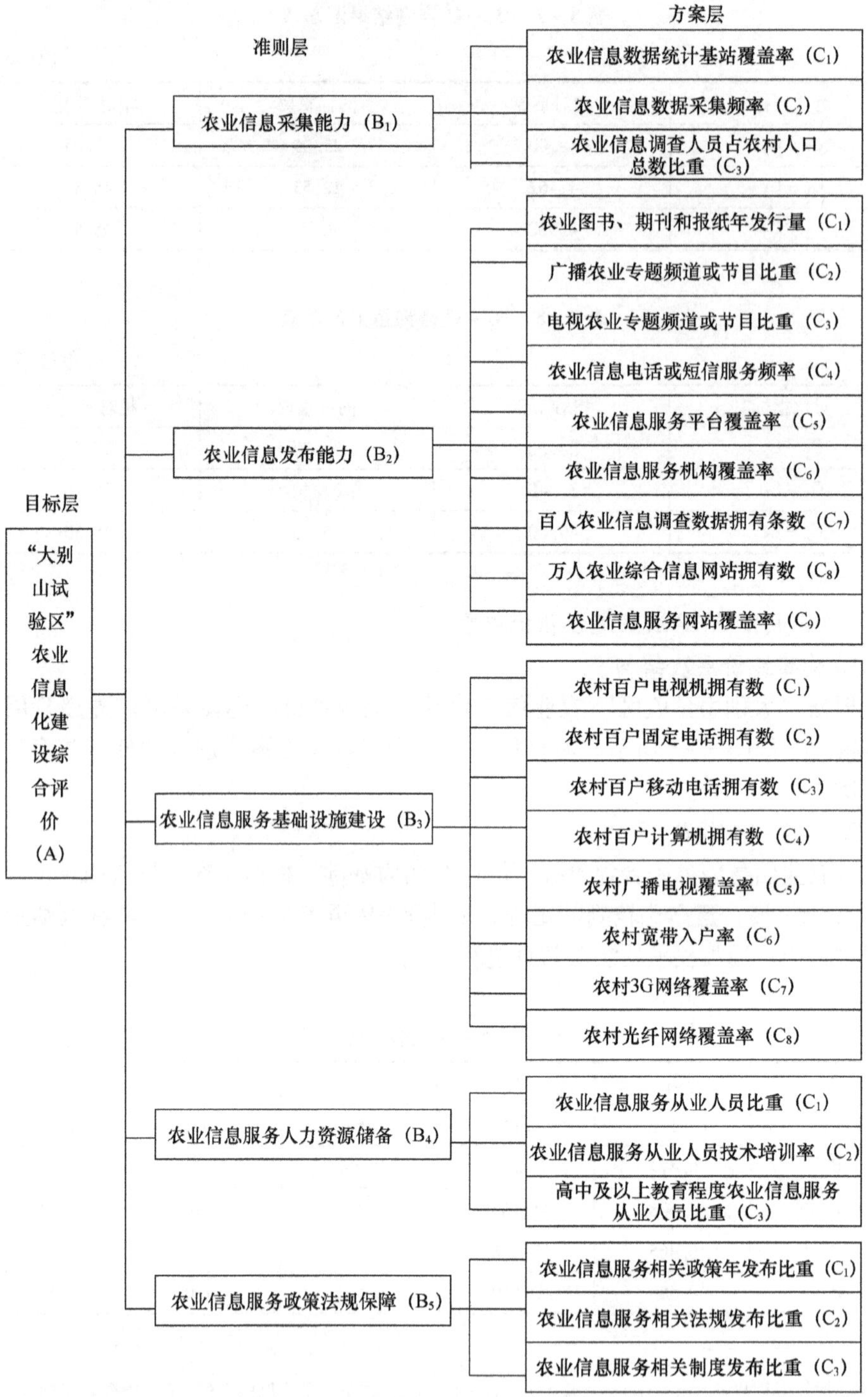

目标层 / 准则层 / 方案层

- "大别山试验区"农业信息化建设综合评价（A）
  - 农业信息采集能力（B_1）
    - 农业信息数据统计基站覆盖率（C_1）
    - 农业信息数据采集频率（C_2）
    - 农业信息调查人员占农村人口总数比重（C_3）
  - 农业信息发布能力（B_2）
    - 农业图书、期刊和报纸年发行量（C_1）
    - 广播农业专题频道或节目比重（C_2）
    - 电视农业专题频道或节目比重（C_3）
    - 农业信息电话或短信服务频率（C_4）
    - 农业信息服务平台覆盖率（C_5）
    - 农业信息服务机构覆盖率（C_6）
    - 百人农业信息调查数据拥有条数（C_7）
    - 万人农业综合信息网站拥有数（C_8）
    - 农业信息服务网站覆盖率（C_9）
  - 农业信息服务基础设施建设（B_3）
    - 农村百户电视机拥有数（C_1）
    - 农村百户固定电话拥有数（C_2）
    - 农村百户移动电话拥有数（C_3）
    - 农村百户计算机拥有数（C_4）
    - 农村广播电视覆盖率（C_5）
    - 农村宽带入户率（C_6）
    - 农村3G网络覆盖率（C_7）
    - 农村光纤网络覆盖率（C_8）
  - 农业信息服务人力资源储备（B_4）
    - 农业信息服务从业人员比重（C_1）
    - 农业信息服务从业人员技术培训率（C_2）
    - 高中及以上教育程度农业信息服务从业人员比重（C_3）
  - 农业信息服务政策法规保障（B_5）
    - 农业信息服务相关政策年发布比重（C_1）
    - 农业信息服务相关法规发布比重（C_2）
    - 农业信息服务相关制度发布比重（C_3）

图 8－1 "大别山试验区"农业信息化建设综合评价指标体系层次结构

表 8-10 B_1-C 比较判断矩阵

B_1	C_1	C_2	C_3
C_1	1	2.341	2.110
C_2	0.427	1	2.147
C_3	0.474	0.466	1

表 8-11 B_2-C 比较判断矩阵

B_2	C_1	C_2	C_3	C_4	C_5	C_6	C_7	C_8	C_9
C_1	1	0.903	0.904	1.564	1.424	1.453	1.383	2.275	0.905
C_2	1.107	1	1.473	2.180	1.666	1.570	2.081	2.540	1.952
C_3	1.106	0.679	1	1.953	1.952	1.666	2.284	2.540	2.264
C_4	0.639	0.459	0.512	1	1.765	2.451	2.132	2.540	1.956
C_5	0.702	0.600	0.512	0.567	1	1.950	2.260	2.683	2.683
C_6	0.688	0.637	0.600	0.408	0.513	1	2.047	2.606	2.047
C_7	0.723	0.480	0.438	0.469	0.443	0.489	1	2.366	2.080
C_8	0.439	0.394	0.394	0.394	0.373	0.384	0.423	1	1.416
C_9	1.105	0.512	0.442	0.511	0.373	0.489	0.481	0.706	1

表 8-12 B_3-C 比较判断矩阵

B_3	C_1	C_2	C_3	C_4	C_5	C_6	C_7	C_8
C_1	1	2.586	1.787	1.730	1.390	1.608	1.415	2.166
C_2	0.387	1	0.750	0.750	1.166	1.359	1.360	1.417
C_3	0.560	1.333	1	1.787	2.582	2.082	1.501	2.417
C_4	0.578	1.334	0.560	1	2.082	1.332	1.834	2.583
C_5	0.719	0.857	0.387	0.480	1	1.277	1.250	2.083
C_6	0.622	0.736	0.480	0.751	0.783	1	1.667	2.499
C_7	0.706	0.735	0.666	0.545	0.800	0.600	1	2.583
C_8	0.462	0.706	0.414	0.387	0.480	0.400	0.387	1

表 8-13 B_4-C 比较判断矩阵

B_4	C_1	C_2	C_3
C_1	1	1.804	1.527
C_2	0.554	1	1.610
C_3	0.655	0.621	1

表 8-14 B_5-C 比较判断矩阵

B_5	C_1	C_2	C_3
C_1	1	1.238	1.580
C_2	0.808	1	1.810
C_3	0.633	0.552	1

3. 判断矩阵的一致性检验

运用 Excel 软件计算 6 个判断矩阵的最大特征值，如表 8-15 所示，并求得 6 个判断矩阵的随机一致比率值 CR。

表 8-15 判断矩阵最大特征根及阶数汇总

判断矩阵	λ_{max}	阶数	RI 值
A-B	5.130	5	1.12
B_1-C	3.084	3	0.58
B_2-C	9.500	9	1.46
B_3-C	8.296	8	1.41
B_4-C	3.046	3	0.58
B_5-C	3.013	3	0.58

根据表 8-15 计算可得：

(1) $CI_{A-B}=(5.130-5)\div(5-1)=0.062$，

$CR_{A-B}=0.062\div1.12=0.043$。

(2) $CI_{B_1-C}=(3.084-3)\div(3-1)=0.042$，

$CR_{B1-C}=0.042\div0.58=0.073$。

(3) $CI_{B_2-C}=(9.500-9)\div(9-1)=0.062$,

$CR_{B_2-C}=0.062\div1.46=0.043$。

(4) $CI_{B_3-C}=(8.296-8)\div(8-1)=0.042$,

$CR_{B_3-C}=0.042\div1.41=0.030$。

(5) $CI_{B_4-C}=(3.046-3)\div(3-1)=0.023$,

$CR_{B4-C}=0.023\div0.58=0.040$。

(6) $CI_{B_5-C}=(3.013-3)\div(3-1)=0.007$,

$CR_{B_5-C}=0.007\div0.58=0.012$。

由计算结果可知，6 个判断矩阵的 CR 值分别为 0.043、0.073、0.043、0.030、0.040 和 0.012，均小于 0.1，说明 6 个判断矩阵均通过了一致性检验，具有良好的一致性。

4. 层次单排序

接下来可得到各判断矩阵中评价指标的层次单排序权重，如表 8－16 至表 8－21 所示。

表 8－16　A－B 判断矩阵指标单排序权重表

A	B_1	B_2	B_3	B_4	B_5	单排序权重
B_1	1	2.110	1.646	2.150	2.063	0.326
B_2	0.474	1	0.858	1.117	1.787	0.181
B_3	0.608	1.166	1	2.563	1.217	0.222
B_4	0.465	0.896	0.390	1	1.542	0.143
B_5	0.485	0.560	0.822	0.648	1	0.128

表 8－17　B_1－C 判断矩阵指标单排序权重表

B_1	C_1	C_2	C_3	单排序权重
C_1	1	2.341	2.110	0.520
C_2	0.427	1	2.147	0.296
C_3	0.474	0.466	1	0.184

表 8－18　B_2－C 判断矩阵指标单排序权重表

B_2	C_1	C_2	C_3	C_4	C_5	C_6	C_7	C_8	C_9	单排序权重
C_1	1	0.903	0.904	1.564	1.424	1.453	1.383	2.275	0.905	0.129
C_2	1.107	1	1.473	2.180	1.666	1.570	2.081	2.540	1.952	0.171

续表

B_2	C_1	C_2	C_3	C_4	C_5	C_6	C_7	C_8	C_9	单排序权重
C_3	1. 106	0. 679	1	1. 953	1. 952	1. 666	2. 284	2. 540	2. 264	0. 163
C_4	0. 639	0. 459	0. 512	1	1. 765	2. 451	2. 132	2. 540	1. 956	0. 128
C_5	0. 702	0. 600	0. 512	0. 567	1	1. 950	2. 260	2. 683	2. 683	0. 120
C_6	0. 688	0. 637	0. 600	0. 408	0. 513	1	2. 047	2. 606	2. 047	0. 098
C_7	0. 723	0. 480	0. 438	0. 469	0. 443	0. 489	1	2. 366	2. 080	0. 078
C_8	0. 439	0. 394	0. 394	0. 394	0. 373	0. 384	0. 423	1	1. 416	0. 053
C_9	1. 105	0. 512	0. 442	0. 511	0. 373	0. 489	0. 481	0. 706	1	0. 060

表 8－19　B_3－C 判断矩阵指标单排序权重表

B_3	C_1	C_2	C_3	C_4	C_5	C_6	C_7	C_8	单排序权重
C_1	1	2. 586	1. 787	1. 730	1. 390	1. 608	1. 415	2. 166	0. 194
C_2	0. 387	1	0. 750	0. 750	1. 166	1. 359	1. 360	1. 417	0. 112
C_3	0. 560	1. 333	1	1. 787	2. 582	2. 082	1. 501	2. 417	0. 177
C_4	0. 578	1. 334	0. 560	1	2. 082	1. 332	1. 834	2. 583	0. 146
C_5	0. 719	0. 857	0. 387	0. 480	1	1. 277	1. 250	2. 083	0. 105
C_6	0. 622	0. 736	0. 480	0. 751	0. 783	1	1. 667	2. 499	0. 109
C_7	0. 706	0. 735	0. 666	0. 545	0. 800	0. 600	1	2. 583	0. 098
C_8	0. 462	0. 706	0. 414	0. 387	0. 480	0. 400	0. 387	1	0. 059

表 8－20　B_4－C 判断矩阵指标单排序权重表

B_4	C_1	C_2	C_3	单排序权重
C_1	1	1. 804	1. 527	0. 451
C_2	0. 554	1	1. 610	0. 310
C_3	0. 655	0. 621	1	0. 239

表 8－21　B_5－C 判断矩阵指标单排序权重表

B_5	C_1	C_2	C_3	单排序权重
C_1	1	1. 238	1. 580	0. 405
C_2	0. 808	1	1. 810	0. 367
C_3	0. 633	0. 552	1	0. 228

5. 层次总排序

根据各要素的层次单排序权重，可得各二级指标相对于目标层的层次总排序权重，具体数值如表 8－22 所示。

表 8－22 “大别山试验区”农业信息化建设综合评价指标体系各指标总排序权重

测度指标	B_1	B_2	B_3	B_4	B_5	总排序权重
1.1 农业信息数据统计基站覆盖率	0.520	0	0	0	0	0.170
1.2 农业信息数据采集频率	0.296	0	0	0	0	0.096
1.3 农业信息调查人员占农村人口总数比重	0.184	0	0	0	0	0.060
2.1 农业图书、期刊和报纸年发行量	0	0.129	0	0	0	0.023
2.2 广播农业专题频道或节目比重	0	0.171	0	0	0	0.031
2.3 电视农业专题频道或节目比重	0	0.163	0	0	0	0.029
2.4 农业信息电话或短信服务频率	0	0.128	0	0	0	0.023
2.5 农业信息服务平台覆盖率	0	0.120	0	0	0	0.022
2.6 农业信息服务机构覆盖率	0	0.098	0	0	0	0.018
2.7 百人农业信息调查数据拥有条数	0	0.078	0	0	0	0.014
2.8 万人农业综合信息网站拥有数	0	0.053	0	0	0	0.010
2.9 农业信息服务网站覆盖率	0	0.060	0	0	0	0.011
3.1 农村百户电视机拥有数	0	0	0.194	0	0	0.043
3.2 农村百户固定电话拥有数	0	0	0.112	0	0	0.025
3.3 农村百户移动电话拥有数	0	0	0.177	0	0	0.039
3.4 农村百户计算机拥有数	0	0	0.146	0	0	0.033
3.5 农村广播电视覆盖率	0	0	0.105	0	0	0.023
3.6 农村宽带入户率	0	0	0.109	0	0	0.024
3.7 农村 3G 网络覆盖率	0	0	0.098	0	0	0.022
3.8 农村光纤网络覆盖率	0	0	0.059	0	0	0.013
4.1 农业信息服务从业人员比重	0	0	0	0.451	0	0.065
4.2 农业信息服务从业人员技术培训率	0	0	0	0.310	0	0.044
4.3 高中及以上教育程度农业信息服务从业人员比重	0	0	0	0.239	0	0.034
5.1 农业信息服务相关政策年发布比重	0	0	0	0	0.405	0.052
5.2 农业信息服务相关法规发布比重	0	0	0	0	0.367	0.047
5.3 农业信息服务相关制度发布比重	0	0	0	0	0.228	0.029

四、评价指标体系整体框架

通过层次单排序和层次总排序可以确定一级指标和二级指标的单层指标权重，以及二级指标相对于“大别山试验区”农业信息化建设综合评价这一总体目标的指标权重，并最终构建出“大别山试验区”农业信息化建设综合评价指标体系，如表8－23所示。

表8－23 “大别山试验区”农业信息化建设综合评价指标体系的指标构成及其权重

一级指标	单序权重	二级指标	单序权重	总序权重
农业信息采集能力	0.326	农业信息数据统计基站覆盖率	0.520	0.170
		农业信息数据采集频率	0.296	0.096
		农业信息调查人员占农村人口总数比重	0.184	0.060
农业信息发布能力	0.181	农业图书、期刊和报纸年发行量	0.129	0.023
		广播农业专题频道或节目比重	0.171	0.031
		电视农业专题频道或节目比重	0.163	0.029
		农业信息电话或短信服务频率	0.128	0.023
		农业信息服务平台覆盖率	0.120	0.022
		农业信息服务机构覆盖率	0.098	0.018
		百人农业信息调查数据拥有条数	0.078	0.014
		万人农业综合信息网站拥有数	0.053	0.010
		农业信息服务网站覆盖率	0.060	0.011
农业信息服务基础设施建设	0.222	农村百户电视机拥有数	0.194	0.043
		农村百户固定电话拥有数	0.112	0.025
		农村百户移动电话拥有数	0.177	0.039
		农村百户计算机拥有数	0.146	0.033
		农村广播电视覆盖率	0.105	0.023
		农村宽带入户率	0.109	0.024
		农村3G网络覆盖率	0.098	0.022
		农村光纤网络覆盖率	0.059	0.013
农业信息服务人力资源储备	0.143	农业信息服务从业人员比重	0.451	0.065
		农业信息服务从业人员技术培训率	0.310	0.044
		高中及以上教育程度农业信息服务从业人员比重	0.239	0.034

续表

一级指标	单序权重	二级指标	单序权重	总序权重
农业信息服务政策法规保障	0.128	农业信息服务相关政策年发布比重	0.405	0.052
		农业信息服务相关法规发布比重	0.367	0.047
		农业信息服务相关制度发布比重	0.228	0.029

由表8－23可看出：

（1）一级指标“农业信息采集能力”、“农业信息发布能力”、“农业信息服务基础设施建设”、“农业信息服务人力资源储备”和“农业信息服务政策法规保障”相对于目标层“农业信息服务体系综合评价”的指标权重分别为0.326、0.181、0.222、0.143和0.128。在5个一级指标中，依据对农业信息服务体系建设水平的反映程度进行排序，农业信息采集能力排在第1位，农业信息服务基础设施建设排在第2位，农业信息发布能力、农业信息服务人力资源储备和农业信息服务政策法规保障分别排在第3～5位。

（2）二级指标“农业信息数据统计基站覆盖率”、“农业信息数据采集频率”和“农业信息调查人员占农村人口总数比重”相对于一级指标“农业信息采集能力”的指标权重分别为0.520、0.296和0.184。在这3个二级指标中，依据对农业信息采集能力的反映程度进行排序，农业信息数据统计基站覆盖率排在第1位，农业信息数据采集频率排在第2位，农业信息调查人员占农村人口总数比重排在第3位。

（3）二级指标“农业图书、期刊和报纸年发行量”、“广播农业专题频道或节目比重”、“电视农业专题频道或节目比重”、“农业信息电话或短信年服务频率”、“农业信息服务平台覆盖率”、“农业信息服务机构覆盖率”、“百人农业信息调查数据拥有条数”、“万人农业综合信息网站拥有数”和“农业信息服务网站覆盖率”相对于一级指标“农业信息发布能力”的指标权重和反映程度排序如表8－24所示。

表8－24 信息发布能力指标反映程度表

排序	二级指标	单序权重
1	广播农业专题频道或节目比重	0.171
2	电视农业专题频道或节目比重	0.163
3	农业图书、期刊和报纸年发行量	0.129
4	农业信息电话或短信服务频率	0.128
5	农业信息服务平台覆盖率	0.120

续表

排序	二级指标	单序权重
6	农业信息服务机构覆盖率	0.098
7	百人农业信息调查数据拥有条数	0.078
8	农业信息服务网站覆盖率	0.060
9	万人农业综合信息网站拥有数	0.053

由表8－23可知，依据对农业信息发布能力的反映程度进行排序，广播农业专题频道或节目比重排在第1位，电视农业专题频道或节目比重排在第2位，农业图书、期刊和报纸年发行量排在第3位，农业信息电话或短信服务频率、农业信息服务平台覆盖率、农业信息服务机构覆盖率、百人农业信息调查数据拥有条数、农业信息服务网站覆盖率和万人农业综合信息网站拥有数分列第4～9位。

（4）二级指标"农村百户电视机拥有数"、"农村百户固定电话拥有数"、"农村百户移动电话拥有数"、"农村百户计算机拥有数"、"农村广播电视普及率"、"农村宽带入户率"、"农村3G网络覆盖率"和"农村光纤网络覆盖率"相对于一级指标"农业信息服务基础设施建设"的指标权重和反映程度排序如表8－25所示。

表8－25 农业信息服务基础设施建设指标反映程度表

排序	二级指标	单序权重
1	农村百户电视机拥有数	0.194
2	农村百户移动电话拥有数	0.177
3	农村百户计算机拥有数	0.146
4	农村百户固定电话拥有数	0.112
5	农村宽带入户率	0.109
6	农村广播电视覆盖率	0.105
7	农村3G网络覆盖率	0.098
8	农村光纤网络覆盖率	0.059

由表8－25可知，依据对农业信息服务基础设施建设的反映程度进行排序，农村百户电视机拥有数排在第1位，农村百户移动电话拥有数排在第2位，农村百户计算机拥有数排在第3位，农村百户固定电话拥有数、农村宽带入户率、农村广播电视覆盖率、农村3G网络覆盖率和农村光纤网络覆盖率分列第4～9位。

（5）二级指标"农业信息服务从业人员比重"、"农业信息服务从业人员技

术培训率"和"高中及以上教育程度农业信息服务从业人员比重"相对于一级指标"农业信息服务人力资源储备"的指标权重分别为0.451、0.310和0.239。在这3个二级指标中，依据对农业信息服务人力资源储备状况的反映程度进行排序，农业信息服务从业人员比重排在第1位，农业信息服务从业人员技术培训率排在第2位，高中及以上教育程度农业信息服务从业人员比重排在第3位。

（6）二级指标"农业信息服务相关政策年发布比重"、"农业信息服务相关法规发布比重"和"农业信息服务相关制度发布比重"相对于一级指标"农业信息服务政策法规保障"的指标权重分别为0.405、0.367和0.228。在这3个二级指标中，依据对农业信息服务政策法规保障能力的反映程度进行排序，农业信息服务相关政策发布比重排在第1位，农业信息服务相关法规发布比重排在第2位，农业信息服务相关制度发布比重排在第3位。

（7）26个二级指标相对于目标层"大别山试验区"农业信息化建设综合评价"的指标权重和反映程度排序如表8－26所示。

表8－26 二级指标总排序表

排序	二级指标	单序权重
1	农业信息数据统计基站覆盖率	0.170
2	农业信息数据采集频率	0.096
3	农业信息服务从业人员比重	0.065
4	农业信息调查人员占农村人口总数比重	0.060
5	农业信息服务相关政策发布比重	0.052
6	农业信息服务相关法规发布比重	0.047
7	农业信息服务从业人员技术培训率	0.044
8	农村百户电视机拥有数	0.043
9	农村百户移动电话拥有数	0.039
10	高中及以上教育程度农业信息服务从业人员比重	0.034
11	农村百户计算机拥有数	0.033
12	广播农业专题频道或节目比重	0.031
13	农业信息服务相关制度发布比重	0.029
14	电视农业专题频道或节目比重	0.029
15	农村百户固定电话拥有数	0.025
16	农村宽带入户率	0.024
17	农村广播电视覆盖率	0.023
18	农业信息电话或短信服务频率	0.023

续表

排序	二级指标	单序权重
19	农业图书、期刊和报纸年发行量	0.023
20	农村3G网络覆盖率	0.022
21	农业信息服务平台覆盖率	0.022
22	农业信息服务机构覆盖率	0.018
23	百人农业信息调查数据拥有条数	0.014
24	农村光纤网站覆盖率	0.013
25	农业信息服务网站覆盖率	0.011
26	万人农业综合信息网站拥有数	0.010

由表8-26可知，依据对"大别山试验区"农业信息化建设水平的反映程度进行排序，农业信息数据统计基站覆盖率、农业信息数据采集频率、农业信息服务从业人员比重分别排在第1位、第2位、第3位，排在第4~10位的分别是农业信息调查人员占农村人口总数比重、农业信息服务相关政策发布比重、农业信息服务相关法规发布比重、农业信息服务从业人员技术培训率、农村百户电视机拥有数、农村百户移动电话拥有数、高中及以上教育程度农业信息服务从业人员比重。

从各评价指标的排序结果可以看出：要切实提高"大别山试验区"农业信息化的建设水平和农业信息服务能力，加快该地区农业现代化建设步伐，要重点做好以下两项工作：一是在提高农业信息采集能力和加强农业信息服务基础设施建设的基础上，强化农业信息数据统计基站建设，增加农业信息调查人员数量，缩短农业信息数据采集周期，加强农业信息服务政策法规建设，对农业信息服务各环节的行为活动进行规范引导。二是在充分利用书刊、报纸、广播、电视等传统媒体做好农业信息服务的同时，还要加大网络媒体、移动媒体等新媒体对农业信息的宣传和服务力度。形成由互联网、电信网络和传统媒介共同参与的多维农业信息服务供给渠道，促进"大别山试验区"农业信息化整体水平的提高。

第三节　综合评价与结果分析

一、样本说明

在对"大别山试验区"农业信息服务体系建设情况进行调查的过程中，本书以"大别山试验区"所涵盖的全部18个县市（区）所含的村作为调查地点，

通过专家座谈、问卷调查和田间访谈等调研方式，完成调查问卷187份，其中有效问卷179份，问卷有效率为95.72%。样本的区域分布情况如表8-27所示。

表8-27 样本的区域分布情况

样本区域	样本问卷数（份）	有效问卷数（份）	问卷有效率（%）
武汉市黄陂区	12	12	100.00
武汉市新洲区	11	11	100.00
黄冈市黄州区	11	11	100.00
黄冈市黄梅县	11	10	90.91
黄冈市龙感湖区	10	10	100.00
黄冈市麻城市	11	9	81.82
黄冈市英山县	11	11	100.00
黄冈市团风县	10	10	100.00
黄冈市红安县	10	10	100.00
黄冈市罗田县	10	9	90.00
黄冈市浠水县	10	9	90.00
黄冈市武穴市	10	10	100.00
黄冈市蕲春县	10	9	90.00
孝感市孝昌县	10	10	100.00
孝感市安陆市	10	10	100.00
孝感市双峰山旅游区	10	9	90.00
孝感市大悟县	10	10	100.00
随州市广水市	10	9	90.00
合计	187	179	95.72

在179份有效问卷中，男性受访者有112名，女性受访者有67名，从受访者的年龄分布看，35岁以下、35~45岁、45~55岁三个年龄段的受访者分别占11.17%、23.46%、55.87%，55~65岁和65岁以上年龄段受访者只占7.26%、2.24%；从受访者的受教育程度看，文盲半文盲、小学、初中、高中或中专、大专及以上教育程度受访者分别占15.08%、42.46%、26.26%、13.41%、2.79%；从受访者家庭年人均收入情况看，同村对比，处于下等水平、中等偏下、中等水平、中等偏上、上等水平的受访者分别占6.70%、34.64%、50.84%、7.26%和0.56%，如表8-28至表8-31所示。

表 8-28 受访者性别分布情况

样本区域	男性（名）	女性（名）
武汉市黄陂区	9	3
武汉市新洲区	7	4
黄冈市黄州区	6	5
黄冈市黄梅县	8	2
黄冈市龙感湖区	8	2
黄冈市麻城市	7	2
黄冈市英山县	8	3
黄冈市团风县	5	5
黄冈市红安县	8	2
黄冈市罗田县	3	6
黄冈市浠水县	4	5
黄冈市武穴市	4	6
黄冈市蕲春县	6	3
孝感市孝昌县	6	4
孝感市安陆市	5	5
孝感市双峰山旅游区	7	2
孝感市大悟县	6	4
随州市广水市	5	4
总体比例	62.57%	37.43%

表 8-29 受访者年龄分布情况

样本区域	35 岁以下	35~45 岁	45~55 岁	55~65 岁	65 岁以上
武汉市黄陂区	0	1	9	2	0
武汉市新洲区	0	1	9	1	0
黄冈市黄州区	2	2	5	0	2
黄冈市黄梅县	0	5	5	0	0
黄冈市龙感湖区	3	2	4	1	0
黄冈市麻城市	0	7	1	0	1
黄冈市英山县	0	4	7	0	0
黄冈市团风县	0	3	6	0	1
黄冈市红安县	1	0	9	0	0
黄冈市罗田县	5	2	1	1	0

续表

样本区域	35岁以下	35~45岁	45~55岁	55~65岁	65岁以上
黄冈市浠水县	1	1	6	1	0
黄冈市武穴市	1	2	4	3	0
黄冈市蕲春县	0	2	6	1	0
孝感市孝昌县	3	2	4	1	0
孝感市安陆市	1	3	6	0	0
孝感市双峰山旅游区	3	1	4	1	0
孝感市大悟县	0	1	9	0	0
随州市广水市	0	3	5	1	0
总体比例	11.17%	23.46%	55.87%	7.26%	2.24%

注：频数统计遵循上组限不在内原则。

表8－30 受访者受教育程度分布情况

样本区域	文盲半文盲	小学	初中	高中或中专	大专及以上
武汉市黄陂区	1	4	3	4	0
武汉市新洲区	1	4	4	2	0
黄冈市黄州区	2	3	4	1	1
黄冈市黄梅县	1	4	3	2	0
黄冈市龙感湖区	0	4	5	1	0
黄冈市麻城市	1	6	1	1	0
黄冈市英山县	1	2	3	4	1
黄冈市团风县	2	6	1	1	0
黄冈市红安县	3	4	2	0	1
黄冈市罗田县	1	2	2	3	1
黄冈市浠水县	3	5	0	1	0
黄冈市武穴市	2	2	5	1	0
黄冈市蕲春县	1	5	1	2	0
孝感市孝昌县	3	4	3	0	0
孝感市安陆市	1	6	2	0	1
孝感市双峰山旅游区	4	2	3	0	0
孝感市大悟县	0	8	2	0	0
随州市广水市	0	5	3	1	0
总体比例	15.08%	42.46%	26.26%	13.41%	2.79%

表 8-31 受访者家庭年人均收入分布情况

样本区域	下等水平	中等偏下	中等水平	中等偏上	上等水平
武汉市黄陂区	0	5	6	1	0
武汉市新洲区	1	2	6	2	0
黄冈市黄州区	1	6	4	0	0
黄冈市黄梅县	3	0	5	2	0
黄冈市龙感湖区	0	3	7	0	0
黄冈市麻城市	0	4	3	2	0
黄冈市英山县	1	2	6	2	0
黄冈市团风县	1	3	5	0	1
黄冈市红安县	1	2	7	0	0
黄冈市罗田县	1	2	4	2	0
黄冈市浠水县	1	6	2	0	0
黄冈市武穴市	1	3	6	0	0
黄冈市蕲春县	0	4	5	0	0
孝感市孝昌县	0	5	5	0	0
孝感市安陆市	0	3	7	0	0
孝感市双峰山旅游区	0	2	7	0	0
孝感市大悟县	0	7	3	0	0
随州市广水市	1	3	3	2	0
总体比例	6.70%	34.64%	50.84%	7.26%	0.56%

二、评价因素集和隶属度的确定

根据所构建的"大别山试验区"农业信息化建设评价指标体系结构，可将评价因素集分为两个层次。在第一个层次中，"大别山试验区"农业信息化建设整体水平的评价因素集 U = ｛农业信息采集能力；农业信息发布能力；农业信息服务基础设施建设；农业信息服务人力资源储备；农业信息服务政策法规保障｝。在第二个层次中，农业信息采集能力的评价因素集 U_1 = ｛农业信息数据统计基站覆盖率；农业信息数据采集频率；农业信息调查人员占农村人口总数比重｝。农业信息发布能力的评价因素集 U_2 = ｛农业图书、期刊和报纸年发行量；广播农业专题频道或节目比重；电视农业专题频道或节目比重；农业信息电话或短信服务频率；农业信息服务平台覆盖率；农业信息服务机构覆盖率；百人农业信息调查数据拥有条数；万人农业综合信息网站拥有数；农业信息服务网站覆盖

率}。农业信息服务基础设施建设的评价因素集 U_3 = {农村百户电视机拥有数；农村百户固定电话拥有数；农村百户移动电话拥有数；农村百户计算机拥有数；农村广播电视普及率；农村宽带入户率；农村 3G 网络覆盖率；农村光纤网络覆盖率}。农业信息服务人力资源储备的评价因素集 U_4 = {农业信息服务从业人员比重；农业信息服务从业人员技术培训率；高中及以上教育程度农业信息服务从业人员比重}。农业信息服务政策法规保障的评价因素集 U_5 = {农业信息服务相关政策年发布比重；农业信息服务相关法规发布比重；农业信息服务相关制度发布比重}。本研究采用 5 级量表将评价等级分为高、较高、一般、较低、低，对应评价等级集 V = {高，较高，一般，较低，低}。根据《“大别山试验区”农业信息化研究调查问卷》反馈结果，整理出各二级指标的评价等级隶属情况，结果如表 8 - 32 所示。

表 8 - 32 二级指标评价等级隶属情况表

二级指标	高	较高	一般	较低	低
农业信息数据统计基站覆盖率	0	0.011	0.027	0.193	0.770
农业信息数据采集频率	0.005	0.005	0.011	0.075	0.904
农业信息调查人员占农村人口总数比重	0	0	0.005	0.059	0.936
农业图书、期刊和报纸年发行量	0.073	0.263	0.575	0.089	0
广播农业专题频道或节目比重	0.028	0.307	0.503	0.134	0.028
电视农业专题频道或节目比重	0.123	0.587	0.268	0.022	0
农业信息电话或短信服务频率	0.028	0.184	0.486	0.246	0.056
农业信息服务平台覆盖率	0.017	0.089	0.548	0.318	0.028
农业信息服务机构覆盖率	0.017	0.100	0.559	0.285	0.039
百人农业信息调查数据拥有条数	0	0	0.171	0.387	0.442
万人农业综合信息网站拥有数	0.105	0.335	0.431	0.129	0
农业信息服务网站覆盖率	0.209	0.659	0.132	0	0
农村百户电视机拥有数	0.571	0.429	0	0	0
农村百户固定电话拥有数	0	0	0.510	0.415	0.075
农村百户移动电话拥有数	0.713	0.287	0	0	0
农村百户计算机拥有数	0.478	0.420	0.102	0	0
农村广播电视覆盖率	0.073	0.436	0.391	0.084	0.017
农村宽带入户率	0.022	0.251	0.464	0.229	0.034
农村 3G 网络覆盖率	0.011	0.140	0.458	0.313	0.078
农村光纤网络覆盖率	0.011	0.106	0.436	0.352	0.095
农业信息服务从业人员比重	0.011	0.061	0.626	0.246	0.056

续表

二级指标	高	较高	一般	较低	低
农业信息服务从业人员技术培训率	0	0.073	0.626	0.263	0.039
高中及以上教育程度农业信息服务从业人员比重	0.222	0.278	0.333	0.111	0.056
农业信息服务相关政策年发布比重	0.017	0.196	0.637	0.128	0.022
农业信息服务相关法规发布比重	0	0.151	0.581	0.240	0.028
农业信息服务相关制度发布比重	0	0.095	0.620	0.246	0.039

三、模糊评价矩阵构建和权重向量确定

根据所构建的评价因素集 U_1、U_2、U_3、U_4、U_5 及计算出的各项指标的评价隶属度，可构建出模糊综合评价矩阵 R_1、R_2、R_3、R_4 和 R_5。并由表 8-26 可知，各二级指标相对于一级指标的权重向量分别为 W_1、W_2、W_3、W_4 和 W_5，以及一级指标对于总体目标的权重向量 W。

$$R_1 = \begin{pmatrix} 0 & 0.011 & 0.027 & 0.193 & 0.770 \\ 0.005 & 0.005 & 0.011 & 0.075 & 0.904 \\ 0 & 0 & 0.005 & 0.059 & 0.936 \end{pmatrix} \quad 式（8-2）$$

$$W_1 = (0.520 \quad 0.296 \quad 0.184)$$

$$R_2 = \begin{pmatrix} 0.073 & 0.263 & 0.575 & 0.089 & 0 \\ 0.028 & 0.307 & 0.503 & 0.134 & 0.028 \\ 0.123 & 0.587 & 0.268 & 0.022 & 0 \\ 0.028 & 0.184 & 0.486 & 0.246 & 0.056 \\ 0.017 & 0.089 & 0.548 & 0.318 & 0.028 \\ 0.017 & 0.100 & 0.559 & 0.285 & 0.039 \\ 0 & 0 & 0.171 & 0.387 & 0.442 \\ 0.105 & 0.335 & 0.431 & 0.129 & 0 \\ 0.209 & 0.659 & 0.132 & 0 & 0 \end{pmatrix} \quad 式（8-3）$$

$$W_2 = (0.129 \quad 0.171 \quad 0.163 \quad 0.128 \quad 0.120 \quad 0.098 \quad 0.078 \quad 0.053 \quad 0.060)$$

$$R_3 = \begin{pmatrix} 0.571 & 0.429 & 0 & 0 & 0 \\ 0 & 0 & 0.510 & 0.415 & 0.075 \\ 0.713 & 0.287 & 0 & 0 & 0 \\ 0.478 & 0.420 & 0.102 & 0 & 0 \\ 0.073 & 0.436 & 0.391 & 0.084 & 0.017 \\ 0.022 & 0.251 & 0.464 & 0.229 & 0.034 \\ 0.011 & 0.140 & 0.458 & 0.313 & 0.078 \\ 0.011 & 0.106 & 0.436 & 0.352 & 0.095 \end{pmatrix} \quad 式（8-4）$$

$$W_3 = (0.194 \quad 0.112 \quad 0.177 \quad 0.146 \quad 0.105 \quad 0.109 \quad 0.098 \quad 0.059)$$

$$R_4 = \begin{pmatrix} 0.011 & 0.061 & 0.626 & 0.246 & 0.056 \\ 0 & 0.073 & 0.626 & 0.263 & 0.039 \\ 0.222 & 0.278 & 0.333 & 0.111 & 0.056 \end{pmatrix} \qquad \text{式（8-5）}$$

$$W_4 = (0.451 \quad 0.310 \quad 0.239) \qquad \text{式（8-6）}$$

$$R_5 = \begin{pmatrix} 0.017 & 0.196 & 0.637 & 0.128 & 0.022 \\ 0 & 0.151 & 0.581 & 0.240 & 0.028 \\ 0 & 0.095 & 0.620 & 0.246 & 0.039 \end{pmatrix}$$

$$W_5 = (0.405 \quad 0.367 \quad 0.228)$$

$$W = (0.326 \quad 0.181 \quad 0.222 \quad 0.143 \quad 0.128) \qquad \text{式（8-7）}$$

四、模糊合成

1. 一级指标的模糊合成

由式（8-1）计算可得评价因素集 U_1、U_2、U_3、U_4 和 U_5 的单级评价向量 S_1、S_2、S_3、S_4 和 S_5，并构建出对总目标层的模糊综合评价矩阵 R。

$$S_1 = W_1R_1 = (0.520 \quad 0.296 \quad 0.184) \times \begin{pmatrix} 0 & 0.011 & 0.027 & 0.193 & 0.770 \\ 0.005 & 0.005 & 0.011 & 0.075 & 0.904 \\ 0 & 0 & 0.005 & 0.059 & 0.936 \end{pmatrix} = (0.001 \quad 0.007 \quad 0.018 \quad 0.133 \quad 0.840)$$

$$S_2 = W_2R_2 = (0.129 \quad 0.171 \quad 0.163 \quad 0.128 \quad 0.120 \quad 0.098 \quad 0.078 \quad 0.053 \quad 0.060) \times \begin{pmatrix} 0.073 & 0.263 & 0.575 & 0.089 & 0 \\ 0.028 & 0.307 & 0.503 & 0.134 & 0.028 \\ 0.123 & 0.587 & 0.268 & 0.022 & 0 \\ 0.028 & 0.184 & 0.486 & 0.246 & 0.056 \\ 0.017 & 0.089 & 0.548 & 0.318 & 0.028 \\ 0.017 & 0.100 & 0.559 & 0.285 & 0.039 \\ 0 & 0 & 0.171 & 0.387 & 0.442 \\ 0.105 & 0.335 & 0.431 & 0.129 & 0 \\ 0.209 & 0.659 & 0.132 & 0 & 0 \end{pmatrix} = (0.060 \quad 0.283 \quad 0.431 \quad 0.173 \quad 0.054)$$

$$S_3 = W_3R_3 = (0.194 \quad 0.112 \quad 0.177 \quad 0.146 \quad 0.105 \quad 0.109 \quad 0.098 \quad 0.059)$$

$$\times\begin{pmatrix}0.571 & 0.429 & 0 & 0 & 0\\ 0 & 0 & 0.510 & 0.415 & 0.075\\ 0.713 & 0.287 & 0 & 0 & 0\\ 0.478 & 0.420 & 0.102 & 0 & 0\\ 0.073 & 0.436 & 0.391 & 0.084 & 0.017\\ 0.022 & 0.251 & 0.464 & 0.229 & 0.034\\ 0.011 & 0.140 & 0.458 & 0.313 & 0.078\\ 0.011 & 0.106 & 0.436 & 0.352 & 0.095\end{pmatrix}$$

$$=(0.319\quad 0.288\quad 0.234\quad 0.132\quad 0.027)$$

$$S_4=W_4R_4=(0.451\quad 0.310\quad 0.239)$$

$$\times\begin{pmatrix}0.011 & 0.061 & 0.626 & 0.246 & 0.056\\ 0 & 0.073 & 0.626 & 0.263 & 0.039\\ 0.222 & 0.278 & 0.333 & 0.111 & 0.056\end{pmatrix}$$

$$=(0.058\quad 0.117\quad 0.556\quad 0.219\quad 0.051)$$

$$S_5=W_5R_5=(0.405\quad 0.367\quad 0.228)$$

$$\times\begin{pmatrix}0.017 & 0.196 & 0.637 & 0.128 & 0.022\\ 0 & 0.151 & 0.581 & 0.240 & 0.028\\ 0 & 0.095 & 0.620 & 0.246 & 0.039\end{pmatrix}$$

$$=(0.007\quad 0.156\quad 0.613\quad 0.196\quad 0.028)$$

$$R=(S_1\quad S_2\quad S_3\quad S_4\quad S_5)=\begin{pmatrix}0.001 & 0.007 & 0.018 & 0.133 & 0.840\\ 0.060 & 0.283 & 0.431 & 0.173 & 0.054\\ 0.319 & 0.288 & 0.234 & 0.132 & 0.027\\ 0.058 & 0.117 & 0.556 & 0.219 & 0.051\\ 0.007 & 0.156 & 0.613 & 0.196 & 0.028\end{pmatrix}$$

2. 总目标的模糊合成

根据一级指标对于总体目标的指标权重 W 和对目标层的模糊综合评价矩阵 R，可得湖北省农业信息服务体系建设水平的模糊评价结果向量 S。

$$S=WR=(0.326\quad 0.181\quad 0.222\quad 0.143\quad 0.128)$$

$$\times\begin{pmatrix}0.001 & 0.007 & 0.018 & 0.133 & 0.840\\ 0.060 & 0.283 & 0.431 & 0.173 & 0.054\\ 0.319 & 0.288 & 0.234 & 0.132 & 0.027\\ 0.058 & 0.117 & 0.556 & 0.219 & 0.051\\ 0.007 & 0.156 & 0.613 & 0.196 & 0.028\end{pmatrix}$$

$$=(0.091\quad 0.154\quad 0.294\quad 0.160\quad 0.301)$$

五、评价结果分析

由模糊合成的结果可以分别得出“大别山试验区”农业信息化建设整体水平和农业信息采集能力、农业信息发布能力、农业信息服务基础设施建设、农业信息服务人力资源储备和农业信息服务政策法规保障的评价等级隶属度，如表 8－33 所示。

表 8－33 一级指标和总目标评价等级隶属情况表

	高	较高	一般	较低	低
农业信息采集能力	0.001	0.007	0.018	0.133	0.840
农业信息发布能力	0.060	0.283	0.431	0.173	0.054
农业信息服务基础设施建设	0.319	0.288	0.234	0.132	0.027
农业信息服务人力资源储备	0.058	0.117	0.556	0.219	0.051
农业信息服务政策法规保障	0.007	0.156	0.613	0.196	0.028
农业信息服务体系建设水平	0.091	0.154	0.294	0.160	0.301

从多级模糊评价结果来看，在对“大别山试验区”农业信息化建设的 5 级评价中，认为“大别山试验区”农业信息化建设属于高水平的测度为 0.091，认为属于较高水平的测度为 0.154，认为属于一般水平的测度为 0.294，认为属于较低水平的测度为 0.160，认为属于低水平的测度为 0.301。依据最大隶属度原则，可以判断“大别山试验区”农业信息化建设处于低水平。其中，除农业信息服务基础设施建设处于高水平之外，农业信息采集能力处于低水平，农业信息发布能力、农业信息服务人力资源储备以及农业信息服务政策法规保障都处于一般水平。其主要原因如下。

（一）造成农业信息采集能力处于低水平的原因

从对“大别山试验区”18 县市农业信息采集能力状况的调研来看，在 179 份有效问卷中，有多达 138 名被调查者选择自己所在村庄拥有的农业信息数据统计基站为 0 家，有多达 131 名被调查者选择自己最近三年接受过农业信息调查人员调查的次数为 0～2 次，有多达 136 名被调查者选择自己最近三年接受过农业信息调查人员调查的人数为 0～3 名，占比分别为 77.09%、73.18%、75.98%。这充分说明：“大别山试验区”广大农户接受农业信息服务机构和服务人员关于农业信息调查的次数很少，没有有效采集农户所拥有的农业信息，同时由于大多数村庄没有农业信息数据统计基站，农户无法向外界表明自己对农业信息的需求，也无法有效将自己所拥有的农业信息告知相关组织和人员。因此，由于“大别山试验区”整体社会经济发展的相对滞后，导致其在农业信息数据统计基站建设方面步伐较慢，农业信息调查人员的数量和对相关农户的调查频率力度也不够，因此导致“大别山试验区”农业信息采集能力低下，严重影响了“大别山试验区”农业信息化建设整体水平的提升。

（二）造成农业信息发布能力处于一般水平的原因

近年来，除了广播、电视、报纸、杂志等传统媒体外，以互联网为代表的新媒体迅速发展，并逐步向农村推进。这表明“大别山试验区”在发布农业信息时可利用的媒体和渠道更多，同时农户接收农业信息更方便、更及时。从对“大别山试验区”18 县市的调研来看，在 179 份有效问卷中，有 69 名被调查者使用互联网接收农业信息，有 122 名被调查者使用手机接收农业信息，占比分别为 38.55%、68.16%。这表明：“大别山试验区”农业信息服务机构和服务人员在积极利用互联网等新媒体，向广大农户发布农业信息。因此，在农业信息发布方面做得比农业信息采集方面要好，但由于“大别山试验区”经济发展较为落后，农民收入水平较低，使用互联网接收农业信息的比重还未达到 50%，这在一定程度上降低了农业信息服务机构和服务人员利用多种媒体向农户发布农业信息的效果。

（三）造成农业信息服务人力资源储备处于一般水平的原因

根据调研，“大别山试验区”农业信息服务人才缺乏问题非常突出。在 179 份有效问卷中，有多达 161 名被调查者在回答自己村庄是否有农业信息服务人员时选择“没有”或“不清楚”，比例高达 89.94%。造成“大别山试验区”农业信息服务人才高度缺乏的原因有：

（1）由于农业信息服务的准公共产品属性，农业信息服务工作的开展对政府财政和政策支持的依赖度极高，但“大别山试验区”整体经济发展落后，财力有限，对农业信息服务的财政和政策支持明显不足，无法对信息服务人才产生足够的吸引力，让其进入农业信息服务领域从事农业信息服务工作。

（2）农业信息服务工作者的人员结构不合理，农业信息服务人员从总体上看专业知识单一，要么只懂农业知识，要么只懂信息技术应用或者只懂信息管理，这与信息服务人员既要对农业知识有一定了解，也要对信息技术有一定熟悉度的要求相背离，影响了农业信息服务质量和效率的提高。

（3）对农业信息服务从业人员的培训力度不足也制约着农业信息服务能力的提高，虽进行了一定范围内的人员技术培训，并在一定程度上提高了农业信息服务某些环节的工作效率和质量，但距离全面提升农业信息服务人员整体素质和农业信息服务整体水平的要求仍有很大差距。

（四）造成农业信息服务政策法规保障能力处于一般水平的原因

“大别山试验区”于 2011 年 2 月成为湖北省省级战略后，试验区各县市都纷纷出台相关政策，积极促进“大别山试验区”经济社会发展。但根据调研以及掌握的实际情况来看，到目前为止，“大别山试验区”内仍没有一部能够规范农业信息服务活动、明确农业信息服务主体权责和界定农业信息服务非法行为并对其进行惩戒的农业信息服务相关法规出台。由于在农业信息服务法规方面存在盲区，一方面，不能对积极开展农业信息服务活动的相关机构和服务人员的利益进行保护，影响这些机构和人员的农业信息服务积极性；另一方面，不能对农业信息服务活动进行规范、引导和监督，容易在农业信息服务提供过程中造成投机者钻法律界定模糊的漏洞，对农业信息服务各主体的利益造成损害，不利于农业信息服务体系的健康、可持续发展。

第九章 “大别山试验区”与其他革命老区发展模式比较

第一节 模式概述

所谓模式，按1997年商务印书馆出版的《现代汉语词典》（修订本）解释，“是指某种事物的标准形式或使人可以照着做的标准样式”，其实就是解决某一类问题的方法论，把解决某类问题的方法总结归纳到理论高度，那就是模式。而“区域发展模式”通俗地讲是某一区域在一定时期和历史条件下形成的特色经济发展过程，张敦富在《区域发展模式的社会学分析》中对区域发展模式做了比较具体的概括：一是区域发展模式产生于工业化和现代化的实践中，是一定地区在一定历史条件下具有特色的经济发展过程和具体发展路子。二是核心内容是区域发展的主要资源和动力资源，所有制结构和运行机制。三是在学术研究和探讨中，模式则是对上述具有特色的具体发展路子的理论概括。四是它往往冠以国家和地区的名称，并在理论上可以区分不同类型。

我国幅员辽阔，各地社会经济基础、自然条件、风俗习惯、生产要素组合形式等均存在巨大差异，自然而然会出现不同的区域发展模式。1983年底费孝通教授提出苏南模式后，出现了温州模式，由于其在改革开放中的特殊地位，一度成为炙手可热的模式，紧接着珠江模式、耿车模式、民权模式、晋江模式、常德模式、农安模式、义乌模式等纷纷登台亮相，区域发展模式的研究遂成为热潮。在此，本书主要介绍几种主要典型的中国区域发展模式。

一、苏南模式

苏南模式是指苏南的农民依靠自身力量来发展乡镇企业、推进非农化。20世纪80年代，尤其是1985年之后，发展非常明显。它是中国乡镇企业起步较早，发展、转型较为成功的典型。其基本特征主要表现为：一是集体所有制为基础和主体，早期的乡镇企业经济总量曾经占到乡镇经济总量的95%。二是乡镇

政府为主导，对企业有很大的影响力和控制力。三是产业结构以第二产业为主，占据绝对优势的比重。四是以市场为导向，在经营方式上高度参与市场竞争。五是工农关系相互依存、相互促进。

二、温州模式

温州模式是指浙江省东南部的温州地区以家庭工业和专业化市场的方式发展非农产业，从而形成小商品、大市场的发展格局。小商品是指生产规模、技术含量和运输成本都较低的商品。大市场是指温州人在全国建立的市场网络。其基本特征主要表现为：经济形式家庭化，小商品大都是以家庭为单位进行的；经营方式专业化，有家庭生产过程的工艺分工、产品的门类分工和区域分工；专业生产系列化；生产要素市场化，按市场的供需要求组织生产与流通，资金、技术、劳动力等生产要素，均可自由流动；服务环节社会化。

三、珠江模式

珠江模式是指广东省珠江流域中以广州、深圳等为中心的 14 个市县，自改革开放以来，向市场经济转轨过程中对社会经济发展道路的概括和总结。改革开放后，珠江三角洲在从计划经济向市场经济转轨的过程中，利用国家赋予的优惠政策，以其独特的地理区位、土地和劳动力等优势，与外来资源相结合，创造了由地方政府主导的外向型快速工业化经济发展模式，走出了一条具有中国特色的沿海地区新工业化发展道路。其基本特征主要表现为：一是珠江模式存在和发展的基本前提是毗邻香港的地理位置。二是珠江模式的基本动力是以深圳为龙头的区域极化效应和扩展效应。三是以出口导向和发展外向型经济为主是珠江模式的基本战略。

四、泉州模式

泉州模式是以外向型经济为主、侨资侨力为依托、股份合作制为主要形式、国内外市场为导向、区域化专业化生产为构架、小工厂大产值小商品大市场小洋货大创汇为经营特色的经济发展模式，它的支柱是民营经济。随着时代的发展，泉州模式呈现的新特点有：发达的集群经济、特色的县域经济、活力的品牌经济、发展的创新经济和新型的文化经济。

五、山东模式

山东模式，即一方面依托毗邻日韩的区域优势实施对外开放，另一方面大力推进农业产业化。农业产业化 20 世纪 80 年代中期在山东等地率先兴起，日益崛起的农业产业化龙头企业逐步扭转过去那种农业大县、财政穷县、工业小县的局面，成为县域经济的重要生长点。其突出特点在于：一是加速培育了一批规模大、科技含量高、市场开拓能力强的龙头企业。二是积极引导龙头企业向优势产业和优势产品区集中。三是积极探索利益联结机制，创新经营机制，增强带动农户的能力。

本章力图突破纵向研究的常规思维，从横向比较上探究同为革命老区的大别山与井冈山、临沂的差异，从而从井冈山模式和临沂模式中汲取有效的营养成分，借助他山之石，实现大别山经济社会发展试验区跨越式的发展。

第二节　井冈山红色旅游发展模式

红色旅游作为爱国主义教育与旅游产业相结合的一种新兴旅游产品，从2004年下半年开始，席卷全国。尽管红色旅游发展时间较短，但人们看到了它在推动我国爱国主义教育，带动老区经济建设和发展，构建和谐社会等方面做出的积极贡献。而井冈山作为中国革命的摇篮，全国红色旅游的标杆和旗帜，在红色旅游发展与革命老区建设上摸索出了一套成功的模式——井冈山模式。研究其发展模式，对于大别山革命老区将是一个极好的借鉴和参考，原因如下：

（1）两地资源禀赋相似。两地在中国共产党的历史中都占有非常重要的地位，革命时期遗存下来的红色资源价值都是很高的，同时区域内绿色旅游资源及古色旅游资源都相得益彰，但红色旅游的发展却迥然不同，希望通过对比分析查找原因，寻找对策。

（2）两地区域性质相同。同为革命老区，井冈山成功地探索出一条井冈山模式，作为中国红色旅游的标杆和旗帜，与其对比研究既可以看清差距，广为借鉴，又可以避免参照的盲目性。

（3）地缘优势。两地的区位条件接近，毗邻省际，在区域的竞争与合作上具有一定的联动效应。

一、井冈山红色旅游发展模式的提出

（一）井冈山红色旅游发展模式的提出背景

井冈山位于江西省西南部，地处湘、赣两省交界的罗霄山脉中段，古有“郴衡湘赣之交，千里罗霄之腹”之称。新中国成立前，井冈山没有独立的县级行政建制，是一个“人口不满两千，产谷不满万担”的偏僻小山村。当初毛泽东等老一辈革命家选择井冈山作为革命根据地是由于其“四面环山，望天如井”的天然屏障，如今这些却成了阻塞信息传播、制约经济发展的“瓶颈”。在改革开放的浪潮中，这里一度成为贫穷、落后、闭塞的代言词。

然而近些年，井冈山的传统形象赫然突变，已经不单是一座革命之山，更是一座成功之山、一座生态之山、一座财富之山。这些得益于“红色旅游”的强大带动作用，在确定了“旅游兴市”的战略部署下，井冈山大力发展旅游支柱产业。2013 年共接待旅游者 898.68 万人次，实现旅游收入 680480.12 万元，与 2012 年同期相比分别增长 6.01%、8.42%。短短十几年的时间里，井冈山已由过去的贫瘠山区成长为一个现代化的旅游城市、全国爱国主义教育基地、中国优秀旅游城市、国家级卫生城市、国家级自然保护区、国家重点风景名胜区、首批国家 5A 级旅游景区等。

2006 年 5 月，国家旅游局局长邵琪伟在考察了井冈山旅游业的发展情况后指出：井冈山旅游注重红色旅游和绿色旅游的有机结合，坚持用“红色吸引人，绿色留住人”，把资源优势变成了经济优势，形成了井冈山新的旅游发展模式。由“此井冈山模式”、“井冈山现象”赫然出世，井冈山也俨然成为红色旅游的龙头老大，成为其他革命老区竞相模仿参照的标杆。

（二）井冈山红色旅游发展模式的内涵

简而言之，井冈山红色旅游发展模式的精髓是“跳出红色发展红色”，“用红色吸引人，用绿色留住人”，同时系统架构实现红色旅游的可持续发展。具体来说体现在如下几个方面。

1. 创新旅游开发模式——“红绿彩”相结合

井冈山的旅游资源非常丰富，既有独一无二的“红色”资源，得天独厚的绿色资源，还有独特的客家文化，丰富的人文资源。这些资源互不相同，又相辅相成。近年来，井冈山当地政府结合“红”、“绿”、“古”、“特”几大特点，将红、绿、客、古几大旅游资源进行有效整合，开发了以“红色朝圣之旅”、“绿色观光之旅”、“蓝色休闲之旅”、“金色成功之旅”、“古色民俗之旅”为核心内容的“五彩之旅”；精心设计了“寻根之旅”、“缅怀之旅”、“会师之旅”、“建党之旅”等 10 余条旅游精品线路。

秉着“高举红色旗帜，做足绿色文章，彰显古色魅力”的旅游发展战略，井冈山用红色感召市场，以绿色稳定市场，以古色来拓展市场，让游客在领略自然景观、体验民俗风情中放松心情、娱乐休闲，在驻足人文景观，缅怀革命先烈，感悟历史文化中丰富人生阅历，满足精神享受，启迪思想觉悟。例如在全球同纬度保存最完好的原始次森林里，他们用最生态最环保的方式修建了一条 5000 米的悬崖栈道，让游客进入笔架山神秘的腹地，去感受自然，领略那十里杜鹃长廊的壮观；在良好的场馆设施和宜人的气候背景，他们还开发了山林穿越、野外拓展、越野车驾驶等项目，形成系列“冒险”型体育休闲产品；在全山各地，他们增设休闲场所，引入酒吧、青年旅馆等经营项目，结合井冈山的民俗民居、客家风情，形成系列民俗风情旅游线路，让井冈山的旅游产品更富健康时尚感，对接了游客休闲度假的需求。

2. 升级红色旅游产品——体验导向型

体验经济背景下的传统红色旅游产品越发不能满足当前游客的心理需求，参观纪念碑，阅读挂在墙上的照片和文字材料，倾听导游的讲解，这些传统的模式已经使得红色旅游目的地在一般日子和特殊纪念日出现了“冰火两重天”的景象。而教育型体验是井冈山红色旅游产品的主要模式。为了能让游客在游览的同时接受革命思想教育，不是从形式上而是真正从精神上得到洗礼，井冈山大力实施“情景再现”工程。他们投入巨大人力、物力、财力，将当年的历史原生态地搬入景区，增强了游客的参与性和体验性。例如“黄洋界战斗场景还原”以及“走一段红军小路、听一堂传统教育课、向革命先烈献一束花、吃一顿红军套餐、学唱一首红军歌曲、看一场红色歌舞”等大量体验式，“情景再现”式产品的推出受到了游客的广泛好评。

3. 打造红色旅游品牌——红色节庆文化

1999 年井冈山首先提出了“红色旅游”的概念，经过近十年的发展，井冈山已经赫然成为中国红色旅游的标杆和旗帜，其红色品牌响彻中国乃至世界，这巨大的成功少不了当地旅游主管部门的营销推广，通过策划系列大型红色旅游节庆活动，不断增强其红色旅游的影响力。2003 年大手笔策划的“井冈山精神大型巡回展”和“井冈山旅游文化节”，极大地提高了井冈山的知名度；2005 年的“井冈山首届红色旅游文化节”；2006 年的“红色旅游高峰论坛”；2007 年的“井冈山纪念革命根据地创建八十年”系列活动；2011 年以建党 90 周年为契机，成功举办国际杜鹃花节；2012 年的“中国井冈山红色培训高端峰会”、《红色足迹》特种邮票首发式、中国首部红色音乐电影《井冈恋歌》首映式；2013 年“第四届中国·井冈山国际杜鹃花节”、“海峡媒体井冈山峰会”、纪念毛泽东同志诞辰 120 周年等系列活动，井冈山把红色文化与旅游品牌宣传有机地结合起来，取得了政治、社会、经济效益的“三丰收”。

同时本着“宣传主题化、形象最优化、目标区域化、覆盖网格化、推广集团化”的营销理念，不断强化井冈山的品牌建设和营销推广，不断丰富和完善井冈山旅游营销的主题定位，不断扩展旅游营销网络，并发展电子商务，建立井冈山旅游商务平台，为品牌宣传和市场营销提供了现代化支撑。

4. 深度挖掘红色文化内涵——井冈山精神

为深入挖掘红色文化内涵，井冈山市成立了井冈山精神研究会，出版了《井冈山根据地全史》、《弘扬井冈山精神，永葆党的先进性》、《天下第一山》、《走向井冈山》、《将帅从这里诞生》等一大批反映井冈山斗争史实的革命书籍；拍摄以井冈山斗争为题材的纪录片电影、电视剧；制作红色旅游景区、景点画册，并邀请知名词曲作家创造有关井冈山的歌曲，精心编排了《红色歌舞大联唱》、《八角楼上的灯光》、《十送红军》等传统革命歌舞节目；推出了"吃一顿红军饭，唱一首红军歌，走一趟红军路，读一本红军书，听一堂传统课，扫一次烈士墓"的"六个一"革命传统教育模式，加大了旅游经营文化建设的力度，使传统文化与现代旅游实现了更好的结合。一届届"中国红歌会，放歌井冈山"在井冈山唱响，一首首旋律优美、荡气回肠的红歌经久不衰，争相传唱，让许多游客从此爱上了红歌，爱上了井冈山。

5. 完善红色旅游配套设施——交通、景点网络化

为了实现井冈山旅游尤其是红色旅游的发展，将井冈山建成全国红色旅游的"第一城"，井冈山先后完成了泰井高速公路建设、井冈山机场复航以及景区公路的修缮。随着吉井铁路的开工建设，井冈山将形成四通八达的立体交通网络，与南昌、赣州、长沙、广州等大城市形成4小时经济圈。在景区建设方面，井冈山还将"红色摇篮"、"绿色家园"、"古色文化"、"蓝色碧水"等旅游资源与旅游品牌重新组合，扩大景区范围，并通过招商引资对旅游点进行开发建设，使旅游接待能力提高了3倍。现在井冈山风景名胜区面积已达261.43平方公里，拥有11个大景区、76处景点、460多个景物景观。目前，除了一批已经建成的井冈山革命博物馆等重要项目，井冈山还正与中信集团公司合作，投资30亿元建设梨坪国际会议中心，打造一个集会展、休闲度假娱乐为一体的旅游服务平台，进一步提升井冈山的核心竞争力。

二、井冈山红色旅游成长历程

正如红色旅游的发展历程一样，井冈山红色旅游也经历了从政治接待到市场化运作的转变，具体来说可以分为如下四个阶段，如表9-1所示。

表9-1 井冈山红色旅游发展历程

阶段	时间	特点	标志性事件
第一阶段	20世纪50年代~1994年	井冈山旅游从无到有，从小到大，投入逐年增多	1994年，井冈山被评为全国爱国主义教育基地和国家园林城市
第二阶段	1995~1998年	明确了红色旅游的发展主题，以旅游业为主体的第三产业占国民生产总值的比重逐年上升	1995年，井冈山确定了"旅游兴市"的战略构想；首次提出"红色摇篮、绿色宝库"的红色旅游发展主题；1998年，荣获首批中国优秀旅游城市称号
第三阶段	1999~2004年	进一步明确了旅游业的主导地位，在红色旅游的蓬勃发展下，产业结构进一步优化	1999年，制定了《井冈山市旅游发展总体规划》；同年，井冈山在全国率先提出"红色旅游"概念

续表

阶段	时间	特点	标志性事件
第四阶段	2005 年开始	红色旅游的发展进入"快车道"，并独占鳌头，进一步品牌化	2005 年，井冈山红色旅游的四个突破：一是接待游客突破 200 万人次，同比增长 22.7%；二是旅游总收入突破 10 亿元，同比增长 15.7%；三是红色旅游大门票收入突破 1 亿元，同比增长 96%；四是以红色旅游为主导的第三产业占 GDP 的比重突破 50%

资料来源：钟国华：《井冈山红色旅游可持续发展研究——基于利益相关者角度的探讨》，江西师范大学硕士学位论文，2007 年。

经过以上几个阶段的发展，井冈山旅游业从最初的"政治事业接待型"逐步过渡到"市场化产业型"，井冈山的红色旅游在政府的大力主导和市场的引导下，取得了很大进展，井冈山的红色旅游品牌、知名度和美誉度得到了显著提升。

三、井冈山红色旅游发展模式解析

中国的许多革命老区都有着丰富的红色旅游资源，像延安、遵义、瑞金、韶山等，唯独井冈山的红色旅游能走出一条独特的发展模式，这与其资源条件及政策机遇是分不开的，具体来说，促使其发展模式的形成动力体现在如下几个方面。

（一）独一无二的红色旅游资源是原动力

井冈山的红色旅游资源禀赋极高，其特色主要体现在如下几个方面：

1. 聚集中国核心革命精神——井冈山精神

井冈山革命根据地是以毛泽东为代表的中国共产党人开创的中国第一块农村革命根据地，是中国革命的摇篮，在此形成的井冈山精神也成为中国众多革命精神的发源地和生长点。其主要内涵是"坚定的革命信念，自力更生，英勇奋战，百折不挠，艰苦奋斗"。这种精神闪耀着马克思主义的世界观、方法论和共产主义理想、信念，成为我党优良传统的重要源头，成为长征精神、延安精神、雷锋精神的重要源头，成为新一代中国共产党人改革创新精神的重要源头，也正是这种精神激发着老区人民不甘落后、奋发图强的改革精神。

2. 数量丰富，价值重大的红色文化物质载体

艰苦卓绝的革命斗争不仅孕育了凝聚中华民族之魂的井冈山精神，还为井冈山留下了大量珍贵的革命历史文物。井冈山拥有多处革命旧居、旧址、遗址和文物，这些历史遗产就单体而论意义较大、档次较高。革命历史遗迹、遗物和纪念馆遍布全境，迄今保存完好的井冈山斗争革命旧址、遗址达 100 多处，其中国家级文物保护单位 21 处、省级文物保护单位 6 处、市级文物保护单位 35 处。如

表9－2所示。

表9－2 井冈山红色旅游景区景点

景区	景点	品级
茨坪景区	南山公园工农兵群雕	省级文物保护单位
	五马朝天红军路	
	红四军军部等革命旧址群	
	井冈山革命博物馆	
	井冈山烈士陵园	
	红军烈士墓	
	烈士纪念塔	
	毛泽东旧居等旧居群	国家级文物保护单位
	新遂边陲特别区工农兵政府旧址	省级文物保护单位
	湘赣边界防务委员会旧址	省级文物保护单位
茅坪景区	八角楼（毛泽东旧居）	国家级文物保护单位
	红军医院旧址（攀龙书院）	
	中共湘赣边界第一次代表大会旧址（谢氏慎公祠）	
	中共井冈山前敌委员会和湘赣边界特委驻地（袁家祠）	国家级文物保护单位
	湘赣边界工农兵政府驻地（袁家祠）	国家级文物保护单位
	红四军士兵委员会旧址	
	陈毅、彭德怀旧居（茅坪）	
	步云山白云寺（中共湘赣边界第二次代表大会旧址、红军练兵场遗址）	国家级文物保护单位
	象山庵（毛泽东与贺子珍联姻旧址、红军留守处和三县党组织负责人联席会议旧址）	国家级文物保护单位
	红军被服厂旧址（桃寮）	
	工农革命军第一师师部旧址（洋桥湖）	国家级文物保护单位
	红四军兵士委员会和旧址（洋桥湖）	国家级文物保护单位
	朱德旧居（洋桥湖）	国家级文物保护单位
龙潭景区	小井（红四军医院旧址、红军烈士纪念碑、红军烈士墓）	
	金狮面（红军洞、红军造币厂遗址）	省级文物保护单位
黄洋界景区	大井（毛泽东、朱德、陈毅、彭德怀旧居，常青石、读书处、王佐烈士墓）	国家级文物保护单位
	黄洋界（保卫战工事、红军营房、挑粮路）	国家级文物保护单位
	八面山（哨口工事）	国家级文物保护单位
	红军造币厂	国家级文物保护单位

续表

景区	景点	品级
主峰景区	双马石（红军哨口工事）	省级文物保护单位
	红军游击洞	
	荆竹山雷打石（毛泽东宣布三大纪律处）	
桐木岭景区	桐木岭（红军哨口工事）	
笔架山景区	黄坳地母宫（毛泽东旧居、遂川县工农兵政府旧址、红军标语）	
	朱砂冲（哨口工事）	
	行洲（红军战士住房旧址、红军标语群旧址）	
	红军建军广场旧址（井冈山会师地）	
龙市景区	龙江书院（朱德与毛泽东会见处、边界第一所红军教导队旧址）	
	井冈山会师纪念馆	国家级文物保护单位
	井冈山会师纪念碑	
	古城会议旧址	国家级文物保护单位

资料来源：根据井冈山旅游官方网站相关资料整理。

3. 分布相对集中的红色旅游资源

井冈山风景区所涉面积达261.43平方公里，共有11个大景区，但各景区除仙口景区、黄坳、八墩桥、朱砂冲景点较为偏远外，其他景区、景点大体分布在以茨坪景区为中心的区域，同时各景区内景点衔接较密，因而又具有相对集中的特点。

（二）形态多样的多色旅游资源是辅助力

1. 得天独厚的绿色旅游资源

井冈山属亚热带季风气候，四季分明，雨量充沛，年平均气温14.3度。井冈山风景名胜区面积261.43平方公里，分为11个景区，76处景点，460多个景物景观。千峰竞秀，万壑争流，苍茫林海，飞瀑流泉，融雄、险、秀、幽、奇为一体，峰峦、山石、瀑布、溶洞、温泉、珍稀动植物、高山田园风光应有尽有。既有气势磅礴的云海、奇妙独特的飞瀑、瑰丽璀璨的日出、蜚声中外的十里杜鹃长廊，又有享誉全球的黄洋界、茅坪八角楼以及被载入第四版百元人民币背景图案的井冈山主峰，更有全球同纬度迄今保存最完整的次原始森林7000公顷，还有一片被联合国环境保护组织誉为全世界仅有的常绿阔叶林。井冈山环境优美，风光绮丽，空气清新，每立方厘米空气中含负氧离子数超过80000个，有的地方达到160000个，人称"天然氧吧"。这里无污染、无噪声，森林覆盖率达86%，生态环境极佳，超过国家一级标准，是理想的旅游避暑疗养胜地。当年，朱德重

上井冈山时挥毫写下了“天下第一山”的题词；著名文学家郭沫若畅游井冈山后，感慨万千，挥笔写下了“井冈山下后，万岭不思游”的赞美诗句。1982年，井冈山被国务院批准为第一批国家级重点风景名胜区，1991年与1998年分别被国家旅游局评为“中国旅游胜地四十佳”之一和“中国优秀旅游城市”，2001年1月被国家旅游局授予“国家4A级风景旅游区”，2007年被评为全国首批5A级风景旅游区。

2. 历史厚重的古色旅游资源

井冈山周边地区古色文化底蕴深厚，如井冈山下的吉安市素有“文章节义之邦”、“庐陵文物照江天”的美誉。从唐宋至明清，吉安的科举进士达2300多人，其中状元15人，绘就了“隔河两宰相，五里一状元”的历史画卷。吉安市有流芳千古的重点文物保护单位300多处，其中国家级20多处，省级30多处。有高唱《正气歌》的民族英雄文天祥纪念馆；有让世界各国竞相尊为国宝的“木叶天目”、“剪纸贴花”彩釉的诞生地——宋代吉州古窖遗址；有重写长江流域文明史的战国粮仓遗址和青铜王国——新干商代大墓；有距今近800年同榜考中一名状元四十名进士的江南四大书院之一——白鹭洲书院遗址；有保存完好的古村落杨万里故乡——吉水县黄桥塘村；有“江南第一墓”的三国东吴晋墓；此外还有许多古书院、古村落、古遗址、古墓葬。这一切都给红色旅游资源与古色旅游资源的良好整合奠定了坚实的基础。

3. 风情万种的客家文化

红色革命老区井冈山不仅风景秀丽，而且历史厚重，民风淳朴。现境内居住的人口有两种：一是唐宋时期由山东、河南等地迁徙此地的北方人，后来称之为“土籍”；二是明清时期由广东、福建等地迁徙此地居住的，称为“客籍”。客家人在井冈山落脚生根，逐步形成一个具有独特的客家方言、客家文化、客家民居及民族习惯的民俗语系。

（三）政府的领导决策是主导力

井冈山红色旅游走的是一条政府主导的发展线路，省、市政府的大力支持和强力推动是其成功的主要动力。江西省较早认识到了其红色资源的潜在价值，并于1999年第一次提出了“红色旅游”的概念。2000年初，江西就提出将革命圣地作为重要的旅游资源进行战略性研究开发；2001年，推出“红色摇篮、绿色家园”的旅游主题口号；2004年，联合北京、上海等省市发布《七省市发展红色旅游郑州宣言》，并率先出台了《江西省红色旅游发展纲要》，将红色旅游作为旅游业的发展重点；2005年，省委、省政府召开“发展红色旅游工作会议”，全面部署红色旅游工作，成立了三级红色旅游工作领导小组，定期召开会议，协调解决发展红色旅游的重大问题，形成共同推动红色旅游发展的强大合力；2006年，江西省委、省政府印发了《关于大力发展红色旅游的若干意见》，明确了扶持红色旅游发展的系列政策措施；2009年，省委、省政府召开了全省旅游产业大省建设工作会议，进一步提出把江西建设成为中国红色旅游首选地和红色旅游强省。省财政每年安排红色旅游发展专项资金1000万元，并对红色旅游重点景区建设项目实行倾斜。各地也相继加大了对红色旅游的投入，特别是井冈山将市直行政机构全部搬迁下山后，茨坪景区成为一个完全的游客游览和接待中心，各类饭店已达130多家，床位16000余张，并投资6亿多元改善旅游环境和服务设施。

（四）国家的政策机遇是强助力

红色旅游所彰显出的强大社会和经济效益，使得中央和地方对发展红色旅游都给予了高度重视和大力支持。2004年，国务院出台《2004~2010年红色旅游发展规划纲要》，提出加快发展红色旅游的具体措施，正式启动"红色旅游工程"；同年中共中央、国务院《关于进一步加强和改进未成年人思想道德建设的若干意见》提出，把红色旅游作为对未成年人进行思想道德主题宣传教育的重要内容，各级党团工会组织都纷纷将组织红色旅游活动作为开展革命传统教育的重要形式；2008年，国家发展和改革委员会等14个部委联合颁发《关于进一步促进红色旅游健康持续发展的意见》，就进一步促进红色旅游发展提出指导性意见；与此同时，中华人民共和国成立55周年、60周年，红军长征70周年，纪念反法西斯战争胜利60周年，邓小平同志诞辰100周年，中国共产党建党90周年等，都为红色旅游提供了空前的发展机遇。井冈山正是把握了这些重大机遇，抢占了红色旅游的发展先机，持续做大做强红色旅游产业，现已成为全国红色旅游发展的龙头和旗帜。

（五）区位和交通优化是推动力

井冈山过去是"山高弯多路坡陡，一条国道堵车多"，交通不便成为制约井冈山红色旅游产业发展的"瓶颈"。为了打破交通"瓶颈"，促进发展红色旅游产业所必需的物流、人流、信息流等更加通畅，推动红色旅游产业发展，近年来，井冈山市委、市政府牢固树立"要兴游，先修路"的思想，加大了旅游交通的投入力度。经过多年奋战，建成了全国第一条直达风景名胜区的泰井高速公路，扩建了井冈山机场，景区、景点之间的道路也全部进行了升级改造，直通井冈山的吉井铁路已经开通营运。目前，井冈山的交通已形成了一个集高速公路、铁路、机场、国道、景区公路为一体的交通网络。特别是2005年7月1日，开通了吉安至北京西和吉安至深圳两趟始发旅客列车，结束了没有始发旅客列车的历史，从而有效地解决了以往旅客"进得来、出不去"的问题。现在，从吉安到北京、深圳，分别只需15个小时和8个小时；驾车至上海9个小时，至广州6个小时，至南昌3个小时。交通大发展，让景区的内外交通条件变得通畅便捷，为开展红色旅游创造了比以往更好的条件。

四、井冈山红色旅游效应

红色旅游的兴旺，让井冈山焕发了生机和活力。红色旅游，不仅成为井冈山最响亮的一张名片，也成了拉动当地经济发展的助推器，它改变了老区群众“靠山吃山”的境况，成为老区经济的有效增长点，使老区经济发展方式实现了由“救济型”向“开发型”的转变。现在旅游业成为井冈山市经济社会发展主导产业的同时，对相关产业的拉动作用不断增强，人民群众从中得到的实惠越来越多。以2007年和2012年的统计数据来比较：2007年地区生产总值17.19亿元，2012年达到了44.04亿元，增长将近1.5倍；2007年财政收入1.86亿元，2012年达到了6.45亿元，增长了2.5倍；旅游收入更加突出，2007年19.32亿元，2012年达到了63.76亿元，增长了2.2倍。旅游发展带动了人民生活的改善，其中城镇居民可支配收入、农民人均收入，比五年前增长了0.7倍。

（一）对井冈山市国民经济的带动作用

表9-3 2000~2013年井冈山旅游收入

单位：亿元

年份	2000	2001	2002	2003	2004	2005	2006	2007	2008	2009	2010	2011	2012	2013
旅游收入	2.94	5.03	5.95	6.6	8.8	11	13.4	19.32	26	29.65	33.24	49.36	63.76	68.05

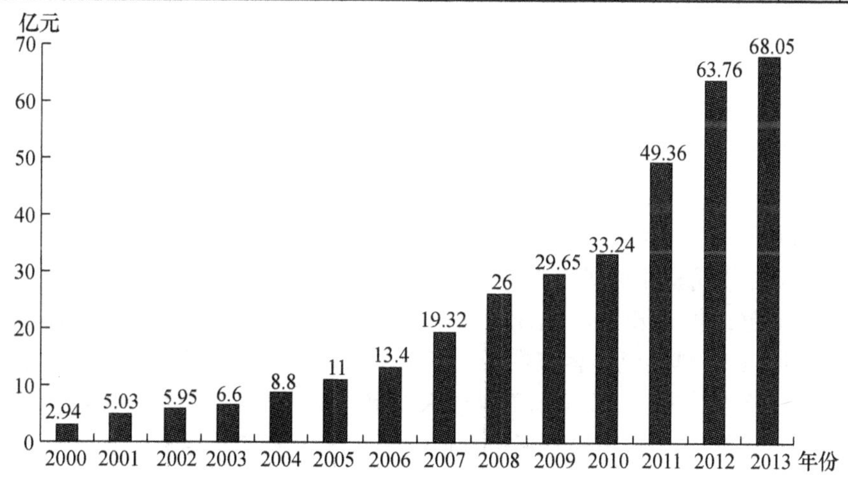

图9-1 2000~2013年井冈山旅游收入

资料来源：井冈山2000~2013年政府工作报告。

通过表9-3和图9-1的数据可以看出，井冈山的旅游收入经过十几年的发展，增长了20多倍，已经成为当地生产总值的一项重要来源。

（二）对井冈山市产业结构的优化作用

表9-4　井冈山市重要年份产业结构及比重（当年价格）　单位:%

产业	1980年	1985年	1990年	1995年	2000年	2005年	2010年	2013年
第一产业	54.58	52.43	46.81	39.01	28.80	18.2	11.18	9.59
第二产业	24.18	26.85	26.25	30.30	31.60	30.18	39.90	36.21
第三产业	21.24	20.72	26.94	30.69	39.60	51.62	48.92	54.2

资料来源：江民锦：《旅游业对井冈山区发展的影响及模式研究》，北京林业大学博士学位论文，2007年。

根据表9-4统计数据显示，红色旅游的发展，带动了井冈山产业结构的调整，经济结构进一步优化，其中，第三产业所占比例逐年增长，占据了当地经济的半壁江山。

五、启示与经验

（一）资源整合开发拓展红色旅游的吸引力

"红色"与"绿色"交相辉映是井冈山旅游的最大优势和卖点，而红色被称为井冈山旅游的灵魂。这些年来，井冈山市坚持强化"红色吸引人，绿色留住人"的主题，从"高"、从"特"走红绿结合文章。围绕着"红色"这个特点，先后对行洲红军标语群、步云山练兵场、会师纪念馆、会师广场进行大规模修建，增强革命历史宣传的感染力；在井冈山烈士陵园，建成了全国第一座以革命历史人物群像为题材的雕像园，再现了当年根据地最高领导人与井冈山军民团结奋斗的场景；先前只有战壕数条、残墙几堵的黄洋界如今已是绿荫蔽日，在绿树红花的衬映下，黄洋界保卫战纪念碑、红军哨口工事遗址更显庄严肃穆，成为井冈山红色旅游的代表性景观。在加大红色旅游资源保护和开发的同时，积极发展绿色生态旅游，相继开发出龙潭、主峰等生态景区，以及不少供游人观赏的"绿色"景点：竹排漂流、客家歌舞、客家菜肴品尝、观幽林古藤、快艇游井冈湖、眺五指峰等。同时，还推出五马朝天狩猎、攀岩、高空钢索等表演项目，使井冈"红"、"绿"交相辉映、相得益彰，形成了集观光、娱乐、休闲、度假为一体的井冈山旅游模式。

（二）旅游基础设施改善增强游客的可进入性

交通是旅游目的地的经济命脉，这一点在井冈山体现得尤为突出。京九铁路开通后的第二年即1997年，井冈山市接待海内外游客大幅度增长，首次突破100万人次，旅游及相关产业实现收入112亿元。此外，京九铁路将井冈山与省内外一些著名旅游景点及旅游城市连成一线，井冈山成为大旅游区中一个富有特色和特殊意义的旅游热点，有不少其他旅游景区和旅游城市的游客前往井冈山旅游，扩大了井冈山客源市场规模，丰富了游客类型。井冈山机场通航后，上海、北京飞井冈山仅需 1 ~2 小时，且井冈山机场与赣粤高速公路、京九铁路、105 和 319 国道、赣江航运及泰井高速公路共同构成井冈山“水陆空”立体交通网络，区位优势进一步增强。

（三）大力营销推广区域红色旅游品牌

资源的优势不等于市场的优势。近些年，井冈山为了更好地推广其红色旅游品牌，在营销策划上做足了文章。一是明确其红色旅游的目标市场，有针对性地加大宣传促销。二是充分利用媒体、网络、外宣品，通过节事活动、重大纪念活动、专题展览、文艺演出等方式进行红色旅游宣传。三是景区联合各旅行社组织专门的营销队伍，进入各种消费团体，尤其是学校、机关、老年协会和企业，利用宣传画册、年历赠送、学习赞助、友谊活动、体育交流和文化沙龙等进行广泛促销。

（四）理顺管理体制保障运行规范

一座山上三个“婆婆”，这句话看似调侃，却道出了先前井冈山管理上的弊端。三个“婆婆”即省林业厅直管的井冈山自然保护区管理局、省农垦厅直管的井冈山垦殖集团、井冈山市政府，三家共同管理这座总面积不过 1300 平方公里的小山头。“一个山体，多家分治”的结构严重制约了井冈山“红色资源”的价值开发，井冈山旅游的整体优势也难以得到淋漓尽致的发挥。井冈山市通过向上级部门积极争取，逐渐理顺了管理体制，井冈山企业集团、自然保护区管理局的管理权限一律下放到地方，变成井冈山市的职能部门，实现了三家的“捆绑”，使先前各行其道的“三驾马车”变为融生产、经营、保护、管理于一体的“四马齐奔”，彻底根除了彼此之间的摩擦，有效扩大了森林资源的保护范围。掌管红色资源的井冈山市博物馆也成为正科级单位，由井冈山市直接管理，省文化厅只作业务上的指导。为统一旅游资源的经营，井冈山成立了门票局，实行景区门票“一票制”，门票总收入的 18% 归博物馆，39. 1% 归市财政，5% 用于旅游促销，其余归井冈山市旅游股份公司，形成了管理集中、职责明确、利益共享的管理体制。而今，江西省委、省政府又批准成立井冈山管理局，专门负责井冈山旅游业的统一管理、规划和建设，进一步理顺了井冈山旅游的管理体制，为井冈山的旅游插上了腾飞的翅膀。

第三节 临沂城乡统筹发展模式

临沂和其他革命老区一样，曾经为共和国的诞生做出过杰出的贡献，但是在新中国成立后的很长时期，其发展十分缓慢，甚至严重滞后。经过改革开放这么多年的发展，尤其是近十年的发展，临沂率先脱贫，实现了快速发展，走出了一条有特色的发展道路，形成了令人瞩目的"临沂模式"。与井冈山红色旅游发展模式不同，临沂走的是一条城乡统筹发展模式，这对革命老区的发展具有极强的理论及实践意义，同时也丰富了"中国发展模式"的内涵，选择其作为"大别山试验区"的对比对象源于如下思考：

（1）临沂模式的强大影响力。作为革命老区，临沂所形成的发展模式与中国其他发展模式，如温州模式、苏南模式、珠江模式等一样被提到了重要的地位，并引起了政府和学术界的高度重视，对于引领中国老区发展具有普遍的指导意义。

（2）大别山老区需要临沂跨越式的发展成效。短短的十几年时间，临沂的1000多万人由贫穷落后到全面小康，创造了一条革命老区跨越式发展的成功道路，这种惊人的跨越对于大别山老区来说无疑是一种鼓舞和激励。

一、临沂模式横空出世

（一）形成背景

临沂市位于山东省东南部，地近黄海，东连日照，西接枣庄、济宁、泰安，北靠淄博、潍坊，南邻江苏，是山东省人口最多、面积最大的市，是全国著名的革命老区，曾以贫穷落后著称。直到1984年，临沂市13个县有7个被列为国家级贫困县，临沂地区被列为全国14个连片的扶贫地区，温饱问题没有得到解决，在国家与省区发展规划中长期被处于边缘化。

然而近些年，作为革命老区的临沂市却实现了跨越式发展。2004年，在全国革命老区中第一个实现GDP过千亿元；最近几年，又在全国革命老区中第一个通过国家环保模范城市考核验收，第一个实现了有线广播电视"村村通"，第一个被评为创建全国文明先进城市。《2008年中国城市竞争力蓝皮书》显示，临沂市位居中国城市增长竞争力第五，成为全国唯一进入前十名的革命老区。这个曾"内货不出、外货不入"的地方，却建成了全国第二、江北第一、万商云集的批发市场；这里曾"四塞之崮，舟车不通"，却修建了全国地级市中通车里程最长的高速公路，成为全国14个连片扶贫地区唯一宣布脱贫的老区；在沂蒙精神的感召下，这里相继创出了全国双拥模范城、中国历史文化名城、中国优秀旅游城市、国家卫生城市、国家园林生态城市、国家环保模范城市、中国书法名城、中国市场名城等"国字号"荣誉。

（二）临沂模式界定

临沂模式是在2006年左右形成的，尤其是大城市战略实施使得这种模式成为一种事实。临沂模式集中了苏南与温州模式的精华，代表了新时期"中国模式”的新水平，是中国进入城乡统筹阶段的新标志。

具体来说，临沂模式是城乡统筹型的经济与社会发展模式，不是单纯 GDP 增长模式或经济发展模式，它具有农业经济向工业经济转型特征，本质上却是农村社会向城市社会转型的转型模式。它是由市场诱致性与政府强制性结合的模式，它具有民间内生力与政府外生力的发展双动力。在体制上，大市场是典型的发展市场经济的模式形式，是体制外进行改革的先发优势而促成；在所有制上，以家庭经营为城乡致富的起点形式，民营经济是主体；在经济发展模式上，以系列小商品为主导，形成产业集群，带动整个区域的商品经济发展；在经济运行模式上，以初步的市场机制为城乡经济发展的基础推动力，以政府主导的重大战略措施为主要推手；在发展形态上，是革命老区或欠发达地区跨越式发展形态。

（三）临沂模式的特征

根据新华社研究员李锦的提炼总结，临沂模式的主要特征体现在如下六个方面：

（1）政府有为。临沂市党政的科学有为特别是在领导大城市建设与物流市场建设上最见功夫。体现在勇于创新的有为魄力，调控有度的有为艺术，超然于物外的有为制度，共绘一张蓝图的有为生态，历届党政领导一张宏图绘到底，一任接着一任干，形成上下左右相互配合、相互支持、相互欣赏、相互促进的从政生态。

（2）民营主力。细读临沂发展的数字，发现临沂的民营经济比例都在 80% 上下。也就是说，在临沂的发展中，民营经济是“十分天下有其八”。2013 年，全市民营经济实现增加值占地区生产总值的 77.6%，同比提高 0.3 个百分点；民营经济税收占国地税收入的 84.4%，同比提高 3.9 个百分点。民营企业成为社会经济增长的主要推动力量。

（3）大市场启动。临沂商城经过 30 多年的培育发展，已形成了我国江北最大的市场集群，有“商贸名城，物流之都”的美誉。临沂中心城区有专业批发市场 100 多个，辐射全国 30 多个省、市、自治区，商品远销 20 多个国家和地区，2012 年实现商品交易额 1772 亿元，日货物出港量 20 多万吨，拥有 2000 多条国内配载线路，物流网络覆盖全国 1800 个县级以上网点，年出口集装箱 30 多万箱。

（4）大城市带动。依靠特大城市带动，堪为临沂 2500 年历史上最华丽的篇章，因为临沂 9 县多是农业县，拉动力弱，于是实施超常规的特大城市拉动战略成为临沂模式的代表作。城镇化水平由 2002 年的 32.9% 提高到 2013 年的 53.2%，临沂市城镇化水平年均增长 2 个百分点，每年创造需求高达 280 亿元。根据规划，到 2020 年，城镇化水平达到 60% 以上，意味着临沂市城镇化水平每年将提高 2.1 个百分点，能够拉动最终消费年均增长 3.4 个百分点。

(5) 产业集群拉动。在商贸物流体系培育成熟后，临沂市实施特色产业提升计划，发展轨迹向综合产业带动转向。临沂人甩掉了大市场"买全国、卖全国"的原定位，走"大项目—产业链—产业集群"发展道路以来，产业集群已成为推动临沂市经济增长的重要途径。临沂市通过设立兰山工业园等园区，提供优惠条件，吸引有实力的业户或工厂进驻，拉长了商贸的产业链。目前，临沂市成规模产业集群已发展为44个，销售收入过百亿元的产业集群已达16个，2012年底实现利税370.5亿元。

(6) 文化强势推动。临沂是个文化活动极为活跃的地方。多年来，通过组织沂蒙精神进京展、沂蒙精神与全面建设小康社会理论研讨会、中国齐鲁沂蒙革命老区行、开辟沂蒙精神教育基地等大型系列活动，凝聚了人心，扩大了影响。经济的背后是文化，文化的核心是精神。"沂蒙精神"的提出是概括提升地域精神、打造临沂文化软实力的一个重要举措，总结弘扬"沂蒙精神"，临沂可以说是抓到文化大市建设的根本上去了。临沂还大力发展民营文化企业，用民间资本来保存和弘扬文化。2003年来，打造节会品牌，形成"春有诸葛亮、秋有王羲之"的节会文化格局；大力建设文化设施，形成市、县和基层同步快速发展的良好局面全面实施文化体制改革。从临沂市看到了中国由"文化流传大国"向"文化流通大国"转变的好趋势。

二、临沂模式的发展历程

临沂模式的形成，以临沂新城大规模开发为主要标志（时间可定为2005～2009年），转折点为2006年，是由城市化过程、市场化过程、工业化过程三位一体共同推进的，具体来说每条轴线的发展历程如下：

第一条轴线：工业化进程。第一阶段，1980～1992年，以罗庄乡镇工业为标志的农村工业化阶段，表现为自下而上的农村推动型经济。第二阶段，1993～2002年，以市场带动型为标志的市场工业化阶段，区域经济发展模式由农村推动型向城市辐射型过渡。第三阶段，2003～2010年，以经济与高新技术开发区建设为标志，以大规模引进民营外资为手段的城市工业化阶段，新型工业化进程至此将使区域经济获得更快的发展。

第二条轴线：城市化进程。在临沂，城市化与工业化是相伴进行的，并且是城乡间敞开的条件下进行的开放式运动。第一阶段，1985～1995年，乡镇企业聚集在小城镇，以小城镇迅速发展壮大。第二阶段，1996～2004年，以市、县两级县扩容增量为重要标志的城市现代化阶段。开发区使市县两级中心城镇突破原有的空间桎梏，空间扩大，城镇体系的布局形成。第三阶段，2005～2015年，以临沂特大城市崛起和城市圈形成为标志的区域一体化阶段。区域内交通、通信等基础设施进一步提升；城镇体系布局开始大幅度调整完善，并反过来推动工业化、市场化与信息化进程的提速。

第三条轴线：市场化进程。以集兴市，以市兴城，是临沂城市发展的重要特点。先有大市场，后有大城，从这一意义上讲，市场化是因，城市化是果。从长远来看，两者之间又是互为条件、互为因果的。因此，临沂其真正意义的城市化，是在市场化十年左右后才得到大发展的。第一阶段，1978～1992 年，以乡村集市扩展为固定的市场。第二阶段，1993～2004 年，专业市场迅速形成并得到提升，西郊批发市场群改移临沂批发城，加速区域产业支柱形成。第三阶段，2005～2015 年，以现代物流为标志的市场化提升阶段。

三、临沂模式解析

临沂模式的形成，有其特殊的历史、现实条件和经济、政治、文化等方面的深层原因。具体来说，体现在如下几个方面：

（一）革命老区的不甘落后是内驱力

由于历史投入的原因，临沂经济社会发展的底子比较薄弱。其一，与山东省的发展规划失之交臂。其二，与国家的发展规划擦肩而过。其三，未能享受国家扶持政策。沂蒙山区与井冈山、延安地区同为中国三大革命老区，但是没有充分享受国家给予革命老区的政策。在全国 18 个连片扶贫开发的革命老区中，唯独沂蒙老区未能享受国家的扶贫政策。在这种背景下，临沂只能设法寻路，实施跨越式发展战略。甚至从中可以看到革命战争年代人民军队开辟革命根据地的某些特征。其特点在于：①群众自发性，以自力更生、艰苦奋斗为号召。②民营特点，是千百万老百姓的“人民战争”，国有企业很少。③当地政府强有力的组织发动，有带领一支队伍来到深山开辟根据地的特点。④能瞬间把群众组织起来打大仗，短短几年间，临沂城建设就犹如一场战役，迅速铺开，迅速打响。因此说，老区人民开拓奋进、艰苦奋斗、顽强拼搏、生生不息的精神是临沂模式的原始动因。

（二）优越的区位和丰富的资源是基础

临沂地处东部沿海经济区核心城市北京至上海最短距离的中心位置，具有独特的承接南北的区位优势。东靠青岛港、日照港、日照岚山港和连云港，属于亚欧大陆桥东方桥头堡范畴，山东和江苏两个经济大省的交界处，南北交会，海陆兼济，发展空间广阔。临沂飞机场通达全国十几个城市，为国家二级机场。京沪高速公路、长深高速公路、日东高速公路、新亚欧大陆桥铁路、沿海铁路大通道在临沂市境内纵横交错，构成了一个非常便捷的陆海空立体交通主干网。改革开放三十多年来，临沂立足承南接北、近海临港的区位优势，努力打造立体便捷的交通运输网络，为自身经济发展特别是承接国内外产业转移提供了重要的前提条件。现在，临沂正在积极推动临港工业发展，努力把临沂建设成岚山港和日照港的最大腹地、青岛港和连云港的重要腹地。正是由于发达的立体化交通网络，为临沂商贸物流提供了优越的条件，使得临沂成了与义乌齐名的中国市场名城。以其优越的交通运输条件、发达的商贸物流业、雄厚的现代制造业，临沂已经成为连接长三角和环渤海湾两大经济圈的重要桥梁和纽带。

同时，临沂的农副产品产量高、质量好，现已形成花生、黄烟、桑蚕、柳编、银杏、金银花、板栗、茶叶八大特色基地和蔬菜、果品两大优势产业。临沂的矿产资源也是种类较多，已发现和探明储量的矿产有73种，其中金刚石储量居全国第2位，石英砂岩、陶瓷土、白云岩、花岗石矿产储量均居全省第1位。依托丰富的自然资源优势，临沂培植壮大了食品、冶金、化工、木业、机械、建材、医药、纺织服装八大支柱产业和化肥、木业、食品三大产业集群。特别值得一提的是，临沂城因沂河而得名，依河而建，因河而兴，境内有大小河流1800余条，其中超过10公里的就有251条，全市水资源总量达55亿立方米。沂河、沭河纵贯临沂全境，流域面积占全市总面积的77%，沂河水源地是淮河流域水质最好的地区，沂河风景区被列为首批国家18个水利风景区之一。沂河养育了沂蒙儿女，孕育了沂蒙文明，见证了沂蒙的历史变迁。现在，临沂市正以"大水源"为依托，以"大水网"为骨架，建设"大水利"，发展"大水运"，并最终建成城乡一体、水路一体、防洪安全与生态保护一体的国内外知名"大水城"。

（三）政府的坚强领导是主导力

临沂模式是以政府为主导、市场为基础的发展模式，政府高瞻远瞩，在充分摸透本市特质的基础上明确了其战略目标。2003年以来，临沂市提出"大临沂、新临沂"的明确发展战略，2007年又提出了经济大市、商贸强市、文化名市和宜居城市的"四市"目标。此后，又确立了力争实现"三个率先"的发展目标，即在淮海经济区、鲁南经济带和全国革命老区实现率先发展，在全国革命老区中起到示范带动作用。2013年把构建现代产业体系作为经济工作总抓手，科学谋划、全力实施"10+6"产业推进计划、"1531"骨干企业培植计划和"1332"国际商贸名城建设计划，开启了产业转型发展新征程。这些重大决策遵循了城镇化发展理论、区域经济增长极理论，为临沂市实现跨越发展和率先发展指明了方向。

（四）外资与民资是双引擎力

临沂市本身财政困难，国家投资又少，它们只得依靠外资与民资。2009年临沂市派出500多个专业招商小分队去长三角、珠三角进行巡回招商。2009年长三角、珠三角在临沂市的投资额分别为56亿元、21亿元，占全市引进内资比重分别为29.8%、11.2%。源源不断的市外资本和先进的生产管理模式，给临沂市工业经济的全球化带来更为宽广的发展空间和视野。临沂市的决策者一方面筑巢引凤，努力改善投资的软硬环境，吸引越来越多的外商；另一方面在民间资本上做足文章，大力发展民营经济，使经济腾飞有了强劲的"双引擎"。2012年，全市实现民营经济增加值2328.9亿元，比2008年增加1093亿元；年均增长17.9%，高于GDP增幅4.4个百分点；总量占GDP的比重为77.3%，比2008年提高2.2个百分点。可以说，没有民营资本投入，便没有临沂市的跨越发展，也没有"临沂模式"。

（五）"他山之石"是外驱力

临沂模式明显受到"温州模式"、"义乌模式"的影响，这些模式能够获得实质性突破的地区，往往是计划经济体制相对薄弱、而市场经济基础相对较好的区域，临沂市恰恰是这样的区域。在城市建设上，临沂市则学习上海市、深圳市等经营城市的经验。显然，从临沂模式中可以看到中国这些最优秀模式的影子。

四、临沂模式的成效

（一）农民收入大幅度增长

改革以来，临沂市7个贫困县的农民收入获得较大提高（见表9-5），从1978年的人均82元增长到2012年的9000多元，高于全国当时7917元的平均水平。

表9-5 临沂市7个贫困县农民收入情况

名称	农民人均收入（元）			贫困状况	
	1978年	2001年	2012年	2009年贫困人口（万人）	贫困发生率（%）
沂南县	114	2406	9027	4.96	5.39
沂水县	110	2406	9029	7.48	5.75
苍山县	69	2387	9066	3.14	2.57
费县	54	2323	9028	5.44	5.33
平邑县	84	2396	9047	7.92	8.00
蒙阴县	76.3	2452	9099	2.5	3.97
临沭县	67	2413	9031	1.08	1.48

资料来源：黄征学，胡勇，贾若祥：《集中连片贫困地区扶贫开发的成功之路——临沂沂蒙山区脱贫致富的经验与启示》，《中国经贸导刊》2011年第2期。

（二）特色优势产业后劲十足

临沂市历来重视特色产业的培育和发展，各县区根据当地实际情况，选择1~3个优势特色产业作为农业综合开发扶持壮大的重点产业，扶持、引导农业龙头企业和农民专业合作社到项目区发展优质农产品生产基地，目前已经形成了"南部粮食蔬菜、北部粮果畜牧、西部粮果药花、东部粮油果茶"的特色产业发展格局，如表9-6所示。

表9-6 临沂市7个贫困县特色产业基本情况

名称	优势产业/产品	地位
沂南县	黄瓜、西红柿、萝卜、白菜、豆角等有机蔬菜；肉鸭、猪肉养殖；电动车；空心砖；旅游	山东省重要的蔬菜生产基地
沂水县	苹果、山楂、板栗、核桃、中药材等；食品加工；制鞋；机械	沂蒙县最大的销售集散地
苍山县	大蒜、姜、辣椒、西红柿、茄子等；新能源；新型建材；商贸流通；旅游	鲁南、苏北最大的蔬菜集散中心和净菜加工配送
费县	核桃、板栗、山楂等；木业家具；能源建材；医药化工	江北最大的板栗生产基地，全国核桃十强县
平邑县	土豆、大蒜、金银花等，机械、化工、建材、食品、黄金	金银花占全国60%以上
蒙阴县	蜜桃、苹果、板栗、中药材；长毛兔；纺织；商贸；旅游	中国蜜桃之都，中国第一养兔大县
临沭县	杞柳、有机葡萄、优质肥料、五金等	中国柳编之都，柳编制品占全国25%以上；复合肥生产能力占全国20%

资料来源：黄征学，胡勇，贾若祥：《集中连片贫困地区扶贫开发的成功之路——临沂沂蒙山区脱贫致富的经验与启示》，《中国经贸导刊》2011年第2期。

（三）县域综合实力不断增强

在特色产业和集群产业化发展的带动下，临沂市经济快速增长，全市实现生产总值3336.8亿元，增长11%；公共财政收入216.1亿元，增长16.6%，税收占财政收入比重达到85.3%；三次产业比例调整为9.7:47.5:42.8，服务业增加值占比提高1个百分点。投资、消费、出口协调拉动，固定资产投资、社会消费品零售总额、进出口总额分别增长20.8%、13.4%、19.1%。县域经济"三年倍增计划"如期完成，11个县区、开发区公共财政收入超过10亿元，其中1个超过50亿元，9个县在全省县域收入排名中实现位次前移。

表9-7 近九年临沂市GDP总量及排名情况

年份	GDP（亿元）	在山东省17个城市的排名
2005	1211.8	7
2006	1404.86	8
2007	1650	8
2008	1958	8

续表

年份	GDP（亿元）	在山东省17个城市的排名
2009	2214.09	8
2010	2400	7
2011	2770	6
2012	3012.8	5
2013	3336.8	7

资料来源：根据2005~2013年山东省17个城市GDP排名整理获得。

五、启示与经验

（一）创业精神和跨越发展的理念

紧跟时代潮流，临沂市委、市政府组织开展了七次解放思想大讨论活动，把前瞻性的思路和先进的理念融入战略决策中。于是，有了建设"大临沂、新临沂、开放临沂、文明临沂、活力临沂"和"把临沂建设成为鲁南区域性特大城市、商贸物流城、滨水生态城、历史文化名城、先进制造业强市"等工作思路和目标，有了"大水城"的建设。通过坚持人与自然和谐相处的治水方针，加强水源地保护、水土保持、地下水超采控制、水质监测和水污染防治等水生态环境综合治理。有力地促进了生态环境升级，加快了临沂市城镇化进程，推动了经济社会又好又快发展。

（二）政府指导作用和群众主体作用相结合

纵观改革开放30多年来临沂市的发展，审视一次次突破与变革，可以说，临沂市跨越式发展最强大的支撑和推动力量毫无疑问来自政府的积极引导和科学决策。近年来，党中央、国务院和省委、省政府倾力支持沂蒙老区发展，对临沂优惠政策叠加。特别是参照执行国家中部地区优惠政策，开展山东省"两型"社会建设综合改革试点，列入山东西部经济隆起带和蓝色经济区联动区范围，为临沂市加快发展注入了强劲动力。

与此同时，临沂老区人民不甘落后、图变求新，临沂模式是一种标准的老区风格，是在落后基础上获得跨越式发展的典范。从中可以看到革命战争年代人民军队开辟革命根据地的某些特征。例如，群众自发性，以自力更生、艰苦奋斗为号召；民营特点，是千百万老百姓的"人民战争"，国有大企业很少；当地政府强有力的组织发动，能瞬间把群众组织起来打大仗，短短几年间，临沂市建设就犹如一场战役，迅速铺开，迅速打响。因此说，老区人民开拓奋进、艰苦奋斗、顽强拼搏、生生不息的精神同样是临沂模式留给我们的重大启示。

（三）比较优势转化竞争优势

在跨越式发展过程中，临沂市革命老区的政治优势为发展优势，革命老区资源优势为经济优势。立足临沂市近海临港、承接南北的区位优势，承接国内外产业转移，推动临港经济发展；立足临沂市商贸物流发达、文化旅游和人力资源丰富的优势，推动现代服务业发展；立足临沂市民营经济活力足，农产品、矿产品、水资源等资源相对丰富的优势，推动鲁南经济带规划的“六大产业基地”建设，在全国革命老区、淮海经济区和鲁南经济带中率先发展。

第四节　基于比较优势的“大别山试验区”发展模式

“大别山试验区”处在亚热带向温带的过渡地带，是长江、淮河两大水系的分水岭。这里既是土地革命时期黄麻起义的所在地，也是大革命时期中国工农红军第四方面军的诞生地；既是抗日战争时期新四军的根据地，也是解放战争时期刘邓大军千里跃进的目的地，揭开了中原逐鹿之战大幕。昔日辉煌的革命老区，却在中国经济快速腾飞的背景下相对滞后，而与其同时代的许多老区已经探索出了一条有效的发展路径。本书力图参照井冈山模式和临沂模式的发展战略，要让为中国革命和建设做出过巨大牺牲和贡献的大别山区，跳出发展相对落后的洼地，实现跨越式发展，给中部地区崛起以重要战略支点。

一、“大别山试验区”的比较优势

（一）基于井冈山模式下的比较优势

1. 政策机遇优势

2004年中共中央办公厅、国务院办公厅颁发《2004～2010年全国红色旅游发展规划纲要》（以下简称《纲要》），决定发展以鄂豫皖交界地域为中心的“大别山红色旅游区”。《纲要》将大别山红色旅游区列为全国12大重要红色旅游基地和30条“红色旅游精品线路”之一，将大别山红色旅游区列入全国重点建设的100个红色经典景区。这为打造大别山红色旅游圈带来了历史性的发展机遇，2009年6月2日，省政府在黄冈市召开大别山旅游开发现场办公会，专题研究大别山旅游开发。由此确定了黄冈市的旅游兴市战略：大别山、大旅游、大产业、大战略。

《中共湖北省委关于制定湖北省经济和社会发展第十二个五年规划的建议》和《湖北省经济社会发展第十二个五年规划纲要》，把建设大别山革命老区经济社会发展试验区作为一项重大战略任务，进行了专门部署，研究了一系列政策措施。2011年2月，湖北省委、省政府举行了湖北省大别山革命老区经济社会发展试验区建设启动仪式，并将出台《关于湖北省大别山革命老区经济社会发展试验区建设的指导意见》。并明确提出，围绕“红色大别山、绿色大别山、发展大别山、富裕大别山”这一总体目标，要把试验区建成全国重要的革命传统教育基地、红色旅游基地、红色文化传播基地、生态文明教育示范基地，建成全国革命老区经济社会发展先行区、全省统筹城乡发展试验区和生态保护示范区。与此同时，各级政府纷纷出台《“大别山试验区”工作推进方案》，这将为大别山区带来前所未有的发展机遇。

2. 旅游资源组合优势

（1）红色文化资源优势。大别山，单纯从地理学上来讲，意义或许不是太重要，但她在中国可谓家喻户晓。这是由于大别山人民在中国共产党的领导下，英勇奋斗，前赴后继，以巨大的牺牲，赢得了“大别山红旗不倒”的历史地位，为新中国做出了重要贡献。虽然她不如井冈山的红色旅游成熟，但其红色旅游资源具有极强的稀缺性和极大的规模度，具体体现在如下几个方面：

1）与井冈山精神媲美的大别山精神。大别山与井冈山、太行山一起，并称为中国革命三大名山。80 多年前，英勇的中国共产党人，在这里掀起强劲的红色风暴领导和发动了“黄麻起义”，点燃创建鄂豫皖革命根据地的熊熊烈火，成为人民军队的重要发源地。多年浴血苦战，大别山孕育了近百万感天动地的英烈，走出了红四方面军、红二十五军和红二十八军三支主力红军部队；造就了 200 多位叱咤风云的将军，是中国工农红军的重要诞生地和培养我党治国治军杰出人才的重要基地。从土地革命、大革命、抗日战争到解放战争，一路风云际会，大别山人民开创了鄂豫皖革命老区 30 年红旗不倒、22 年武装斗争不断的光辉历史，见证了中国共产党领导的新民主主义革命的起起落落，浓缩着一部荡涤黑云、迎来光明的中国近现代史。

巍巍大别山不仅是中国革命的历史坐标，也是一部可歌可泣的史诗，铭刻在中华民族精神的史册上。她是“自力更生、艰苦奋斗”，对革命事业锲而不舍的坚定信念；她是“紧随党走，百折不挠”对党和人民的满腔赤诚；她是“无私奉献、敢于牺牲”，对民族命运和国家前途的责任担当。大别山精神深深根植于楚风豫韵的沃土，历经战争洗礼，血火淬炼，薪火相传，生生不息，最终汇入中国革命精神、民族精神的洪流，滋润着一代又一代人的心田，砥砺为中华民族赖以生存和发展的精神支柱。

2）数目庞大的红色旅游资源。大别山红色旅游资源具有以革命遗迹、旧址、纪念建筑、名人故居为主体，以红色歌谣、革命文献、革命事迹、红军标语等为辅的立体资源存在结构，内涵极其丰富。

早在 20 世纪 20 年代初，这里就是中国共产党创建活动的重要驻点和鄂豫皖革命根据地的中心，组建了红十五军、红四方面军、红二十五军、红二十八军等革命武装力量；土地革命时期，红安麻城率先点燃鄂豫皖边区武装反抗国民党的革命火种，举行了著名的"黄麻起义"；解放战争时期，在这块红色的土地上，谱写了新四军中原突围、刘邓大军千里跃进大别山等历史篇章。在长期的革命斗争中，黄冈人民承受了巨大的牺牲，做出了卓越的贡献。从第一次国内革命战争到解放战争，黄冈市共有44万名优秀儿女血沃中原，有5.3万人被追认为革命烈士，伟大的革命斗争造就了一批无产阶级革命家和军事将领。在1955年和1964年两次授衔的中国人民解放军高级将领中有103人是黄冈人。在这片英雄的土地上，诞生了董必武、陈潭秋、包惠僧三名中共一大代表，董必武、李先念两位国家主席，林彪、王树声、韩先楚、陈再道、陈锡联、秦基伟等200多名开国将帅。有保存最完整的苏维埃政府旧址红安七里坪镇和商南中心县委驻地旧址罗田胜利镇，还有红十五军诞生地、红二十八军诞生地、红四方面军诞生地和渡江战役的"红色渡口"以及刘邓大军高山铺战斗遗址，抗日民主政府遗址。此外，还有大批省市级红色旅游资源，可见，黄冈市的红色旅游资源无论在数量上还是在类型上都极其丰富，在全国颇具影响力，如表9-8所示。

表9-8 "大别山试验区"红色旅游资源单体名录和数量统计

分布区	代表性红色旅游资源	数量
红安	黄麻起义和鄂豫皖苏区革命烈士陵园、七里坪红四军指挥部旧址、黄麻起义遗址、鄂豫皖特区苏维埃政府旧址、鄂豫皖特区革命军事委员会旧址、董必武纪念馆、李先念纪念馆、黄麻起义烈士纪念馆、黄麻秋收起义会议和鄂豫皖临时特委军委会旧址——七里坪文昌宫苏区历史纪念馆、长胜街革命遗址群、檀树岗遗址、木城寨遗址、冯受二遗址、王兴禄村农民夜校旧址、红四方面军指挥部旧址、红安县革命博物馆、红四方面军诞生地、红军洞、黄麻纪念园等	30余处
麻城	乘马会馆、麻城烈士陵园、麻城西张店遗址、王树声大将故居、乘马将军故里、中华苏维埃政府旧址、红军饭店、可行桥白骨塔、三烈士纪念碑、红四方面军诞生地、乘马岗遗址、王必成将军故里小寨村、麻城县委传达"八七"会议精神旧址等	20余处
罗田	罗田县胜利烈士陵园、刘邓大军千里跃进大别山遗址、红四方面军战斗遗迹、李梯云故里、肖方故里、黄石崖遗址、西寨会遗址、双桥镇遗址	8处
英山	英山县革命烈士陵园、鄂豫皖革命根据地、红二十七军的组建地、红二十八军诞生纪念碑、刘邓大军千里跃进大别山战斗地、中共党组织组建基地、苏维埃政权基地、红四方面军西征地、红二十七军诞生地、红二十八军游击根据地、红二十五军长征起点地	11处
浠水	三角山刘邓大军指挥所遗址、闻一多纪念馆	2处
蕲春	高山铺战斗遗址、小界岭遗址、烈士墓	3处
武穴	冯玉祥将军的两次武穴和电基地、田镇渡江战役遗址、军事要地田镇	3处
团风	黄冈革命烈士陵园、林育南故居、杜皮烈士陵园、包惠僧故居、林家大湾、"林氏三兄弟"故居、"共存社"旧址——回龙山八斗湾、方本仁庄园、涂家湾遗址	9处

续表

分布区	代表性红色旅游资源	数量
黄梅	红十五军诞生地纪念碑	1 处
黄州	黄冈博物馆、陈潭秋故居、陈策楼遗址	3 处
大悟	中原突围的策源地、新四军第五师司令部旧址——白果树湾、中原军区司令部旧址、周恩来与美蒋代表谈判旧址——宣化店湖北会馆、鄂豫边区革命烈士陵园等	40 余处
孝昌	湖北省抗日游击大队成立旧址、中原突围越过平汉线王家店战斗遗址、将军故居、将军陵墓、新四军抗大第十分校、新四军第五师修械所、边币厂、被服厂、弹药库、会议旧址等	30 余处
安陆	赵家棚革命烈士陵园和新五师誓师广场、钱冲革命旧址群、新五师司令部和五师医院等	12 处
广水	鄂豫游击支队旧址、新四军第五师司令部旧址、中原局和中原军区成立旧址、桐柏军区诞生旧址等	4 处
黄陂	木兰山玉皇阁、木兰山风洞（又名红军洞）、木兰山雷祖殿、吴光浩烈士陵园、杨学诚烈士陵园、李先念旧居、塔区苏维埃政府旧址、新四军第五师司政机关遗址群、黄继光纪念馆、上甘岭特功八连陈列室、黄继光生前生活复原展示	11 处
新洲	将军山、革命烈士树、“万人坑”和刀楼寨	4 处

资料来源：《黄冈市统计年鉴》及各县市旅游网站等。

3）响亮的红色旅游品牌。大别山区既有先天的品牌优势又有后天的品牌壮大过程，以“千里跃进大别山、将军故乡”为历史背景的大别山红色旅游资源品牌，早已让世人耳熟能详。近几年，红色旅游逐渐成为大别山人民旅游的主打品牌和亮丽风景，纪念长征胜利 70 周年、纪念黄麻起义 80 周年、新中国成立 60 周年、建党 90 周年等系列活动，使大别山区红色景点在全国名声大振。高速公路沿线的大型户外广告牌以及各种画册、折页、招贴画等宣传品增强了品牌的知名度。

4）传唱不息的红色歌谣。为了宣传革命精神，鼓舞革命斗志，坚定必胜信念，推动革命进程，大别山地区在大革命时期、土地革命时期、抗日战争时期和解放战争时期先后改编或创作了几百首红色歌谣，“诉苦歌”、“发动歌”、“妇女歌”、“暴动歌”、“苏区歌”、“战士歌”、“革命歌”、“红军歌”、“反‘围剿’歌”、“青少年革命歌”、“拥军参军歌”、“工农革命歌”、“游击战争歌”、“文教卫生歌”、“兵运歌”、“揭露反动派的罪恶歌”是其中的代表作。《八月桂花遍地开》和《红军三大纪律八项注意》至今仍广为流传，《八月桂花遍地开》原名叫《庆祝苏维埃》，是根据红安民歌整理改编而来的；《红军三大纪律八项注意》则是当时由鄂东北特委秘书长程坦同志将黄安歌谣《红军纪律歌》和程子华从中央苏区带来的《三大纪律八项注意》条例结合起来，仿造《土地革命歌》的写法，以九字排列，编成通俗押韵的歌词，然后再配上当时流行的《土地革命歌》的曲子，在红军中传唱。这首歌由红二十五军的同志，从大别山唱到了延安，再由更多的人从延安唱遍了全中国。新中国成立后，这首歌经过多次修改后更名为《三大纪律八项注意》，成为中国人民解放军广为传唱的一首歌曲。

（2）绿色生态环境优势。大别山自然风光秀美，集雄、奇、险、幽于一体，位于黄冈境内的吴家山、天堂寨、三角山、天台山、五脑山五家国家级森林公园和十多家省级森林公园，山山峻秀、座座雄奇。大别山主峰天堂寨海拔1729米，号称"中原第一峰"，位于黄冈罗田大别山国家森林公园东北角，主峰周围无限风光，尽显风流。大别山国家森林公园是以中山山岳地貌、原始森林景观为特征，融民俗风情、农艺景观、历史人文景观于一体，是开展避暑度假、旅游观光以及会议、科教休养、健身等活动的综合型国家级森林公园。森林覆盖率达89%，根据国家风景资源评价委员会评审，公园各景区景点中，上上景占12.7%，上景占54.9%，中景32.9%，上上景和上景之和达67.6%，定性评定等级为胜景，定量评价结果为80.82分，综合评价公园景色等级为胜景。

同时，长江主干道流经黄冈200余千米，全市分布六大水系，沿江湖泊和山区水库星罗棋布，是开发水上旅游的理想之地。英山、罗田、蕲春等县还有丰富的地热温泉。黄冈大别山是武汉城市圈观光旅游、休闲度假的"后花园"。

（3）古色名人资源优势。"江山留胜迹，我辈复登临"，名人文化是历史累积的结晶，是一个地方独具特色的深厚传承，是众多伟人先哲留下的"软黄金"，是旅游中弥足珍贵的资源。大别山区名人辈出，群星灿烂，在漫长的历史长河中，涌现了许多杰出的人才和有重大影响的人物。这里走出了中国共产党的三位一大代表和共和国的两位主席及人民军队的200多位将军等著名革命军事将领；诞生了古代四大发明之一的活字印刷术发明人毕昇，明代大医药学家李时珍等科教文化名人；唐代诗人杜牧、宋代文学家苏东坡、《西游记》作者吴承恩等客籍名人在这里生活并留下了瑰丽诗文；更有佛教禅宗四祖道信、五祖弘忍等在此参悟修行。

3. 区位条件优势

（1）地理区位优势。大别山区具有"承东启西、纵贯南北、得天独厚、通江达海"的区位优势，处在武汉市、合肥市、郑州市、九江市等大中城市群中，是连接皖江城市群、长三角和武汉城市圈的重要桥梁和纽带。其南边邻近武汉市，东边靠着合肥市，周边环绕信阳市、六安市、安庆市、黄冈市、麻城市、孝感市、固始县等区域性中心城市，这对大别山区经济的发展和产业结构优化具有强大的辐射和带动作用，特别是武汉城市圈和合肥城市圈。一方面，武汉作为中部地区唯一的特大城市，对大别山区的经济辐射作用是不容忽视的，也是大别山区实现经济发展、产业结构优化升级必须借助的力量。大别山区好比是武汉市的后山，可以为武汉市提供原材料和产品。武汉城市圈的辐射半径从南向北超过大别山区所涵盖的区域。方创琳、蔺雪芹在《武汉城市群的空间整合与产业合理化组织》一文中将武汉城市群空间整合为由“核心圈、紧密圈、辐射圈”组成的圈层结构。其中大别山区绝大部分区域都在紧密圈和辐射圈范围之内。这种区位优势是我国其他山区无法与之相比的。另一方面，2009 年 12 月安徽省出台的合肥经济圈城镇规划体系，从东往西向大别山区辐射，皖西大别山都在规划体系之内，这势必为大别山区的发展带来新的契机。合肥城市圈的发展也将是大别山区实现经济增长和结构升级的又一个重要辐射力量。如何利用这种天然的区位优势，将是关系大别山区经济结构调整能否成功的关键。

（2）滨江临港优势。黄冈是大别山区唯一的滨江城市，拥有 200 多千米的长江黄金水道和 2000 多万的人口腹地。为发挥长江黄金水道优势，2008 年湖北省作出了建设亿吨大港、千万标箱的武汉新港发展规划，黄冈市为其重要的供给港。在《市委关于制定黄冈市经济和社会发展第十二个五年规划的建议》中提到要大力推进黄冈临港经济区建设，抢抓建设武汉新港机遇，加快推进黄冈临港经济区建设。以市区为中心，以团风、黄州、浠水为主要组团，推进临港经济区向武穴、蕲州、小池延伸，不断创新临港经济区发展模式。按照“以港兴城、以港兴业、港园城互动”的发展思路，着力构建临港产业、综合交通、综合物流三大体系，建设一批现代化工业园区、物流园区，以港区、码头、大桥、高速公路等项目建设为重点，打造连通大武汉的铁路网、公路网、水运网，对接大武汉，推进同城化，把临港经济区建设成为带动黄冈长江经济带、大别山旅游经济带发展的龙头，武汉城市圈“两型”社会建设的示范区，湖北长江经济带最具活力的增长极。

（3）交通条件优势。交通条件在经济社会发展的过程中起着巨大的作用，（韩静等，2009）认为，它是社会经济活动过程中的枢纽，直接影响着区域经济的发展和产业结构的调整。事实上，德国经济地理学家韦伯（1997）20 世纪创立了工业生产布局的区位理论，也认为运输状况是影响工业布局的主要因素之一，运输费用情况也被苏联学者认为是工业布局应遵循的原则之一。运输是生产在流通过程中的重要环节，运输涉及运输能力和运输费用，交通条件的好坏直接影响到运输能力大小和运输成本的高低，从而影响区域产业的发展和结构的调整。

大别山区较我国其他山区来说，具有比较优越的公路、铁路网络。包括京广铁路、京九铁路、西宁铁路南北东西三条大铁路线，以及比较完善的公路网络，大广高速、京珠高速、106 国道、107 国道、312 国道等国家重点公路干线，在建中的沪汉蓉快速铁路、沪蓉高速公路。交通网络不断优化，交通运输成本不断降低，产业的市场区域不断扩大，对大别山区产业发展带了更大的发展空间。

同时黄冈市政府正在大力发展交通事业，按照"对接大武汉、连通大长江、贯通大别山、构建大交通"的发展思路，围绕建设"15分钟快车道"、"90分钟交通圈"，加速推进高速公路网、快速干线交通网、农村公路网、低碳水运网、综合交通运输网五大网络建设。重点加强麻瑞、麻竹及延伸段，黄鄂及延伸段等高速公路建设和黄冈江北一级公路建设，推进武汉至黄冈城际铁路、武汉新港江北铁路、京九客运专线、京九武九连接线、随麻安铁路、黄冈至安庆城际铁路建设，加快推进过江通道和现代港口码头建设，积极推进黄冈机场项目。

2012年湖北省投资10亿元，耗时2年多修建的一条全长408千米的大别山红色旅游交通示范区公路，贯穿了红安、麻城等县市22个乡镇，连接大别山旅游经济带三大片区和大别山南麓重要景区。

4. 各级政府的重视

在国家大力发展红色旅游的前提下，大别山区各地方政府也开始高度重视红色旅游发展。近年来，在省级相关部门和各市的大力协调配合下，大别山区在抓住中部崛起和对外开放双重机遇，对红色旅游规划建设、宣传促销和红色旅游产品开发等方面做了大量卓有成效的工作，相续制定了发展红色旅游的主要目标和总体思路，推出了一系列红色旅游精品景点和线路。

（二）基于临沂模式的比较优势

同临沂革命老区相比，除了政策机遇、旅游资源、区位条件优势以外，"大别山试验区"还具有以下优势。

1. 初具规模的农林产品资源

大别山革命老区，是全国重点生态林区，生态地位重要，生态价值高，其森林、生态旅游资源丰富，是全国闻名的板栗之乡、茶叶之乡、药材之乡、油茶之乡和甜柿之乡，境内分布有1个国家级、1个省级自然保护区，有6个国家级森林公园和湿地公园。境内农林产品丰富，有的产品种植规模较大，已产生规模效益。例如，红安县通过与娃哈哈、雨润、上好佳等大型企业集团联合，建设特色农产品基地，促使一批"地膜花生村"、"茶叶村"、"养猪村"等特色专业村不断涌现；团风县目前已初步形成了以优质稻、蛋鸡、水产品、生猪、花生、奶牛为主的六大农业板块，并涌现出了兴隆米业、永信花生、永康油脂等16家龙头企业；麻城市已经形成了农业生产的"三乡三业"，即中国菊花之乡、中国油茶之乡、中国板栗之乡，蔬菜产业、畜牧产业、桑药茶产业；大悟县积极推动板栗、花生、茶叶、药材和养殖业小区为主的"四大板块一小区"的建设，使农户通过"四大板块一小区"获得的收入达到家庭经营收入的一半；孝昌县有7个村被授予全省新农村建设示范村称号，邹岗镇香铺村被授予"中国特色村"称号，全县建成优质稻、优质果基地59万亩，发展标准化养殖小区155个、特色农庄820家、农业专业合作组织128个。另外，大力培育原创性产品品牌，积

极向农业产业链的上游和下游延伸，涌现出一批全省乃至全国叫得响、有特色的原创性品牌。例如，红安县的茗宿牌老君眉茶被评为湖北名牌产品，“红安苕”通过国家地标评审；大悟县的大悟绿茶正力争成为全省名牌产品，悟道茶等地方特色品牌逐渐在省内推介；孝昌县的管氏茶叶、尖峰春剑、鸿翔速冻肉鸭被评为湖北名牌产品，太子米被评为中国地理标志保护产品。

2. 品种多样的矿产资源

大别山革命老区的矿产资源也比较丰富，现已探明的金属矿藏有金、铜、铁等，非金属矿有萤、大理石、云母、瓷石、稀土等20多种，其中，白云母、瓷石为原地区独有。宣化店镇的萤石精粉产品已打入国际市场。

二、“大别山试验区”的比较劣势

（一）基于井冈山模式下的比较劣势

1. 旅游资源条块分割严重

逶迤绵亘的大别山横卧中原，雄踞鄂、豫、皖三省。虽然这块神奇的土地蕴藏着丰富的红色资源，但景点布局较为分散，没有形成体系和规模。新县、红安、金寨等大别山著名的将军县及其他较为著名的红色景区各自为政，互不相让（见表9－9）。而大别山主峰天堂寨，地处鄂皖边界，虽被誉为“中原第一峰”，但为英山、罗田、金寨三县共有。跨行政区域的多头管理，不利于“大、一、统”的大别山红色旅游区的建立。大别山红色景区的分散营销宣传，不仅造成了人力、物力资源的极大浪费，而且不能最大限度地发挥“千里跃进、将军故乡”的历史内涵。这也是大别山至今不能与井冈山、延安等红色景区相媲美的一个重要原因。

表9－9 大别山主要红色旅游景区的空间竞争关系

地区	主要红色旅游景区	旅游产品开发形式	主题形象
黄冈	黄麻起义纪念馆、鄂豫皖苏区革命烈士陵园、红安县革命博物馆、董必武纪念馆、李先念纪念馆、七里坪革命遗址群、红军洞、麻城烈士陵园、英山烈士陵园，红四军、红二十五军、红二十七军遗址等	1. 革命遗址遗迹 2. 博物馆 3. 名人故居 4. 烈士陵园	两位主席同一故里，200名将军同一故乡
六安	立夏节起义旧址丁家埠大王庙、六霍暴动指挥部东岳庙、中共鄂豫皖边区委员会旧址汪家老屋、刘邓大军指挥部旧址下楼房、金寨县革命博物馆等	1. 革命遗址遗迹 2. 博物馆	皖西红旗飘飘、风景这边独好
信阳	中共中央鄂豫皖分局旧址、鄂豫皖首府革命烈士陵园、鄂豫皖首府博物馆、许世友将军墓、郑维山将军石、箭厂河革命旧址群等	1. 革命遗址遗迹 2. 博物馆 3. 烈士陵园	苏区首府、将军故里、千里跃进、江淮抗战

资料来源：叶俊：《大别山区域红色旅游景区的竞合关系与整合开发策略》，《湖北农业科学》2013年第19期。

2. 红色旅游管理体制不顺

这主要体现在旅游景点（区）的主管部门涉及旅游、文化、宗教、文保等多方面，政出多门，导致红色旅游管理无所适从。在旅游资源开发过程中，由于产权问题、地方利益和部门利益之间的冲突，导致旅游开发无序竞争，区域之间、部门之间缺少合作沟通，产业链无法形成，区域旅游业整体竞争优势也就无从谈起。以山体为主的属林业部门管理；以水系为主的属水利部门管理；而文物类和博物馆、纪念馆类属文化部门管理；烈士陵园类又属民政部门管理。同时，现在的红色景区大多是事业型管理体制，这些单位“吃皇粮”的意识比较严重，其市场竞争意识不强，更多的是等客上门，没有按旅游产业的发展规律把红色旅游作为一项产业来对待，红色旅游的市场运作体系没有完全建立起来。

3. 红色旅游资源的文化内涵挖掘不够

大别山红色旅游景区景点，其自身具备深厚的文化内涵，但缺乏深层次的挖掘与开发，内容和形式比较单一，娱乐性、感染力、体验性不强。革命遗址、旧址、纪念馆大多以静态展示为主，展示内容雷同，展示方式单调、僵硬。多为文字加图片的平面介绍，枯燥乏味，不符合现代审美观念和旅游者的消费取向。“一张桌子一条凳，两块床板一盏灯，游客进门就转身”的尴尬现象屡见不鲜，旅游者在游览这类景区（点）时均以参观为主，缺少参与性的活动，很难产生震撼力，因此游客在此类景点的停留时间一般不长。

4. 红色品牌宣传力度不足

大别山地区属于全国著名的革命老区，当地经济十分落后，政府缺少资金，对外宣传投入较少，宣传力度不大，尽管当地红色旅游资源得天独厚，由于没有大的造势活动，难以产生轰动效应。同时大别山红色景区宣传造势缺乏整体性，往往力量分散、主题不明，各省、市、县景区之间缺乏品牌共创意识与联手宣传促销意识，各宣传各的，宣传大别山整体形象的少。没有统一的宣传造势方案，宣传上缺乏系统性、持续性，阵发性、随意性较大。宣传强度弱，手段相对单一，至今大别山红色旅游景观没有像延安、井冈山、韶山等国家级的旅游精品，旅游企业小、散、弱，缺少龙头和品牌企业。除了金寨、红安、新县等地有较高知名度外，其他地区的红色旅游只在当地及周边地区有一定影响，且缺乏资源整合与区域整合，形不成合力，这与大别山较为丰富的红色旅游资源不相称。

5. 配套旅游基础设施薄弱

景区（点）开发和配套旅游设施建设都需要投入大量资金。虽然新中国成立 60 多年，我国的综合国力发生了翻天覆地的变化，然而，大别山地区是个革命老区，自然条件恶劣、生态环境脆弱、经济资源匮乏、交通不便、信息闭塞，再加上当年战争的创伤还没有完全恢复，至今没有彻底摆脱贫困。因此，当地政府能投入到旅游业中的资金非常有限。加之这些地区受自然、技术、交通、劳动

力素质等条件的限制，投资环境相对较差，从而难以吸收外来资金，使得大别山地区的旅游基础设施建设相当落后。主要表现为：汽车是多数地区的交通工具，景区（点）的路面等级低，而且缺少必要的停车场。景区（点）内建筑布局零乱，排水系统落后，住宿接待、通信设施、环卫设施均相当落后。不能形成吃、住、行、购、娱一体化服务体系。

（二）基于临沂模式的比较劣势

1. 社会经济基础薄弱

大别山区经济社会发展相对落后的现状，与国家实施“中部崛起”战略的要求相差甚远。事实上，大别山革命老区已成为我国中部地区经济社会发展的“洼地”，其经济社会发展面临的困难和问题主要表现为发展速度缓慢、人均水平较低，贫困人口较多、贫困程度较深，生态保护任务繁重、生态补偿不足，基础设施落后、水利设施失修，工业化起步晚、城镇化水平低，行政区划分割、发展被边缘化。2012 年，全省 80 个县、市、区的县域经济综合排名中，除黄陂区、新洲区外，“大别山试验区”内其他各县、市、区域经济发展总体水平较低，排名比较落后，如表 9－10 所示。

表 9－10 2012 年“大别山试验区”县域经济省内排名

县、市、区	综合排名	县、市、区	综合排名
黄陂区	4	蕲春县	50
新洲区	11	红安县	51
黄州区	37	孝昌县	53
安陆市	39	浠水县	59
广水市	43	大悟县	62
武穴市	44	罗田县	68
麻城市	45	团风县	73
黄梅市	46	英山县	78

资料来源：湖北省经济和信息化委员会。

2. 经济发展的融资约束难以化解

大别山革命老区经济发展的最大难题是受到融资约束，投资不足。其主要原因：一是由于老区经济发展落后，国民生产总值规模普遍不大，财政收入基本上只能解决“吃饭”问题，难以解决发展问题，自身“造血”功能很差。二是在老区经济的发展中，国家的投入很少，逐步甚至完全退出投资领域，民营经济占据了投资的主导地位。但是，和全国及中部地区其他省份相比，大别山区的非公有制经济的发展则显得相对滞后，非公有制企业数量少，品位低。三是大别山革命老区的投资环境还缺乏吸引力，难以吸引到更多更好的外商投资。四是金融机构和金融体制不健全，一方面导致乡镇居民融资难，投资难；另一方面，导致资金向城市倒流，形成了当地的"资金洼地"。

三、基于比较优势的发展模式

（一）井冈山模式的借鉴

这种模式下，要充分利用丰富的红色旅游资源，以红色旅游为龙头，带动其绿色旅游、古色旅游的发展，增强区域旅游的综合竞争力，走以红色为品牌，各类旅游资源相互依托、相互融合的道路，满足旅游者多样化的旅游需求。并通过旅游业的综合性、关联性极强的劳动密集型产业，推动革命老区产业结构调整，促进农村剩余劳动力向非农产业转移及整个社会经济面貌的大改观。具体来说有如下几点建议。

1. 多色资源整合，延长红色旅游消费链

目前，大别山红色旅游区已开发出的4A级风景区已有多处，因此，大别山红色旅游区用"红色"来感召市场，用"绿色"、"古色"来拓展市场是完全可行的。在进行多种旅游资源整合时，要与当地的实际情况相结合。在尽可能保持红色基调的基础上，向其他旅游形式，如绿色生态之旅、金色采摘之旅、洪湖渔火之旅、漂流之旅等扩展。在进行红色旅游开发时，要充分利用红色旅游区的其他资源，把红色旅游的绿色自然风光旅游、特色农业旅游以及民俗风情旅游等多种资源结合起来进行综合开发。把红色旅游资源和其他旅游资源结合起来进行综合开发，既可以避免红色旅游客源的特定性和旅游的周期性限制，又可以增强红色旅游景区的吸引力，避免资源的闲置浪费，还可以实现旅游开发的规模效应，实现资源共享，降低开发成本。

2. 深度挖掘红色文化内涵，丰富活动载体

利用声、光、电等现代科技手段，对红色旅游产品进行精度、深度和广度开发，生动、形象、立体展示大别山红色历史产品。一是完善红色旅游解说系统，大别山旅游部门应该开展实施红色经典讲解提升计划，定期组织红色旅游管理人员、导游和讲解员的培训工作，充分挖掘红色资源本身所蕴藏的丰富内涵，体现其文化本质，精心编写和推广使用专门的红色旅游导游词和解说词，进行规范管理。二是拓展场景体验项目，如纳红军鞋、缝制红军帽、编织红军斗笠、穿红军服、住红军屋、吃红军饭，开展红色野营拓展训练，模拟野战、地道战、地雷战、麻雀战等战斗场面等，以丰富的形式，感受战争年代的艰辛，体验艰苦奋斗的红色精神，激发强烈的斗志。三是举办节庆活动，如"红歌大家唱"、"全国红色导游大奖赛"、"全国红色电影节"等群众性宣传活动，精心策划"大别山精神研讨会"、"大别山旅游节"、"中国红色之旅·十万青年走进大别山"等大

型主题活动，丰富红色之旅内涵，增强对游客吸引力，为红色之旅注入新的生机与活力。

3. 叫响红色品牌，加大营销推广

品牌是实力，要千方百计做大做强大别山红色旅游品牌，持续扩大大别山红色旅游在湖北省、在全国乃至世界的影响力。

首先，积极创新宣传方式，利用各种手段和工具，打造有效的旅游宣传推广体系，营造良好的发展氛围。通过互联网、广播电视、报纸杂志等相关传媒以广告、刊载专题文章和播放专题片的形式进行宣传黄冈旅游，形成强大的宣传效应，提高大别山红色旅游的知名度，增强黄冈市旅游的吸引力。

其次，充分发挥各地区、有关部门、企事业单位的积极性，统筹策划，结合建党、新中国成立、建军等重大纪念活动以及国庆长假等重大节日，组织红色旅游系列宣传推广工作，鼓励将红色旅游与思想政治教育相结合，与企事业单位文化建设相结合，与消费结构提升相结合，与文艺创作相结合。还可以请有关作家写有关黄冈在革命战争时期的典型事件的剧本，拍成电视剧或电影的形式，从而吸引全国无数游客前来观光旅游。

最后，选择好目标细分市场，分阶段逐步提高市场占有率。努力分析大别山红色旅游的目标细分市场，作为重点拓展的内容，要将黄冈市周边地区尤其是武汉市作为首要目标市场，然后将目标市场辐射到周边省份的城市，并组织营销人员进行市场开拓。加强与周边省市旅游管理部门的联系，实现游客资源共享机制。

4. 多渠道融资，建立较为完善的软硬件服务体系

在积极争取中央、省红色旅游专项资金的同时，地方政府和有关部门也应加大对发展红色旅游的扶持力度，用好用活财政性资金，进一步改善红色旅游基础设施条件。同时，要探索旅游投入新机制，努力拓宽红色旅游融资渠道。有条件的地方可通过专款贴息引导信贷资金投入红色旅游，鼓励有实力的企业和经营性项目采取上市、发行企业债券等现代融资方式筹措资金，从而加大基础设施建设力度。特别是加强旅游内部交通网络建设，重点推进红色旅游景区之间、红色旅游景区与绿色旅游景区和古色文化旅游景区之间、与主要交通干线之间连接公路的建设，形成“旅游快速通道”，同时完善大别山红色景区的餐饮、住宿条件。

5. 完善管理机制，形成区域联动机制

红色旅游的政治性、公共性，事业的公益性和产业的关联性，决定了发展红色旅游必须建立政府主导、部门协调联动、社会参与共建的工作机制与发展模式。

在景区管理上，可以尝试通过行政划拨、资产所有权和管理权相分离等方式，将分属不同部门、乡镇的景区和场馆划归旅游部门统一管理、统一促销、统

一利益分配，以保障旅游和文物、旅游和文化的有机结合、协调发展。在区域协作机制上，建立大别山红色旅游区域协作联合会，明确职能，制定协作章程，实行大别山红色旅游区域中心轮值会议制度，及时协调解决旅游规划、资源整合、基础设施建设、人才队伍建设和宣传促销等重大问题，努力创造大别山红色旅游圈联动开发、互利共赢的发展局面。

(二) 临沂模式的借鉴

1. 要正确定位政府的强势作用

从世界范围内经济发展历程的总体情况看，对于市场主导性经济发展来说，一个功能强势的政府不是好事，反而往往是件坏事，因为它抑制了市场力量与经济主体精神解放。由于历史原因，大别山老区各级政府的强势作用比较突出，它在经济发展进程中的意义要作具体评价，不能一概否定或肯定。就目前而言，必须对老区政府的强势作用正确定位，发挥其积极作用，抑制其消极功能，正确发挥这种外部力量的作用。一是利用政府的强势作用，推动制度创新，增强制度供给能力，弥补市场与民间诱致性制度创新动力的不足。二是利用政府的强势作用，推进产业结构调整。三是利用政府的作用，促进思想解放和观念创新，破除官本位和官僚体制，倡导与发展市场经济相适应的平等、务实、创新、开放的经济观念。四是利用政府的作用，招商引资，培育民间资本，发展民营经济。五是要在某些方面弱化政府在经济管理中的作用，弱化政府配置市场资源的功能，强化服务和协调功能，减少官员违背市场规律和经济发展自然规律的行为，防止出现干部经济模式、政绩经济模式。

2. 确立"产业兴市、工业强市、商贸活市"的发展战略

从大别山老区经济发展的现状分析，产业不兴、工业不强、商贸不活是其发展的"软肋"。许多地方缺少支柱产业、特色产业，产业不兴，无法形成强势工业，更不能带动商贸和小城镇的发展。大别山老区先要明确思路，确立"产业兴镇、工业强镇、商贸活镇"的发展战略，并围绕这一发展战略，根据本地区的经济发展形势和资源优势，建立和发展具有比较优势的主导产业和特色工业。根据大别山的资源优势来看，可以重点发展以下特色产业：一是发展红色旅游产业，带动绿色生态休闲旅游和民俗风情旅游的发展。二是发展农、林产品和蔬菜的种植业与加工业，实施农、林产品和蔬菜的种植业与加工业的基地化、规模化、系列化、品牌化。三是发展农庄经济，开发绿色食品产业。四是发展现代采矿业和加工业。五是发展食品加工业。六是发展水产品养殖业和加工业。七是承接产业转移，支持试验区各县市与武汉市进行对接，鼓励试验区相关县市承接武汉市产业转移和产业辐射，对一些具有良好发展势头和发展潜力的产业进行重点扶持，使其成为武汉市的后花园和产业转移基地。

3. 大力发展民营经济

江苏、浙江、广东、山东等强省的镇域经济无一不是得益于民营经济的发展。相比较而言，大别山老区的民营经济发展缓慢，民营企业数量少，品位低，民间生产力没有得到很好的释放，使大别山区经济发展缺少强大的内驱力。政府应着力建立市场的资本运行主体，放手发展个私经济、混合经济，为民营企业营造一个公平、公正、透明的竞争环境。通过发展民营经济，培育微观市场主体，增强经济发展的内源性和可持续性。

4. 农业产业化与产业特色化相结合

大别山老区经济的发展要防止一个误区，即不能因为要发展产业，壮大工业，就轻视和放弃农业。农业不仅是老区经济发展的基础，更是发展产业化和工业化的基础。正确的做法应该是发展现代农业，调整农业产业结构，转变农业增长方式，推进科技兴农工程，发展高产、优质、高效、生态安全的农业，实现农业产业化经营，提高农业综合生产能力和市场竞争能力。同时，以具有规模和效益优势的农林产品资源为基础发展种植业、农产品加工业等产业，形成特色产业，发挥资源禀赋的比较优势，提升产业的核心竞争力，使农业产业化和产业特色化相互依托、相互促进，可持续稳定地发展。

5. 发展乡镇工业与新农村建设、小城镇建设相结合

发展乡镇工业不能孤立地进行，必须与新农村建设、小城镇建设结合起来，统筹规划，和谐发展。这是因为，新农村建设、小城镇建设是发展乡镇工业的基础条件，发展乡镇工业是新农村建设、小城镇建设的基本途径。同时，新农村建设又是小城镇建设和发展的基础。当前，大别山区经济落后，就是三者相互影响的结果。地区经济不发达，使新农村建设和小城镇建设缺乏经济基础；反过来，新农村建设、小城镇建设的落后，使地区工业缺乏必要的发展环境和资本源泉，制约了地区经济的发展。因此，要以新农村建设为出发点和落脚点，将实现农村工业化战略、新农村建设战略、农村城镇化战略结合起来。

第十章 “大别山试验区”可持续发展路径选择

第一节 “大别山试验区”可持续发展的主要任务

中共湖北省委办公厅、湖北省人民政府办公厅在印发的《湖北省大别山革命老区经济社会发展试验区建设规划（2011～2020）》（鄂办发［2011］40号）中，明确提出了“大别山试验区”可持续发展的主要任务：围绕产业培训，建设发展的大别山；围绕资源优势，建设红色的大别山；围绕可持续发展，建设绿色的大别山；围绕民生改善，建设富裕的大别山。

一、发展大别山的任务

在发展大别山方面，湖北省委、省政府确定的主要任务有：一是大力发展县域特色产业。即要在工业强县的方针指引下，通过加快信息化与工业化的融合，着力培育农产品加工、机械钢构、医药化工、建材、森工五大核心产业集群，促进工业经济由粗放型向集约型转变，加快新型工业化进程，大力发展高新技术产业，促进县域经济跨越式发展。二是培育一批带动能力较强的龙头企业。即要在农业现代化、工业新型化、旅游特色化方面培育一大批辐射带动力极强的龙头企业，积极促进试验区农业、工业、旅游业可持续发展。三是加快交通、水利、城际、物流等基础设施建设。即要从发展规划、体制机制、项目安排等方面加强“大别山试验区”的基础设施建设。

二、红色大别山的任务

“大别山试验区”有着丰富的红色旅游资源，为做大做强大别山红色旅游业，湖北省委、省政府确定的主要任务有：一是通过着力打造以革命传统教育为主题的“红色”旅游，以历史文化为主题的“文化”旅游、以大别山自然生态为主题的“绿色”旅游，全面提升红色旅游产业的吸引力。二是通过多种举措

搞好旅游资源开发，建设一批各具文化内涵的旅游名城名村名景，做大做强旅游产业，全面打造大别山红色旅游的品牌。三是以武汉城市圈为平台，加强区域内的资源整合与协作，努力建设一批富含文化内涵的旅游景点。四是通过开通试验区内红色旅游通道、开发绿色生态旅游区，着力推出系列化、精品化、特色化的大别山旅游产品与线路。

三、绿色大别山的任务

绿色大别山是"大别山试验区"可持续发展的重要内容，在这一方面，湖北省委、省政府确立的主要任务有：一是加强生态环境建设，实施以水土保持为主的生态修复工程。二是加强农村水生态保护工程建设，实行以水污染防治为主的生态修复工程。三是加大工业区域垃圾处理和污染物排放力度，实施工业点源的综合治理。四是弥补因保护生态环境所付出的经济代价，建立生态保护与资源开发补偿机制。

四、富裕大别山的任务

经济可持续是"大别山试验区"实现可持续发展的重要条件和保证。为此，在富裕大别山建设方面，湖北省委、省政府确立的任务有：一是通过拓宽就业渠道、健全服务网络，积极促进农村就业，加快农民致富。二是通过增加农村教育的投入特别是基础教育和农村职业技术教育投入，提高农民的素质和技能水平，才能从根本上增加农民收入。三是要加强县（市、区）中心医院和专业医院建设，着力改善村级卫生室医疗服务条件，扩大新型合作医疗在农村的覆盖面，推进城乡医疗卫生事业发展。四是通过推行"未保都要保、推进多保并城保、落实土地换社保、实行老人都有保"等制度和措施，千方百计加快农村养老保障体系建设。五是通过建设适应市场需求的文化团体；加强县城群众健身文化活动广场、乡镇综合文化站和村文化活动室建设，实施广播电视村村通、文化信息资源共享、农家书屋等重点文化惠民工程，建设较为完备的农村公共服务体系。

以上这些任务分别从农业、工业、特色旅游、生态保护等方面对"大别山试验区"的发展提出了更高的要求。对于"大别山试验区"各县市区来说，一定要抓住湖北省委、省政府给予的各项政策倾斜，采取多种措施促进自身各方面发展，为"大别山试验区"可持续发展的实现奠定基础。

第二节 "大别山试验区"优化经济结构的路径选择

第三章对"大别山试验区"经济结构进行了定性和定量分析。通过分析发现"大别山试验区"经济结构存在的问题主要有：一是现代农业发展基础薄弱、条件不足，导致农业部门比较劳动生产率低下；二是产业具有趋同性，主导产业作用不明显，导致经济发展乏力；三是城乡经济发展差距大，二元结构矛盾突出，导致经济发展缓慢；四是不同区域经济发展差异大，不平衡问题突出，导致难以协调发展。同时将"大别山试验区"的产业结构和全国相比，差距明显，主要表现在：第一产业的比重严重偏高，而第三产业的比重严重偏低。经济结构的不合理直接影响了"大别山试验区"经济的健康快速发展。因此，要想实现"大别山试验区"经济的跨越式发展，进而实现"红色大别山、绿色大别山、发展大别山、富裕大别山"的发展目标，必须从优化经济结构做起。

一、加强交流合作，形成经济发展合力

虽然"大别山试验区"各县市区在地理位置上相互毗邻，但由于分属于四个不同地市级及以上行政单位进行管理，导致试验区内各县市区在作出经济发展决策时往往各自为政，没有通盘考虑整个试验区的产业结构调整和经济发展实际，结果造成各个县市区在发展经济时基本都是单打独斗，没有形成发展合力，更没有将试验区内的各种资源进行整合，导致试验区的经济建设很多都是重复再生产，严重浪费了该区域的经济资源，没有发挥出应有的经济效率和发展水平。因此，在当前湖北省委、省政府对"大别山试验区"经济发展给予大力扶持的利好政策下，"大别山试验区"经济发展应该从战略高度加强试验区内各县市区的交流合作，突破四地行政区划的限制，整合区域内部资源，发挥各自优势，形成经济发展的合力，加快试验区经济的发展步伐，为实现试验区经济又好又快发展奠定基础，从而实现湖北省委、省政府确定的"大别山试验区"经济发展的各项目标。

二、加快农业发展步伐，夯实现代农业发展基础

"大别山试验区"地处我国大别山革命老区。长期以来，经济发展以传统农业为主，突出表现就是在地区生产总值中，第一产业所占比重严重偏高。但由于传统农业耕作方式落后，技术水平低下，抵御自然灾害能力较差，导致生产效率极低，进而影响农业发展水平的提高和农民收入的增加，对于"大别山试验区"产业结构的合理化也是非常不利的。落后的农业显然已成为限制"大别山试验区"经济发展的"瓶颈"。因此，要实现"大别山试验区"经济的跨越式发展，必须积极促进农业技术进步、加大农业科技含量、提高耕作技术水平、增强抵御各种风险的能力，从而实现农业发展的产业化和规模化经营，真正提高农业的技术含量和经济效率，加快"大别山试验区"传统农业向现代农业的转变，同时要大力发展特色农业，打响品牌，做大市场，积极把"大别山试验区"建设成

全国知名的特色农业区，从而为“大别山试验区”第二产业、第三产业的发展奠定基础，最终实现“大别山试验区”经济结构的优化和经济的持续健康发展。

三、统筹城乡发展，缩小城乡发展差距

长期以来，由于我国对城乡经济发展实施的制度和政策不同，再加上城乡之间彼此对立，导致我国城乡经济发展的差距拉大。如“大别山试验区”的经济发展也有同样的情况，“大别山试验区”2012 年各县市区城镇居民年人均可支配收入最高的为农村居民人均纯收入最低的四倍以上。为此，“大别山试验区”经济要获得更加全面的发展，就必须千方百计增加农民收入，制定农民增收的各项政策措施，并积极倡导城乡合作，整合各种城乡资源，实现优势互补，在逐步缩小城乡经济发展差距的情况下，实现“大别山试验区”经济的全面发展，同时也为试验区经济结构的优化铺平道路。

四、培育主导产业发展壮大，形成经济发展强大动力

在发展经济学中，主导产业是指在经济发展某一特定阶段的产业结构中客观地居于主导地位，起着前波后及、带动一大批产业发展作用的产业。长期以来，“大别山试验区”经济之所以发展缓慢，除了交通条件不利、经济基础薄弱之外，缺乏相应的主导产业也是阻碍其经济发展的重要原因。因此，要积极促进“大别山试验区”的经济发展，一定要重视主导产业的形成和发挥作用。关于试验区的主导产业，在现阶段，应该大力扶植和发展特色红色旅游业，同时借鉴国内其他红色地区旅游业的发展模式，从旅游业的吃、住、行、游、购、娱六大要素上完善试验区旅游业的发展，并形成带动试验区内其他产业发展的动力，促进其他产业的发展，最终促使该区经济结构的优化。

总之，“大别山试验区”的经济结构要实现全面优化，必须使政府、城乡、各个产业之间进行协调，从增加农民收入、提高各产业的劳动生产率等诸多方面，加快试验区经济的发展，最终为试验区的经济腾飞奠定基础。

第三节 “大别山试验区”发展现代农业的路径选择

第五章对“大别山试验区”农业竞争力进行了定性和定量分析。通过定性分析发现：“大别山试验区”农业发展虽然具有一定的资源优势，积累了一定的产业优势，打造了一些知名的农产品品牌，但在农业综合开发利用、农业科技水平、农产品加工、农产品市场拓展等方面与全国甚至全省农业发达地区存在不小的差距。通过定量分析发现：“大别山试验区”农业综合竞争力全省排名尚可，

但在农业生产要素条件方面却排在全省的中后位置。这说明"大别山试验区"在农业生产经营活动的农业劳动力质量、农业科技含量、绿色农业发展等与全国甚至全省其他地区还有较大差距，还远未达到现代农业的发展要求，进而影响了"大别山试验区"经济可持续发展的能力。为此，应通过多种措施和方法促进"大别山试验区"现代农业的发展。

一、加大培训及服务力度，提升农村劳动力质量

（一）丰富培训内容、促进农村劳动力全面发展

为全面提升农村劳动力掌握知识、技能以及法律常识的能力和水平，应主要抓好引导性培训、职业技能培训、岗位培训等培训工作。

（1）以产业发展为依托，大力开展农民的专业技能培训。通过实施绿色证书工程、新型农民科技培训工程等一系列多渠道、多层次、多形式的农民教育和培训，努力提高他们的科技致富能力、市场竞争能力和自主发展能力。当然，培训时应结合当地的主导产业进行培训，应注重发挥当地各种农业协会的组织、协调和指导作用。要充分利用职业教育、成人教育、绿色证书培训、"农广校"和"农函大"等方式方法，加强对农民进行包括现代农业知识、法律知识、市场营销知识在内的各种知识的学习培训。同时要在农村举办各种短训班。结合产业结构的调整，加大新技术的研究和对科技人员新知识、新技术的培训力度。

（2）以培养技能型人才为重点，大力推进农民的职业技能培训，以提高广大农民的转移就业能力。大力开展宣传教育活动，转变重学历轻技能的落后观念，让更多的人认识到，对农村发展来说，职业技能教育比其他任何教育都重要。推进体制和机制创新，形成多元化的办学格局。进一步整合各种社会资源，充分调动企业、民间资本的积极性，共同发展职业教育。

（3）以就业为导向，提高职业院校的办学水平和质量。在专业设置上，各职业院校要以学生就业为导向；在师资培训上，要大力提高教师队伍综合素质。同时，政府要扶持有潜力的职业院校，打造职业教育的名牌院校。最后，县、乡、村三级应逐步建立系统的农村劳动力培训档案，使农村劳动力规范化、制度化参加培训。

（二）加大培训资金投入及服务，提升农村劳动力培训质量

农村劳动力培训工作要以一定的资金投入为基础，同时为确保培训质量，还要做好各项培训服务工作。

（1）加大农村劳动力培训的资金投入。农村劳动力培训经费实行政府、用人单位和农村劳动力个人共同分担的投入机制。试验区各县市区人民政府在财政支出中要安排专项经费扶持农村劳动力培训工作。其中，就业前引导性培训不得收费，所需费用由同级财政实行全额补贴，专业技能培训由同级财政给予适当补

贴，岗位培训所需费用由用人单位从职工培训经费中列支，职工培训经费按职工工资总额的15%比例提取，计入成本在税前列支。

（2）整合教育培训资源，提高培训效率。在充分发挥现有教育培训资源作用的基础上，改造和完善培训机构，加强基地建设，完善教学培训条件，各县（市）区要建立一批能起示范和带动作用的农村劳动力转移就业培训基地，增加培训项目，扩大培训规模，提高培训的质量和效率。

（3）加强农村劳动力培训服务工作。加强农村劳动力培训的师资队伍建设。引导性培训由各乡（镇）农村劳动力转移培训辅导员负责。县农村劳动力转移就业管理服务中心负责对各乡（镇）辅导员进行师资培训，经考核合格，发放农村劳动力转移培训辅导员证书。

做好农村劳动力培训和求职登记信息服务工作。试验区各级农村劳动力转移就业管理服务机构要根据求职人员的择业要求，结合用人单位的用工信息组织有针对性的培训，并将求职人员的个人信息和培训情况及时录入信息网络，定期公布劳动力市场供求状况，指导农村劳动力有序转移，增加农民收入。

二、注重人才引进，培育新型经营主体

农民是农业发展的主体。发展现代农业，必须培养有文化、懂技术、会经营的社会主义新型农民经营主体，为农业发展提供人才支撑。

培养新型农民，除了要全面提高现有农村劳动者的素质，更需要引进人才，并从中“发展”新型农民。2007年以来的中央一号文件，多次对新型农民的培育提出了明确要求。除了要求把广大农户培养成现代农业经营者、积极发展种养专业大户等经营主体，鼓励外出务工农民回乡创业、支持乡土人才创办现代农业企业以外，还明确要求“支持工商企业、大专院校和中等职业学校毕业生”到农村创办现代农业企业；在加快发展农村社会事业、提高农村公共服务人员能力方面，要求“基层干部、农村教师、乡村医生、计划生育工作者、基层农技推广人员及其他与农民生产生活相关服务人员积极参与”，“加大城市教师、医务人员、文化工作者支援农村的力度”，同时，文件还提出要“完善鼓励大专院校和中等职业学校毕业生到农村服务的有关办法，引导他们到农村创业”。显然，把为农村引进“新型农民”作为培养新型农民的着力点，不仅会事半功倍，而且也是推进现代农业发展的必然要求。

三、提高农业科技含量，发展生态循环农业

农业科技是现代农业的重要标志，但由于“大别山试验区”经济基础薄弱、人均收入水平较低，对农业发展的科技投入较少，导致农业科技水平提升较慢。因此，要实现传统农业向现代农业的转变，必须采取措施提高农业科技含量，发

展生态循环农业。

（一）结合试验区实际，确保技术推广落实到位

结合"大别山试验区"的农业特点和气候地理条件，加强生态循环农业技术创新，着力推广应用试验区目前所具有的生态农业发展模式，合理利用资源，优化生态环境。一是秸秆还田。秸秆还田能提高土壤有机质含量，改善土壤理化状况，增加通透性；保存和固定土壤氮素，避免养分流失，归还氮、磷、钾和各种微量元素；促进土壤微生物活动，加速土地养分循环。二是秸秆饲料。秸秆青贮后既可以解决牲畜饲草问题，促进畜牧业发展，又可以过腹还沼、过腹还田，改善农业生态环境，促进农业良性循环。三是生态沼气工程。不仅可以保护林地，还可减少水土流失，同时还可减少二氧化碳排放，保护环境。四是测土配方施肥。实践证明，通过测土配方施肥，"大别山试验区"粮油作物平均增产10%~15%，肥料利用率平均提高5个百分点。在农业大田生产中，力争测土配方施肥达到70%以上，使测土配方施肥技术在农业生产中发挥巨大的技术优势，既促进农作物增产，又提高肥料利用效率，达到了节本增效，减少不合理化肥施用，既改善土壤理化性状，提高土壤肥力，又减少农业面源污染的目的。五是免耕栽培。"大别山试验区"免耕栽培还处于发展阶段，水稻、玉米、红苕、小麦、大豆、油菜六大作物被农业部确定为免耕栽培技术示范推广项目，试验区要进一步推广免耕栽培技术，由一季作物免耕向两季作物免耕、全年免耕发展，由一年免耕栽培向多年连续免耕栽培发展，由粮食作物免耕为主向经济作物并重发展。六是标准化生产。通过制订和实施农业产前、产中、产后各个环节的标准生产和标准管理，把先进的科学技术和成熟的经验组装成农业标准，推广应用到农业生产和经营活动中，把科技成果转化为现实的生产力，从而取得经济、社会和生态的最佳效益，达到高产、优质高效的目的。为此，今后采取测土配方施肥，减少化肥施用量；采取生物防治、工程防治，减少农药施用量；采取农产品统一检测，提高无公害农产品质量和数量；在水稻、玉米、红苕、小麦、大豆、油菜六大作物上，采取大力推广栽培技术规程，力争农业标准化生产基地达到耕地面积的70%以上，全试验区无公害农产品市场占有率达80%以上。

（二）广泛推行节约农业，大力发展加工农业

在农业生产和社会生活的各个领域和环节中，广泛实行科学合理的节约和减量，推行各种节地、节水、节肥、节药、节种、节电、节油、节柴（节煤）、节粮的做法。抓好这些节俭措施，可以从各个方面降低农业的生产成本，提高全社会对农产品的利用效率，不仅有利于治理农业的面源污染，保护农业的生态环境，还可以增强土壤的固碳能力，极大地减少碳排放量；有利于减轻农民的负担，增加农民的收入，是转变农业增长方式，化解农业风险，发展循环农业、低碳农业，应对气候变化的重要抓手和有效实现形式。在这方面，可以学习和借鉴

无锡的一些成功实践经验例如各种免耕法，各种套播、直播技术，水稻的抛秧技术，各种套种、间种、轮作、混养等技术的应用，实施测土配方施肥，采用低毒高效农药，实施分段配方饲料喂养等，都取得了节支增产的良好效果。在对农产品进行深度加工的同时，将各类农产品加工后的副产品及有机废弃物化害为利，变废为宝，进行系列开发、深度加工。现在一提起农产品加工，一般只重视主产品的加工而忽视变废为宝式的深度加工。当前特别要解决大量秸秆变废为宝的问题。传统的做法是把秸秆深翻到土壤里腐烂做基肥，有的把秸秆粉碎掺加畜禽粪便发酵后做生物质有机肥，可大大减少对化肥等高碳肥料的利用。还可以秸秆作原料，制作各种类型的纤维板、木塑型材。如把麦秸挤压成麦秸板，广泛用作墙体、屋面和地板的底衬板，可大大减少高耗能的钢材、水泥、砖瓦的运用。用秸秆烧制活性炭，可节约木材，减少对生态的破坏、对环境的污染。

（三）发展有机农业，确保绿色生产到位

化肥和农药是现代农业发展的支柱，曾经为解决粮食问题做出了贡献，但是化肥和农药的高能耗、高污染等不仅影响土壤的有机构成、农作物的农药残留和食品安全，而且消耗大量的化石能源、产生大量的二氧化碳。在当前大力发展低碳经济的时代背景下，作为一个农业大区，发展低碳有机农业经济是“大别山试验区”农业发展的必然选择。有机农业遵循生态环境系统的运行规律，在生产中不使用化学合成的农药、化肥、生长调节剂、饲料添加剂等物质，以有机物质自我循环为基础，利用天然植物性农药和杀虫生物制菌剂以及耕作法、物理法和生物法等手段防治病虫害；通过建立作物轮作体系，利用秸秆还田、施用绿肥和动物粪肥等措施进行土壤培肥、保持养分循环等，保持持续稳定的生产过程。有机农业将农业经济系统纳入了自然生态系统的物质循环过程中。发展有机农业可减少对环境的压力，有利于生态环境的恢复；可以减少化肥、农药的使用量，减轻由此而来的环境污染；可以提高农产品的质量，保障农产品的安全性；发展有机农业还可以加快生态敏感和脆弱地区的生态治理和恢复，特别是水土流失的防治和生物多样性的保护。有机农业产业是一种劳动密集型产业，发展有机农业生产模式可以增加就业岗位，解决农村劳动力就业问题。有机农产品符合国际市场的需求，增加出口可以给农民带来良好的经济效益，并且在减轻和适应气候变化方面具有极大潜力。

四、加快模式创新，实现变废为宝

现代农业还要求在农业生产经营模式上不断创新。为此，应做到：一是农田内循环模式。间种套种——例如豆科作物和禾本科作物的间套种，就有不同物种间的养分交换，产生养分在作物间的循环。秸秆还田——通常是上一茬的作物秸秆，通过秸秆还田成为下一茬作物的养分。农田养殖——稻田养鸭、养鱼、养

蟹、养青蛙等去食用农田杂草和小动物，动物粪便回田成为作物肥料。坡地水保措施——通过生物措施和工程措施，坡地养分和水分可以更多地在林地、果园和梯田中循环利用。施肥控制使用量，减少养分投入和流失，可以提高利用效率和循环比例。二是种养间的循环模式。种养直接循环，饲料作物（玉米、大豆、苜蓿、苏丹草、黑麦草、三叶草）种植与养牛、养猪、养鸡、养鱼相结合，作物秸秆喂饲动物，动物粪便肥田。加沼气循环，即猪—沼—果模式，四位一体（养猪—沼气—种菜—温室）模式。加食用菌循环，即养殖业粪便＋种植业秸秆＝培养基→培养食用菌→菌渣做农田肥料。加蚯蚓循环，即通过蚯蚓处理作物秸秆、动物粪便、污水处理厂污泥等，使废弃物资源化后再重新利用。三是大农业的循环模式。农业经营实体之间的循环，种植业＋养殖业公司、种植业农场＋养殖业农场、种植业专业户＋养殖业专业户等经营实体之间的循环模式，例如种植业农场（专业果场）向养猪企业、养鸡企业定期购买禽畜粪便，食用菌生产专业户向种植专业户购买秸秆、向养牛专业户购买牛粪等。四是城市和农村之间的循环模式。提倡垃圾分类处理，其中的有机成分鼓励更多循环应用于农林业。

第四节 “大别山试验区”新型工业化及城镇化的路径选择

结合第六章对“大别山试验区”新型工业化及城镇化的竞争能力分析，我们得到：虽然“大别山试验区”发展新型工业化的总体条件较差，尤其是特色产业集群尚未发展到一定规模，不能有效吸引当地农村剩余劳动力，实现就地就业，致使其城镇化发展较为落后，2012 年全国城镇化率为 52.57%，而“大别山试验区”城镇化率仅为 40.60%，比全国低 11.97 个百分点，同时还发现“大别山试验区”内各县市区之间城镇化水平发展极不平衡。此外，试验区内产业布局不尽合理，影响了绿色大别山的建设效果。这些都是与“大别山试验区”实现可持续发展的目标和任务不符合，因此必须采取有力措施切实加强试验区新型工业化及城镇化建设。

一、抢抓试验区政策契机，积极承接东部产业转移

建设“大别山试验区”，是大别山革命老区跨越式发展的重要推手。因此，对“大别山试验区”各县市区来说，一定要抓住政策契机，积极承接东部产业转移，助推“大别山试验区”的工业经济发展。

（一）必须突破承接产业转移的传统思维和观念

首先，突破传统招商引资思维的局限。在传统招商引资思维和方法中，政府

是绝对主导力量，市场主体在招商引资中反而居于从属地位。一些地方甚至把招商引资任务作为硬指标，逐级分解到有关部门、单位和个人；一些地方在政策优惠上不设底线，甚至提出明显不符合法律法规的所谓“零地价”、“零干扰”等地方性“土政策”。看似有着很大的政策优势，实则隐藏着政府失信甚至违法行政的巨大风险。

不可否认，在承接产业转移的一定阶段，政府扮演主导角色既是必要的，也是必需的。但政府作为不是取代市场主体的作为，政府的作用在于营造招商引资、承接产业转移的环境、文化和体制机制。这就要求我们把握和遵循当今世界产业转移的规律，形成有利于企业、项目落地生根的“绿色通道”和成长机制。

其次，避免重复东部沿海地区引资线路隐藏的产业升级难题。当今世界产业转移的背景、特点与发展趋势，已经不同于沿海地区当初承接国际产业转移时期。如今的国际产业转移出现了跨梯度、多梯度的特征和趋势，承接地不仅可以迎接低端产业落户，而且可能承接到中、高端结构的产业。在这一新趋势下，如果仍然盲目重复东部沿海地区的引资线路，可能丧失掉承接较高结构产业的机遇。此外，国外一些高消耗、高污染产业大量流入东部，加剧了其资源、环境的约束，也限制了新兴产业的落地生根，这是必须吸取的教训。

最后，避免与中西部地区其他省份展开资源和成本的同质化竞争。原材料、土地和劳动力成本低是中西部地区的主要比较优势，沿海地区加工贸易向中西部地区转移也主要是冲着这一优势来的。但必须看到，与中西部其他地区相比，湖北省在资源和成本方面的比较优势并不明显，许多方面甚至处于比较劣势。如能源、原材料不仅不如很多西部省份，就是在中部地区也处于劣势。湖北省严重“缺煤、少油、乏气”，已是全国第四大能源输入省。从劳动力资源看，湖北省劳动力成本与中部其他省差别不大，但作为劳务输出大省，劳动力比较优势处于流失状态。根据第二次农业普查资料，目前湖北省外出务工的劳动力超过 800 万人，其中到省外务工的达 69.9%，这一比例大大高于同位于中部的河南等省。

（二）策略必须体现在承接产业转移的个性化选择上

把招商引资提升到承接产业转移的战略高度来推进实施。单纯的招商引资工作，仅是“资本导向”而不是“产业导向”，其关注点往往仅在短期的资本引进数量上，因而引进的“只见企业，不见产业”，对长远的可持续发展支撑力度有限。将承接产业转移提升至区域发展战略的高度实施，就是变“招商引资”为“招商引业”，在产业配套、产业整合、产业培植方面做文章，推动本土优势产业的形成；就是变“招商引资”为“招商引制”，借鉴发达地区市场机制形成和完善的机理，培育本土市场经济文化和体制机制。

实施适度的反梯度推进策略，承接较高结构层次的产业转移。时任湖北省长的李鸿忠强调，落实科学发展要“一步到位”。这就要求我们实施适度的反梯度推进策略，改变依次按劳动密集型—资本密集型—技术密集型产业发展的次序，适度优先开发高新技术产业，用高新技术产业的经济技术成果反过来促进劳动密集型、资本密集型产业的发展。

优先承接面向国内市场的产业转移。地缘条件决定了湖北省在与湖南、江西、安徽、广西等省争夺面向海外市场的产业方面处于劣势，实属“以短击长”。同等条件下，湖北省应优先招徕面向国内市场的产业。在目前国际金融危机仍在蔓延的情势下，扩大内需上的作为，很大程度上决定谁将率先走出低谷，加快经济复苏。

二、依赖试验区资源优势，努力打造特色产业集群

（一）依赖资源优势，培育优势主导产业

主导产业是指在国民经济中占有重要战略地位的产业，对国民经济其他产业的影响程度通常都较大，同时受到国民经济其他产业的影响也较大，这些产业的发展直接或间接地影响着区域经济的发展。以主导产业战略整合优势资源，集中有限的资本和资源先发展一部分优势主导产业，将促进工业结构的调整优化，并带动经济发展并使之进入一个新的、更高发展阶段。因此，要加快“大别山试验区”的新型工业化进程，必须集中优势资源培育和壮大优势主导产业，着力发展特色经济，寻求新的增长空间，加快产业结构升级。优先发展高新技术产业。高新技术产业的科技含量高、发展速度快，对国民经济和社会生活的渗透力和带动作用强，可通过实施一批重大产业创新专项工程，努力形成一批核心技术和自主知识产权，发展壮大优势产业。充分发挥现有优势，深度挖掘潜在优势，引导生产要素向优势企业、优势产业、优势区域集中。围绕培育和壮大食品、有色、化工、汽车及零部件、装备制造、纺织服装等优势产业，形成有优势的产业带、工业园区、产业集群发展，提高产业集聚度。加快改造传统产业。坚持用高新技术和先进适用技术改造提升传统产业，支持试验区内工业基地改造，发展先进制造业。

（二）培植壮大强势企业，提高市场竞争力

大企业大集团是现代经济发展的支柱，它不仅是现代经济中最具规模效益的部分、是现代经济结构优化的主体，也是一个国家或地区在世界经济竞争中获得优势地位的主力。当前，“大别山试验区”已进入实现中部崛起和建设经济强区的关键时期，推动生产要素合理流动，培育一批有竞争力的大企业大集团，扩大产业规模，加快产业升级，对于促进“大别山试验区”新型工业化发展具有重大意义。“大别山试验区”要加快实施大企业大集团战略，培育一批行业地位领先、规模优势明显、产品结构合理、经济效益突出、发展潜力巨大，在国内具有竞争优势的大型企业集团。

首先，充分发挥自然资源、人力资源、产业资源等优势，加强区域间的合作、产业与科技的有效结合，加快发展一大批具有“大别山试验区”产业比较优势的大企业集团。以百户重点企业为主体，利用资金、技术、品牌和市场网络优势，进行横向重组和上下游整合，实行低成本扩张，向集团化方向发展。

其次，加快企业制度创新，建立现代企业制度，完善法人治理结构。加快股份制改造，推进投资主体多元化。深化企业内部三项制度改革，建立管理人员能上能下、职工能进能出、收入能增能减的机制。

最后，鼓励大企业集团建立国际战略联盟，加强对外合资合作，积极开展联合、重组活动，利用国外大公司、大集团的资金、市场、信息、管理、技术、人才、品牌等优势，进行优势互补，做大做强现有企业，在短期内迅速积聚资本，扩张实力，提升企业集团的竞争力。

（三）创新工业发展模式，大力培育特色产业集群

产业集群是现代经济布局的一种重要形式，不仅支撑了许多发达国家和地区经济的高速发展，也正成为发展中国家和地区实现经济起飞的重要途径。培育产业集群、加快产业集聚是“大别山试验区”优化资源配置的工作平台；是壮大产业规模、提升产业竞争力的重要途径；是提升区域经济综合竞争力，推进工业化向高级阶段发展的必然过程和走新型工业化道路的现实选择。因此，“大别山试验区”在加快新型工业化发展的过程中，要创新工业发展模式，促进产业集聚，培育工业经济增长极。壮大产业集群规模，加强群内企业分工与协作，促使产业集群向规模化、专门化、协作化方向发展。构建产业集群的创新体系，推动产业集群升级，大力培育以大学科技园为核心的集群模式，促进产学研紧密结合，加速集群产品产业化。依托开发区和工业园区，培育一批配套能力强、聚集效应明显、特色突出、竞争力强的产业集群。扶持龙头企业，带动产业聚集，积极引进和培育关联性大、带动性强的大企业集团，发挥其辐射、示范、信息扩散和销售网络的产业龙头作用。大力实施品牌战略，着力提升企业、产品的国内外知名度、美誉度。加强基础设施建设，营造集群形成发展的硬环境，为本地企业家的创业和外地企业家的投资创造良好的环境。

（四）大力推进科技创新，为新型工业化发展提供技术支撑

“大别山试验区”加快新型工业化进程，必须要发挥科学技术作为第一生产力的重要作用，大力推进科技创新。

首先，充分发挥企业的创新主体作用。加强企业技术研发中心建设，鼓励企业建立各种形式的技术研发机构，积极支持骨干重点企业建设国家级技术中心，成为全试验区产业技术创新的主要载体。

其次，充分发挥政府在建立企业技术创新体系中的引导作用。积极引导、鼓励和支持企业加大研发投入，围绕壮大优势产业、传统产业升级和发展高新技术

产业，实施一批重大产业技术创新项目，提高企业核心竞争力。

再次，充分发挥社会中介服务机构的纽带作用，加快技术创新服务中心、技术市场等中介机构的发展，进一步扩大面向企业的技术、信息、人才、法律等多方位的服务。

最后，加快建立以企业为主体、市场为导向、产学研相结合的技术创新体系，支持高等院校和科研院所围绕产业优化升级的关键技术会同企业开展联合攻关，开发具有自主知识产权的核心技术，在一些关键技术领域率先取得突破，为全试验区加快新型工业化进程提供技术支撑。产业结构的优化升级必须借助科技进步的力量，技术进步是实现增长方式转变、实现经济增长的必不可少的条件。因此，大别山区经济结构的调整必须借助科技力量，通过先进技术改造传统产业，积极引进高新技术产业，加速实现落后产业向先进产业的转换，不断培育经济增长点。

（五）加快产业循环发展步伐，发挥产业的集群效应

产业循环的加速，是实现城乡经济协调发展、解决"大别山试验区"产业布局不合理和二元结构性矛盾的关键。产业循环包括高级循环和低循环。以资本、知识和技术密集型产业的产业转换，可以看作是高级循环，这种高级循环主要集中在城市；而以传统产业、劳动力和自然资源为主的产业转换，被认为是低循环，这种循环主要集中在农村。两类循环关联也从另一个角度说明二元结构现象的严重程度。"大别山试验区"产业循环无疑属于低循环，这种循环已在一定程度上扼杀了"大别山试验区"产业发展的生命力。要解决产业循环问题，"大别山试验区"应该对一些产业进行加速集中，而对另一些产业应加速扩散，以缩短依靠自发引起的极化效应和扩散效应的时间周期。具体来说，要让基础性主导产业加速集中，例如制药业、茶产业等，"大别山试验区"应该加速整合力度，发挥产业的集群效应，集中进行开发，防止资源浪费的同时可以带来规模效应。而对第二产业中的传统产业，第三产业中的商业批发、金融服务业等要加速扩散。"大别山试验区"经济结构调整过程中的产业集中和扩散是实现产业循环不可缺少的条件。

三、优化试验区产业布局，重点建设生态产业园区

（一）优化产业布局，以产业园区经济推进新型工业化

走新型工业化道路，发展园区经济是把工业做大做强的一个重要思路。园区是工业的载体，是企业投资的"洼地"，是吸引外来投资的"平台"。通过建设园区，可以改变工业分布零散的状况，有利于调整产业结构，提高竞争力。还可以提高土地利用率，优化用地结构，减少基础设施投入，有效地聚集人才、技术、信息等生产要素，加快新型工业化进程。目前，试验区内工业园区建设还处

于起步阶段，还没有省级工业园区。作为工业欠发达的“大别山试验区”，首先要制定好工业园区发展规划，着眼长远，分类管理，实行“一园一业，一品一园”。

其次，要找准产业定位，引进优质项目为园区发展建立支撑，注重引进有利于财税可持续增长的项目，引进有利于产业集群的项目，引进有利于土地价值最大化的项目，引进有利于生态建设的项目。

最后，在推进新型工业化进程中，把具有示范性强、支撑力大、影响面广的龙头型企业引进到工业园区里来，扩大优势企业规模工业，用大项目带动大投入，大投入培育大产业，大产业推动大发展。在做大做强目前建材、医药、饮料、茶叶等支柱产业的同时，多引进如九公桥华兴养殖有限公司这样的养殖与加工一体化的农产品加工龙头企业进入工业园区，一举多得，促进工业增效，带动农民增收。

（二）抓住关节点，以优良环境服务产业园区

优良的投资环境是一块“磁石”，可以让企业引得进，留得住。发展环境不优，是阻碍企业发展的“拦路虎”，也形不成带有规模经济的产业园区。作为欠发达地区，要推进新型工业化，形成产业园区，首先必须解放思想，努力在全社会形成重视工业、关心工业、支持工业的良好社会氛围。

其次将各项优惠政策真正落实到位。在土地使用、税收和投资融资方面，该给予优惠承诺的，必须到位，不能“画饼充饥”，成为“水中之月”。要切实转变工作作风，增强服务工业发展的主人翁意识，减少审批手续，简化办事程序，建立健全限时办结制、一站式服务制、代办代理制和首问责任制，帮助企业和投资者解决实际困难，坚决杜绝和治理乱收费、乱罚款、乱摊派现象，对干扰企业发展的人和事，要从严处理，绝不手软。营造良好的人文环境，为投资客商创造良好的生产生活条件。同时，要转变招商思路，变“招商引资”为“招商选资”，克服急功近利，讲求质量效益，实现企业与社会共同和谐发展的目标。

（三）正确处理人口、资源与环境的关系，实施经济社会可持续发展，是建设生态产业园区的必然要求

面对“大别山试验区”所受到的人口制约、资源“瓶颈”制约和脆弱的环境制约，必须要把新型工业化、建设生态产业园区与可持续发展结合起来，处理好经济发展与人口、资源、环境之间的关系，走一条资源消耗低、环境污染少的经济、社会、生态环境相互协调的可持续发展之路。一是整合劳动力、资金、技术等资源，充分发挥“大别山试验区”的人力资源优势，大力发展劳动密集型产业。二是大力发展循环经济，提高资源利用水平。坚持开发与节约并重、节约优先的方针，按照减量化、再利用、资源化原则，推进资源开采、生产消耗、废物产生、社会消费等环节的资源节约和循环利用。严格控制高耗能、高耗材、高

耗水产业发展，加快淘汰资源消耗高的落后生产能力。突出抓好电力、钢铁、有色、建材、化工、造纸等重点行业的节能降耗工作。支持开发和大力推广有利于节约资源和综合利用的关键技术，大力发展循环经济，提高资源利用率。三是大力推进清洁生产，减少环境污染。通过资源节约、清洁生产、污染治理和绿色经营等手段，在工业运行的全过程防止污染产生，推动工业发展模式从先污染后治理型向全过程预防型转变，推动工业增长方式从高消耗、高排放型向资源节约和生态环保型转变，解决大量生产、大量消耗、大量消费、大量废弃的生产和消费方式带来的严重的环境问题，以最小成本获得最大的经济效益和环境效益。

四、做好工业与农业协调发展，助推“大别山试验区”城镇化发展

城镇化水平是反映一个地区经济发展水平的重要指标。一个地区城镇化水平越高，则表示该地区经济发展水平越高；反之则表示该地区经济发展水平越低。城镇化水平一般用一地的城镇化率来反映，城镇化率是用一地的城镇人口与总人口的比值来反映。经测算，2012 年“大别山试验区”城镇化率比全国平均水平低 11.97 个百分点，城镇化发展水平严重滞后，进而影响该地区整体经济的发展。为此，应采取措施积极促进城镇化发展。

（一）充分发挥工业对农业的反哺作用，促进农业生产力的提高

我国很长一段时期以来，都是以牺牲农业来换取工业的发展，结果造成农业生产力严重低下，工农业之间的发展差距逐步拉大，这对于城乡之间的协调发展是极为不利的。同时由于农业生产力低下，大量的农业劳动力投入却带来相当低的产出量，从而影响了农村剩余劳动力的增加，也不利于农村剩余劳动力的转移。作为以传统农业为经济发展主要特征的“大别山试验区”来说，由于之前所奉行的工业化发展战略，一方面使得第二产业在当地 GDP 中所占比重与第二产业在全国 GDP 中所占比重相差不多，另一方面却带来了农业发展的严重滞后，阻碍了当地农村剩余劳动力的转移和城镇化水平的提高。因此，为促进农村经济的发展，应发挥工业对农业的反哺作用，真正实现以工促农、以城带乡，促进农业生产力的提高，在确保农业产量增加的前提下，释放更多的农村剩余劳动力，以提升“大别山试验区”的城镇化水平。

（二）做好农村剩余劳动力的技术培训，增强其在城镇就业的竞争力

“大别山试验区”一方面农业劳动生产率低，致使释放出的农业剩余劳动力有限；另一方面，在有限的农业剩余劳动力中，由于没有掌握或很好掌握城镇某一工作岗位所需要的知识和技能，导致其在城镇的就业竞争力不强，致使很多农村剩余劳动力在城镇“漂泊”一段时间后，又回流到农村，严重影响了试验区城镇化水平的提高。因此，“大别山试验区”要出台相应的政策和制度，加强农村剩余劳动力的技术培训工作，切实提高他们掌握基本知识和专业技能的能力，

并对于经过培训考核合格的农村剩余劳动力，给予优先推荐和安排相应工作岗位，实现由农民向工人的转变，为农村剩余劳动力在城镇“扎根立足”奠定基础，从而实现城镇化水平的提高。

第五节 “大别山试验区”发展特色旅游的路径选择

根据第七章关于“大别山试验区”旅游产业竞争力的分析评价结果，我们发现：虽然“大别山试验区”有着丰富的旅游资源，特别是红色旅游资源，但“大别山试验区”旅游产业竞争力处在初步发展阶段，在旅游业发展过程中存在的问题主要有：旅游产业链发展滞后；旅游基础设施薄弱；没有形成发展合力；旅游宣传力度不大；旅游建设投入不够等问题，致使“大别山试验区”丰富的旅游资源没有转化为可观的经济效益和社会效益，从而影响了“大别山试验区”可持续发展的实现。因此，应采取措施发展好“大别山试验区”特色旅游业。

一、特色旅游及特色旅游资源

特色旅游是以旅游目的地特有的资源、文化、环境等为依托，面向特定客源市场发展起来的主题鲜明、形式多样、内容丰富、参与性较强的某种特殊的旅游形式，且必须具有某种特定的主题和意义。随着旅游业的发展和人们旅游需求和旅游观念的变化，特色旅游逐步发展壮大并成为当今世界性旅游活动的重要组成部分。特色旅游在国外已非常盛行，发展也趋于成熟，在我国特色旅游正处于快速发展阶段。国外具代表性的有英国博物馆旅游、法国学艺旅游、澳大利亚探险游、新加坡海底游等；国内具代表性的有哈尔滨冰雪旅游、山西大院旅游、河南武术旅游、云南少数民族旅游等，还有一些国内外共同的形式，如乡村旅游、科技旅游、海底旅游、体育旅游等。

所谓特色旅游资源，是指在特定地域上形成的人无我有、人有我新、人新我奇、人奇我绝的能体现地方独特风格的，对游客产生强烈吸引力的，可以为发展旅游业所开发利用并能产生经济效益、社会效益和环境效益的各种事物和因素。特色旅游资源有着得天独厚、难以遮蔽、不可替代的特点。

二、“大别山试验区”发展特色旅游的现实基础

要发展特色旅游，必须要具备发展特色旅游的自然旅游资源和人文旅游资源。经过对有关资料的收集和分析，“大别山试验区”所拥有的特色旅游资源包括：一是地位崇高的教育旅游资源。二是享誉中外的名人旅游资源。三是源远流长的宗教旅游资源。四是地位独特的红色旅游资源。五是魅力无穷的生态旅游资

源。六是浓郁的民族民俗风情所形成的文化旅游资源等。

三、“大别山试验区”特色旅游发展路径选择

根据前文分析得出的“大别山试验区”在发展特色旅游方面存在的问题，特提出“大别山试验区”特色旅游的发展路径。

（一）加快旅游基础设施建设，夯实特色旅游业发展基础

要加快旅游基础设施建设，总的来说，除争取国家发展和改革委员会、中央宣传部、国家旅游局的基本建设投资外，还要积极引入市场机制，推进多元化投入，加强基础设施建设。采取面向国内外招标的办法，引进实力雄厚、旅游开发经验丰富的集团公司，组建旅游开发公司和旅游服务公司。要创造优良的投资环境，广泛吸引社会资金参与开发大别山特色旅游服务设施和其他配套旅游项目。同时，还要建立完善以陆路交通、水上交通、空中交通、城市观光、索道交通为主的旅游交通体系，充分发挥旅游交通的观光、娱乐、特种旅游的功能。改造试验区内的重要干线318国道，以之作为联系安徽及其以东地区的枢纽；改造罗田经关口至浠水段，英山经洗马河至浠水段以及浠水至散花镇（与宜黄高速相连）段；改造扩建罗田经蔡河店至薄刀峰林场段，胜利至麻城段（以联系京九线）；英山经张家咀至安徽与105国道相连段；张家咀至吴家山林场段，吴家山杨坳至天堂寨段；扩建各个旅游区内的公路。

从旅游的“吃、住、行、游、购、娱”这六大要素出发，要加快旅游基础设施建设，应做到以下几点。

1. 完善交通网络

加快以大别山红色旅游公路为核心的基础设施建设步伐，新建、扩建高速公路出口，推进4A级景区与骨干公路连接线建设。打通连接豫皖主要客源市场的高速公路通道，确保提高客流效率。逐步完善和改造交通条件相对落后的旅游区的道路状况，增设错车点、减少弯道、减少地质灾害影响，完善警示和导引标志系统。争取铁路部门的支持，有计划地开通铁路旅游专列，发挥黄州、麻城等域内车站的营运能力，增设始发站和终点站。进一步完善游客接待中心、旅游集散中心、停车场、旅游厕所、景区游步道、旅游交通指示系统等配套设施建设。

2. 发展大别山特色餐饮

认真开展引进“名店、名师、名菜”活动。引导和支持市内外、武汉城市圈有实力、有品牌的餐饮企业、知名厨师、知名菜肴进驻和落户“大别山试验区”，发展连锁经营。发展地方特色小吃，做好鱼面、肉糕、山羊、黄牛等为原料的特色小吃的推广，发展吊锅系列、药膳系列、东坡文化饮食系列，做好饮食文化文章。推进地理标志上餐桌，发展大别山地理标志产品数量居多优势，倡导低碳经济、绿色意识、健康意识，加大罗田板栗、罗田甜柿、黄州萝卜、红安

茗、蕲春珍米、光机佛手山药、团风荸荠、巴河莲藕、黄梅青虾、麻城菜油和木子店老米酒等地理标志产品作为精品菜肴的研发力度，让地理标志产品上餐桌。

3. 加快景区及邻近县城周边住宿设施建设和条件改善

要完善景区内不同档次酒店、旅馆的建设，支持和建设一批高星级酒店、饭店，提升接待档次，提高游客过夜率和停留时间，增加游客消费。做好东坡菜、山野菜、蕲春药膳等特色餐饮，培育一批特色鲜明的旅游定点餐饮接待单位。鼓励发展特色旅馆，鼓励各类投资主体按照规划要求，在各类景区内建设各具特色的景区宾馆或连锁酒店。鼓励旅游乡镇、村农户投资以农家乐为主要形式的农家旅馆。同时，鼓励建设各种形式的自助疗养型酒店，生态庄园式酒店、郊野别墅、露营地等，以满足不同消费群体的要求。加强对已评级饭店的管理力度，促进星级饭店软硬件质量的提升。走市场化道路，加大景区经营性项目建设。开展旅行社星级评定工作，继续扶持旅游名镇、生态文化旅游名镇、旅游名村，星级农家乐建设，发展休闲农业。

4. 培育大别山区域特色旅游产品品牌

深挖东坡文化、红色文化和手工制品资源，选择一批代表大别山特色和形象、质量好、档次高的产品作为旅游地产品进行联合研制、生产、销售、开发。重点开发茶叶系列，蚕丝制品系列，中药保健品系列，罗田板栗系列，麻城福白菊，真空杯、瓶、壶系列，大布、挑花、竹器系列，纸艺、农民画、书法、绘画、集邮品系列，教育书籍系列，红色纪念品等系列特色旅游商品。鼓励企业投资旅游产品生产与销售，实现与旅游客源之间的相互衔接，促使旅游商品真正进入市场。培育旅游定点购物点，建立全市统一、集中的旅游商品配送中心，引导旅游商品集中销售，加快大型旅游商品购物中心建设，形成旅游商品定点购物市场。规范市场准入和购物秩序，优化购物环境，严格行业自律。提倡各投资主体与旅游商品企业之间的联营合作，参股重组、做大规模，做足优势。

5. 创新景区娱乐业，振兴旅游娱乐业设施建设

要不断完善城市娱乐和商业区建设，推动城市美化、亮化工程，开发街区和景点夜游项目。在重点景区因地制宜地发展夜间娱乐产业和旅游娱乐中心，开发旅游演艺和表演节目。发挥文化等部门的力量，策划大型旅游演艺项目，编排具有地方特色的节庆活动娱乐项目。支持旅游景区开发文化巡演、特色歌舞、文艺和黄梅戏等演出活动，增加旅游文化娱乐活动的魅力和内容，突出旅游文化娱乐活动的参与性和娱乐性。

6. 加强旅游信息化建设

当前信息化成为旅游现代化的重要标志。没有信息化支撑，就不可能实现由传统旅游业向现代旅游产业的转变，也不会给人民群众带来现代生活方式的享受。广大消费者希望通过及时便捷的渠道，随时随地获取旅游过程所涉及的食、

宿、行、游、购、娱等各种服务，这种一站式消费诉求要求各旅游主管单位及相关旅游企业在内部建立畅通的自动化网络，提高运营和管理效率。为此，“大别山试验区”内的各县市必须把旅游信息化建设放在现代旅游产业建设更加突出的位置来抓，加强通信业相关规划制定和政策支持，加快旅游景区信息通信基础设施建设和新信息技术与业务的应用，加大旅游产业信息资源整合，推进旅游业和信息化深度融合，以整体推进其竞争力，促进产业转型升级。

相信通过这些基础设施的完善与改进，将为“大别山试验区”特色旅游业的发展夯实基础。

（二）加大对旅游业的投入力度，切实提高旅游业服务能力

“大别山试验区”旅游资源丰富，但由于经济基础薄弱，对旅游业的开发和投入力度不够，导致试验区内旅游业服务水平和能力较低。因此，应通过以下举措提升旅游业服务能力。

1. 拓宽融资渠道

要加大旅游基础设施建设的投入，加大对旅游宣传推广、人才培训、公共服务的支持力度。为此，建议中央和湖北省所设立的促进服务业发展、扶持中小企业发展、小城镇建设、移民后扶、节能减排等专项资金，应对旅游项目予以支持。应发挥财政资金的扶持和引导作用，推动多渠道资金投向旅游业。

2. 推进重大旅游项目建设

重大旅游项目是推动旅游业发展的载体和杠杆，要把旅游项目建设摆在旅游规划和建设的中心位置，扎实推进。要加强对旅游项目的规划设计工作，进行必要的科学调研和专家论证。在结合“大别山试验区”历史文化传承的基础上，深入挖掘，不断创新。

3. 优化旅游硬环境

要按照人文、绿色、美观的设计标准，合理、科学地放置景点指示牌，体现人文气息。要按照旅游星级厕所标准新建和改造好景区厕所，解决好景区厕所的水源和排污问题；要建好景区游道、桥亭和休息凳椅，让游客既能安全游览观光，又能适时休息调整；要完善旅游标识和警示标牌，方便游客游览和提示游客遵守相关规定；要建设无障碍通道和各种紧急救援机制，方便残疾人旅游，妥善处理各种突发事件，提高“大别山试验区”旅游业的综合服务水平。

4. 健全旅游行业协会组织

规范旅游行业协会，完善景区景点、旅行社、旅游饭店、旅游车船、旅游商品和自驾游分会。发挥组织协调作用，加强行业自律。

（三）积极培育市场主体，促进旅游产业发展

没有形成合理有效的产业链条，是“大别山试验区”旅游产业竞争力不强的重要原因。因此应采取有效手段，通过积极培育市场主体，提升试验区旅游产

业竞争力。

1. 坚持“政府主导、市场运作、企业主体、社会参与”的原则

以产权制度改革为核心，积极推进旅游景区事业单位所有权与经营权分离，鼓励和支持大企业参股、兼并等形式取得旅游景区经营权。理顺景区管理体制，按照所有权、管理权、经营权分离的原则，建立适合旅游发展规律的管理体制和运行机制，大胆创新旅游景区管理体制，打破部门分割、条块分割、区划分割，架起旅游区管委会的职能，加大资源整合力度，支持探索旅游资源一体化管理、企业化运作的有效形式，实现产业集聚、融合发展的目标。推进公务接待市场化。

2. 加大政策支持力度

要积极促进旅游产业发展，必须在政策上从各方面对旅游产业发展给予支持。为此，先要加大金融扶持，满足旅游企业发展对资金的需求，积极组建旅游企业信用担保平台，逐步建立健全旅游产业融资担保体系。同时还要建立和完善旅游发展激励和招商引资激励政策，落实好土地、税费、价格等优惠政策，积极促进旅游企业发展壮大。

3. 优化商务环境

要打破行业和行政壁垒，消除地域歧视，鼓励各类企业跨行业、跨地区、跨所有制发展旅游业；建立和完善引导性、激励性机制。优化政务环境，规范审批行为，简化审批流程，提高行政效率。优化监管环境，建立相关部门与旅游部门联动执法检查机制，减轻对旅游企业的干扰，减轻旅游企业负担。优化舆论环境，扩大旅游宣传，营造“抓大旅游、大抓旅游”和全社会关心旅游、支持旅游、发展旅游的良好氛围。

4. 加快培育旅游市场主体

对现有景区和企业进行整合，培育引导旅游企业以市场为导向，以资产为纽带，通过参股、控股、收购、兼并等形式形成集团，提升旅游企业竞争力。通过信贷、融资、财政等方面的扶持，培育一批全国知名的饭店经营集团、景区经营集团、旅行社集团，在此基础上整合组建跨行业的旅游龙头企业。

5. 发挥龙头企业带动作用

大力引进国内外知名旅游企业，旅游主管部门要结合旅游业发展需要，筛选一批旅游重点项目进行招商，吸引一批国内外旅游知名企业集团或管理公司参与旅游资源的开发和产业整合，构建与国际接轨的旅游管理体制，提升旅游产业的国际化水平。

（四）加强旅游宣传与产品营销

1. 加强旅游产品系统集成，全力打造旅游品牌

旅游品牌是一个旅游地的标志，是旅游体验价值、附加价值的体现。加强旅游品牌建设，可以树立鲜明的旅游产业形象，以无形的力量来吸引顾客，形成区

域旅游之间竞争的手段。如黄冈市打造的“大别山水、人文黄冈”旅游品牌在国内旅游市场已有较高的知名度。经过几年的努力，按照“一区两带”的战略部署，已经形成与“大别山水、人文黄冈”主题相适应的旅游产品体系，推出了一批具有自身特色和较强竞争力的旅游产品品牌。再以旅游目的地创建和基本要素创建为基础，加强旅游资源和区域整合，编排形成“遗爱湖畔，东坡遗韵”、“人间四月天、麻城看杜鹃”、“将军故里、红色摇篮”红安、“禅宗祖庭、天下黄梅”、“大别主峰、天堂氧吧”、“温泉英山、茶乡放歌”、“时珍故里、健康之旅”蕲春、“浠水三角山、休闲养生地”、“绿色山水、广济天下”、“红色团风、名人之乡”十条精品旅游线路。

2. 提升旅游产业的文化含量

在旅游产业迅速发展的今天，旅游和文化呈现出互动发展的关系，文化正在成为世界各地新一轮角逐的竞争力。“大别山试验区”的旅游资源独特，垄断度高，有着深厚的文化底蕴，文化旅游资源特色鲜明，内容丰富，文化旅游产品的开发具有很大的空间。在文化与旅游的融合发展上，继续推进“大别山水、人文黄冈”文化旅游品牌建设，打破区域局限，整合资源，统一品牌形象，形成合力。在设计旅游产品的过程中，要注重增加产品的参与性，充分调动游客的感观和情绪，让游客在游览或观者观看时，不知不觉地参与到表演中去，使游客真正放松心情、休闲娱乐、身受启发教育。要围绕资源整合和文化开发以大别山“人文系列”、“将帅系列”、“禅宗文化”等为重点建设一批文化旅游项目。不断完善旅游购物市场机制。依托大别山绿色旅游资源，大力开发自驾游、徒步游和自行车旅游等自助旅游项目。

3. 加强旅游形象宣传

结合湖北省“灵秀湖北省”宣传促销方案，开展“大别山试验区”旅游形象系列宣传活动。既要利用广播、电视、报纸、杂志等传统媒体，又要利用网络等新媒体，积极宣传“大别山试验区”旅游产品，如“大别山试验区”已利用中央电视台、省市电视台以及公交车车身广告等方式对旅游产品的宣传已取得了积极的宣传效果。同时，为更大范围、更有效地进行旅游形象宣传，还可积极参加旅游节会推介活动。并同携程网等相关网站开展电子商务运营合作。

4. 创新宣传和营销模式

加大宣传力度，形成全方位的宣传促销态势，以提升大别山旅游品牌的知名度和竞争力。一是创新宣传方式，把旅游宣传与经贸、会展、节庆活动、文化交流、对外交往活动以及招商引资等有机结合起来，把旅游宣传促销贯穿到广播、电视、网络、酒店等各个环节、各个细节中去，形成旅游宣传促销的立体优势。二是加大区域旅游合作促销力度，在实现资源共享、市场共促、客源共有的基础上，扩大与周边省市的旅游合作，形成互惠共赢的发展格局。

5. 创新提升节会旅游品牌

持续策划举办主题节会活动，重点将全国（大别山）自行车邀请赛、麻城杜鹃节打造成国内外具有较高影响力的精品旅游活动平台。鼓励旅游景区、旅行社大力创新营销模式。加大旅游产品的宣传力度，着力打造旅游精品线路，以增强“大别山试验区”旅游的吸引力。

6. 着力发展大别山红色文化旅游

要充分利用大别山独有的红色文化旅游资源，优化设计红色文化旅游主题线路。通过互联网、广播电视、报纸杂志等相关传媒以广告、专题文章和播放专题片等形式宣传大别山红色文化旅游，形成强大的宣传效应，提高红色文化旅游的知名度和美誉度。要充分调动各地区、各有关部门、企事业单位的积极性，统筹策划，结合建党、新中国成立、建军等重大纪念活动以及国庆长假等重大节日，组织红色文化旅游系列宣传推广工作，鼓励将红色文化旅游与思想政治教育相结合，同企事业单位的文化建设相结合，同文艺创作相结合，录制纪录片，拍摄电影等吸引全国游客。

（五）加强整合和区域合作，提升旅游产业区域竞争力

1. 推进产业融合发展

大别山旅游资源丰富，应当联合相关部门，深入推进旅游与文化、体育、农业、工业、林业、水利、交通运输业、住宿餐饮业等相关行业的融合，形成发展旅游的整体合力。“大别山试验区”范围内红色资源丰富，漂流景区众多，应推动文化旅游、体育旅游、工业旅游和农业休闲旅游等旅游新兴业态的发展。

2. 加强区域旅游资源产品和线路整合

要实行旅游资源的区域共享，共同开发和保护旅游资源，开展跨地区资源重组和产品整合，形成新的更有吸引力的旅游产品和更有效益的旅游线路。由于某些旅游线路的景点比较分散，可能分散在不同的地市，如果各个区域自行开发，就给人以“散”的感觉，一个景点形不成一个主题，一片景点形不成一个核心思想。进一步加强区域内旅游要素体系和公共服务体系建设，共同建设无障碍旅游区，共同营造良好的旅游环境。

3. 加强区域旅游市场开拓合作

要打破地区壁垒，加强客源市场协作，互为客源地和目的地，促进旅游商品和要素的自由流动与共享，降低社会交易成本。加强联合促销宣传，建立旅游信息资源共享平台，共享销售队伍和销售渠道，培育统一的区域旅游品牌，共享品牌形象。加强与武汉“1+8”城市圈、大别山3省6市36县的旅游区域协作，实现资源共享、产品互推、客源互动、优势互补。

4. 建立区域联合发展机制

进一步推进旅游企业紧密合作，加强区域旅游人才、信息、技术交流，努力

实现优势互补、共赢发展的区域旅游发展目标。一方面鼓励合作圈内旅游行业的大型企业集团通过改革、重组、收购、兼并等形式，实施跨地区旅游连锁经营，从而壮大旅游企业规模，实施区域集团化运作；另一方面鼓励合作圈内的旅游企业进行网络化运营，实现优势互补、市场互利，并且利用国外企业的国际化经营、管理、品牌和网络等优势，实施“以信息化推动集团化”的发展战略，实现跨国经营，形成真正意义上的旅游经济“国际化”。

（六）实施人才强旅战略，提升人力资源竞争力

1. 与院校合作，培养人才

目前“大别山试验区”内的主要高等学校、职业院校都设有旅游管理相关专业，学校应认真分析旅游业人才需求情况、旅游教育情况，尽快调整和完善专业的设置，提高师资水平，重视人才培养的适用性，使旅游教育和旅游发展相适应、相匹配。

2. 加强管理人才和导游人才的培养

“大别山试验区”内优秀的旅游管理人才特别是导游人才还很少，缺乏中高端管理人才，尤其缺乏高级导游人才和外语导游。各旅游企业应认真制订全面、系统、科学的旅游企业人才培训规划，可采用多种形式，如职工轮训制，选派优秀的员工到旅游院校或管理学院深造，全面提高员工综合素质和业务水平，大力加强旅游人才队伍建设。

3. 努力做好旅游人才引进工作

结合产业发展需要，进行人才需求摸底，建立旅游中高级人才交流平台，面向海内外大力引进高水平、熟悉国际规则的旅游企业经营管理、规划策划、市场营销、涉外旅游、资本运作和投资开发等专门人才。

第六节 “大别山试验区”信息化的路径选择

结合第八章对“大别山试验区”信息化建设整体水平的评价结果，我们得出：除农业信息服务基础设施建设处于高水平之外，农业信息采集能力、农业信息发布能力、农业信息服务人力资源储备能力以及农业信息服务政策法规保障能力都处于较低或一般水平，致使“大别山试验区”信息化建设整体水平处于较低层次，严重影响了“大别山试验区”可持续发展目标的实现。因此，应在“大别山试验区”信息化建设方面进行改革。

一、增设相应机构和人员，提高农业信息采集能力

根据对“大别山试验区”18 个县市区的调研结果发现：超过 80% 的被调查

者在最近三年内没有接受过农业信息调查人员的调查，超过85%的村庄没有建立农业信息数据统计基站，结果造成农业信息采集能力处于较低水平。因此，应通过配备相应机构和人员，充实和完备农业信息采集队伍，切实提高农业信息采集能力。

第一，应增设农业信息调查驻村机构。由于是驻村农业信息调查机构，和农民距离最近，一方面，向农民采集农业信息比较容易，完成上级调查机构分配的调查任务；另一方面，农民需求哪些方面的农业信息，也可以通过农业信息调查驻村机构，反映给农业信息供给部门，充分发挥农民与农业信息供给部门之间的桥梁纽带作用。

第二，应配备农业信息调查人员进行蹲点服务。造成“大别山试验区”农业信息采集能力较低的根本原因是缺乏相应的农业信息调查人员。由于农业信息调查人员的缺乏，一方面，如果需要采集农业信息，则临时请几位工作人员到村庄进行采集，由于农民与采集人员之间缺乏沟通了解，影响了农业信息的真实性，造成农业信息采集的质量较低；另一方面，农民需要向上级反映农业信息需求时也找不到相应的人员，不能有效满足农民对农业信息的需求，从而影响农业生产效率的提高。因此，应通过配备农业信息调查人员到指定村庄蹲点，对农业信息采集和反映农业信息需求，都是非常有利的。

二、加大政府投入和农业信息数据库建设，提高农业信息发布能力

“大别山试验区”农村地区由于收入水平低，导致目前对电脑和网络的利用率较低，从而影响了农业信息发布主体发布农业信息的传播效果。为此，应采取具体措施提高农业信息发布能力。

第一，加大政府财政投入力度，逐步普及农村地区的电脑和网络。形成既可通过电话、广播、电视、杂志等传统媒体发布农业信息，也可通过电脑、网络等新媒体发布农业信息，并根据这些媒体的特点，选择最合适的媒介发布农业信息，提高农业信息传播的速度，扩大农业信息发布的覆盖面。同时重点强调要将计算机网络建设和电视网络建设进行有机结合，促使更多农业信息以更直观、更迅捷的方式传递给千家万户。此外，还要提高移动通信网络的开发和普及程度，最大限度做好农业信息发布工作。

第二，建立农业信息数据库，完善农业信息传播系统。可根据不同地区农业信息资源的特点，开展农业信息资源库的建设工作。同时，根据不同农户对农业信息的需求状况，对农业信息数据库进行分类，提高农业信息的利用效率。还要针对农户的类型建立不同的农业信息传播系统。针对种植、养殖大户和农业行业协会这类农户，建立以互联网为主要传播渠道的信息传播系统，向农户提供及时

有效的农业信息服务；针对普通农户，建立以传统媒体为主要传播渠道的信息传播系统，通过电话和电视网络向农户提供准确、有效的农业信息服务。

三、加大人员招募和培训力度，提高农业信息服务人力资源水平

根据调研，“大别山试验区”农业信息服务人力资源水平较低，突出表现在农业信息服务人员缺乏和技能水平较低。为此，应做到以下两点。

第一，加大农业信息服务人员招募力度，充实农业信息服务人员队伍。根据调研结果，90%以上的被调查者认为，本村没有或不清楚是否有农业信息服务人员。这一结果足以反映出“大别山试验区”缺乏农业信息服务人员。因此，应加大农业信息服务人员的招募力度，并以政府财政提升农业信息服务人员的待遇水平，积极吸引有素质和懂文化的优秀人才加入到农业信息服务队伍中，为农业信息服务人力资源水平的提升奠定基础。

第二，加强对农业信息服务人员的技术培训，保障农业信息服务人力资源水平的提高。根据调研，即使一小部分村庄有农业信息服务人员，但这些服务人员的学历水平大都为高中以下，且没有接受过任何技能培训，这对农业信息服务质量的提升显然是不利的。因此，应采取定期或不定期的方式，加强对农业信息服务人员的技术培训，切实提高他们的农业信息服务技能，为农业信息化整体水平的提升奠定基础。

四、完善农业信息服务管理体制和法律法规，提升农业信息服务水平

“大别山试验区”经济方面的落后，导致其在农业信息服务管理体制和相应法规方面，也显得落后，以致不能有效维护农业信息服务各方主体的合法权益。为此，应做到以下两点。

第一，深化农业信息服务管理体制改革，保证农业信息服务体系的运行效果。对于政府部门而言，要完善农业信息服务相关部门之间的组织和协调机制，统一农业信息服务管理和决策体制，建立分工明确的农业信息服务执行、评价和监督机制。对于社会主体而言，要坚持以市场为导向，强化产学研相结合的管理模式，发挥涉农企业在农业信息技术应用和信息服务推广方面的主导作用，培育和壮大新兴农业信息服务企业，发挥农业科研机构和农业大专院校的科技支撑功能，促进农业信息服务技术和产品的应用，推动农业信息服务的协调发展。

第二，健全农业信息服务法规，维护农业信息服务各方主体的合法权益。为此，应加快推进农业信息服务相关法规的制定和颁布，以加强对农业信息服务主体及其活动的监督与管理。从立法角度对农业信息服务的服务行为、服务质量、服务主体、服务客体的权益进行保障。通过对农业信息服务活动的法制化监管，

增强农业信息的真实性和有效性，实现农业信息服务的规范化和高效化，维持正常的农业信息服务秩序，防止农业信息服务中的违规行为产生；同时，为解决农业信息服务过程中产生的各种服务纠纷提供法律依据，进而维护农业信息服务各方主体的合法权益。

第七节 "大别山试验区"生态文明建设的路径选择

"大别山试验区"由于工农业生产技术水平落后，长期以来依靠"高投入、高消耗、低产出、高污染"的粗放型生产方式发展经济，结果导致试验区生态文明被严重破坏，这与湖北省委、省政府所确定的绿色大别山的建设目标，是严重不相符的，因此，应加强"大别山试验区"生态环境保护，促进"大别山试验区"生态文明建设。

一、优化"大别山试验区"生态环境，提升生态资源利用效率

政府的经济职能是朝市场方向努力还是强化计划经济行为，直接决定着整个社会经济走向。而只有建设规范的市场经济，才能使市场主体真正走向市场，市场才能成为企业的依托。这就必须调整政府角色，严格区分行政手段与经济手段、政府行为与经济行为、政治目标与经济目标、规划制定和监督执行工作，高质高效地提供公共产品和公共服务，扎扎实实把规范、透明、持续、稳定的市场规则制定好、维护好。同时，作为市场主体的企业其生存与发展受到企业所处外部环境的影响，这种外部环境主要包括两个层次：第一层次主要包括工商、税务、银行、公安、卫生、防疫、电力等；第二层次主要包括土地政策、投资政策、人才政策等。第一层次是否公开、合法、公正，对企业有直接影响，加快政府职能的转变，进一步优化发展环境。进一步加大政府职能转变力度，加快由管理型向服务型政府转变的步伐。围绕建立服务型政府的目标，切实把政府的经济管理职能，转到主要为市场主体服务和创造良好发展环境上来，努力创造良好的政策环境及政务环境。

二、发展"大别山试验区"生态补偿科技队伍，加强生态补偿法制建设

生态补偿效率水平的提升，离不开人才的支持。科学发展观的核心是坚持"以人为本"，而"以人为本"的具体体现就是要实现人的全面发展。然而，在绿色农业发展过程中体现以人为本的思想就是绿色农业科技队伍的开发与利用。因此，为贯彻落实科学发展观，"大别山试验区"必须加强与绿色农业科技队伍

开发密切相关的市场机制（包括劳动力市场、劳务市场、技术市场和知识产权市场等）的建设，从而为绿色农业科技队伍密切相关的市场体系的发育和完善提供支撑性政策；为绿色农业科技队伍流动和劳动者自由择业提供法律保障；为普通教育、成人教育、卫生保健和群众性体育运动提供倾斜性政策；为优化人力资源投资结构，解决绿色农业科技队伍短缺的严重问题提供制度安排；为解决特别贫困地区的绿色农业科技队伍发展提供优惠政策。所以，在发展绿色农业科技队伍战略问题上，要特别加强制定和落实农村劳动力的职业技能培训和提高劳动力素质的相关政策，全面提升整个劳动力的素质和水平，具体来讲，包括栽培模式、养殖模式、无公害、绿色、有机农产品生产技术以及其他方面技能的培训。要通过发挥农广校、农函大、成人学校、文化技校等教育网络的作用，通过现场会、培训户、科技扶贫等形式，不断提高劳动者接受新事物、学习新技术。

首先，需要通过立法对农业生态环境补偿的概念加以明确，规定农业生态环境的权力。只有法律承认农业生态环境补偿的地位，农业生态环境补偿法律建设才能开展。通过立法确定参与者的权利与义务，法律赋予生态补偿参与者的明确地位，是促使生态补偿顺利开展的保证；出台系统的法律制度对生态补偿进行细致规范，包括对生态补偿的主体与客体、原则与标准、监督管理与资金筹集等问题作出权威性说明，以确保生态保护工作有章可循。同时，加强对生态补偿的司法监督，加大对违法行为的惩罚力度，杜绝擅自挪用生态补偿金等贪腐问题，保障耕地质量保护生态补偿有序进行。充分发挥群众的监督作用，确保耕地质量保护生态补偿的公平运行与公正实施；完善“大别山试验区”生态补偿的地方性法规，尽早出台《“大别山试验区”生态补偿条例》，明确“大别山试验区”实施生态补偿的指导思想、战略目标和基本原则，并在此基础上对补偿主体、补偿客体、补偿范围、补偿标准、补偿方式以及补偿的资金筹集管理等问题进行具体规定，推进“大别山试验区”生态补偿从理论到实践的应用，使其有法可依。

其次，需要出台一套系统的法律制度对农业生态环境补偿加以细致的规范，包括对农业生态环境补偿的客体、主体、原则、标准、资金筹集、监管等问题做出权威性的解释，界定清楚农业生态环境补偿的各个方面，以保证生态环境补偿工作有法可依。司法上，要加强生态环境补偿法律实施的监督工作，加强对违法行为的惩治力度，杜绝贪污腐败问题，保障生态环境补偿工作的有序开展。要充分发挥群众的监督作用，确保农业生态环境补偿工作的公平、公正。

三、加强“大别山试验区”生态补偿科学规划

（一）创新“大别山试验区”生态补偿制度体系

首先，“大别山试验区”在实施生态补偿过程中，需高度创新生态环境保护相关政策，在保护好“大别山试验区”当前生态环境的同时，积极开拓和培育

新的可持续利用生态景观格局。

其次，生态补偿的核心在于发展绿色农业产业，通过创新“大别山试验区”绿色产业发展思路，树立“社会福利最大化而非产值最大化”的可持续发展观，大力发展绿色生态农业。

最后，现阶段我国公众参与尚处在初级阶段，公众多处于被告知和接受的地位。建立公众参与评估制度是政策执行的重要监督机制。在生态补偿实施过程中，无论是初级阶段还是高级阶段，都应保障广大公众能够有效参与，同时考虑参与主体的受教育程度和所处环境，避免出现由于对专业术语的不理解而产生行动与目标不一致的情况。政府、农户以及广大社会居民既是生态补偿的重要实施者与监督者，也是重要的决策主体。建立健全“大别山试验区”公众参与制度是决策民主化的重要体现，生态补偿的相关决策必须充分尊重广大社会公众的意愿与要求，反映其根本利益。在进行综合决策时，更应尊重广大群众的实践经验，注重运用大众智慧。可通过召开形式多样的公众听证会或者建立耕地质量环境评价的公众参与制度，广泛听取参与者的意愿和建议，自觉接受公众监督。建立健全广大公众参与的法律规章制度，为确保公众参与的真实有效提供制度保障。

（二）逐步扩展“大别山试验区”生态补偿的范围

按照生态补偿范围的确定思路，凡是有益于生态环境保护的措施以及防止生态环境污染的做法都属于补偿范围。在启动初期的工作中，应进行补偿区域的空间优选，安排好生态环境保护的时间表和空间规划，以使补偿资金得到高效利用。

（三）拓展深化生态补偿的课题研究

有关生态补偿的理论研究与实践探索在流域、森林、矿产资源等领域已进行多年，由于其执行过程的复杂性和涉及利益主体的广泛性，至今尚未形成权威、成熟的理论体系。从生态补偿视角研究环境保护是一个崭新的领域，对于补偿方式、补偿标准、补偿范围等问题的研究显得紧迫和必要。运用生态补偿这种经济激励手段的最终目的是改善生态环境，实现区域可持续发展。对于“大别山试验区”来说，各领域生态补偿实施过程中面临的问题，需要通过相关课题的研究逐一破解。

附　录

附录1：

中国农村扶贫开发纲要（2011～2020年）

为进一步加快贫困地区发展，促进共同富裕，实现到2020年全面建成小康社会奋斗目标，特制定本纲要。

序　言

（一）扶贫事业取得巨大成就。消除贫困、实现共同富裕，是社会主义制度的本质要求。改革开放以来，我国大力推进扶贫开发，特别是随着《国家八七扶贫攻坚计划（1994～2000年）》和《中国农村扶贫开发纲要（2001～2010年）》的实施，扶贫事业取得了巨大成就。农村贫困人口大幅减少，收入水平稳步提高，贫困地区基础设施明显改善，社会事业不断进步，最低生活保障制度全面建立，农村居民生存和温饱问题基本解决，探索出一条中国特色扶贫开发道路，为促进我国经济发展、政治稳定、民族团结、边疆巩固、社会和谐发挥了重要作用，为推动全球减贫事业发展作出了重大贡献。

（二）扶贫开发是长期历史任务。我国仍处于并将长期处于社会主义初级阶段。经济社会发展总体水平不高，区域发展不平衡问题突出，制约贫困地区发展的深层次矛盾依然存在。扶贫对象规模大，相对贫困问题凸显，返贫现象时有发生，贫困地区特别是集中连片特殊困难地区（以下简称连片特困地区）发展相对滞后，扶贫开发任务仍十分艰巨。同时，我国工业化、信息化、城镇化、市场化、国际化不断深入，经济发展方式加快转变，国民经济保持平稳较快发展，综合国力明显增强，社会保障体系逐步健全，为扶贫开发创造了有利环境和条件。我国扶贫开发已经从以解决温饱为主要任务的阶段转入巩固温饱成果、加快脱贫致富、改善生态环境、提高发展能力、缩小发展差距的新阶段。

（三）深入推进扶贫开发意义重大。扶贫开发事关巩固党的执政基础，事关国家长治久安，事关社会主义现代化大局。深入推进扶贫开发，是建设中国特色社会主义的重要任务，是深入贯彻落实科学发展观的必然要求，是坚持以人为本、执政为民的重要体现，是统筹城乡区域发展、保障和改善民生、缩小发展差距、促进全体人民共享改革发展成果的重大举措，是全面建设小康社会、构建社会主义和谐社会的迫切需要。必须以更大的决心、更强的力度、更有效的举措，打好新一轮扶贫开发攻坚战，确保全国人民共同实现全面小康。

一、总体要求

（四）指导思想。高举中国特色社会主义伟大旗帜，以邓小平理论和“三个代表”重要思想为指导，深入贯彻落实科学发展观，提高扶贫标准，加大投入力度，把连片特困地区作为主战场，把稳定解决扶贫对象温饱、尽快实现脱贫致富作为首要任务，坚持政府主导，坚持统筹发展，更加注重转变经济发展方式，更加注重增强扶贫对象自我发展能力，更加注重基本公共服务均等化，更加注重解决制约发展的突出问题，努力推动贫困地区经济社会更好更快发展。

（五）工作方针。坚持开发式扶贫方针，实行扶贫开发和农村最低生活保障制度有效衔接。把扶贫开发作为脱贫致富的主要途径，鼓励和帮助有劳动能力的扶贫对象通过自身努力摆脱贫困；把社会保障作为解决温饱问题的基本手段，逐步完善社会保障体系。

（六）基本原则

——政府主导，分级负责。各级政府对本行政区域内扶贫开发工作负总责，把扶贫开发纳入经济社会发展战略及总体规划。实行扶贫开发目标责任制和考核评价制度。

——突出重点，分类指导。中央重点支持连片特困地区。加大对革命老区、民族地区、边疆地区扶持力度。根据不同地区经济社会发展水平，因地制宜制定扶贫政策，实行有差异的扶持措施。

——部门协作，合力推进。各相关部门要根据国家扶贫开发战略部署，结合各自职能，在制定政策、编制规划、分配资金、安排项目时向贫困地区倾斜，形成扶贫开发合力。

——自力更生，艰苦奋斗。加强引导，更新观念，充分发挥贫困地区、扶贫对象的主动性和创造性，尊重扶贫对象的主体地位，提高其自我管理水平和发展能力，立足自身实现脱贫致富。

——社会帮扶，共同致富。广泛动员社会各界参与扶贫开发，完善机制，拓展领域，注重实效，提高水平。强化政策措施，鼓励先富帮后富，实现共同富裕。

——统筹兼顾，科学发展。坚持扶贫开发与推进城镇化、建设社会主义新农村相结合，与生态建设、环境保护相结合，充分发挥贫困地区资源优势，发展环境友好型产业，增强防灾减灾能力，提倡健康科学生活方式，促进经济社会发展与人口资源环境相协调。

——改革创新，扩大开放。适应社会主义市场经济要求，创新扶贫工作机制。扩大对内对外开放，共享减贫经验和资源。继续办好扶贫改革试验区，积极探索开放式扶贫新途径。

二、目标任务

（七）总体目标。到 2020 年，稳定实现扶贫对象不愁吃、不愁穿，保障其义务教育、基本医疗和住房。贫困地区农民人均纯收入增长幅度高于全国平均水平，基本公共服务主要领域指标接近全国平均水平，扭转发展差距扩大趋势。

（八）主要任务

——基本农田和农田水利。到 2015 年，贫困地区基本农田和农田水利设施有较大改善，保障人均基本口粮田。到 2020 年，农田基础设施建设水平明显提高。

——特色优势产业。到 2015 年，力争实现 1 户 1 项增收项目。到 2020 年，初步构建特色支柱产业体系。

——饮水安全。到 2015 年，贫困地区农村饮水安全问题基本得到解决。到 2020 年，农村饮水安全保障程度和自来水普及率进一步提高。

——生产生活用电。到 2015 年，全面解决贫困地区无电行政村用电问题，大幅度减少西部偏远地区和民族地区无电人口数量。到 2020 年，全面解决无电人口用电问题。

——交通。到 2015 年，提高贫困地区县城通二级及以上高等级公路比例，除西藏外，西部地区 80% 的建制村通沥青（水泥）路，稳步提高贫困地区农村客运班车通达率。到 2020 年，实现具备条件的建制村通沥青（水泥）路，推进村庄内道路硬化，实现村村通班车，全面提高农村公路服务水平和防灾抗灾能力。

——农村危房改造。到 2015 年，完成农村困难家庭危房改造 800 万户。到 2020 年，贫困地区群众的居住条件得到显著改善。

——教育。到 2015 年，贫困地区学前三年教育毛入园率有较大提高；巩固提高九年义务教育水平；高中阶段教育毛入学率达到 80%；保持普通高中和中等职业学校招生规模大体相当；提高农村实用技术和劳动力转移培训水平；扫除青壮年文盲。到 2020 年，基本普及学前教育，义务教育水平进一步提高，普及高中阶段教育，加快发展远程继续教育和社区教育。

——医疗卫生。到 2015 年，贫困地区县、乡、村三级医疗卫生服务网基本

健全，县级医院的能力和水平明显提高，每个乡镇有1所政府举办的卫生院，每个行政村都有卫生室；新型农村合作医疗参合率稳定在90%以上，门诊统筹全覆盖基本实现；逐步提高儿童重大疾病的保障水平，重大传染病和地方病得到有效控制；每个乡镇卫生院有1名全科医生。到2020年，贫困地区群众获得公共卫生和基本医疗服务更加均等。

——公共文化。到2015年，基本建立广播影视公共服务体系，实现已通电20户以下自然村广播电视全覆盖，基本实现广播电视户户通，力争实现每个县拥有1家数字电影院，每个行政村每月放映1场数字电影；行政村基本通宽带，自然村和交通沿线通信信号基本覆盖。到2020年，健全完善广播影视公共服务体系，全面实现广播电视户户通；自然村基本实现通宽带；健全农村公共文化服务体系，基本实现每个国家扶贫开发工作重点县（以下简称重点县）有图书馆、文化馆，乡镇有综合文化站，行政村有文化活动室。以公共文化建设促进农村廉政文化建设。

——社会保障。到2015年，农村最低生活保障制度、五保供养制度和临时救助制度进一步完善，实现新型农村社会养老保险制度全覆盖。到2020年，农村社会保障和服务水平进一步提升。

——人口和计划生育。到2015年，力争重点县人口自然增长率控制在8‰以内，妇女总和生育率在1.8左右。到2020年，重点县低生育水平持续稳定，逐步实现人口均衡发展。

——林业和生态。到2015年，贫困地区森林覆盖率比2010年底增加1.5个百分点。到2020年，森林覆盖率比2010年底增加3.5个百分点。

三、对象范围

（九）扶贫对象。在扶贫标准以下具备劳动能力的农村人口为扶贫工作主要对象。建立健全扶贫对象识别机制，做好建档立卡工作，实行动态管理，确保扶贫对象得到有效扶持。逐步提高国家扶贫标准。各省（自治区、直辖市）可根据当地实际制定高于国家扶贫标准的地区扶贫标准。

（十）连片特困地区。六盘山区、秦巴山区、武陵山区、乌蒙山区、滇桂黔石漠化区、滇西边境山区、大兴安岭南麓山区、燕山—太行山区、吕梁山区、大别山区、罗霄山区等区域的连片特困地区和已明确实施特殊政策的西藏、四省藏区、新疆南疆三地州是扶贫攻坚主战场。加大投入和支持力度，加强对跨省片区规划的指导和协调，集中力量，分批实施。各省（自治区、直辖市）对所属连片特困地区负总责，在国家指导下，以县为基础制定和实施扶贫攻坚工程规划。国务院各部门、地方各级政府要加大统筹协调力度，集中实施一批教育、卫生、文化、就业、社会保障等民生工程，大力改善生产生活条件，培育壮大一批特色优势产业，加快区域性重要基础设施建设步伐，加强生态建设和环境保护，着力解决制约发展的"瓶颈"问题，促进基本公共服务均等化，从根本上改变连片特困地区面貌。各省（自治区、直辖市）可自行确定若干连片特困地区，统筹资源给予重点扶持。

（十一）重点县和贫困村。要做好连片特困地区以外重点县和贫困村的扶贫工作。原定重点县支持政策不变。各省（自治区、直辖市）要制定办法，采取措施，根据实际情况进行调整，实现重点县数量逐步减少。重点县减少的省份，国家的支持力度不减。

四、专项扶贫

（十二）易地扶贫搬迁。坚持自愿原则，对生存条件恶劣地区扶贫对象实行易地扶贫搬迁。引导其他移民搬迁项目优先在符合条件的贫困地区实施，加强与易地扶贫搬迁项目的衔接，共同促进改善贫困群众的生产生活环境。充分考虑资源条件，因地制宜，有序搬迁，改善生存与发展条件，着力培育和发展后续产业。有条件的地方引导向中小城镇、工业园区移民，创造就业机会，提高就业能力。加强统筹协调，切实解决搬迁群众在生产生活等方面的困难和问题，确保搬得出、稳得住、能发展、可致富。

（十三）整村推进。结合社会主义新农村建设，自下而上制定整村推进规划，分期分批实施。发展特色支柱产业，改善生产生活条件，增加集体经济收入，提高自我发展能力。以县为平台，统筹各类涉农资金和社会帮扶资源，集中投入，实施水、电、路、气、房和环境改善"六到农家"工程，建设公益设施较为完善的农村社区。加强整村推进后续管理，健全新型社区管理和服务体制，巩固提高扶贫开发成果。贫困村相对集中的地方，可实行整乡推进、连片开发。

（十四）以工代赈。大力实施以工代赈，有效改善贫困地区耕地（草场）质量，稳步增加有效灌溉面积。加强乡村（组）道路和人畜饮水工程建设，开展水土保持、小流域治理和片区综合开发，增强抵御自然灾害能力，夯实发展基础。

（十五）产业扶贫。充分发挥贫困地区生态环境和自然资源优势，推广先进实用技术，培植壮大特色支柱产业，大力推进旅游扶贫。促进产业结构调整，通过扶贫龙头企业、农民专业合作社和互助资金组织，带动和帮助贫困农户发展生产。引导和支持企业到贫困地区投资兴业，带动贫困农户增收。

（十六）就业促进。完善雨露计划。以促进扶贫对象稳定就业为核心，对农村贫困家庭未继续升学的应届初、高中毕业生参加劳动预备制培训，给予一定的生活费补贴；对农村贫困家庭新成长劳动力接受中等职业教育给予生活费、交通费等特殊补贴。对农村贫困劳动力开展实用技术培训。加大对农村贫困残疾人就业的扶持力度。

（十七）扶贫试点。创新扶贫开发机制，针对特殊情况和问题，积极开展边境地区扶贫、地方病防治与扶贫开发结合、灾后恢复重建以及其他特困区域和群体扶贫试点，扩大互助资金、连片开发、彩票公益金扶贫、科技扶贫等试点。

（十八）革命老区建设。国家对贫困地区的革命老区县给予重点扶持。

五、行业扶贫

（十九）明确部门职责。各行业部门要把改善贫困地区发展环境和条件作为本行业发展规划的重要内容，在资金、项目等方面向贫困地区倾斜，并完成本行业国家确定的扶贫任务。

（二十）发展特色产业。加强农、林、牧、渔产业指导，发展各类专业合作组织，完善农村社会化服务体系。围绕主导产品、名牌产品、优势产品，大力扶持建设各类批发市场和边贸市场。按照全国主体功能区规划，合理开发当地资源，积极发展新兴产业，承接产业转移，调整产业结构，增强贫困地区发展内生动力。

（二十一）开展科技扶贫。积极推广良种良法。围绕特色产业发展，加大科技攻关和科技成果转化力度，推动产业升级和结构优化。培育一批科技型扶贫龙头企业。建立完善符合贫困地区实际的新型科技服务体系，加快科技扶贫示范村和示范户建设。继续选派科技扶贫团、科技副县（市）长和科技副乡（镇）长、科技特派员到重点县工作。

（二十二）完善基础设施。推进贫困地区土地整治，加快中低产田改造，开展土地平整，提高耕地质量。推进大中型灌区续建配套与节水改造和小型农田水利建设，发展高效节水灌溉，扶持修建小微型水利设施，抓好病险水库（闸）除险加固工程和灌溉排水泵站更新改造，加强中小河流治理、山洪地质灾害防治及水土流失综合治理。积极实施农村饮水安全工程。加大牧区游牧民定居工程实施力度。加快贫困地区通乡、通村道路建设，积极发展农村配送物流。继续推进水电新农村电气化、小水电代燃料工程建设和农村电网改造升级，实现城乡用电同网同价。普及信息服务，优先实施重点县村村通有线电视、电话、互联网工程。加快农村邮政网络建设，推进电信网、广电网、互联网三网融合。

（二十三）发展教育文化事业。推进边远贫困地区适当集中办学，加快寄宿制学校建设，加大对边远贫困地区学前教育的扶持力度，逐步提高农村义务教育家庭经济困难寄宿生生活补助标准。免除中等职业教育学校家庭经济困难学生和涉农专业学生学费，继续落实国家助学金政策。在民族地区全面推广国家通用语言文字。推动农村中小学生营养改善工作。关心特殊教育，加大对各级各类残疾学生扶助力度。继续实施东部地区对口支援中西部地区高等学校计划和招生协作计划。贫困地区劳动力进城务工，输出地和输入地要积极开展就业培训。继续推进广播电视村村通、农村电影放映、文化信息资源共享和农家书屋等重大文化惠民工程建设。加强基层文化队伍建设。

（二十四）改善公共卫生和人口服务管理。提高新型农村合作医疗和医疗救助保障水平。进一步健全贫困地区基层医疗卫生服务体系，改善医疗与康复服务设施条件。加强妇幼保健机构能力建设。加大重大疾病和地方病防控力度。继续实施万名医师支援农村卫生工程，组织城市医务人员在农村开展诊疗服务、临床教学、技术培训等多种形式的帮扶活动，提高县医院和乡镇卫生院的技术水平和服务能力。加强贫困地区人口和计划生育工作，进一步完善农村计划生育家庭奖励扶助制度、“少生快富”工程和计划生育家庭特别扶助制度，加大对计划生育扶贫对象的扶持力度，加强流动人口计划生育服务管理。

（二十五）完善社会保障制度。逐步提高农村最低生活保障和五保供养水平，切实保障没有劳动能力和生活常年困难农村人口的基本生活。健全自然灾害应急救助体系，完善受灾群众生活救助政策。加快新型农村社会养老保险制度覆盖进度，支持贫困地区加强社会保障服务体系建设。加快农村养老机构和服务设施建设，支持贫困地区建立健全养老服务体系，解决广大老年人养老问题。加快贫困地区社区建设。做好村庄规划，扩大农村危房改造试点，帮助贫困户解决基本住房安全问题。完善农民工就业、社会保障和户籍制度改革等政策。

（二十六）重视能源和生态环境建设。加快贫困地区可再生能源开发利用，因地制宜发展小水电、太阳能、风能、生物质能，推广应用沼气、节能灶、固体成型燃料、秸秆气化集中供气站等生态能源建设项目，带动改水、改厨、改厕、改圈和秸秆综合利用。提高城镇生活污水和垃圾无害化处理率，加大农村环境综合整治力度。加强草原保护和建设，加强自然保护区建设和管理，大力支持退牧还草工程。采取禁牧、休牧、轮牧等措施，恢复天然草原植被和生态功能。加大泥石流、山体滑坡、崩塌等地质灾害防治力度，重点抓好灾害易发区内的监测预警、搬迁避让、工程治理等综合防治措施。

六、社会扶贫

（二十七）加强定点扶贫。中央和国家机关各部门各单位、人民团体、参照公务员法管理的事业单位和国有大型骨干企业、国有控股金融机构、国家重点科研院校、军队和武警部队，要积极参加定点扶贫，承担相应的定点扶贫任务。支持各民主党派中央、全国工商联参与定点扶贫工作。积极鼓励、引导、支持和帮助各类非公有制企业、社会组织承担定点扶贫任务。定点扶贫力争对重点县全覆盖。各定点扶贫单位要制定帮扶规划，积极筹措资金，定期选派优秀中青年干部挂职扶贫。地方各级党政机关和有关单位要切实做好定点扶贫工作，发挥党政领导定点帮扶的示范效应。

（二十八）推进东西部扶贫协作。东西部扶贫协作双方要制定规划，在资金支持、产业发展、干部交流、人员培训以及劳动力转移就业等方面积极配合，发挥贫困地区自然资源和劳动力资源优势，做好对口帮扶工作。国家有关部门组织的行业对口帮扶，应与东西部扶贫协作结对关系相衔接。积极推进东中部地区支援西藏、新疆经济社会发展，继续完善对口帮扶的制度和措施。各省（自治区、直辖市）要根据实际情况，在当地组织开展区域性结对帮扶工作。

（二十九）发挥军队和武警部队的作用。坚持把地方扶贫开发所需与部队所能结合起来。部队应本着就地就近、量力而行、有所作为的原则，充分发挥组织严密、突击力强和人才、科技、装备等优势，积极参与地方扶贫开发，实现军地优势互补。

（三十）动员企业和社会各界参与扶贫。大力倡导企业社会责任，鼓励企业采取多种方式，推进集体经济发展和农民增收。加强规划引导，鼓励社会组织和个人通过多种方式参与扶贫开发。积极倡导扶贫志愿者行动，构建扶贫志愿者服务网络。鼓励工会、共青团、妇联、科协、侨联等群众组织以及海外华人华侨参与扶贫。

七、国际合作

（三十一）开展国际交流合作。通过“走出去”、“引进来”等多种方式，创新机制，拓宽渠道，加强国际反贫困领域交流。借鉴国际社会减贫理论和实践，开展减贫项目合作，共享减贫经验，共同促进减贫事业发展。

八、政策保障

（三十二）政策体系。完善有利于贫困地区、扶贫对象的扶贫战略和政策体系。发挥专项扶贫、行业扶贫和社会扶贫的综合效益。实现开发扶贫与社会保障的有机结合。对扶贫工作可能产生较大影响的重大政策和项目，要进行贫困影响评估。

（三十三）财税支持。中央和地方财政逐步增加扶贫开发投入。中央财政扶贫资金的新增部分主要用于连片特困地区。加大中央和省级财政对贫困地区的一般性转移支付力度。加大中央集中彩票公益金支持扶贫开发事业的力度。对贫困地区属于国家鼓励发展的内外资投资项目和中西部地区外商投资优势产业项目，进口国内不能生产的自用设备，以及按照合同随设备进口的技术及配件、备件，在规定范围内免征关税。企业用于扶贫事业的捐赠，符合税法规定条件的，可按规定在所得税税前扣除。

（三十四）投资倾斜。加大贫困地区基础设施建设、生态环境和民生工程等投入力度，加大村级公路建设、农业综合开发、土地整治、小流域与水土流失治理、农村水电建设等支持力度。国家在贫困地区安排的病险水库除险加固、生态建设、农村饮水安全、大中型灌区配套改造等公益性建设项目，取消县以下（含县）以及西部地区连片特困地区配套资金。各级政府都要加大对连片特困地区的投资支持力度。

（三十五）金融服务。继续完善国家扶贫贴息贷款政策。积极推动贫困地区金融产品和服务方式创新，鼓励开展小额信用贷款，努力满足扶贫对象发展生产的资金需求。继续实施残疾人康复扶贫贷款项目。尽快实现贫困地区金融机构空白乡镇的金融服务全覆盖。引导民间借贷规范发展，多方面拓宽贫困地区融资渠道。鼓励和支持贫困地区县域法人金融机构将新增可贷资金70%以上留在当地使用。积极发展农村保险事业，鼓励保险机构在贫困地区建立基层服务网点。完善中央财政农业保险保费补贴政策。针对贫困地区特色主导产业，鼓励地方发展特色农业保险。加强贫困地区农村信用体系建设。

（三十六）产业扶持。落实国家西部大开发各项产业政策。国家大型项目、重点工程和新兴产业要优先向符合条件的贫困地区安排。引导劳动密集型产业向贫困地区转移。加强贫困地区市场建设。支持贫困地区资源合理开发利用，完善特色优势产业支持政策。

（三十七）土地使用。按照国家耕地保护和农村土地利用管理有关制度规定，新增建设用地指标要优先满足贫困地区易地扶贫搬迁建房需求，合理安排小城镇和产业聚集区建设用地。加大土地整治力度，在项目安排上，向有条件的重点县倾斜。在保护生态环境的前提下支持贫困地区合理有序开发利用矿产资源。

（三十八）生态建设。在贫困地区继续实施退耕还林、退牧还草、水土保持、天然林保护、防护林体系建设和石漠化、荒漠化治理等重点生态修复工程。建立生态补偿机制，并重点向贫困地区倾斜。加大重点生态功能区生态补偿力度。重视贫困地区的生物多样性保护。

（三十九）人才保障。组织教育、科技、文化、卫生等行业人员和志愿者到贫困地区服务。制定大专院校、科研院所、医疗机构为贫困地区培养人才的鼓励政策。引导大中专毕业生到贫困地区就业创业。对长期在贫困地区工作的干部要制定鼓励政策，对各类专业技术人员在职务、职称等方面实行倾斜政策，对定点扶贫和东西部扶贫协作挂职干部要关心爱护，妥善安排他们的工作、生活，充分发挥他们的作用。发挥创业人才在扶贫开发中的作用。加大贫困地区干部和农村实用人才的培训力度。

（四十）重点群体。把对少数民族、妇女儿童和残疾人的扶贫开发纳入规划，统一组织，同步实施，同等条件下优先安排，加大支持力度。继续开展兴边富民行动，帮助人口较少民族脱贫致富。推动贫困家庭妇女积极参与全国妇女“双学双比”活动，关注留守妇女和儿童的贫困问题。制定实施农村残疾人扶贫开发纲要（2011~2020年），提高农村残疾人生存和发展能力。

九、组织领导

（四十一）强化扶贫开发责任。坚持中央统筹、省负总责、县抓落实的管理体制，建立片为重点、工作到村、扶贫到户的工作机制，实行党政一把手负总责的扶贫开发工作责任制。各级党委和政府要进一步提高认识，强化扶贫开发领导小组综合协调职能，加强领导，统一部署，加大省县统筹、资源整合力度，扎实推进各项工作。进一步完善对有关党政领导干部、工作部门和重点县的扶贫开发工作考核激励机制，各级组织部门要积极配合。东部地区各省（直辖市）要进一步加大对所属贫困地区和扶贫对象的扶持力度。鼓励和支持有条件的地方探索解决城镇化进程中的贫困问题。

（四十二）加强基层组织建设。充分发挥贫困地区基层党组织的战斗堡垒作用，把扶贫开发与基层组织建设有机结合起来。选好配强村级领导班子，以强村富民为目标，以强基固本为保证，积极探索发展壮大集体经济、增加村级集体积累的有效途径，拓宽群众增收致富渠道。鼓励和选派思想好、作风正、能力强、愿意为群众服务的优秀年轻干部、退伍军人、高校毕业生到贫困村工作，帮助建班子、带队伍、抓发展。带领贫困群众脱贫致富有突出成绩的村干部，可按有关规定和条件优先考录为公务员。

（四十三）加强扶贫机构队伍建设。各级扶贫开发领导小组要加强对扶贫开发工作的指导，研究制定政策措施，协调落实各项工作。各省（自治区、直辖市）扶贫开发领导小组每年要向国务院扶贫开发领导小组报告工作。要进一步强化各级扶贫机构及其职能，加强队伍建设，改善工作条件，提高管理水平。贫困程度深的乡镇要有专门干部负责扶贫开发工作。贫困地区县级领导干部和县以上扶贫部门干部的培训要纳入各级党政干部培训规划。各级扶贫部门要大力加强思想、作风、廉政和效能建设，提高执行能力。

（四十四）加强扶贫资金使用管理。财政扶贫资金主要投向连片特困地区、重点县和贫困村，集中用于培育特色优势产业、提高扶贫对象发展能力和改善扶贫对象基本生产生活条件，逐步增加直接扶持到户资金规模。创新扶贫资金到户扶持机制，采取多种方式，使扶贫对象得到直接有效扶持。使用扶贫资金的基础设施建设项目，要确保扶贫对象优先受益，产业扶贫项目要建立健全带动贫困户脱贫增收的利益联结机制。完善扶贫资金和项目管理办法，开展绩效考评。建立健全协调统一的扶贫资金管理机制。全面推行扶贫资金项目公告公示制，强化审计监督，拓宽监管渠道，坚决查处挤占挪用、截留和贪污扶贫资金的行为。

（四十五）加强扶贫研究和宣传工作。切实加强扶贫理论和政策研究，对扶贫实践进行系统总结，逐步完善中国特色扶贫理论和政策体系。深入实际调查研究，不断提高扶贫开发决策水平和实施能力。把扶贫纳入基本国情教育范畴，作为各级领导干部和公务员教育培训的重要内容、学校教育的参考材料。继续加大扶贫宣传力度，广泛宣传扶贫开发政策、成就、经验和典型事迹，营造全社会参与扶贫的良好氛围。同时，向国际社会展示我国政府保障人民生存权、发展权的努力与成效。

（四十六）加强扶贫统计与贫困监测。建立扶贫开发信息系统，开展对连片特困地区的贫困监测。进一步完善扶贫开发统计与贫困监测制度，不断规范相关信息的采集、整理、反馈和发布工作，更加及时客观反映贫困状况、变化趋势和扶贫开发工作成效，为科学决策提供依据。

（四十七）加强法制化建设。加快扶贫立法，使扶贫工作尽快走上法制化轨道。

（四十八）各省（自治区、直辖市）要根据本纲要，制定具体实施办法。

（四十九）本纲要由国家扶贫开发工作机构负责协调并组织实施。

附录2：

中共湖北省委、湖北省人民政府关于推进湖北省大别山革命老区经济社会发展试验区建设的意见

鄂发［2011］8号

大别山革命老区是我国重要的革命根据地，为中国革命付出了巨大牺牲，作出了重要贡献。省委、省政府高度重视湖北省大别山革命老区经济社会发展，决定建立湖北省大别山革命老区经济社会发展试验区。建立湖北省大别山革命老区经济社会发展试验区，是贯彻落实科学发展观、推动革命老区经济社会发展的重大举措，对于探索新的历史条件下促进落后地区实现跨越式发展、缩小区域差距的新路子，探索在资源环境约束日益加大的条件下实现生态重要区绿色发展的新路子，探索革命老区新农村建设、扶贫开发、区域协调发展的新路子，具有重要意义。现就推进湖北省大别山革命老区经济社会发展试验区建设提出如下意见。

一、总体要求

湖北省大别山革命老区包括环大别山山脉的黄冈市的所有县（市、区），武汉市的新洲区、黄陂区，孝感市的大悟县、孝昌县，随州市的广水市等。湖北省大别山革命老区经济社会发展试验区初期启动范围以国家和省确定的扶贫开发工作重点县为主，具体包括红安县、麻城市、英山县、罗田县、团风县、蕲春县、大悟县、孝昌县8个县市。

（一）指导思想

以邓小平理论和“三个代表”重要思想为指导，全面贯彻落实科学发展观，以科学发展为主题，以加快转变经济发展方式为主线，按照“红色大别山、绿色大别山、发展大别山、富裕大别山”的总体要求，以“三化同步”（工业化、城镇化、农业现代化）、“两增同步”（农业增产、农民增收）为目标，以基础设施建设和改善民生为重点，以改善和提高革命老区人民的生活水平为出发点和落脚点，以解放思想、改革创新为动力，不断推进经济、政治、文化、社会以及生态文明协调发展，把试验区建成科学发展的示范区、解放思想的试验区、艰苦奋斗的创业区、民生改善的先行区。

（二）基本原则

（1）坚持城乡经济社会统筹发展。切实转变经济发展方式，充分发挥山区资源优势，突出地方特色，把发挥区域优势与培植支柱产业、富民与富县强村、

扶贫开发与新农村建设紧密结合起来，发展壮大县域经济，不断提高城乡公共服务均衡化水平，缩小城乡居民收入差距，协调推进城乡经济社会发展，同步推进试验区建设发展与老区人民收入增加。

（2）坚持区域合作联动。突破行政区划，强化经济区域功能，打破地域界限，统筹谋划试验区各项改革和建设事业。县域之间既要合理分工、体现特色，又要加强协作、共同发展。加强试验区规划编制，搞好相关建设项目的统筹衔接。整合项目资金，实行集中建设，确保重点建设项目的质量和效益。

（3）坚持开发与保护并重。坚持在开发中保护，在保护中开发，走特色开发、绿色开发、可持续发展之路。继承红色传统，挖掘红色资源。坚持生态优先，绿色发展，加强生态环境保护，推进生态文明建设。

（4）坚持强化政府政策和资金引导、市场运作、改善民生。加大政府扶持力度，强化政策引导，增加财政投入。充分发挥市场机制作用，引导社会力量广泛支持和参与试验区建设。充分发挥农民群众的主体作用，调动群众的参与热情和创造热情。

（5）坚持突出重点、分步推进。按照“两圈一带”总体战略和统筹城乡经济社会发展的要求，全面规划，试点先行，重点突破，分步实施，循序渐进。

（6）坚持改革创新。进一步解放思想，创新体制机制，大胆探索贫困地区经济社会发展重点、难点问题的解决办法和途径，建设资源节约型、环境友好型社会，实现可持续发展。

（三）总体目标

（1）到2013年，试验区实现明显变化。城乡面貌发生较大变化，经济发展明显加快，经济总量不断增加，综合经济实力稳步提升。县域经济实力增强，以工补农、以城带乡的机制初步形成，特色农业、支柱产业和优势产业发展壮大，新型工业化、城镇化进程明显加快。基础设施建设得到明显改善，公共服务水平明显提升。生态环境明显改善，人民生活水平显著提高。

（2）到2015年，试验区实现大变化。经济又好又快发展，综合实力进一步增强；农民收入稳步增长，脱贫步伐加快；工业化水平不断提高，城镇综合承载能力持续提升，县域经济发展加快，逐步成为农村人口转移的主要载体；基础设施不断加强，农民生产生活条件明显改善；生态环境不断优化，可持续发展能力进一步增强。地区生产总值年均增长13%，城镇化率增幅高于全省平均水平，社会消费品零售总额年均增长18%，全社会固定资产投资年均增长25%。森林覆盖率达到45%以上。城镇居民人均可支配收入年增长10%，农民人均纯收入年增长10%。贫困人口在2010年基础上减少一半，基本完成农村危房改造。

（3）到2020年，试验区实现跨越式发展。综合实力明显提升，经济结构进一步优化，高新技术产业、先进制造业和现代服务业比重明显增加；社会事业全

面进步，农村公共服务水平进一步提高；城镇化和社会主义新农村建设加速推进，环境更加优美，生活更加富裕，社会更加和谐。

二、主要工作任务

（一）统筹城乡发展

按照大别山地区发展总体规划和实现统筹区域协调发展的目标要求，编制和实施县域村镇体系规划，衔接武汉城市圈规划，谋划环大别山城乡发展空间新格局，加快构建以县市主城区为中心、精品旅游景区和重点中心镇与特色镇为依托、新社区和中心村为基础的环大别山老区“三位一体”城乡空间格局。县市主城区建设一批经济开发区、各具特色的工业园区、革命传统教育基地、居住新小区。中心镇和红色精品旅游景区要建成特色突出、各具优势、设施良好、功能完备、环境优美的小城镇和旅游胜地。推进宜居村庄建设，建成一批设施齐全、居住舒适、村容整洁、生态良好、管理科学、群众满意的农村新型社区和中心村。

（二）加快县域经济发展

坚持走新型工业化道路，不断增强县域经济综合实力。坚持工业强县，壮大工业规模，加快信息化与工业化融合，着力培育农产品加工、机械钢构、绿色能源、医药化工、建材、森工等核心产业集群，促进工业经济由粗放型向集约型转变，加快新型工业化进程，促进县域经济跨越式发展。调整优化结构，改造提升医药化工、纺织服装、建材、机械、食品等传统产业，在装备改造、工艺创新、节能环保、产品升级等方面取得突破，不断提高传统产业的综合竞争力。大力发展高新技术产业、战略性产业和新兴产业，重点发展生物医药、新材料、节能环保等高新技术产业，发展壮大钢构、造船、窑炉、电子、林纸、林电等新兴产业。大力推进百亿园区、百亿产业、百亿企业“三个一百”工程建设，推进产业集聚和集群发展，提高产业集聚度。大力实施“中小企业成长工程”，加快培育市场主体。创新企业融资平台，拓宽企业融资渠道，强力推进重点企业上市工作。

（三）大力发展现代农业和现代林业

坚持用工业理念谋划农业，围绕建设特色优质农产品生产基地，大力构建现代农业生产体系、农业产业化经营体系、农业社会化服务体系、农业科技支撑体系、农业生态环境保护体系、农产品质量安全体系，全面提高农业综合生产能力和市场竞争力。大力实施农（林）产品加工业“四个一批”工程，重点扶持优质粮食、棉花、畜禽、水产、蔬菜、森林食品、茶油、中药材、花生、茶叶、板栗、蚕桑、森工、奶牛等特色农（林）产品原材料及生产加工基地，培育一批在全国和全省带动力强的龙头加工企业，建设一批标准化生产的示范基地，创建一批农（林）产品生产加工大县，培植一批影响力大、竞争力强的知名品牌。

加快建设一批优势特色农产品生产基地，大力推广适合山区生产特点的农业关键技术和高效种养模式，积极发展各类农村专业合作经济组织。

（四）多渠道增加农民收入

坚持开发式扶贫方针，提高产业化扶贫投入，加快建立贫困地区农民稳定增收的长效机制。把增加农民收入作为试点工作的出发点和落脚点，加快革命老区群众脱贫步伐。在稳定发展种植、养殖业的同时，不断开辟新的增收门路。认真落实各项惠农政策，通过落实政策增收；大力发展劳务经济，加大技能培训力度，通过转移就业增收；大力实施回归创业工程，鼓励就近就地创业增收；大力发展庭园经济和林下经济，通过多种经营增收；大力发展观光农业、森林旅游、特色旅游，通过拓展农业功能增收。

（五）加强基础设施建设

（1）加强交通路网建设。加快实施试验区“交通通达工程”，优先发展综合交通运输。加速推进试验区高速公路网、快速干线交通网、农村公路网、低碳水运网、综合交通运输网等五大网络建设，实现试验区内县城至周边大中城市1～2小时到达，试验区内相邻县城之间1小时到达。加大国省干线、县乡公路、通行政村及行政村循环路的建设力度。把试验区建设成为全国革命老区综合交通发展的引领区、红色旅游交通发展的先行区、绿色交通发展的示范区。

（2）完善水利基础设施。抢抓中央加快水利改革发展的重大机遇，加大防洪、排涝、抗旱工程建设。加快实施中小河流治理，加强山洪灾害治理，开展重点防治区山洪沟治理。加强小水窖、小水池、小塘坝、小泵站、小水渠等“五小”水利和抗旱水源工程建设，增强大别山地区抗御自然灾害能力。加快农田水利工程以及排灌泵站更新改造、内河流域和湖泊综合整治等建设，不断改善农业基础设施条件。加大土地整治、农业综合开发和高产农田建设投入，抓好试验区内病险水库除险加固、大中型灌区配套改造等工程建设项目，大力推进低丘岗地改造，提高农业综合生产能力。大力发展民生水利，加快推进农村安全饮水工程建设，尽快解决贫困地区农民饮水不安全的问题。开发山区小水电，实行同网同价，综合开发利用绿色水利产业。

（3）加强城乡基础设施建设。以加快县城和中心镇提质扩容为重点，加强城乡基础设施建设。提升城乡电力、通信、邮政、网络、广播电视等设施体系建设水平，实现城乡全覆盖。推进城市公交、供水、燃气、污水和垃圾处理向周边村镇延伸，促进城乡基础设施共建共享，不断改善农村生产生活条件。加强能源基础设施建设，有偿开发利用风能、太阳能、地热能和生物质能。加大天然气项目建设力度，逐步扩大供气范围。推进电网基础设施建设，抓好农网改造升级工程。

（4）加强农村市场体系建设。大力实施“万村千乡市场工程”和“新农村现代流通服务网络工程”，培育农村流通市场主体，加强流通基础设施建设，促进便民超市、物流配送中心、农资配送连锁店建设。

（六）加强生态文明建设

（1）加强生态环境建设和保护。实施以水土保持为主的生态修复工程，巩固现有退耕还林成果，有计划分步实施陡坡耕地退耕还林。加强长江防护林、低产林改造、抑螺防病林、石漠化治理、森林抚育经营、坡改梯、林区基础设施、森林防火、绿色通道等工程建设，加快生态脆弱区植被恢复，抓好试验区内国家森林公园、湿地公园、自然保护区、生态文明教育示范基地和大别山植物园建设，不断提升生态文明建设水平。实施重点水系和湖泊环境综合整治和生态修复，全面加强生态建设，保护好水生生态环境。将大别山革命老区作为我省农村环境综合整治重点示范区，优先安排国家及省级农村环境保护专项资金，全面推进农村环境连片整治工作。全面加强和提升环境监管和监测能力建设，强化环境监管，改善环境质量。

（2）加强城乡污染防治。加大城乡垃圾处理和县市城区、重要集镇污水处理设施以及污水管网建设力度，强化工业污染源综合治理，减少城乡污染物排放。大力发展循环经济，按照减量化、再利用、资源化的原则，组织实施一批循环经济重点项目，开展循环经济示范试点，构建循环型产业体系。实行节能、环保与安全准入制度，能评、环评和安评不达标的项目不得落户试验区。

（3）加强环境卫生整治。合理规划城乡卫生设施布局，落实环境卫生和公共设施“三包”制度（包绿化、包保洁、包管护），倡导文明生活方式。实施“乡村清洁”工程，开展村容村貌整治，建设整洁亮丽新家园。

（七）大力发展旅游业

（1）大力发展特色旅游业。充分利用大别山境内特色旅游资源，着力打造以革命传统教育为主题的红色旅游，以历史文化体验为主题的文化旅游，以自然生态休闲为主题的绿色旅游，形成大别山特色旅游产业新格局。

（2）做大做强旅游产业。坚持政府主导与市场机制相结合、规划引领与规范建设相结合、开发利用与生态保护相结合，统筹旅游开发建设，着力打造大别山核心旅游品牌，不断完善旅游服务要素，全面提升旅游业的竞争力，使大别山革命老区成为特色鲜明、国内知名的旅游目的地。推进旅游招商，鼓励社会力量参与旅游开发，建设一批各具特色的核心景区和旅游强县名镇名村，开发一批独具大别山特色的旅游精品线，增强旅游吸引力。开发以鄂豫皖为主体的国内旅游市场，策划开展旅游宣传促销和节庆活动，加快实现旅游资源优势向旅游经济优势的转变。推进旅游与文化融合发展，旅游业与优势工业、特色产业融合发展，加大旅游综合要素培育力度和旅游品牌创建力度，延长旅游产业链、产品链、服务链，把旅游业培育成为当地战略性支柱产业，充分发挥旅游业在推动当地经济社会发展中的重要作用。

（3）加强旅游基础设施建设。鼓励乡村旅游建设、旅游区环境整治，对重点景区沿线农民建设生态家园、生态移民和旅游区环境整治给予补助。完善景点景区路网体系，加强大别山旅游公路主线、支线等重点工程建设，改造提升景区连接干线公路等级。支持并鼓励试验区各县市创建中国优秀旅游目的地城市、中国特色景观旅游名镇名村、全国休闲农业与乡村旅游示范县、湖北省旅游强县、湖北省旅游名镇名村、4A级以上旅游景区，完善旅游接待和公共服务功能。促进景区开发建设与新农村建设、大别山腹地城镇带建设相得益彰，实现物质文明、精神文明、生态文明协调发展。

（八）加强小城镇建设

坚持走新型城镇化道路，按照大中小城市、特色城镇带和中心村协调发展的原则，进一步完善和优化城镇建设的空间布局结构，着力构建沿江城镇带、京九沿线和公路沿线城镇带、大别山腹地城镇带，建成一批中小企业聚集、商贸流通、红色旅游、度假休闲的重点集镇、特色镇。加大城镇建设投入力度，增强城镇集聚、扩散、创新、协调功能，推进产业集聚化、人口集中化、基础设施和公共服务集约化。创新户籍管理模式，推进农民向城镇转移。

（九）加快发展农村公共事业

健全农村社会保障体系，建立新型农村社会养老保险制度，全面推进农民最低生活保障制度建设，实现动态管理下的应保尽保。实施农村学前教育推进计划，坚持公办民办相结合发展学前教育。合理规划布局义务教育学校，加快推进薄弱学校改造，促进义务教育均衡发展。全面普及高中阶段教育，大力发展中等职业教育。统筹县域内各类培训资源和项目，开展农村劳动力转移培训、下岗职工再就业培训、农村实用技术培训。加快医疗卫生事业改革和发展，逐步建立基本医疗卫生制度；巩固和完善新型农村合作医疗制度，加大医疗卫生基础设施建设力度，进一步健全以县级医疗卫生机构为龙头、乡镇卫生院为枢纽、村卫生室为基础的农村医疗卫生服务网络，改革医疗卫生机构管理体制和运行机制，提升卫生服务能力。推进基层文化体制改革，建立和完善公共文化事业单位运行保障机制。加强革命老区公共文化设施建设，实施文化惠民工程，实行博物馆、图书馆、文化馆和乡镇综合文化站免费开放，形成较为完备的农村公共文化服务体系。积极推进农民体育健身工程建设。

（十）加强党的基层组织建设

全面推进党的基层组织“五个基本”、“七个体系”建设，增强基层党组织的整体功能。建立健全基层干部选拔任用、教育培训、激励保障、监督管理机制，探索在回归创业人员中选拔任用村主职干部的机制，选准配强基层领导班子和党组织书记，提高基层干部报酬待遇。大力实施“一村一名大学生计划”，加强各类人才特别是农村实用人才队伍建设，做好大学生“村官”选聘、管理服务工作。加强党员队伍建设，实施素质提升工程，注重在优秀青年和农民工中发展党员。扎实推进农村、社区党员群众服务中心建设，普遍开展党务、村（居）务、事务、商务、医务等服务活动。大力发展壮大村级集体经济，力争到2012年底，90%以上的村集体年纯收入达到5万元以上，消除集体经济“空壳村”。

三、创新体制机制

资源有限，创新无限，思想解放程度决定试验区发展的速度和成效。继承和发扬革命老区敢想敢干、敢闯敢试的优良传统，推动大别山革命老区新一轮思想大解放。通过思想的大解放、观念的更新和体制机制的进一步创新，寻求加快发展的资源、动力、空间，用改革的办法、市场的办法、开放的办法解决问题、破解难题，形成有利于发展的环境和文化，聚集更多的资源投向革命老区。营造宽松的改革创新环境，允许先行先试，在经济社会发展的体制机制障碍上实现率先突破。

（一）创新扶贫开发机制

创新加快脱贫致富奔小康的体制机制，实现整体脱贫。坚持开发式扶贫，大力实施扶贫开发整村推进、连片开发，实行区域开发和扶贫到户的有机结合。进一步增强扶贫开发的针对性，把帮助贫困农户发展产业、提高能力作为重点。完善小额贴息贷款、村级互助金管理办法，放大扶贫资金效应，提高使用效益，切实解决贫困群众发展生产筹资难的瓶颈。研究和探索吸引社会力量参与扶贫的办法和途径，广泛开展城乡互联、定点帮扶、招商扶贫、村企共建活动，努力形成更加强大的扶贫攻坚合力。

（二）创新多元化的投入机制

积极探索和建立政府主导、农民主体、社会参与的多元化投入机制。加大项目资金整合创新力度，将项目资金整合、使用权限下放到试点县市，发挥县市整合的积极性、主动性、创新性。创新涉农资金管理体制，将各项资金统筹整合、相互配套，突出重点、打捆使用，形成涉农资金合力。支持建立大别山银行、大别山投资公司、大别山担保公司等地区投融资体系，实现金融全覆盖。以激活民间资本、拓宽直接融资渠道、发展多层次的资本市场体系为重点，以实现项目、资金、资本的有效连接为目标，探索发展私募基金、村镇银行、小额贷款公司，推动资本市场体制机制创新。引导民营资本参与大别山基础设施建设和产业发展。支持商业银行、国家政策性银行、农村信用社扩大“三农”贷款。创新担保机制，为中小企业发展提供有效的融资平台。

（三）创新土地利用机制

稳定土地承包关系，推动土地适度规模经营。按照“依法、自愿、有偿”的原则，采取农户自主协商流转、集体组织委托流转，土地使用权入股、转让、租赁等方式，坚持土地节约集约利用，盘活存量土地资源，探索推动土地资本化、要素化的办法，积极稳妥推进农村土地流转。转变土地粗放经营模式，提高产出率。深化集体林权制度改革，推进林地使用权和林木所有权的合理流转；积极开展林权抵押贷款，盘活森林资源资产。合理安排和调控城乡用地布局，严格执行耕地占补平衡，大力开展农村土地整理。开展城乡建设用地增减挂钩试点，对迁村腾地、整理复垦腾出的农村建设用地，首先要复垦为耕地，在优先满足农村各种发展建设用地需求后，经批准将节约的指标少量调剂给城镇使用的，其土地增值收益必须及时全部返还农村，切实做到农民自愿、农民参与、农民满意。

（四）创新环境保护和生态补偿机制

根据大别山地区发展规划和国家产业政策，综合考虑区域开发现状、资源禀赋、环境容量、生态状况、人口数量等因素，科学划分优先开发区、重点开发区、限制开发区、禁止开发区，明确不同区域的功能定位和发展方向，将区域发展规划和环境保护目标有机结合起来。将大别山革命老区作为生态文明建设的重点区域，加大对生态补偿的财政投入和转移支付力度，对大别山地区生态建设和环境保护事业提供资金和技术资助。完善森林资源保护、矿产资源开发、流域水环境保护等重点领域的生态补偿制度，推进环境补偿价格改革，提高补偿标准。探索生态补偿的资金来源、补偿渠道、补偿方式和保障体系，探索多样化的生态补偿方式。

（五）创新科技人才支撑机制

加大科技投入，创新科技引领和支撑革命老区发展的体制机制。建立健全以企业为主体、以市场为导向、产学研相结合的技术创新体系，引导高等院校、科研院所到大别山革命老区创建研发基地。完善企业技术创新激励机制，引导企业加大科技投入，扶持科技型中小企业开展技术创新。健全技术市场体系，发展规范科技中介组织，完善科技公共服务体系。设立、引进创业投资基金，完善科技投融资体系。加快科技成果转化基地建设，壮大高新技术产业。优化人才发展的体制机制，统筹推进各类人才队伍建设。通过政府推动、市场配置等措施，为试验区发展提供多元化、多途径的人才支撑，鼓励和引导大中城市专业技术人才到大别山革命老区和贫困地区提供一定期限的服务和支持。加大大别山革命老区急需紧缺人才培养力度。探索更加灵活的用人机制，引导优秀教师、医生、科技人员、社会工作者、文化工作者到革命老区工作或提供服务。

四、加大政策扶持

（1）从2011年起5年内，省发改委每年分别给红安县、麻城市、罗田县各安排1000万元省预算内投资；省财政厅每年分别给团风县、蕲春县、孝昌县各安排1000万元省级农业综合开发项目资金，该资金由直接项目安排改为切块到试验区县市，项目由试验区县市确定，报省相关部门备案。

（2）从2011年起5年内，省财政厅采取资金调度方式，每年给试验区每个县市安排1000万元担保资金，支持担保机构建设。

（3）从2011年起5年内，省扶贫办、省财政厅对试验区各县市每年安排300万元用于贷款贴息额度。

（4）从2011年起5年内，省国土资源厅、省财政厅每年对试验区每个县市按1亿元左右的资金规模投入，用于基本农田土地整理。

（5）从2011年起5年内，省交通运输厅每年安排试验区每个县市不少于100公里免费修建的通村沥青（水泥）路建设计划，主要用于重点自然村通村公路建设。

（6）省人社厅今明两年将试验区内县市全部纳入国家新农保试点范围。

（7）省水利厅优先支持试验区农田水利建设、病险水库除险加固建设，加大山洪防洪系统建设支持力度。将试验区县市全部纳入国家小型农田水利建设重点县市，并争取各安排1条中小河流综合整治项目。

（8）省农业厅在农业板块资金、农机购机补贴、测土配方施肥、畜牧业发展等资金项目安排上予以支持。从2011年起5年内，每年每县市安排2～3个农业示范项目。到2013年，使试验区40%以上农户用上农村清洁能源。

（9）从2011年起5年内，省住建厅每年为每县市安排100万元资金计划，用于示范乡镇的小城镇建设。到2015年基本消除农村现有D级危房，在安排国家下达我省的农村危房改造计划时，对试验区县市进行倾斜支持。

（10）省林业厅优先将试验区内坡耕地退耕还林、低产林改造、长江防护林建设等纳入国家和省重点生态建设工程予以支持。优先安排森林防火、森林病虫害防治等项目，每年每县市林业投资不少于2000万元。

上述政策中，大悟县、英山县已享受脱贫奔小康试点县市政策的，不重复安排。省直各有关部门都要结合工作职能，制定支持政策。

五、加强组织领导

湖北省大别山革命老区经济社会发展试验区建设在省新农村建设协调领导小组领导下开展工作，省委财经办（省委农办）牵头，会同省发展和改革委员会、省扶贫办负责组织指导、综合协调和检查督办等工作。省直各有关部门要发挥各自职能优势，创新支持服务试验区建设的体制机制，整合资源，形成共促革命老区发展的合力。

加快试验区建设发展，重在抓落实，关键靠实干。要保持良好的精神状态，按照“省里抓宏观指导、统筹规划、政策支持，县市做实施主体，上下结合、共同推进”的原则，不等不靠，自力更生，积极主动作为，增强加快发展的内生动力，狠抓工作落实，形成竞相发展、你追我赶的大好局面，把试验区建成艰苦奋斗的创业区，努力推动试验区经济社会跨越式发展。

附录3：

湖北省大别山革命老区经济社会发展试验区建设规划（2011~2020年）

前　言

大别山革命老区是我国重要的革命根据地，为中国革命的胜利和新中国的建立作出了巨大贡献和牺牲。湖北省委、省政府高度重视大别山革命老区经济社会发展，决定建立湖北省大别山革命老区经济社会发展试验区（以下简称试验区），出台了《中共湖北省委、湖北省人民政府关于推进湖北省大别山革命老区经济社会发展试验区建设的意见》（鄂发［2011］8号）。为推进试验区的建设，特编制本规划。

湖北省大别山革命老区包括环大别山山脉的黄冈市所有县（市、区），武汉市的新洲区、黄陂区，孝感市的大悟县、孝昌县，随州市的广水市等。湖北省大别山革命老区经济社会发展试验区初期启动范围以国家和省确定的扶贫开发工作重点县为主，具体包括团风县、红安县、麻城市、罗田县、英山县、蕲春县、大悟县、孝昌县8个县（市）。

本规划基准年为2010年，规划期10年，2011~2020年。

第一章　规划背景与重要意义

一、试验区的提出

大别山区是全国著名的革命老区，是中国革命的重要策源地之一。中国共产党建党初期，这里诞生了中国农村第一个共产党性质的组织——共存社；大革命时期，这里的农民运动风起云涌，成为全国农民运动发展最好的三个地区之一；土地革命战争初期，这里先后爆发了著名的黄麻起义、商南起义、六霍起义，诞生了红四方面军、红二十五军、红二十八军等红军主力部队。抗日战争时期，从这块土地上诞生的新四军第五师，坚持抗战，砥柱中流；解放战争时期，从这里展开了震惊中外的中原突围，拉开了全国解放战争的帷幕，继之，刘邓大军千里跃进大别山，奏响了全国战略反攻的序曲。在整个新民主主义革命时期，大别山地区革命红旗始终不倒，武装斗争坚持不断。为了中国革命的胜利，大别山200多万人民投身革命，近百万英雄儿女英勇献身。在这块英雄的土地上，先后诞生了2位国家主席、337位人民共和国开国将军，以及一大批党和国家、人民军队的优秀人才。大别山地区的党组织和人民群众，为中国革命的胜利作出了重要贡献。

由于战争创伤，土地贫瘠，自然灾害频繁，基础设施薄弱，加之多年来投入不足，欠账太多，产业单一，经济社会发展严重滞后，人民生活水平低，成为全国少有的集中连片贫困地区。大别山革命老区的经济社会发展问题多年来一直受到党中央、国务院及各方面的重视和关注。从2005年开始，全国政协、各民主党派、省委、省人大、省政府、省政协的领导及许多知名的专家学者，分别多次深入大别山革命老区腹地进行调研，了解大别山革命老区经济发展状况，分析形成贫困的原因，探究促进革命老区发展的路径，为建立湖北省大别山革命老区经济社会发展试验区奠定了基础。

2010年11月，省委九届九次全会通过的《中共湖北省委关于制定湖北省经济社会发展第十二个五年规划的建议》中明确提出“建立大别山革命老区经济社会发展试验区”。2011年2月，省十一届人大四次会议通过“十二五”规划纲要，其中提出“支持建设湖北省大别山革命老区经济社会发展试验区”。随后，省委、省政府举行了建设试验区的启动仪式，出台了《关于推进湖北省大别山革命老区经济社会发展试验区建设的意见》。建设湖北省大别山革命老区经济社会发展试验区，是省委、省政府根据区域发展规律、顺应人民群众期待作出的重大决策，将为我省大别山革命老区科学发展、跨越式发展提供重大历史机遇，对推动区域经济协调发展具有重大而又深远的意义。

建设湖北省大别山革命老区经济社会发展试验区，旨在围绕建设“红色大别山、绿色大别山、发展大别山、富裕大别山”的总体要求，以红色资源和生态资源为优势，以产业发展和基础设施建设为重点，以激发内生动力为着力点，以改善民生为落脚点，全面促进湖北省大别山革命老区的快速发展。同时，努力探索在新的历史条件下促进落后地区实现跨越式发展、缩小区域差距的新路子，探索在资源环境约束日益加大的条件下实现生态重要功能区绿色发展的新路子，探索革命老区新农村建设、扶贫开发、区域协调发展的新路子。

二、试验区的基础条件

试验区8个县（市）国土总面积15561平方公里，占全省的8.37%；总人口553.83万人，占全省的8.95%。2010年，试验区生产总值553.76亿元，人均9999元；财政收入55.42亿元，其中地方一般预算收入23.23亿元；社会消费品零售总额249.9亿元；城镇居民人均可支配收入12321元；农民人均纯收入4011元；城镇化率35%；森林覆盖率40%。

近年来，试验区经济社会发展速度逐步加快，出现了主要经济指标绝对额在全省经济总量中的份额逐年加大，基础设施和公共服务建设逐渐加强，产业结构变优，生产生活条件改善，人民群众收入稳步增长的局面。然而，试验区作为集中连片贫困地区由于底子薄、基础差、实力弱、欠账多，整体发展水平还比较低，实现跨越发展面临着诸多困难，主要表现在：一是贫困人口分布面广，贫困程度深，脱贫致富任务艰巨。试验区 8 个县（市）仍然有贫困人口 97.8 万人，占试验区总人口的 17.8%，农民人均纯收入不到全省平均水平的 70%。二是产业化程度低，发展差距呈继续拉大之势。农业产业化、工业化、市场化程度低，第二产业在 GDP 中所占比重低于全省平均水平，资源优势尚未转化为经济优势，发展差距继续拉大。三是交通、水利等基础设施比较薄弱，道路等级低、路况差，断头路多，没有形成交通网络；水利、电力设施严重老化，加快发展的基础条件较差。四是城镇聚集功能不强，农村集镇发展慢，城镇化水平低，只有 35%，比全省平均水平低 5 个百分点。五是城乡公共服务差距较大，教育经费不足，医疗条件差，社会保障跟不上，上学难、看病贵、无保障等现象依然存在，与公共服务均等化的要求不协调。

同时，试验区的发展面临着一些重要机遇：一是党和国家及社会各界广泛关注关心大别山区的发展，加之试验区地处国家促进中部地区崛起战略“两纵”经济带内，有利于试验区上升到国家发展战略。二是随着国家主体功能区战略实施，有利于定位“国家重点生态功能区”的试验区得到国家生态补偿的支持。三是国家新时期扶贫开发战略，有利于地处大别山集中连片贫困地区腹地的试验区得到国家更大的扶贫支持。四是武汉城市圈“两型”社会建设纵深推进，有利于解决试验区经济社会发展的“瓶颈”制约问题。

三、建设试验区的重要意义

（1）建设试验区，是推动区域协调发展的需要。试验区是武汉城市圈的重要组成部分，也是圈域经济社会发展的一块“短板”。建设试验区，通过先行先试和体制机制的创新，实现科学发展；通过区域间合作、开放，积极承接产业转移，推动优势农副产品、新型工业和现代服务业的发展，发挥比较优势，实现跨越式发展，促进全省区域经济的协调发展。

（2）建设试验区，是解决该地区相对集中贫困的需要。试验区是集山区、老区、贫困地区为一体的特殊地区，在该地区建立试验区，注重启动内生动力，增强自身“造血”机能，进一步加大宏观指导、政策倾斜、合力推进的力度，积极探索集中连片贫困地区脱贫致富的路子和富民强县的长效机制，使老区人民共享经济社会发展成果。

（3）建设试验区，是发挥该地区生态经济功能的需要。大别山区既是我国重要的红色革命根据地，又是我国长江中游重要的生态屏障和资源潜力区。建设试验区，就是要转变经济发展方式，促进生态功能区绿色发展、可持续发展，有效发挥该区域的生态经济功能，有力促进试验区经济社会、生态环境协调发展。

第二章 总体要求和发展目标

一、指导思想

以邓小平理论和“三个代表”重要思想为指导，全面贯彻落实科学发展观，以科学发展为主题，以加快转变经济发展方式为主线，按照建设“红色大别山、绿色大别山、发展大别山、富裕大别山”的总体要求，以“三化同步”（工业化、城镇化、农业现代化）、“两增同步”（农业增产、农民增收）为目标，以基础设施建设和产业发展为重点，以解放思想、改革创新为动力，以改善和提高革命老区人民的生活水平为出发点和落脚点，不断推进试验区经济建设、政治建设、文化建设、社会建设以及生态文明建设协调发展，把试验区建成科学发展的示范区、解放思想的试验区、艰苦奋斗的创业区、民生改善的先行区。

二、基本原则

——统筹谋划、突出重点。统筹产业发展，注重发挥特色优势，培植支柱产业，支持重点产业做大做强，形成产业集群；统筹区域发展，突破行政区划和地域界限，强化经济区域功能，实现区域一体化；统筹城乡发展，推进新农村建设，不断提高城乡公共服务均等化水平。

——发挥优势、错位发展。发挥政策指导、规划引导和市场主体作用，发挥比较优势，突出地方特色，坚持错位发展、差异性发展，加强资源整合，形成区域优势互补的发展格局。

——政府主导、社会参与、市场运作。政府通过规划、政策引导和财政投入，引导社会力量广泛支持和参与试验区建设，调动群众的积极参与和创造热情，形成政府推动、社会参与、多元投入、市场运作的联动格局。

——开发与保护并重。牢固树立“环境是最重要的资源、生态是最宝贵的财富”的理念，坚持开发与保护并重，保持好大别山区生态优势，大力发展绿色经济、低碳经济、循环经济，加强要素集约利用、产业聚集发展，推进生态文明建设，走“两型”社会发展道路。

——先行先试、大胆创新。进一步解放思想，创新体制机制，大胆探索贫困地区经济社会发展的途径，在多元化投入、土地利用、环境保护、生态补偿、社会管理、公共服务等方面取得突破。

三、主要任务

——围绕产业培育，建设发展的大别山。大力发展优势特色农业、积极推进新型工业、重点发展以红色生态文化旅游为主的服务业，形成具有区域特色的产业体系，壮大县域经济。

——围绕资源优势，建设红色的大别山。着力挖掘红色资源，打造红色品牌，建设革命传统教育基地和红色景区，整合生态资源和人文资源，将资源优势转变为经济优势。

——围绕可持续发展，建设绿色的大别山。重点加强环境治理、生态保护、地质灾害防治，切实改善生态环境。

——围绕民生改善，建设富裕的大别山。加强基础设施建设，统筹城乡发展，着力加快脱贫致富进程，促进基本公共服务均等化。

四、发展目标

（1）到2013年，试验区实现明显变化。GDP年均增长10%以上，社会消费品零售总额年均增长15%以上，全社会固定资产投资年均增长20%以上，农民人均纯收入年均增长10%，城镇居民人均可支配收入年均增长10%，城镇化率达到38%以上。特色农业、新型工业和优势产业形成规模；县域经济实力增强，以工补农、以城带乡的机制初步形成；城镇化进程明显加快，基础设施和生态环境明显改善，人民生活水平较大提高，贫困人口在2010年基础上减少1/3。

（2）到2015年，试验区实现大变化。GDP年均增长13%以上，社会消费品零售总额年均增长18%以上，全社会固定资产投资年均增长25%以上，农民人均纯收入年均增长10%以上，城镇居民人均可支配收入年均增长10%以上，城镇化率达到40%以上，森林覆盖率达到43%以上，森林蓄积量达到0.3亿立方米。支柱产业得到壮大，工业化水平不断提高，县域经济发展速度加快，发展质效提升，综合实力进一步增强；生态环境不断优化，可持续发展能力进一步提升；基础设施不断加强，农村D级危房改造基本完成，农民生产生活条件明显改善；农民收入稳步增长，脱贫步伐加快，贫困人口在2010年基础上减少一半。

（3）到2020年，试验区实现跨越式发展。综合实力明显提升，绝对贫困现象基本消除，相对贫困问题逐步解决，达到富民强区的目标；经济结构进一步优化，高新技术产业、先进制造业和现代服务业比重明显增加；社会事业全面进步，农村公共服务水平进一步提高；农村城镇化和社会主义新农村建设全面发展；环境更加优美，生活更加富裕，社会更加和谐。

第三章　大力发展优势特色农业

坚持用工业理念谋划发展特色农业，加快转变农业发展方式，突出特色、规模、品牌、效益，走集中连片、错位发展、加工增值、保证质量、打造品牌、扩大市场的特色农业发展道路，把试验区建设成为全国知名的特色农业区。

一、建设十大优质农产品板块基地

根据试验区的气候条件和土壤特点，集中发展粮食、油菜、茶叶、药材、蚕桑、板栗、花生、蔬菜、水产、禽畜十大特色板块。推动生产要素向优势产区、特色产品集中，形成一批具有大别山区域特色和竞争优势的优质农产品基地。力争到"十二五"期末，粮食、油菜、花生、蔬菜分别达到600万亩、170万亩、

85 万亩、115 万亩，茶叶、药材、蚕桑、板栗分别达到 60 万亩、45 万亩、21 万亩、60 万亩，水产达到 72 万亩，畜禽达到 3720 万头（只）。

在建设特色农产品基地时，要结合大别山区现有的基础和条件，发挥各自的特点和优势，着力培植具有大别山地理标志的特色农产品。加强引导，重点支持麻城、大悟、孝昌等县（市）新增粮食产能建设，支持红安花生和红薯、麻城菊花和油茶、罗田板栗和茯苓、英山茶叶和蚕桑、蕲春中药材和香米等优势特色农产品板块基地建设，支持试验区争创畜牧水产大县，推进生猪、奶牛标准化规模养殖小区（场）建设，形成各具特色的产业基地。

二、突破性发展农产品加工业

积极引导农产品加工企业在试验区的生产基地布局，把提升农业的产业化水平与加强优势农产品基地建设和农产品加工“四个一批”工程建设结合起来，完善农业产业化利益联结机制，使农产品加工业成为试验区的支柱产业，逐步推动试验区由农产品加工大区向农产品加工强区转变。

发展壮大一批带动力强的农产品加工企业。打破区域限制，引导农产品加工的领头企业在整个区域内合理布点，组建跨县（市）的企业集团。粮油类主要发展壮大团风东坡粮油集团、红安粮源米业、英山金博茶油、蕲春中健米业、孝昌鑫波米业等一批重点油粮加工企业；医药类主要发展壮大罗田宏源药业、英山北京同仁堂、蕲春李时珍医药、大悟华龙生物制药、孝昌诺克特药业等一批医药加工企业；茶叶类主要发展壮大英山云雾茶、红安茗宿老君眉茶、麻城菊花茶、大悟悟道茶、孝昌管氏茶等加工企业；食品类主要发展团风永信食品、红安红福食品、麻城南街村、罗田华丽、孝昌冰星冷食等一批饮品食品加工企业；畜禽类主要发展壮大红安雨润、罗田华莱仕肉鸡、孝昌鸿翔肉鸭等一批畜禽加工企业；丝棉类主要发展壮大团风华棉总厂、罗田金罗丝织、英山怡莲阳光、蕲春蕲州棉纺等一批丝绵加工企业。在此基础上再催生一批农产品加工企业，并逐步做大做强。

培育一批知名度高的大别山农产品品牌。实施大别山农产品品牌战略，以提高农产品质量和增加科技含量来培育、打响一批大别山农产品品牌。引导、帮助特色农产品龙头企业运用商标、广告战略开拓市场，增创效益，形成一批在全省、全国有较高知名度的大别山农产品品牌。将团风花生、红安花生、麻城菊花和黄牛、罗田板栗和黑山羊、英山茶叶、蕲春珍米、大悟悟道茶、孝昌太子米和肉鸭等特色优势农产品跨县（市）发展，培育和发展成大别山区的优势农产品品牌。各县（市）抢抓机遇，加快发展，确保每个县（市）都有一个知名度高的大别山农产品品牌。

建成一批有较强实力的农产品加工示范园。各县（市）在开发区设立农产品加工园区，加大对农产品加工园区建设的支持力度，引导农产品加工企业向园区聚集，形成一批在全省有实力、有影响的农产品加工园区。团风农产品加工园以经济开发区和马曹庙农副产品加工区为中心，对优质稻、花生、油料、乳类、蛋类、肉类等农产品进行精深加工；红安主要是巩固提高城西食品饮料工业园，以娃哈哈、雨润汉鹏、上好佳、天程、红福等为龙头，对奶牛、生猪、板栗、花生、土豆、茶叶、面粉等系列农产品进行加工；麻城主要是建设湖北省木本粮油产业园，围绕粮食、油料、禽畜、水产品、林特产品、果蔬和茶叶等农产品，培育和壮大一批农产品加工企业；罗田主要是建设板栗科技产业园和万密斋医药产业园，以华丽、绿润、食为天等为龙头，对板栗、甜柿、茯苓、葛根、金银花、菊花、番茄等系列农产品进行加工；英山主要是建设城南农产品加工园，以云雾茶公司、怡莲阳光、鑫新龙、斐富家私等企业为龙头，对茶叶、蚕丝、中药材、实木、粉丝等系列农产品进行加工；蕲春农产品加工园主要是引导粮油棉、畜牧水产、林产品、酿酒、茶叶等加工企业向园区聚集，延伸产业链，形成产业集群；大悟主要是在经济开发区内建立农副产品加工园，充分利用乌桕、板栗、花生、茶叶、药材、小瓜子等农产品资源，引进一批农产品加工企业到园区落户；孝昌农产品加工园主要引导优质粮、优质油、肉鸭、肉鸡、干鲜果、茶叶、药材、水产等加工企业向园区聚集，并扩大规模，形成板块效应。

培育农产品加工强县。试验区 8 个县（市）农业资源都较为丰富，各县（市）根据现有的基础和特色，充分发挥优势和强项，把特色农产品加工业做大做强，力争在规划期内形成特色鲜明、效益明显、知名度高的农产品加工强县，支撑区域经济的发展。

三、建设和完善农产品流通体系

大力推进农产品流通体系建设，建立和完善农产品流通网络和渠道，提升农产品流通效率。

实施"1311"工程。即通过 5 年努力，在试验区建成一个辐射全省乃至华中地区的大型农产品综合批发市场。每个县市建成一个农产品原产地批发市场，改造一个标准化、规范化的农贸市场，建设一个功能较为完备的配送中心。每个乡镇建成一个集商业、邮政、通信、医药、金融、文化等功能为一体的商贸服务中心。每个行政村（社区）建设一个购物中心。

农产品加工出口基地建设。将试验区农产品出口基地建设纳入全省"1515"工程，即在"十二五"期间，在全省培育 10 大农产品出口基地，培植 5 家年出口额过亿美元、10 家年出口额过 5000 万美元、50 家年出口额过 1000 万美元的农产品出口企业。

组织开展农超对接活动。每年举办一次"大别山农超对接"专场活动，促进试验区农业产业化龙头企业、农业专业合作社与大型超市对接。在有条件的超市设立大别山特色农产品专柜，使罗田板栗、英山茶业、蕲春药材、大悟花生、孝昌太子米等一批大别山特色农产品直供超市。

农产品流通冷链系统建设。鼓励农产品龙头企业新建冷库，改造升级冷链系统，完善冷链配送设施。

四、构建现代农业服务体系

积极构建公益性农技推广服务体系、互助性农民专业合作组织体系、社会专业化服务体系、农产品质量安全监管体系四大农业服务体系，增强对农业的服务能力，为现代农业产业链条的延伸提供保障。

强化公益性农技服务体系。逐步提高乡镇农技服务中心的服务保障水平，以其为载体，增强其在农机推广、植保服务、动物疫病防治、农业技术推广应用、农业病虫害防治、农业环境监测与保护等方面的能力。

完善农民专业合作组织体系。大力发展和规范各类新型农民专业合作组织，组织农民技术培训，提高农民适用技能水平，提高农民互助经营的组织化、市场化程度，充分发挥专业合作社在规模化生产经营中的桥梁和纽带作用。

加强社会化专业服务体系。加强农业信息服务、气象服务、良种服务、农业生产资料服务、农业行政执法和农村市场流通等方面的社会专业服务。

建立农产品质量安全监管体系。加强农产品在标准化生产、质量认证、上市检测等方面的服务。优先安排试验区各县（市）建立一个标准的农产品质量检测中心，完善县级水生动物疫病防治站建设，全面提高农产品的安全水平。

第四章　积极推进新型工业化进程

坚持走科技含量高、经济效益好、资源消耗低、环境污染少、人力资源优势得到充分发挥的新型工业化道路，着力培育五大重点产业集群，发展四类新兴产业，强化工业增强县域经济综合实力的能力，把试验区建设成为发达地区和武汉城市圈产业转移的承接区。

一、培育五大重点产业集群

壮大现有产业基础，推进规模产业集群化发展，提高产业集中度，提高市场竞争力，大力实施百亿园区、百亿产业、百亿企业“三个一百”工程建设。对试验区经济发展具有带动作用的龙头企业，成长性产业集群中的重点企业、高新技术企业，在县域经济发展调度资金上给予重点支持。

培育农产品加工产业集群。围绕大别山区丰富的粮食、油料、药材、畜禽、水产品、林特产品、桑蚕、茶叶、花生、果蔬等优势农产品，培育、引进和壮大一批产业关联度大，辐射带动能力强的农产品加工企业，着力推进大别山食品加工产业的发展，在园区聚集，集群化发展。重点扶持龙头企业走规模扩张和技术改造之路，鼓励小企业走联合、配套之路。

培育纺织服装产业集群。纺织业以推广新型、高效、节能纺织技术，提高新型技术装备的比重为切入点，发展功能纤维纱线、针织面料、纤维混纺面料、提花面料等产品，开发功能性面料和装饰用布。服装业以提高设计、生产和营销为切入点，重点发展针织服装、衬衫、西服等产品，积极发展时装和休闲装。重点支持团风新春纺织、华立染织，红安嘉威制衣，罗田金罗丝织、德利丝业，英山怡莲、梦丝家，蕲春美春、斯多·赛尚，大悟金利源纺织，孝昌维纳经编、永兴纺织等重点企业领衔区域内纺织服装业的发展，多建配套基地和分厂，向集群化方向发展。

培育钢构产业集群。充分利用中国建筑金属结构协会授予团风“中国中部钢结构产业基地”的招牌，着力打造“钢构之都”和钢结构百亿产业。一是巩固提高轻钢结构。培育壮大湖北省鸿路钢构集团，力争在规划期内将湖北省鸿路钢构集团培育成五十亿元企业，完成上市。鼓励二级安装施工企业申报一级安装施工资质、三级安装施工企业申报二级安装施工资质。二是发展重型钢构。引导桥梁、专用设备及电厂重型设备制造企业向高铁钢构、压力容器专用设备、环保设备等领域纵深发展。三是加快发展钢构相关产业。开展市政设施、管结构及管道、船舰钢结构、研磨材料、焊接材料、防腐涂料等领域的研发和生产，延伸产业链条。

培育汽车配件产业集群。围绕建设汽车产业协作配套基地的目标，通过盘活一批、催生一批、引进一批、提升一批、做大一批等举措，积极开发新能源汽车配件产品，培育一批汽车上、下游企业，形成毛坯件锻造铸造、零部件加工、废旧车辆回收环保处理于一体的汽配加工产业集群。支持麻城的汽车产业带，罗田轴承，英山的汽车半轴、门锁、升降器，蕲春的弹簧钢板、链条，大悟的汽车铸件，孝昌车用电压调节器、二极管、锂电池、电动汽车驱动系统等企业做大做强。

培育建筑材料产业集群。充分利用试验区内丰富的大理石、花岗岩、萤石、硅石、长石、河沙、陶土等建材资源，大力发展建筑用石材、砖块、水泥、石灰等材料生产企业，为武汉、黄石、鄂州、六安、九江和区域内建设提供建筑材料。在发展建材产业时，注重矿点、矿区的环境保护和治理，加强对边角料、废水和废弃物进行环保处理和综合利用。壮大团风山河百亿建筑企业，重点打造麻城石材和蕲春陶瓷两个百亿建材园区，发展孝昌周巷石材园区建设。

重点发展和培育生物医药、先进制造、新能源、新材料等高技术和战略性新兴产业，开展关键核心技术研发，加强技术集成和引进技术消化吸收再创新，促进自主创新成果产业化，培育新的产业增长点，提高试验区产业层次和竞争力。

发展生物医药产业。以李时珍医药集团为龙头，进一步壮大罗田天然药业、惠涛药业和华阳药业，英山鑫新龙药业，蕲春宏中药业、李时珍生物科技，大悟华龙生物制药、欣瑞特医药、冠城药业，孝昌诺克特、兴仁堂、桑园生物医药等医药企业的规模，把引进生物医药企业与培植壮大现有医药企业相结合，打造以生物药品、生物素、生物保健品为主导的新医药产业，形成特色鲜明、体系配套、规模发展的生物技术与新医药产业链。把李时珍医药集团打造成百亿元企业。

发展先进制造产业。以红安健鼎科技、三友机床，麻城冶金机械，蕲春伟旺达电子、精科，孝昌电子工业园等为重点，发展精密机械、机电一体化和电子信息产业，不断壮大机械电子产业规模，逐步形成机械制造产业集群。

发展新能源产业。充分利用大别山区富有的水能、风能、生物质能等清洁能源，大力发展新能源产业。支持大悟县开展绿色能源示范县建设，将团风上进山站址作为新增抽水蓄能电站规划站址，抓紧开展前期勘测设计工作，争取早日开工建设，支持罗田平坦原站址根据远期发展需求，适时开展前期勘测设计工作；做好红安洗脚盆山、麻城狮子峰和福田河、蕲春仙人台、大悟五岳山和擂鼓台、孝昌大悟山等风电项目前期工作，分步启动；对试验区内部分中小水电站进行增效扩容改造，继续实施小水电代燃料工程。加快试验区天然气管道建设，至“十二五”末，实现天然气管道通达试验区 8 个县（市）城区。

发展新材料产业。重点发展电子信息材料、功能材料、复合材料、新型能源材料等高性能材料产业，形成新材料产业集群。支持相关材料企业，加大研发投入，加快成果转化，开发新型建材、新型复合材料，并加快产业化。

推进节能减排和发展循环经济。加强资源节约和管理，提高资源综合利用效益。推进清洁生产，加强对重点企业的清洁生产审核管理，降低单位产品生产能耗、物耗、水耗，减少主要污染物排放。开展节能与能效提高技术的研究、开发和应用，积极推广低碳技术，大力发展循环经济，实施节能减排科技示范工程。推动以企业为主体、产学研相结合的节能减排技术创新与成果转化体系建设，鼓励支持企业采用节能环保新设备、新工艺、新技术，加快淘汰落后产能。提高企业自主创新能力，推动产品结构优化升级。加快建设资源节约型和环境友好型社会，促进试验区经济发展方式转变，实现集约发展、清洁发展、安全发展和可持续发展。

因地制宜承接产业转移。试验区各县（市）要进一步加大开发区投入力度，搭建产业承载平台，利用当地的产业基础和资源优势，以市场为导向，积极承接沿海发达地区和武汉城市圈产业转移，合理确定承接重点，着力引进具有市场前景的产业和技术装备先进的企业。把承接产业转移与调整自身产业结构结合起来，促进产业转型升级，提升市场竞争能力。在承接产业转移过程中，坚持有所为有所不为，注重产业转移的质量，把握好落户企业的投资强度、科技高度、税收额度、链条长度和环保程度，防止落后产能向试验区转移。

促进产业园区集约发展。统筹规划产业园区建设，以开发区和各专业园区为重点，合理确定产业定位和发展方向，促进产业园区规范化、集约化、特色化发展，实现产业集中布局、土地节约利用、资源集约使用、环境综合治理，提高产业集聚效益。支持承接产业转移示范区建设，鼓励试验区与沿海发达地区和武汉城市圈共建产业园区，积极引进优秀管理人才和先进管理经验。支持有条件的产业园区适当扩区调位。

二、促进中小民营企业成长壮大

贯彻落实《中小企业促进法》和湖北省实施办法，大力实施“中小企业成长工程”，坚持抓大与抓小并举，对符合产业政策、符合环保要求的产业和项目，不论投资多少，不论规模大小，都给予重视和支持。对试验区内成长性良好、技术力量雄厚、产品质量优良、市场前景广阔的中小企业，在中小企业专项资金上给予重点支持，为创业、创新、创优提供条件，催生一批小而精、小而强的中小民营企业，为县域工业经济发展增添活力。

第五章　重点发展红色生态

文化旅游为主的服务业坚持发展红色生态文化旅游，深入挖掘红色生态文化资源，加强红色资源与生态资源、人文资源的整合，变资源优势为经济优势，把旅游业打造成试验区的战略性支柱产业。加快发展现代服务业，提高服务业的比重。

一、重点发展红色生态文化旅游业

整合试验区的红色资源、生态资源、人文资源，大力发展以革命传统教育为主题的红色旅游，以历史文化体验为主题的人文旅游，以自然生态休闲为主题的绿色旅游，以保健养生为主题的健康旅游，同时开展“湖广填四川”寻根问祖旅游、将军后代思亲怀祖旅游等专项旅游活动，形成试验区特色旅游产业新格局，把试验区建设成为接受革命传统教育基地和国内知名的旅游目的地。

（一）打造红色品牌

通过建设革命传统教育基地和红色经典景区、宣扬红色文化等措施，充分展示试验区的红色革命历史，强势打造试验区红色品牌。

建设革命传统教育基地。把试验区的革命烈士陵园、革命博物馆等重点红色纪念场馆，打造成“青少年教育基地”、“爱国主义教育示范基地”、“革命传统教育基地”，积极开展面向社会各界的革命传统教育，用老区人民的革命精神凝聚发展的意志和力量，为把试验区建设成艰苦奋斗的创业区提供精神支撑。重点建设红安革命传统教育学院，把红安革命传统教育学院建设成为全国重要的党员干部教育、培训基地。在红安革命传统教育学院建设大别山革命历史展览馆，将试验区红色革命的战史、战地、战将等革命事迹集中在展馆展出，增强试验区红色革命历史的集合效应。支持红安革命传统教育学院在试验区的红色基地开辟红色教育现场教学点，在黄麻起义纪念园中建设省级廉政教育基地。

建设红色经典景区。以红色景区（点）为载体，加强红色教育和红色体验。试验区内着重打造“中国第一将军县”品牌，重点完善团风黄冈革命烈士陵园、渡江战役公园；红安董必武故居、李先念故居、七里坪长胜街、黄麻起义旧址（文昌宫）、鄂豫皖苏区烈士陵园、中华将军园；麻城烈士陵园、乘马会馆、将军故里；罗田胜利烈士陵园、胜利老街旧址群；英山红二十八军根据地、红二十五军军部旧址、红二十七军长征出发地、英山革命烈士陵园；蕲春高山铺战斗遗址、狮子堰革命烈士墓和纪念碑、蕲太英边苏区地下医院；大悟新四军第五师司令部旧址、宣化店中原军区司令部旧址、鄂豫边区革命烈士陵园；孝昌省委、省政府、省军区旧址等。

在红色景区的建设中，尊重历史真实性，挖掘文化内涵，整理红色史记、思想、人物传奇、故事等，提炼红色精神，突出红色主题。通过改进烈士陵园、纪念馆、博物馆、历史遗址遗迹等红色载体的展示手段和方式，完善配套设施和功能，形成红色专题产品，塑造试验区红色品牌景区（点），提升试验区红色的吸引力、感染力和影响力。

大力宣扬红色文化。围绕“黄麻起义、千里跃进、中原突围、将军故里”等主题，通过设计反映大别山红色整体形象的红色标志物，创作代表大别山红色形象的歌曲，拍摄有关电影、电视、纪录片或风光片，创作有关红色文学作品，开发大别山红色战斗软件，研发具有知识产权的漫画、动画及动漫产品，制作有一定观赏价值和收藏价值的精美旅游宣传图册，策划开展重要纪念日活动等多种形式，大力宣扬试验区的红色文化。

（二）整合旅游资源

试验区具有丰富的人文资源和良好的生态资源，要加强红色与人文、生态资源的整合，统筹开发，红中有绿，绿中有红，红绿辉映，充分发挥资源的集合效应。

支持以大别山主峰为代表的生态景区建设，重点建设大别山主峰风景区、桃花冲景区、天堂寨景区、薄刀峰景区、天台山景区、龟峰山景区、三角山景区、大崎山景区、观音湖景区、双峰山景区、泉水寨度假区等，形成以自然生态休闲为主题的绿色旅游精品景区。

支持英山修缮毕昇陵园和建设活字印刷博物馆，蕲春建设李时珍纪念馆、李时珍国际健康旅游区和李时珍医道文化景区，孝昌开发孝文化旅游线（董永故里—孟宗故里—黄香故里），红安、麻城、团风、大悟修缮名人故居等，充分挖掘和合理利用人文资源，发挥名人效应，提高地方知名度。

（三）建设精品旅游线路

以试验区交通干线和大别山旅游公路为依托，开发一批独具大别山特色的旅游精品线。以红安、麻城、大悟的红色景区（点）为主体，打造试验区红色旅游精品线路；以位于罗田、英山的大别山主峰和麻城龟峰山等生态景区为主体，打造试验区绿色旅游精品线路；以孝昌的孝文化和生态景区为主体，打造试验区休闲旅游精品线路；以团风、蕲春名人故里为主体，打造试验区文化旅游精品线路。

（四）全面提升旅游业竞争力

支持并鼓励试验区各县（市）创建中国优秀旅游目的地城市、中国特色景观旅游名镇名村、全国休闲农业与乡村旅游示范县、湖北省旅游强县、湖北省旅游名镇名村、4A级以上旅游景区、省级旅游度假区。

加强旅游服务体系建设，全面提升旅游业的竞争力，增强旅游吸引力。坚持政府主导与市场机制相结合，鼓励社会力量参与旅游开发，积极推进旅游中介组织的发展壮大，规范行业服务，加强旅游信息网络建设，加强从业人员培训，提升服务质量。

围绕试验区的特色旅游资源，开发具有大别山特色、适应市场需要、文化品位高的旅游商品。促进旅游与文化、工业、特色产业的融合，延长旅游产业链、服务链，把旅游业培育成为当地政府的支柱产业。

二、加快发展现代物流业

依托区位、交通和产业等条件，加强物流基础设施和信息平台建设，提高物流业的社会化、专业化水平，积极发展第三方综合物流，推广应用现代物流技术，建立布局合理、衔接协调、节能环保、便捷高效的现代物流体系，降低物流费用成本和费用，提高物流业占第三产业的比重。积极培育物流人才，推进物流标准化建设，力争建设国家级物流企业5家以上。

建设综合性物流园区。加强"大别山试验区"内物流规划引导，优化物流业发展的区域布局。陆路物流以麻城为中心，水路物流以团风、蕲春为中心，其他5个县（市）各建一个大型综合物流园区，即"3+5"现代物流联动发展格局。麻城利用交通优势、区位优势、岗地资源优势，重点建设大别山中部石材集散中心、农产品集散中心、内陆散粮中转中心，发挥区内陆路物流枢纽作用。团风和蕲春利用长江水运优势和铁路优势，重点建设华龙港口物流园和武汉新港团风港区，发挥区内水路物流枢纽作用。

建设区域性特色市场。在建设综合物流园的基础上，支持有特色大宗产品的县（市），建设一批特色专业市场。团风建设武汉新港团风钢材市场，红安建设中国红安融园家具城，麻城建设大别山建材装饰材料批发市场、汽摩配集散中心和大别山农机农资大市场，罗田建设九资河茯苓市场，英山建设大别山茶叶市场，蕲春建设湖北省李时珍国际医药港，大悟建设鄂北农副产品交易市场，孝昌建设湖北省应急物资储备中心。

完善农村流通网络。推进“万村千乡市场工程”，大力发展和规范乡镇超市和村级综合服务社，提高农村商业网点覆盖面。开展农超对接，提高商品配送率，逐步形成城乡互通、方便快捷的农村流通服务网络。

三、积极发展其他服务业

规范市场秩序，创造良好环境，把发展服务业与改善民生结合起来，促进金融、科技、家庭等服务业的繁荣发展。

金融服务业。加快社会信用体系建设，优化金融生态环境，鼓励发展产权交易市场和场外交易市场，支持金融机构开展知识产权质押、股权质押、金融租赁、信用贷款等产品创新。拓宽保险服务领域，积极发展财产保险、人身保险、责任保险、再保险和保险中介市场。

科技服务业。以面向农业、农村、农民为重点，加快发展促进农业科技进步、农民科技致富的科技信息服务业，加强科技信息服务的区域合作，提升综合服务能力。积极推进电子政务、电子商务、远程教育和医疗等信息综合应用和资源共享。

家庭服务业。围绕满足人民群众多层次多样化的需求，重点发展养老服务、社区服务、家政服务和病患陪护，鼓励各种资本投资创办家庭服务企业，规范市场秩序，带动就业，改善民生。

第六章 加强基础设施建设

坚持统筹规划，强化项目支撑，加快综合交通网络建设，加强水利基础设施建设，优化电力设施建设，逐步改善试验区经济社会发展的基础条件。

一、建设综合交通网络

加速推进试验区高速公路网、快速干线交通网、农村公路网、低碳水运网、综合交通运输网等五大网络建设，把试验区建设成为全国革命老区综合交通发展的引领区、红色旅游交通发展的先行区和绿色交通发展的示范区。

铁路。规划新建京九客运专线黄冈段、新建武汉新港江北铁路团风段、孝感—孝昌—大悟城市铁路，开展随州至麻城至安庆铁路、麻城至六安货运铁路规划研究，争取纳入国家规划。

高速公路。新开工建设向南通道麻阳高速，加快建设向西通道麻竹高速，与安徽省做好协调，打通向东通道汉岳高速（汉英高速延长线）。

一级公路。建设石武高速铁路孝感北站连接线、京港澳高速孝昌快速通道、孝昌至红安公路、G107 广水孝昌界至花园北大桥、G106 麻城城区至大广北连接线段、G106 麻城城区至武麻高速连接线段、G318 英山县城至武英高速连接线、武英高速大别山出口至罗田连接线、G318 团风标云岗至方高坪、阳福线红安城区段改扩建、黄标线蕲春城区改扩建。

农村公路。加强农村公路建设，支持试验区每县（市）每年新建通村公路100公里以上，实现有条件的自然村通沥青（水泥）路。

水路。疏浚蕲春县蕲水航道，建设武汉新港团风港区和蕲春县华龙国际港口物流码头、罗霍州码头及罗霍州大桥、蕲春至黄石长江大桥。

机场。启动黄冈机场的选址及前期论证工作。

二、完善水利基础设施

抢抓中央加快水利改革发展的重大机遇，加强防洪、排涝、抗旱工程建设，加快中小河流治理，增强试验区抗御自然灾害的能力，改善农业基础设施条件。

防洪减灾工程。一是中小型病险水库除险加固。对试验区内中小型水库进行安全鉴定，力争到2012年底前完成重点小（1）型、2013年底前完成新出现的大中型和重点小（2）型、2015年底前完成其余小（2）型病险水库除险加固。二是主要支流及中小河流治理。积极推进试验区内澴水、倒水、举水、巴河、浠水等5条长江支流重点河段治理，使治理河段基本达到国家确定的防洪标准。按先急后缓的原则，分年治理，力争到2015年基本完成滠水、蕲水等重点地区中小河流重要河段治理。三是山洪灾害防治。在试验区建设以监测、通信、预报、预警等非工程措施为主，工程措施相结合的山洪防灾减灾体系，实施重点地区山洪沟治理工程。

农田水利设施建设。对试验区列入中央财政小型农田水利设施建设重点县给予政策倾斜，加快灌区续建配套和排灌站更新改造。加强小水窖、小水池、小塘坝、小水泵、小水渠等"五小"水利和抗旱水源工程建设，提高终端抗旱保障能力。大力推广喷灌、微灌、滴灌和低压管道输水等先进节水灌溉技术，提高农田灌溉水资源有效利用率。

三、升级电力保障网络

结合国家农村电网改造升级工程的实施，按照试验区经济社会发展用电需求，进一步完善骨干电网，加快电网改造升级，全面提升电网供电能力，提高试验区内的供电可靠性及供电质量，重点解决新增电源点和重要用户报装需求。

加强输配电能力建设。改造220千伏麻城、蕲春两个输变电项目，新建220千伏团风、红安、麻城、罗田、英山、蕲春、大悟、孝昌八个输变电项目，提升区域内220千伏层面电力输入和外送能力。建设、改造试验区各县（市）一批110千伏输变电项目，大力推进35千伏、10千伏及低压农村电网建设及改造，全面提高电网优化配置电力电量的能力，满足区域内经济社会发展的电力需求。

加强电网规划与城乡建设规划的衔接，落实电网规划中确定的线路走廊通道和变电站等电网设施用地。

四、加快通信和信息化建设

加快现代通信网络建设。积极建设光纤通信、移动通信、微波通信、卫星通信相结合的现代通信体系，推进城市光纤接入和新一代移动通信网络布局，建设智能化电话传输网络和宽带多媒体通信网，实现光纤接口到社区、达乡镇、通行政村。积极推进“三网整合”，加快推进发展物联网应用。加速实现无线通信信号全覆盖，消除自然村、交通沿线和旅游景区通信盲区，实现通信全覆盖服务。

提高信息化服务水平。以政务信息化、旅游信息化、社会公共服务信息化为重点，不断延伸经济社会各领域的信息服务，大力发展和提升电子政务、电子商务、地理信息、远程教育、远程医疗等服务能力，建立基本完善的信息服务体系。支持“大别山试验区”地理空间框架建设。

第七章　加强生态环境建设

大别山是长江中游重要的生态屏障，试验区是大别山的核心区域。建设试验区必须正确处理好开发与保护的关系，在开发中保护，在保护中开发，加强生态建设和环境治理，保住青山绿水，把试验区建设成为武汉城市圈的后花园。

一、加强环境治理

坚持保护与开发并重，加强环境治理，建立和完善水质、空气质量和辐射环境监测网络及预警系统，着力解决人民群众最关心、最突出的环境污染治理问题。

水环境综合整治。以大别山生态建设和澴水、滠水、倒水、举水、巴河、浠水、蕲水、华阳河等流域环境综合整治及黄冈长河、遗爱湖、龙感湖、孝昌观音湖保护为重点，积极推进该区域各类生态修复和环境综合整治项目建设。加强试验区内河流源头地区、重要水源涵养区、饮用水源保护区、重要湿地区的强制性保护，维护水生态平衡，保障生态安全。实施饮用水环境保护与流域水污染防治相结合，加大河流、湖泊污染防治力度，加强大中型水源地安全保障工程建设，让河流湖泊休养生息。科学划定畜禽养殖禁养、限养小区，科学合理规划水库、湖泊、河流水产养殖的规模和数量，禁止在饮用水源保护区围网养殖和投肥养殖，控制河流湖泊水源地富营养化和有机污染。到2020年试验区各县（市）城镇饮用水源水质达标率达到100%，主要河流湖泊水功能区水质达标率达到80%以上。完善试验区县（市）污水处理厂功能，加强配套管网建设，逐步实现雨污分流，提高污水收集率和处理能力。启动试验区内重点集镇污水处理厂建设。对排污企业，强制性实行先治理再排放，先达标再生产，达不到要求坚决实行关停并转。到2020年，试验区内重点污染源工业废水处理率达到100%，县城以上污水集中处理率大于85%，重点乡镇污水集中处理率大于50%。

大气污染防治。全面加强二氧化硫、氮氧化物、颗粒物排放控制，建立相应的污染物减排监管机制，推进区域大气污染防治。大力推广清洁能源的开发和利用，提高天然气、水电等清洁能源的使用比例，完善城区天然气工程，扶持机动车辆使用新能源，注重解决油烟污染，有效控制以机动车辆尾气排放为重点的城市氮氧化物排放，加强城市“灰霾”综合防治、机动车尾气污染防治等工作。到2020年，试验区大气环境质量达到国家二级标准，重点污染源工业废气排放达标率达到95%左右。

固体废弃物污染防治。支持试验区县（市）建设和完善垃圾处理场，在乡镇建设垃圾中转站，加强城镇生活垃圾分类收集、运输和处理系统建设，强化生活垃圾填埋场、焚烧处理的运行管理，规范、提高废弃物回收、处置的水平和能力。建设危险废弃物处理中心，集中处理医疗废弃物、工业危险废弃物和电子垃圾等。到2020年，实现城镇生活垃圾无害化处理率超过80%，有效控制工业固体废物产生量，放射性废弃物、新化学物质污染和医疗废弃物全部实现安全处置。

农村环境连片整治。积极开展试验区农村环境连片综合整治工作，开展生态乡镇、生态村等生态创建工作。建立土地及重金属污染防治和修复机制。对基本农田保护区、蔬菜基地等与人民群众食品安全密切相关的农产品生产地，进行土壤污染综合治理。通过对绿色无公害农产品基地、有机农产品基地的认证和农产品上市检测等方式，推行农业清洁生产。实施“清洁养殖”工程，加强养殖污染治理。科学管理农药、化肥使用，扩大测土配方施肥，倡导农民使用低毒低残留农药化肥，并辅之以生态修复和化学改良等措施，有效减少农药、化肥对土壤的污染，整治农村面源污染。加大对有机食品、绿色食品和无公害食品生产基地的建设和扶持力度，确保农产品质量安全。

二、加强生态保护

坚持生态优先，绿色发展，加大生态保护的力度，建设试验区秀美山川，不断提高生态文明建设水平。

加强生态工程建设。组织实施长江防护林、荒山造林、低产林改造、森林抚育等项目，加强石漠化治理，加快生态脆弱区植被恢复，抓好试验区内国家森林公园、湿地公园、自然保护区和大别山植物园建设，不断提高试验区的森林覆盖率。巩固退耕还林成果，加强封山育林、森林防火、林业有害生物防治等管理，优化森林资源结构，不断提高试验区森林资源质量。

加强绿化工程建设。支持花卉苗木基地建设，为绿化工程提供苗木保障。强化城市公园、街道、小区等区域和城乡道路两旁的美化和绿化。结合庭院经济，鼓励农户对房前屋后广种经济林果，实施庭院绿化。

加强水生态保护。加强试验区内河流源头地区、重要水源涵养区、饮用水源保护区、重要湿地区的强制性保护，维护水生态平衡，保障生态安全。对区域内水土流失严重的流域编制治理规划，实施坡改梯，修建拦沙堰、堵沙挡等工程措施和实施封禁治理、兴建水保林等生态措施，保持水土，涵养水源，在源头上对水生态进行保护。创新水环境治理，综合水生态与人类需求功能，建立水生态保护目标、水质目标的近远期多目标管理体系。

三、加强地质灾害防治

加强地质灾害防治，建立健全防灾减灾和监测预警系统。继续加强城镇、重要交通干线和居民点的地质灾害防治和预警预报系统建设，加快地质环境调查评价，评估地质灾害危险性，划定地质灾害易发区、地质灾害危险区，确定地质灾害重点防范区，主动避让地质灾害。抓好重点工程的地质灾害防治，在推进城镇建设、旅游景区开发、生态环境建设、耕地开发整治过程中，加强对地质灾害的预防和治理。对居住在工程治理特别困难的地质灾害易发地区以及高坡、深山等生产生活条件恶劣地区的居民，实施避险搬迁。

第八章　加快城镇化建设

按照区域一体、统筹规划、突出特色、差异发展的要求，对整个试验区县域空间进行科学规划和布局，以县（市）城区为骨干，以中心镇、新农村为节点，增强城镇集聚辐射功能，以城带乡，促进农村人口向城镇聚集，构建城镇互动发展的新格局。

一、构建“两纵两横”城镇带

试验区位于京广、京九“两纵”经济带的中部，具有连南接北的区位优势，麻竹、汉英高速“两横”承东启西，从空间上将试验区 8 个县（市）连在一起，构成试验区“两纵两横”城镇带。

“两纵两横”城镇带，聚集了区位、交通、产业、人才、科技等诸多优势。要进一步加强规划引领，完善城镇布局和功能定位，加大城镇建设投入力度，加快生产要素向城镇带及重要节点地区聚集，引导城镇产业优先发展，形成带动整个区域均衡协调发展的空间骨架。同时支持罗九线生态城镇带等区域内特色城镇带建设。

二、加强县（市）城区建设

推动试验区内各县（市）城区建设由偏重规模扩张向规模扩张和功能提升并重转变，由偏重经济发展向注重经济、社会和生态协调发展转变，由偏重城市发展向注重城乡统筹发展转变。试验区各县（市）城区是武汉城市圈的重要节点，按照武汉城市圈的总体规划布局，明确不同的发展定位和主攻方向，建设一批小而美的园林式城市。

团风县城按照“钢构之都、临港新城”发展定位，围绕“两轴四区”（江北一级公路、团方大道发展轴，城南、城北、城东、城中四区）空间布局，开发建设新城区，改造管理旧城区。到 2020 年，城区面积达到 30 平方公里，城镇人口达到 20 万人。

红安县城以“建新区、拉框架、搭平台、树形象”为主攻方向，实施南扩西进，重点改造民主街、胜利街、解放街等老城区街道。通过完善杏花大道、迎宾大道、发展大道、一河两岸景观带等建设工程拉开城区框架。到2020年县城区达到30平方公里，城镇人口达到30万人。

麻城市区以“建新区、抓配套、强功能、提档次”为主攻方向，围绕“工贸新区、生态新城”的总体定位开发新城区，突出新区“沿路、沿河、沿山”的特点，西扩南进，拓展城区规模。老城区以举水河为轴线，加强一河两岸的规划控制和生态小区建设，加大排水、绿化、卫生、道路等基础设施建设力度，把老城区建成生态宜居区和商贸休闲区。到2020年市区面积达到50平方公里，城镇人口达到40万人。

罗田县城按照“顺河发展、带状结构、平行布局”的空间发展战略，构筑四个组团化的空间结构（城北老城区、城南核心区、经济开发区、城西郊区）。中心城区实施“南进西拓，北调东控”战略。到2020年城区面积达到35平方公里，城镇人口达到25万人。

英山县城以“老城区抓管理、新城区拉框架”为主攻方向，扎实推进“三区一城”（城西新区、工业园区、温泉旅游度假区和锦绣山城）建设。到2020年，城区面积达到30平方公里，城镇人口达到20万人。

蕲春县城以推进中心城区向城东新区延伸和新建蕲河二桥向西拓展为主攻方向，一手抓城东新区建设，一手抓老城区改造。重点推进路桥改造、“三河”治理、污染治理、生态建设四大工程。到2020年，城区面积达到40平方公里，城镇人口达到35万人。

大悟县城以红色旅游名城和山水园林城为发展方向，围绕“一个中心（县城）、两个组团（孝感北站组团、黄麦岭组团）”的城市框架，坚持向北拓展，向东延伸，扩大规模，完善功能。到2020年，城区面积达到40平方公里，城镇人口达到25万人。

孝昌县城突出孝文化特色，突出河滨生态风貌，突出花园古镇历史，逐步把县城建成特色鲜明、产业聚集、环境优美、具有活力的河滨生态园林宜居县城。到2020年，城区面积达到35平方公里，城镇人口达到25万人。

三、壮大中心镇

各县（市）围绕省政府确定的全省重点中心镇、特色镇，从区域布局和现实基础条件出发，确定3～5个基础条件好、辐射能力强的中心镇、特色镇作为重点镇建设，使其成为农村人口转移的重要节点、经济发展的重要支撑点。支持条件较好的中心镇加快发展，努力打造一批特色鲜明的重点旅游镇、工业镇和商贸镇。

试验区内中心镇：

团风县：淋山河、总路咀、但店

红安县：七里坪、觅儿寺、八里湾、高桥

麻城市：宋埠、白果、福田河、龟山、木子店、顺河

罗田县：三里畈、九资河、胜利、匡河

英山县：石头咀、红山镇、杨柳、南河

蕲春县：蕲州、横车、刘河、张榜、檀林

大悟县：宣化店、河口、新城、大新

孝昌县：花园、小河、周巷、邹岗、白沙、王店

四、加快新农村建设

按照“生产发展、生活宽裕、乡风文明、村容整洁、管理民主”的方针，坚持政府主导、群众主体，统筹规划、分步实施，因地制宜、量力而行，整体推进、重点突破的原则，加大新农村建设力度。以培植农业优势产业和以促进农民增收为核心，大力建设农村“一乡一业，一村一品”。围绕农产品资源，着力发展农产品加工企业和农村经济合作组织。发展壮大村级集体经济，增加农民收入。以农村基础设施建设、生态环境建设、公共服务设施建设为切入点，实施水、电、路、气、房和优美环境“六到农家”工程，扎实开展宜居村庄建设，全面改善农村、农民生产生活环境条件。以加强农村基层组织建设为重点，推进农村民主政治建设，切实维护农民的民主权利，建设富裕、文明、和谐、秀美的新农村。

第九章 加快民生事业发展

把保障和改善民生作为试验区建设的出发点和落脚点，加大扶贫开发力度，加快试验区脱贫进程。加强公共服务，完善社会保障，努力让老区人民共享改革发展成果。

一、加快脱贫致富进程

落实国家新一轮扶贫开发纲要。坚持开发式扶贫、开放式扶贫，把完善农村最低生活保障作为解决温饱的基本手段，把发展作为脱贫致富的根本途径。开发利用优势资源，提高农民综合素质和发展能力，促进基本公共服务均等化，推进区域协调发展。到2020年，努力实现《中国农村扶贫开发纲要（2010～2020年）》提出的“两不愁、四保障”目标。贫困地区发展环境和条件明显改善，步伐明显加快，基础设施明显加强，社会事业明显进步，基本公共服务均等化水平明显提高，生态文明环境良好，农民收入稳定快速增长，力争试验区与全省同步进入全面小康社会。

坚持政策扶贫。构建政府主导、部门帮扶、社会参与、农民互助的大扶贫格局。加强规划指导，制定专项扶贫、行业扶贫促进政策。瞄准特殊贫困区域和特殊困难群体，不断加大财政转移支付力度，优先安排贫困地区产业发展、基础设施、生态环境和资源开发项目建设，增强发展后劲。鼓励企事业单位、民间社团组织广泛参与扶贫工程建设和农村教育、卫生、文化等扶贫事业发展。

推进工程扶贫。实施产业化扶贫，将产业化扶贫与整村推进、连片开发、科技扶贫结合起来，培育林果、茶叶、蔬菜、养殖业、中药材等特色产业，扶持扶贫龙头企业、产业化基地，带动农业增效、贫困农户增收。实施搬迁扶贫和农村危房改造工程，对居住在生存条件恶劣地区的特困人口实行易地搬迁扶贫，改善生存与发展的条件，提高公共服务的水平。实施农村饮水安全工程，保障农村人畜饮水安全。推动农村能源建设，满足农村居民生活生产需要，美化农村环境，保护生态。继续实施整村推进规划，重点扶持贫困村。加快推进"雨露计划"和"阳光工程"，对贫困家庭劳动力开展务工技能和农业实用技术培训，力争每户掌握1~2门实用技术，促进农民就业向技能型转变，发展劳务经济，增加非农收入。

完善制度扶贫。全面建立农村低保制度，不断完善以扶老、助残、救孤、济困为重点的社会救助体系，实行开发扶贫和生活救助"两轮驱动"。健全贫困人口识别和监测体系，实行贫困人口信息动态管理。开展农村低保和扶贫开发两项制度衔接试点，准确掌握农村低保对象家庭的年人均纯收入情况及家庭劳动能力人口情况，区分可扶持家庭和不可扶持家庭。对有劳动能力和发展潜力的低保对象家庭，在享受低保金的同时，落实扶贫开发扶持政策和社会保障等政策；对不可扶持的特殊困难家庭实施重点救助，真正实现应保尽保，应扶尽扶。推行互助资金扶贫模式，以财政扶贫资金为引导，以村民自愿缴纳互助金为依托，以社会捐赠资金为补充，建立民有、民用、民管的生产发展资金，探索互助资金组织的合作之路。实行扶贫到村到户，探索到户小额贷款财政贴息、农业保险补贴机制，逐步提高新型农村合作医疗报销比例。探索扶贫资金滚动使用办法，推进资金管理的制度化和规范化，提高资金使用效益。

二、促进基本公共服务均等化

推进各类教育均衡发展。加大教育事业投入，完善政府主导、行业指导、社会参与的办学机制，形成公办教育和民办教育共同发展的格局，努力改善老区孩子上学难的问题。积极发展学前教育，启动学前教育工作示范县创建工作，建立和完善县、乡、村三级学前教育服务体系。统筹考虑农村中小学校舍布局，继续实施校舍安全工程、农村初中改造二期工程、标准化学校建设等，不断改善义务教育办学条件，全面普及高中阶段教育。大力支持省级示范高中创建活动，不断提高高中阶段的办学能力和水平。实施中等职业教育能力建设二期工程，加快中等职业技术学校建设与发展，抓好试验区各县（市）职业技术教育中心建设，支持各县（市）建设省级示范性中等职业学校。支持麻城建设大别山幼儿师范学校和职业技术学院建设。实施特殊教育学校建设工程。加快农村偏远艰苦地区教师周转宿舍建设。打破常规、择优引进紧缺学科教师和高素质教师。认真组织实施中小学教师“国培计划”和农村教师素质提高工程，全方位开展教师培训，提高教师队伍素质。

义务教育：调整优化学校布局和校园建设规划，加强学校标准化建设，重点改造农村薄弱学校，提高教育装备水平，着力解决城镇学校大班额问题和改善寄宿制学校寄宿条件，将所有县（市）纳入国家农村教师周转宿舍建设规划，支持每个县（市）建设一批农村教师周转宿舍。

普通高中：提高高中设施水平。

职业教育：支持试验区各县（市）建设职业技术教育中心，形成融职业教育、公共实训、农民工培训、再就业培训为一体的集约化职业教育培训基地。

特殊教育：试验区各县（市）完善特殊学校建设。加快医疗卫生事业发展。按照多元投入、防治并重、协调发展的基本原则，围绕实现人人享有基本医疗卫生服务的目标，着力推进医药卫生体制改革。推动医疗卫生资源向农村和城镇街道、社区倾斜，巩固发展以县级医院为龙头、乡镇卫生院为骨干、村（社区）卫生室为基础的农村卫生三级服务网络。加强以县级急救中心为重点的县乡村急救体系建设，组建县（市）互动、信息直通的急救网络。加强卫生防疫和妇幼保健工作，实施县级卫生监督机构的基础设施建设工程，提高突发公共卫生事件应急处置能力。巩固和完善新型农村合作医疗、城镇职工基本医疗保险、城镇居民基本医疗保险制度，不断提高受益水平。统筹建立城乡一体的医疗保险制度和办法，推进城乡居民医疗保险统一经办管理。建立完善基本医疗保险关系转移接续和异地就医结算制度。按照增加总量、提高素质的要求，不断加强卫生人才队伍建设。

推进就业和社会保障。坚持“劳动者自主择业、市场调节就业和政府促进就业相结合”的方针，通过大力促进经济发展，加快城镇化进程，多渠道多层次开发就业岗位。积极推进创业带动就业，加强创业园区建设，加大农家乐创业项目扶持力度，强化就业技能培训，促进农村劳动力转移就业，城镇登记失业率控制在5%以内。建立覆盖城乡的养老保险制度，支持试验区养老服务体系建设。支持残疾人康复和托养服务基础设施建设，不断完善社会救助体系。强化各级政府职责，加大棚户区改造、公共租赁住房等保障性安居工程建设，增加中低收入困难居民的住房供给。

促进文化事业的发展。加大文化设施投入力度，着力抓好公共图书馆、文化馆、博物馆和乡镇综合文化站建设，打造一批功能齐全的文化体育场所。健全公共文化服务体系，实行“三馆一站”免费开放，完善文化信息资源共享工程网络。搞好革命史迹、文化遗产和特色文化的保护和利用，提高特色文化的知名度。加强文化人才队伍建设，通过引进、培训、交流等方式，培养文化创意、策划、营销等专业管理人才，为文化发展提供智力支持。大力发展文化产业，培育市场主体，打造舞台艺术精品，推动演艺娱乐、动漫游戏、文化旅游、广电传媒、新闻出版、网络信息等文化产业发展。实施广播电视村村通工程，提高广播电视覆盖率。

三、加强社会管理

加强和创新社会管理，推进社会管理法制、体制和能力建设，建立党委领导、政府负责、社会协同、公众参与的社会管理格局。加快构建源头治理、动态管理和应急处置相结合的社会管理机制，防止和减少社会问题的发生，及时化解社会矛盾。完善社区治理结构，构建社区综合管理和服务平台，强化城乡社区自治和服务功能。继续加强社会组织建设和监督，促进社会组织发展，发挥其提供服务、反映诉求、规范行为的作用。拓宽社情民意表达渠道，完善社会矛盾调解机制，切实维护群众合法权益。加大投入力度，加强公共安全体系建设，保障食品药品安全，严格安全生产管理，健全突发事件应急体系。完善社会治安防控体系，加强社会治安综合治理，维护社会和谐稳定，让人民群众切实有安全感和幸福感。

第十章　创新体制机制

推动试验区新一轮思想大解放，通过思想的大解放、观念的大更新和体制机制的进一步创新，寻求加快发展的资源、动力和空间，用改革的办法、市场的办法、开放的办法解决问题、破解难题，形成有利于发展的环境，聚集更多的资源投向革命老区。营造宽松的改革创新环境，开展先行先试，率先突破经济社会发展的体制机制障碍。

一、创新扶贫开发机制

创新加快脱贫致富奔小康的体制机制，实现整体脱贫。坚持开发式扶贫，大力实施扶贫开发整村推进，连片开发，对试验区的重点贫困村和重点老区乡镇进行重点扶持。进一步增强扶贫开发的针对性，把帮助贫困农户发展产业、提高能力作为重点，实行扶贫到户，脱贫到人。完善城乡低保应保尽保动态调整机制、低保经费投入自然增长机制，不断提高城乡低保补助水平和低保对象的生活水平。完善小额贴息贷款、村级互助金管理办法，放大扶贫资金效应，提高使用效益，切实解决贫困群众发展生产筹资难的“瓶颈”问题。研究和探索吸引社会力量参与扶贫的办法和途径，广泛开展城乡互联、定点帮扶、招商扶贫、村企共建等活动，努力形成更加强大的扶贫攻坚合力。

二、创新多元化投入机制

积极探索和建立政府主导、农民主体、社会参与的多元化投入机制。加大项目资金整合创新力度，将项目资金整合、使用权限下放到试点县（市），发挥县（市）整合的积极性、主动性、创新性。创新涉农资金管理体制，将各项资金统筹整合、相互配套、突出重点、打捆使用，形成涉农资金合力。支持建立大别山银行、大别山投资公司、大别山担保公司等地区投融资机构，实现金融全覆盖。积极开展村级公益事业建设“一事一议”财政奖补试点，探索建立“农民自愿、筹资筹劳、政府奖补、筹补结合、多元投入”的村级公益事业建设的财政奖补机制，创新村级公益事业建设模式。探索民间资本有偿流动机制，拓宽直接融资渠道，发展多层次的资本市场体系，实现项目、资金、资本的有效连接。探索发展私募基金、村镇银行、小额贷款公司，组建地方性中小股份制商业银行，引导民营资本参与大别山基础设施建设和产业发展。支持商业银行、国家政策性银行、农村信用社扩大“三农”贷款。创新担保机制，为中小企业发展提供有效的融资平台。创新基础设施建设融资模式，大力推广 BOT（建设—经营—转让）和 TOT（转让—经营—转让）等模式，拓宽地方融资渠道，为经济发展提供支撑。

三、创新土地利用机制

创新农村土地确权机制，开展农村土地所有权、集体建设用地使用权、土地承包经营权以及宅基地使用权等方面的调查，按照“产权明晰、用途管制”的原则，加快农村土地确权、登记、颁证，明确土地权能，为土地流转创造条件。创新土地流转机制，稳定土地承包关系，推动土地适度规模经营，按照“依法、自愿、有偿”的原则，采取农户自主协商流转、集体组织委托流转、土地使用权入股、转让、租赁等方式，盘活存量土地资源，探索推动土地资本化、要素化的办法，积极稳妥推进农村土地流转。创新土地集约利用机制，通过大规模实施基本农田土地整理和低丘岗地改造，增加有效耕地面积，提高耕地质量，切实提高农业综合生产能力。创新土地增减挂钩机制，开展城乡建设用地增减挂钩试点，对迁村腾地、整理复垦腾出的农村建设用地，首先要复垦为耕地，在优先满足农村各种发展建设用地需求后，将节约的指标调剂给城镇使用的，其土地增值收益必须及时全部返还农村，切实做到农民自愿、农民参与、农民满意。深化集体林权制度改革，推进林地使用权和林木所有权的合理流转。

四、创新生态补偿机制

加大生态补偿项目支持力度，在安排退耕还林、荒山造林、长江防护林、低产林改造、森林抚育补贴试点等项目时，对试验区给予重点倾斜。加大生态补偿转移支持力度，按照主体功能区规划要求，逐步加大对重点生态功能区转移支付力度，对试验区生态建设和环境保护事业提供资金和技术支持。创新生态补偿制度，完善森林资源保护、矿产资源开发、流域水环境保护等重点领域的生态补偿制度，推进环境补偿价格改革，提高补偿标准。探索生态补偿的资金来源、补偿渠道、补偿方式和保障体系，创新资源使（取）用权、排污权交易等市场化的补偿模式。

五、创新科技人才支撑机制

加大科技投入，创新科技引领和支撑革命老区发展的体制机制。建立健全以企业为主体、以市场为导向、产学研相结合的技术创新体系，引导高等院校、科研院所到试验区创建研发基地。完善企业技术创新激励机制，引导企业加大科技投入，扶持科技型中小企业开展技术创新。健全技术市场体系，发展规范科技中介组织，完善科技公共服务体系。设立、引进创业投资基金，完善科技投融资体系。加快科技成果转化基地建设，壮大高新技术产业。优化人才发展的体制机制，统筹推进各类人才队伍建设。通过政府推动、市场配置等措施，为试验区发展提供多元化、多途径的人才支撑，鼓励和引导大中城市专业技术人才到大别山革命老区和贫困地区提供一定期限的服务和支持。加大试验区急需紧缺人才培养力度。探索更加灵活的用人机制，引导优秀教师、医生、科技人员、社会工作者、文化工作者到试验区工作或提供服务。

六、创新行政管理体制机制

改革行政管理体制，建设高效政府。加快推进政企分开、政资分开、政事分开、政府与市场中介组织分开，减少政府对微观经济运行的直接干预。完善宏观调控体系，理顺市场监管体制机制，加强社会管理和公共服务职能，建立公平公正、惠及全民、水平适度、可持续发展的公共服务体系。建立决策权、执行权、监督权既相互制约又相互协调的运行机制。按照政事分开、事企分开和管办分离的原则，推进事业单位分类改革。继续全面实施省直管县财政体制，依法深化完善省直管县行政管理体制改革。巩固乡镇综合配套改革成果，进一步完善乡镇管理体制和运行机制，提高乡镇社会管理和公共服务水平。

第十一章　保障措施和规划实施

一、加强组织领导

试验区建设在省新农村建设协调领导小组领导下开展工作，省委财经办（省委农办）牵头，会同省发改委、省扶贫办负责组织指导、综合协调和检查督办等工作。省直有关部门按照工作职能，制定支持试验区建设的具体政策措施并认真落实。试验区县（市）人民政府是本规划的实施主体。各负其责、主动作为、上下联动、共同推进，确保规划主要目标和任务的实现。

二、推进区域协作

加强与安徽、河南两省的联合互动，通过多种途径共同向国家争取将加快大别山革命老区建设上升为国家区域发展战略，申请国家编制《大别山革命老区振兴规划》，在政策、项目、资金上给予支持。加强与试验区接壤的河南、安徽等周边县（市）的经济文化联系与合作，与大京九经济协作带相关城市的合作，探索推动试验区区域协作的新机制。加强与武汉城市圈内武汉、黄石、鄂州等大中城市协作，主动承接产业转移和辐射，积极提供产业配套和服务，促进生产要素流动和优化配置，实现优势互补。加强试验区内部协作，共同推进试验区基础设施建设一体化、产业发展一体化、社会管理一体化。

三、加大政策扶持

整合各类财政投资资金，逐步加大财政支持力度，提高担保资金和贷款贴息额度，重点支持试验区主导产业发展、基础设施建设和民生事业发展等。认真落实国家税收政策，加强对试验区主导产业的税收支持力度，扶持自主创新产业基地和生物医药、机械电子、新能源、新材料等高技术和战略性新兴产业的发展。调整土地利用结构和布局，加大基本农田土地整理力度，建立试验区主导产业、生态环保等项目用地优先支持制度。强化省直部门对试验区建设的支持力度，在项目和资金上优先安排试验区各县（市）。鼓励武汉市各区、驻鄂部队、大企业、高等院校、科研院所等到试验区开展结对帮扶。

四、优化发展环境

多方面营造促进试验区发展的环境。一是营造开放的观念环境，树立市场经济和开放合作意识，将自身的资源、生态、环境等优势与外部的资本、技术、人才等优势结合起来，使内在优势转换为发展优势。二是营造优质的服务环境，为外来的客商、企业和广大群众提供高效、优质、公平的服务。三是营造促进发展的舆论环境，创新宣传机制，拓宽宣传渠道，积极搭建对外交流与合作的平台，大力宣传试验区推进的力度与取得的成绩，激励试验区人民的建设热情，提高试验区在省内外的知名度和影响力。

五、加强规划实施监督检查

省委财经办（省委农办）会同省直有关部门对试验区县（市）推进规划实施情况进行督促检查，开展规划实施中期评估，并将实施情况向省新农村建设协调领导小组报告。完善社会监督机制，鼓励公众积极参与规划的实施和监督。

附录 4：

大别山革命老区经济社会发展试验区旅游产业推进工作方案

省委、省政府高度重视大别山革命老区经济社会发展，于 2 月 17 日正式启动大别山革命老区经济社会发展试验区建设工作，并下发了《关于湖北省大别山革命老区经济社会发展试验区建设的意见》。为贯彻落实省委、省政府重大决策部署，大力推进大别山旅游产业发展，现制订工作方案如下。

一、指导思想

照省委、省政府关于“红色大别山、绿色大别山、发展大别山、富裕大别山”的总体要求，深刻认识大别山革命老区经济社会发展试验区建设在建设全面小康社会和推动湖北省科学发展中的重大意义，充分发挥旅游业在建设“四个大别山”、促进当地经济社会发展和城乡就业致富中的重要作用，以红色、文化、绿色旅游资源为载体，加强旅游基础设施，做大做强旅游产业，形成大别山特色旅游产业发展新格局，推动大别山旅游业跨越式发展。

二、基本原则

大别山革命老区经济社会发展试验区建设，是我省发展战略的重要组成部分。要把立足当前和着眼长远结合起来，充分发挥各方面的积极因素，整体予以推进。

一是政府主导，企业主体。试验区建设既是一项政治工程，也是一项经济工程、社会工程，政府要着力营造良好发展环境，并协调推进重大问题的解决。特别是要充分发挥市场在资源配置中的基础性作用，坚持以企业为主体，为大别山旅游业又好又快发展注入动力和活力。

二是统一规划，分步实施。按照两个五年规划期，编制大别山旅游业发展总体规划，谋划旅游产业整体发展，并发挥规范和指导作用。同时按照三年、五年、八年、十年确定开发建设时序和发展重点，有计划、有步骤地予以推进。

三是重点突破，带动全局。突出重点县、重点镇、重点景区、重点旅游企业，先行发展，夯实基础，壮大实力，扩大影响。发挥重点品牌的示范、引导和带动作用，推动 8 个县市旅游业全面发展，不断壮大大别山旅游产业整体规模。

四是统筹兼顾，科学发展。按照科学发展的要求，坚持转变旅游发展方式，加强资源和环境保护，走资源节约型、环境友好型发展道路，实现速度、结构、质量、效益相统一；坚持以旅游业经济效益为中心，综合发挥旅游业的社会效益、生态效益、文化效益，全面释放旅游业的综合功能。

五是深化改革，推进创新。进一步解放思想，以开放促开发、促改革，大胆引进先进地区旅游发展模式，创新旅游业发展体制机制，积极探索旅游业发展中重点、难点问题的解决办法和途径，努力开创旅游业发展新局面。

三、发展目标

按照“三年明显变化、五年大变化、十年跨越式大发展”的要求，加快完善旅游基础设施和公共服务设施，着力打造在全省具有影响力和竞争力的核心旅游品牌，大力推进旅游强县名镇名村和农家乐建设，全面提高旅游管理质量和服务水平，把旅游业培育成为当地的战略性支柱产业和人民群众更加满意的现代服务业，使大别山革命老区经济社会发展试验区成为全国重要的红色旅游基地和特色鲜明、全国知名的综合性旅游目的地，在促进当地经济社会发展中发挥重要作用。

到2020年，8个县市接待旅游者2500万人次，实现旅游总收入200亿元，旅游业成为当地重要支柱产业。优秀旅游城市目的地或旅游强县达到4个以上，湖北省旅游名镇和生态文化特色镇达到15个以上，湖北省旅游名村达到40个以上，星级“农家乐”达到2000家以上。培育3~5家省内知名的大型旅游企业集团；3家旅行社进入全省“百强”行列；4A级以上旅游景区达到15家，其中5A级旅游景区2家以上；四星级以上饭店达到20家，其中五星级饭店3家。

四、空间布局

加强红安、麻城、英山、罗田、团风、蕲春、大悟、孝昌8个县市一体化发展，形成“12345”的旅游空间布局。

一个集散城市：以大广高速公路和京九铁路为支撑加强城市旅游综合功能建设，把麻城建设成为大别山革命老区经济社会发展试验区的旅游集散城市。

两大旅游板块：发挥大别山红色旅游资源和山水旅游资源优势，加强红安、麻城、大悟、孝昌的整合互动，形成红色生态旅游板块；发挥大别山主峰区域生态旅游资源和文化资源优势，加强团风、罗田、英山、蕲春的整合互动，形成生态文化旅游板块。

大旅游品牌：发挥当地特色资源优势，加强旅游资源整合和区域协作互动，着力培育红色观光、生态休闲、文化体验等旅游品牌，增强大别山旅游的吸引力和竞争力。

四个旅游节点：在红安已创建为湖北省旅游强县的基础上，尽快将罗田、英山、大悟创建为湖北省旅游强县，使之成为“大别山试验区”的重要节点。同时，推动旅游业向纵深推进，加快建设一批旅游名镇名村。

五大产业示范区：以将军文化品牌为依托，建设红安红色旅游产业发展示范区；以大别山旅游度假区为依托，建设罗田度假旅游产业发展示范区；以温泉、漂流等为依托，建设英山生态休闲旅游产业发展示范区；以医药文化品牌为依托，建设蕲春文化旅游产业发展示范区；以观音湖为依托，建设孝昌生态旅游产业发展示范区。

五、推进重点

结合全省旅游支柱产业培育和旅游经济强省建设，按照省委、省政府关于“大别山试验区”建设的总体部署，今后要重点推进以下几方面的工作。

一是加强旅游基础设施建设。在建成大别山旅游公路的基础上，加快建设连接重要旅游景区的公路，增强大别山旅游的可进入性。加快建设旅游集散地和景区的供水、供电、通信、污水垃圾处理、环境监测、停车场、旅游厕所、旅游安全等基础设施。

二是加快重大旅游项目建设。结合现有基础，按照发展规划，立足于高起点策划、高标准建设、高品质运营，发挥政策引导作用，加大招商引资力度，加快建设一批具有示范带动效应和产业拉动作用的重大旅游项目。在建设旅游集散中心、大型旅游服务设施的同时，重点建设20个旅游精品景区：黄冈的林家大湾、大崎山、七里坪长胜街、烈士陵园、天台山，龟峰山、杏花村、五脑山、薄刀峰、天堂寨、三里畈温泉、大别山主峰、桃花冲、英山温泉、李时珍纪念馆、李时珍健康文化旅游度假区、三角山旅游度假区、孝感的观音湖、宣化店中原军区旧址、白果树湾新四军五师司令部。

三是大力开展名镇名村创建。在麻城创建中国优秀旅游城市目的地和红安、罗田、英山、大悟创建旅游强县的基础上，以红安七里坪镇、罗田九资河镇、胜利镇、英山杨柳镇、草盘镇，蕲春蕲州镇、麻城龟山镇、团风回龙山镇、大悟宣化店镇、孝昌小河镇为重点，开展生态文化旅游镇创建工作。同时，着力建设一批旅游名村。

四是加强旅游线路系统集成。在加强旅游资源整合的基础上，以重点旅游景区为依托，形成四大主题旅游线路。以红安、麻城、大悟、团风等县市重点红色景区为依托，形成红色旅游线路。以薄刀峰、天堂寨、大别山主峰、桃花冲、龟峰山、观音湖等为重点，形成生态旅游线路。以蕲州李时珍纪念馆、百草药园、李时珍健康文化旅游度假区等为依托，整合当地特色文化旅游资源，形成以医药文化为主题的特色文化旅游线路。以广大农村的民风民俗、田园景观为依托，形成乡村旅游线路。

五是着力完善旅游产业体系。以完善配套旅游要素、延伸旅游产业链条为基础，推动旅游产业聚集，培育旅游产业集群。完善旅游景区、旅行社、旅游饭店、旅游汽车公司等旅游基本要素，建设形成一批有影响力和竞争力的核心品牌。挖掘餐饮文化内涵，创新推广特色餐饮和乡村餐饮，不断壮大旅游餐饮业。发挥文化资源优势，开发一批受游客欢迎的旅游文化精品节目，举办具有地方特色的旅游节庆，不断壮大旅游文化业。发挥农业资源优势，大力发展以“农家乐”、民俗村和农业示范园区为重点的旅游农业。促进旅游产业向工业领域延伸，大力发展旅游商品生产企业和以旅游装备为重点的旅游工业。

六是大力加强旅游人才队伍建设。总体上看，大别山区旅游人才无论是数量还是质量，都难以很好地适应旅游大发展的形势。要以培训为基础，吸纳为重点，引进为补充，努力提高大别山区旅游从业人员水平。全面加强旅游服务质量管理。特别是要重视乡村旅游从业人员的培训工作，让广大民众参与到旅游业发展之中来。

六、推进措施

按照省里宏观指导、地方推进为主的原则，加大力度，强化措施，加快推动大别山区旅游业发展。

省旅游局：

（1）积极争取省政府的重视和各相关部门的支持，为大别山旅游产业发展创造良好条件。

（2）加强大别山革命老区经济社会发展试验区旅游业发展的总体规划和开发建设指导。

（3）将大别山旅游产品作为重点向海内外旅游者推广。

（4）优先支持各县市创建旅游强县名镇名村，开展旅游景区和旅游设施质量等级评定工作。

（5）在项目资金安排上对大别山革命老区经济社会发展试验区进行倾斜。

（6）积极支持大别山革命老区经济社会发展试验区建设旅游度假区，创新旅游发展体制和机制。

各市县旅游局：

（1）争取政府主导发展旅游业，重视发挥旅游业在大别山革命老区经济社会发展试验区建设中的重要作用。

（2）加大对旅游业的投入，积极推进重大旅游项目建设和旅游强县名镇名村创建。

（3）建立部门联动发展旅游业的机制，形成发展旅游业的整体合力。

（4）强化旅游部门的职能和手段，旅游部门卓有成效地开展对外宣传促销和加强旅游行业管理。

（5）调动广大群众发展旅游业的积极性，把旅游发展与群众就业致富结合起来。

七、当前工作

除从全省旅游业发展角度，整体指导大别山革命老区经济社会发展试验区旅游业发展外，重点开展“六个一”活动。

（1）编制一部旅游发展规划。以空间布局优化、重大旅游项目建设、精品名牌产品培育和旅游综合功能发挥为重点，抓紧制订《大别山革命老区经济社会发展试验区旅游业发展总体规划》，为旅游产业发展指明方向。

（2）举办一次旅游发展论坛。按照省委、省政府关于试验区建设的总体部署，围绕旅游业如何发展和如何发挥作用，举办一次论坛，进一步厘清思路，统一思想，明确方向。

（3）策划一个旅游节庆活动。在大别山生态文化旅游节的基础上，省旅游局和黄冈、孝感市政府共同举办一个具有地方特色的节庆活动，并为培育节庆品牌打下基础。

（4）组织一次大型宣传推广活动。以红色旅游为主题，策划组织"红色旅游老区行，深度体验大别山"大型宣传推广活动，同时组织8县市旅游局和企业在武汉或周边其他大城市开展宣传促销，为大别山旅游业发展营造良好氛围。

（5）支持一批重点旅游项目建设。整合各类相关资金，支持大别山重点旅游景区建设、农家乐旅游项目发展、旅游名镇名村创建，夯实大别山旅游发展基础。

（6）举办一次专题旅游培训班。以导游和旅游服务人员为重点，举办培训班，推进当地旅游服务的规范化和标准化。

参考文献

1. 白慧仁，孙波：《山西新型工业化模式下能源工业结构调整探析》，《生产力研究》2005 年第 11 期。

2. 白晶：《城市旅游竞争力分析与评价研究——以长春市为例》，东北师范大学硕士学位论文，2006 年。

3. 曹执令：《湖南省区域农业竞争力比较研究》，《经济地理》2012 年第 2 期。

4. 曹阳，刘序，张艳等：区域农业规划促进农业竞争力研究——以广州从化市为例》，《广东农业科学》2011 年第 12 期。

5. 曹建海，李海帆：《论新型工业化的道路》，《中国工业经济》2003 年第 1 期。

6. 陈恭军，袁亮，刘莹：《江苏省区域农业竞争力的因子分析研究》，《当代经济》（下半月）2007 年第 9 期。

7. 陈卫平，赵彦云：《中国区域农业竞争力评价与分析——农业产业竞争力综合评价方法及其应用》，《管理世界》2005 年第 3 期。

8. 陈兆坤：《我国城市旅游竞争力提升及发展战略选择》，《经济师》2001 年第 11 期。

9. 陈晓红，李飞，宋玉祥：《吉林省新型工业化道路的区域差异与发展模式研究》，《经济纵横》2006 年第 6 期。

10. 蔡婕萍：《闽台区域农业竞争力研究》，福建师范大学硕士学位论文，2010 年。

11. 丁蕾，吴小根，丁洁：《城市旅游竞争力评价指标体系的构建及应用》，《经济地理》2006 年第 5 期。

12. 段澈：《区域可持续发展评价指标体系及综合评价》，《技术经济与管理研究》2005 年第 10 期。

13. 额尔敦其其格：《用新型工业化构筑内蒙古县域经济优势》，《北方经济》2004 年第 1 期。

14. 付娟：《基于钻石模型的辽宁农业国际竞争力影响因素分析——兼论与

日韩开展区域农业合作对辽宁农业国际竞争力的影响》，《商业研究》2008 年第 4 期。

15. 郭亚帆：《内蒙古区域农业竞争力因子分析及对策研究》，《中国乡镇企业会计》2011 年第 10 期。

16. 郭瑜：《借鉴台湾农业发展经验，提升漳州农业竞争力》，《漳州职业技术学院学报》2010 年第 11 期。

17. 郭治方：《河南省物流产业竞争力评价——基于中部六省比较的视角》，《黑龙江科学》2014 年第 4 期。

18. 郭克莎：《中国工业发展战略及政策的选择》，《中国社会科学》2004 年第 1 期。

19. 郭晓娜，李泽红，童锁成等：《基于改进生态足迹因子的区域可持续性动态评估——以陕西省为例》，《水土保持通报》2014 年第 4 期。

20. 黄泰岩，李德标：《我国新型工业化的道路选择》，《中国特色社会主义研究》2003 年第 2 期。

21. 韩翔：《新型工业化与江苏乡镇企业产业机构调整》，《南京社会科学》2003 年第 12 期。

22. 洪银兴：《新型工业化道路的经济学分析》，《贵州财经学院学报》2003 年第 1 期。

23. 胡敏谦，胡梅林：《加快内蒙古新型工业化投资建设步伐》，《实践》2004 年第 12 期。

24. 侯杰：《我国区域经济可持续发展评估体系的构建及实证研究》，《系统工程》2014 年第 1 期。

25. 蒋慧：《新疆特色农业区域适应性与农业竞争力提升研究——以新疆特色林果为例》，新疆大学硕士学位论文，2008 年。

26. 简新华，向琳：《新型工业化道路的特点和优越性》，《管理世界》2003 年第 8 期。

27. 林卿，李建建：《闽台农业合作与创新区域农业竞争力分析》，《台湾研究》2005 年第 8 期。

28. 刘飞翔，潘国亮，占纪文等：《福建农业竞争力的指标评价与动态分析》，《中国农通学报》2009 年第 9 期。

29. 李怡，赵泉民：《中国农业竞争力的时间序列分析》，《财贸研究》2007 年第 10 期。

30. 李宇鹏，樊雪梅：《新型工业化道路与唐山市产业结构调整》，《石家庄铁道学院学报》（社会科学版）2009 年第 9 期。

31. 吕政：《论中国工业的比较优势》，《中国工业经济》2003 年第 4 期。

32. 罗文，陈国生，杨丽萍：《新型工业化与湖南产业机构调整》，《经济地理》2005 年第 11 期。

33. 刘善滨，刘忠信：《包头市新型工业化问题的研究》，《前沿》2003 年第 12 期。

34. 刘玉，刘毅：《中国区域可持续发展评价指标体系及态势分析》，《中国软科学》2003 年第 7 期。

35. 李玺：《城市商务旅游竞争力评价体系及方法的创新研究》，《旅游学刊》2010 年第 4 期。

36. 马明辉：《浅议甘肃区域经济可持续发展的路径》，《西北民族大学学报》（哲学社会科学版）2014 年第 1 期。

37. 毛显强，钟瑜，张胜：《生态补偿的理论探讨》，《中国人口·资源与环境》2002 年第 8 期。

38. 毛文娟，魏大鹏：《天津新型工业化指标体系探索》，《统计与决策》2005 年第 2 期。

39. 梅强，刘昌年，周园：《劳动密集型中小工业企业新型工业化程度的测度与实证分析》，《科学与科学技术管理》2010 年第 1 期。

40. 潘照东：《落实科学发展观，推进新型工业化》，《实践》（思想理论版）2007 年第 4 期。

41. 曲磊：《山西省农业竞争力评价研究》，山西财经大学硕士学位论文，2012 年。

42. 曲格平：《探索可持续发展的新型工业化道路》，《环境保护》2003 年第 1 期。

43. 邱丹：《鄱阳湖生态经济区农业竞争力研究》，江西农业大学硕士学位论文，2011 年。

44. 漆雁斌：《中国省域农业竞争力比较研究》，西南财经大学博士学位论文，2007 年。

45. 石海红：《甘肃省农业竞争力问题研究——以榆中县蔬菜产业为例》，兰州大学硕士学位论文，2010 年。

46. 苏伟忠，杨英宝，顾朝林：《城市旅游竞争力评价初探》，《旅游学刊》，2003 年第 5 期。

47. 萨秋荣，张学刚：《新型工业化道路与内蒙古经济发展》，《内蒙古科技与经济》2004 年第 1 期。

48. 孙根年，冯茂娥：《西部入境旅游市场竞争态势与资源区位的关系》，《西北大学学报》（自然科学版）2003 年第 8 期。

49. 孙雪，郝兆印，陈培安：《区域可持续发展水平的时空差异研究——以山东省为例》，《资源与产业》2013 年第 7 期。

50. 苏静：《河南农业竞争力区域差异的系统聚类分析》，《河南财政税务高等专科学校学报》2013 年第 4 期。

51. 盛业旭，刘琼，欧名豪等：《基于能值—生态足迹修正模型的区域可持续发展研究——以江苏省南通市为例》，《水土保持通报》2014 年第 6 期。

52. 王雅鹏：《发挥区域农业比较优势，推进湖北农业竞争力提高》，现代科技与湖北新型工业化——第二届湖北科技论坛优秀论文集，2003 年。

53. 王晓蓉：《基于主成分—聚类分析的山东省区域农业竞争力研究》，《中国农通学报》2013 年第 11 期。

54. 王秋萍：《甘肃省农业问题研究》，兰州大学硕士学位论文，2008 年。

55. 王晓蓉：《基于系统聚类分析的山东省区域农业竞争力实证研究》，《山东省农业管理干部学院学报》2012 年第 9 期。

56. 王希凡：《基于产业组织的农业竞争力研究——一个理论框架及其对山东经验的应用分析》，山东农业大学博士学位论文，2004 年。

57. 王晰，兰勇：《湖南农产品出口竞争力分析》，《湖南农业大学学报》（社会科学版）2006 年第 12 期。

58. 王佳锐，王景峰：《内蒙古新型工业化研究综述》，《经济论坛》2011 年第 4 期。

59. 王锋正，郭晓川，张永军：《构筑优势产业链，推进内蒙古牧业旗市新型工业化发展》，《北方经济》2006 年第 2 期。

60. 王琪延，罗栋：《中国城市旅游竞争力评价体系构建及应用研究——基于我国 293 个地级以上城市的调查资料》，《统计研究》，2009 年第 7 期。

61. 王志杰，高洁：《能值生态足迹对我国区域可持续发展状态比较研究》，《西南师范大学学报》（自然科学版）2013 年第 2 期。

62. 王钦敏：《建立补偿机制，保护生态环境》，《求是》2004 年第 7 期。

63. 翁钢民，鲁超：《基于突变级数法的旅游产业竞争力评价研究——以西北五省为例》，《软科学》2009 年第 6 期。

64. 万忠，周灿芳，柯清标等：《基于"钻石模型"的广东区域农业特色产业发展战略研究》，《中国农业资源与区划》2009 年第 12 期。

65. 万绪才，李刚，张安：《区域旅游业国际竞争力定量评价理论与实践研究——以江苏省各地市实例分析》，《经济地理》2001 年第 6 期。

66. 吴丽霞：《基于 AHP 方法的河南省旅游竞争力研究》，《地域研究与开发》2013 年第 4 期。

67. 卫旭东，周旗：《区域内旅游景区市场竞争力测评》，《资源科学》2004 年第 7 期。

68. 伍延基：《文明旅游与旅游文明：提升国际旅游竞争力的软实力》，《旅游学刊》2009 年第 9 期。

69. 许恒周：《江苏省各地区农业竞争力评价比较分析》，《中国农机化》2009 年第 11 期。

70. 徐喆，张立峰：《吉林省城市旅游竞争力评价及可持续发展研究》，《资源与产业》2010 年第 8 期。

71. 熊经肇：《提升旅游产业竞争力的价格策略研究——陕西省利用价格杠杆促进旅游业发展的实践与思考》，《价格理论与实践》2010 年第 4 期。

72. 徐田伟：《构建可持续发展战略环境评价指标体系的方法探讨》，《环境保护与循环经济》2009 年第 6 期。

73. 游士兵，肖加元：《农业竞争力的测度及实证研究》，《中国软科学》2005 年第 7 期。

74. 杨英宝：《城市旅游竞争力的系统分析与评价研究——以郑州市为例》，河南大学硕士学位论文，2002 年。

75. 鄢慧丽：《城市旅游竞争力研究——以武汉市为例》，华中师范大学硕士学位论文，2005 年。

76. 於飞燕，周彬，曹松江等：《休闲农业竞争力评价与提升路径——以浙江省奉化市为例》，《科技与管理》2014 年第 5 期。

77. 衣保中，张立伟，肖国东：《区域农业竞争力的评价与提升——基于内蒙古自治区的实证研究》，《山东经济》2011 年第 11 期。

78. 钟锡石，胡麦秀：《湖南省农业产业区域竞争力分析——基于赣、鄂、皖、川和滇数据》，《中国农通学报》2014 年第 4 期。

79. 郑会军：《湖北省农业区域竞争力研究》，华中农业大学博士学位论文，2010 年。

80. 张立伟，衣保中：《内蒙古自治区农业竞争力的制约因素及提升对策》，《内蒙古社会科学》（汉文版）2012 年第 3 期。

81. 赵春明：《山西省主要农产品竞争力研究》，《山西农经》2003 年第 11 期。

82. 张争胜，周永章：《湛江市农业竞争力研究》，《热带地理》2005 年第 9 期。

83. 张雪梅，吴凤娇：《基于钻石模型的福建省生态农业竞争力研究》，《经济经纬》2007 年第 7 期。

84. 张家成，杨晓霞：《基于钻石模型的吉林省农业国际竞争力研究》，《长春工业大学学报》（社会科学版）2008 年第 7 期。

85. 庄世美，苏时鹏，张春霞等：《中国省域农业产业竞争力评价与分析》，

《中国农通学报》2009 年第 9 期。

86. 周敦娜：《新型工业化进程中湖北产业结构调整问题探析》，《党政干部论坛》2013 年第 1 期。

87. 周海燕：《城市旅游竞争力的评价研究》，《湖北经济学院学报》（人文社会科学版）2007 年第 2 期。

88. 朱应皋，万绪才：《全球旅游 11 强（国）旅游业国际竞争力综合评价》，《地理与地理信息科学》2004 年第 5 期。

后 记

我出生于大别山腹地的一个小山村，山脚那蜿蜒的小河、清澈的河水和水中欢快的鱼群至今萦绕在心间，难以忘怀！同样刻骨铭心的还有那总也填不饱肚子的饥饿童年。好在刚上初中就喜迎改革开放，中学才过上了温饱的生活。三十年弹指一挥间，家乡却仍在温饱层面“修修补补”。对于生于斯、长于斯的我来说，没有什么比家乡发展更期冀的事了。所以，我一直有为家乡建设和发展出点力的夙愿。

三年前，“大别山革命老区经济社会发展试验区”（以下简称“大别山试验区”）响亮提出“红色大别山、绿色大别山、发展大别山、富裕大别山”的战略，振奋人心。黄冈市委宣传部积极响应，组织全市党员科技工作者代表召开了“助推大别山革命老区经济社会发展试验区建言献策”讨论会，我和田苗博士有幸受邀参加了讨论会。会上来自各行各业的科技工作者畅所欲言，从自己熟悉的领域提出对建设“大别山试验区”的思考，令人振奋，催人奋进！会后的论文集收录了我们的交流材料，我一直置于案头床边，经常在上面记录些零星的思考灵感和碰撞火花。恰巧当年湖北省社科基金发布重点课题，征集研究“中部崛起战略支点的建设目标与路径”，我就毫不犹豫地确定了“大别山革命老区经济社会发展试验区可持续发展路径选择”的选题，迅速组成了研究团队，整理了近几年关于家乡经济建设和产业发展的系列思考，充实成文完成申报，次年接到项目办通知，课题如愿获批。

捧着湖北省委社会科学工作领导小组办公室“鲜红”的立项通知书，我们感到一份沉甸甸的责任，研究团队对申报书中的研究思路和内容进行了认真的梳理和推敲，觉得原来申报的内容还比较单薄，不足以支撑这份重托，作为课题负责人我更是觉得不足以实现自己长久以来的夙愿。于是团队成员经过头脑风暴，提出充实的内容，将专著由原来五章扩充到十章，将“四化”同步、生态建设等发展思想融入进来，重新架构专著章节，补充试验区经济调查数据，增强成果的地域特色和针对性，尽可能为政府决策部门提供更具体的区情分析和对策建议。同时课题组成员也调整分工，分头准备，定期集中讨论，不断丰富成果内容、完善成果形式。

刚开始新的工作，团队就出现了现实的困难。首先，统计资料的搜集就是一个很大的困难，“大别山试验区”首期包括两市八县，没有专门的试验区统计数据，需要逐个县搜集，然后汇总。这是一个看似简单，实则浩繁的工作。由于需要的数据资料太多，有些县（市）统计资料不齐全，有的还不连续。现有的研究成果中，针对试验区的几乎没有，文献搜集工作也陷入困境。正当我们苦苦寻求数据的时候，湖北省委、省政府又对试验区进行扩容，将黄冈市所属其余 5 个县（市、区），随州市的广水市，武汉市的黄陂区、新洲区，孝感市的安陆市、双峰山旅游度假区等纳入试验区范围。至此，“大别山试验区”共涉及 4 个市、18 个县（市、区）。研究团队经过实地调查研究，发现试验区内经济基础相近，产业结构和自然资源基本相同，完全可以选择典型区域解剖，无须被地理区域调整牵制，否则再遇到试验区扩充到大别山区全境，即跨三省时，我们的研究还要调整。其次，团队敲定以“大别山试验区”内黄冈市 11 个县（市、区）为代表，进行典型案例研究，再结合“大别山试验区”特点，提出一般的政策建议。

根据新的研究路径，研究团队足足花了两年的时间打磨，终于完成了现在奉献给读者的这一部专著。回顾过去的一千多个日日夜夜，我首先要感谢我的研究成员，他们都有自己的家庭、事业，有的还有繁重的攻博任务，但是为了我这份回报桑梓的心愿，他们任劳任怨，无私奉献，战严寒酷暑，提交了一稿又一稿，并在不断调整的思路中进行完善和补充。田苗博士全身心投入，把自己就读博士时所建立的中南财经政法大学的人脉关系和取得的文献、数据资源无私分享，为成果产出立下了汗马功劳。叶俊老师不仅完成了自己的写作任务，还利用担任班主任的机会，带领本班同学协助团队完成了大量的调查研究。张跃强博士利用自己的学术沙龙，创新了本课题的研究方法，保证“四化同步”元素在本课题中的圆满呈现。周海琼老师、廖正全同学和陈丽军老师，都直接或间接地为本课题研究贡献了力量，在此我对他们表示深深的谢意！

我校商学院、旅游地理学院的领导为我们研究团队提供了诸多方便和关怀，教务处的同仁对我给予了无私的帮助和支持，科技处的领导、应用经济学重点学科和大别山旅游经济与文化研究中心对成果产出提供了资助和支持，研究生处和农村与区域发展立项建设硕士点资助了本项目团队外出参加学术会议，交流项目阶段性成果。没有这些热情的帮助和慷慨的支持，项目成果就不会如此顺利问世，在此谨表示衷心的谢意！

“路漫漫其修远兮”，“大别山试验区”的建设正在使家乡发生着日新月异的变化，但愿本书能够为这个宏伟的工程，添上一块砖、一片瓦，如此也算是实现了我的一部分夙愿！

夏庆利

2014 年 12 月 5 日于福星花园